Handelsforschung 1988

Herausgegeben von der
Forschungsstelle für den Handel
Berlin (FfH) e. V.

Schwerpunktthema: Standortfragen

Physica-Verlag Heidelberg

Herausgeber
Forschungsstelle für den Handel Berlin (FfH) e. V.
Fehrbelliner Platz 3, 1000 Berlin 31, Tel. 0 30 / 86 03 53
Wissenschaftlicher Direktor: Prof. Dr. VOLKER TROMMSDORFF
Geschäftsführer: Dr. HELMUT BUNGE

Schriftleitung:
Dipl.-Volkswirt ANDREA WÖLK

Das Jahrbuch der Foschungsstelle für den Handel erscheint jährlich

ISBN 3-7908-0412-6 Physica-Verlag Heidelberg
ISSN 0931-5926

CIP-Kurztitelaufnahme der Deutschen Bibliothek

Handelsforschung … / hrsg. von d. Forschungsstelle für d. Handel Berlin (FfH) e. V. – Heidelberg: Physica-Verlag.
– Erscheint jährl. – Aufnahme nach Bd. 1. 1986 Forts. von: Forschungsstelle für den Handel [Berlin, West]: FfH-Mitteilungen
Bd. 1. 1986 –

Einband: Erich Kirchner, Heidelberg
Satz: Weidler & Partner Büroservice, Berlin
Druck- und Bindearbeiten:
Weihert-Druck GmbH, Darmstadt
7120/7130-543210

Vorwort des Herausgebers

Das wissenschaftliche Jahrbuch der Forschungsstelle für den Handel liegt hier in der dritten Ausgabe vor. Die vierte Ausgabe HANDELSFORSCHUNG 1989 kommt zum 60-jährigen Bestehen der Forschungsstelle für den Handel Berlin heraus. Deshalb begrüßt die FfH für das kommende vierte Jahrbuch besonders solche Beiträge, die sich mit den großen, grundsätzlichen Fragen der Handelsforschung befassen. Der

CALL FOR PAPERS für HANDELSFORSCHUNG 1989
gilt dem Rahmenthema
Grundsatzfragen der Handelsforschung.

Damit sind alle wissenschaftlichen und theoretischen Fragestellungen und Problemlösungen aus der Sicht des Handels und für den Handel gemeint. Besonders interessant sind Beiträge, die sich mit dem mittelständischen Handel befassen. Wissenschaftler, die sich mit diesem speziellen Themenkreis befassen oder auch einen anderen den Handel betreffenden Forschungsbeitrag liefern können, sind zum Schreiben in HANDELSFORSCHUNG 1989 eingeladen. Der Umfang soll einschließlich Abbildungen und Literaturverzeichnis 20 Seiten (zu 56 Zeilen und 63 Anschlägen) nicht überschreiten. Die Form, insbesondere die Zitierweise, soll den Beiträgen im vorliegenden Band entsprechen. Redaktionsschluß ist der 31.5.1989.

Das Neue an der zweiten Ausgabe (HANDELSFORSCHUNG 1987) war eine Gruppierung von Beiträgen zu einem *thematischen Schwerpunkt* und ein ausführlicher *Literaturservice*. Beides hat sich bewährt und wird hier weitergeführt. Die thematische Schwerpunktbildung bestimmt sich nach praktischer Gegenwartsbedeutung und nach wissenschaftlicher Aussagekraft. Von großer Aktualität sind heutzutage Probleme der Standortbewertung, der Standortwahl und der Standortstrategien aus einzelwirtschaftlicher wie aus gesamtwirtschaftlicher Sicht.

Die Priorität für den Themenschwerpunkt *Standortfragen* ist bestimmt durch den intensiven und mit Konzentrationserscheinungen verbundenen Wettbewerb um (zum Teil künstlich verknappte und folglich überteuerte) Standorte - mit allen Folgeerscheinungen für einzelne Handelsunternehmen, für die Struktur des Einzelhandels und für die Wirtschaftspolitik als Ganzes. Darüber hinaus gilt bei der Selektion eingereichter Artikel zur Veröffentlichung in der HANDELSFORSCHUNG das Neutralitätsprinzip der FfH.

Die HANDELSFORSCHUNG 1988 enthält *gesamtwirtschaftlich* orientierte Standortbeiträge von GESSNER, von HEINRITZ und von HEINEBERG/MAYR. Die eher *einzelwirtschaftliche* Sichtweise (Beiträge LIEBMANN/SCHNEDLITZ, SCHENK und STROBEL) gilt teils marktforschungs-methodischen, teils management-instrumentellen Problemen. Unter den instrumentellen Problemen dominiert das strategische Handelsmanagement gegenüber dem operativen Geschäft. Zunächst zur gesamtwirtschaftlichen Sichtweise:

GESSNER konstatiert Leitvorstellungen (Normen), nach denen die öffentliche Hand die Voraussetzungen für eine angemessene Einzelhandels-Standortstruktur zu schaffen hat. Diesen Normen stellt er (in den Wertungen sehr zurückhaltend) gegenüber, was sich tatsächlich vollzogen hat. Das sind vor allem eine wenig günstige Entwicklung innenstädtischer Einzelhandelsstandorte, eine damit einhergehende (und ungebrochene) Verstärkung flächenintensiver und discountorientierter Betriebsformen sowie die ebenfalls damit einhergehende Problematisierung der Einzelhandelsversorgung in bestimmten Gebieten (ein Untersuchungsfeld, auf dem die FfH entscheidende empirische Erkenntnisse vorgelegt hat). GESSNER trägt durch Erörterung des Planungs- und Handlungsbedarfs und der handelswissenschaftlichen Implikationen zu einer Versachlichung und Bereicherung des Lobbyistenstreits um die staatliche Standortpolitik bei.

HEINRITZ untersucht die Auswirkungen strategischer Entscheidungen von Einzelhändlern, insbesondere von Standortentscheidungen, aber auch von Inhaberwechseln, Standortverlagerungen und Schließungen, auf die räumliche Entwicklung der betreffenden Geschäftszentren. Diese Art Fragestellung erfordert aufwendige Beobachtungen über längere Zeiträume, hier über fünf Jahre hinweg. Allgemein zeigen die Ergebnisse zunehmende Flächen je Betrieb, einen wachsenden Dienstleistungsanteil, einen umsatzmäßigen Bedeutungsverlust der Kerngebiete des Einzelhandels sowie eine allgemein starke Fluktuation, die jedoch weniger die Betriebe in erstklassigen Lagen betrifft. Die Untersuchung wurde in Süddeutschland durchgeführt. Ihr kann aber darüber hinaus eine gewisse tendenzielle Gültigkeit für andere Gebiete zugebilligt werden.

HEINEBERG/MAYR legen die Ergebnisse einer beschreibenden Untersuchung über die Entwicklung der Einkaufszentren im Ruhrgebiet vor. Im Mittelpunkt der Untersuchung stehen geographische Vergleiche sämtlicher größerer neuer Einkaufszentren im Ruhrgebiet. Untersuchungsschwerpunkte sind die Einkaufszentrenplanung, die Baukonzeption, die einzelhändlerische Funktionsaussattung, die Kundenstruktur und die zentralörtliche Bedeutung. Dazu wurde mit literaturanalytischen, sekundärstatistischen, Beobachtungs- und Befragungsdaten wie mit Kundenzählungen und -befragungen gearbeitet. Die Ergebnisse sind sehr differenziert und erheben keinen Allgemeingültigkeitsanspruch. Generelle Bedeutung hat dagegen der Typisierungsansatz der Untersuchung. Nach den Anteilswerten der jeweils vertretenen Einrichtungen werden sechs Angebots- oder Funktionstypen unterschieden.

Die einzelwirtschaftliche Sichtweise wird mit einem grundsätzlichen Aufsatz von SCHENK eingeleitet. Der Beitrag bewegt sich an der Schnittfläche zweier bislang nicht integrierter strategischer Entscheidungsprobleme, die eigentlich nicht unabhängig gelöst werden können, weil sie sich wechselseitig bedingen: Die Imagepositionierung und die Standortwahl von Handelsunternehmen. Standortbeurteilungen ohne Berücksichtigung subjektiver Kriterien der (potentiellen) Kundschaft und Imageuntersuchungen ohne Berücksichtigung standortbezogener Rahmenbedingungen bleiben Stückwerk. Beide Problemkreise werden bei SCHENK durch erschöpfende Verweise auf entsprechende Modelle und Untersuchungsmethoden abgesteckt. Er plädiert für eine Synthese dieser Ansätze zur "imagebezogenen Standortkontrollanalyse bzw. standortbezogenen Imageanalyse". Zur praktischen Durchführung verweist er auf die nichtverbalen Methoden der Imageforschung, die sich wegen des Einsatzes von Bildvorlagen gut zur Einbeziehung von Standortfaktoren eignen. Der Beitrag wird durch ein praktisches Fallbeispiel abgerundet, das die Umsetzbarkeit der Idee belegt (standortbezogene Imageforschung für ein Modehaus).

LIEBMANN/SCHNEDLITZ beziehen sich wie SCHENK auf vorliegende Modelle für die Standortpolitik, konzentrieren sich aber auf bisher vernachlässigte Probleme des Dateninputs für solche Entscheidungsmodelle. Das Augenmerk liegt auf auf Informationen, die strategische Erfolgspotentiale von Handelsunternehmen beschreiben. Diese Faktoren werden systematisiert und in den Bezugsrahmen der strategischen Wettbewerbsforschung integriert. Der Ansatz wird anhand einer empirischen Untersuchung verdeutlicht, der 500 Interviews mit Konsumenten in Graz zugrunde liegen. Die Nützlichkeit der Untersuchung für betriebliche Standortentscheidungen und andere strategische Maßnahmen zeigt ein erhebliches Wachstumspotential für die lokale strategische Handelsmarktforschung als Voraussetzung für bessere Wettbewerbsstrategien. Vor allem zeigt der Beitrag, daß Standortkalküle in viel stärkerem Maße die Psychologie des Konsumentenverhaltens einbeziehen sollten, als das in Form von sekundärstatistischen Daten bisher der Fall ist.

Auch STROBEL bewegt eine der Idee von SCHENK nah verwandte Frage: Wie sollte der Betriebs- und Geschäftstyp eines Handelsunternehmens an bestimmte (entscheidende, großenteils imagetypische) Standortmerkmale angepaßt sein? Beide Autoren reklamieren auch denselben Spruch "all business is local". Für die standortspezifische Betriebstypenpositionierung ist die Identifizierung entsprechender Standortmerkmale und Betriebstypenmerkmale erforderlich (z.B. für das Warenhaus: Universalsortiment und City-Standort). STROBEL konzentriert sich innerhalb dieser Problemstellung auf die standortbezogene Positionierung von Fachgeschäften. Deren Leitmerkmale sind der fachbezogene Sortimentsrahmen, der produkt- oder bedarfsorientiert ausgeprägt sein kann. Der Standort von Fachgeschäften sollte sich auf die Faktoren Sortimentsbreite, -tiefe, -niveau und Service auswirken. Der Autor entwickelt aus diesem Ansatz standortspezifische Anpassungs-, Differenzierungs- und Netzbildungsstrategien für den Fachhandel. Das Konzept wird seit kurzem in einer Kooperationsgruppe des Fachhandels praktisch umgesetzt.

Die übrigen Beiträge der HANDELSFORSCHUNG 1988 befassen sich, wie vorgesehen, eigentlich nicht mit einer bestimmten Schwerpunktthematik, wenn man auch die Beiträge von FALK, von DILLER und von BARTH/THEIS großzügig unter "Standortfragen" subsumieren könnte, weil es zumindest teilweise um innerbetriebliche Standortentscheidungen geht. Die übrigen Beiträge des Jahrbuchs haben, auch großzügig betrachtet, nicht den Anspruch auf Zugehörigkeit zum Standort-Rahmenthema. Die nachstehend skizzierten vier Beiträge von GUTERSOHN, von TROMMSDORFF, von BRANDT und von STANDOP sind verschiedenen, mehr oder weniger allgemeinen *Entwicklungstendenzen* im Handel gewidmet.

GUTERSOHN, Altmeister der Handelsforschung, orientiert seinen sehr grundsätzlichen Beitrag am Modell des selbständigen Einzelhandels und an seiner Entwicklung. Zur begrifflichen Präzisierung und Abgrenzung der Betriebstypen, insbesondere des selbständigen Fachhandels, bedient sich der Autor einer dreistufigen Differenzierung der Handelsleistungen: nach Ort und Zeit, nach Marktsegmenten und nach Kundenmotiven. Auf der Grundlage dieser Kennzeichnung werden Stärken (Marktforschungsvorteil, Vertrauensbasis, Standortqualität, Öffnungszeit, Führungsqualität, Flexibilität, Arbeitsintensität und Kooperationsbereitschaft) und Schwächen (Personalqualifikation, Rechtsform, Kapitalbasis, öffentliche Auflagen) beschrieben. Damit ist eine Grundlage für die Vorhersage der Entwicklungstendenz und für die Empfehlung strategischer Maßnahmen gegeben. Danach sollte man besonders den Entwicklungen der Bevölkerungsstruktur, der Massenmedien und der Technologie gerecht werden. Durch angepaßte Öffnungszeiten und Standortwahl sieht GUTERSOHN Chancen bzw. Nischen für den selbständigen Fachhandel.

Der kurze Beitrag von TROMMSDORFF skizziert in Ergänzung zu dem Aufsatz über Wertewandel und Wandel im Handel in HANDELSFORSCHUNG 1986 die kommenden Entwicklungen infolge der Veränderung von demographisch definierten Zielgruppen sowie infolge bestimmter technologischer Einflüsse. Die Ergebnisse lassen Risiken und Chancen besonders für den Facheinzelhandel erkennen und legen kooperative Strategien nahe.

Den Beitrag von BRANDT haben wir aufgenommen, weil er weitblickend einen möglichen Einflußfaktor auf die Gestaltung des Handels identifiziert und (allerdings nur theoretisch) untersucht. Grob vereinfacht heißt die Hypothese: Die Fabrik der Zukunft mit ihrer Flexibilisierung und daher möglicherweise stärkeren Kundenorientierung verändert die Distributions- und damit die Handelsstruktur. Als Grundlagen für diese Hypothese wählt der Autor die Transaktionskostentheorie, die der Leser bei dieser Gelegenheit kennenlernen kann, und die klassische Unterscheidung der Handelsfunktionen. Die Erfüllung der Handelsfunktionen (quantitative und qualitative Warenumgruppierung, Raumüberbrückung, zeitlicher Ausgleich, Ermittlung und Lenkung von Angebot und Nachfrage) wird unter dem Einfluß der neuen Fertigungstechnologien transaktionskostentheoretisch beurteilt. Dem Ergebnis der Analyse nach wird der Zwang zur Kooperation bzw. vertikalen Integration bzw. zur vertraglichen Bindung (Franchising) zwischen Hersteller und Händler größer, wahrscheinlich zu Lasten des Großhandels.

STANDOP schließlich untersucht die Auswirkungen der neueren Rechtsprechung und Gesetzgebung zur Produkthaftung auf die künftige Politik des Einzelhandels. In dem Beitrag werden zum einen die rechtlichen Grundlagen des handelsbetrieblichen Risikos aus Produkthaftung (die allgemeine Produkthaftung des Handels nach dem Bürgerlichen Gesetzbuch und die spezielle Händlerhaftung nach dem 1988 in Kraft getretenen Produkthaftungsgesetz) dargestellt; zum anderen untersucht STANDOP die handelsbetrieblichen Sicherungsstrategien angesichts von Produkthaftungsrisiken. Er stellt abschließend fest, daß zwar den von der Produkthaftung betroffenen Handelsbetrieben ein Instrumentarium zur Verfügung steht, das größere Negativfolgen für die Distributionslandschaft nicht erwarten läßt, daß aber noch zahlreiche Probleme offen bleiben. So wird die relative Gleichbehandlung der ganz unterschiedlichen Handelsformen den Intentionen und praktischen Möglichkeiten der Sicherung nicht gerecht. Darüber hinaus neigen Rechtsprechung und juristisches Schrifttum noch immer dazu, den Handelsbetrieb auf seine bloße Verteilerfunktion zu reduzieren, was den tatsächlichen Machtverhältnissen im Absatzkanal in keiner Weise Rechnung trägt.

Die letzten fünf Beiträge zur HANDELSFORSCHUNG 1988 betreffen *Informationsgrundlagen für die Handelsbetriebsführung.*

Der Beitrag von TROMMSDORFF/FIELITZ/HORMUTH liefert einen Überblick über Konzeption, Entwicklungsstand, Gestaltungsfaktoren und Kosten-Nutzen-Informationen von Integrierten Warenwirtschaftssystemen (IWWS), die in Zukunft immer mehr auch zum strategischen Erfolgsfaktor von mittelständischen Handelsunternehmen werden könnten. Es geht den Autoren in diesem Beitrag nicht um die Präsentation neuer Forschungsergebnisse, sondern um die systematische Darstellung des "state of the art" und um eine Klärung der Begriffe und Ansätze der automatisierten Warenwirtschaft, die vielen Praktikern zu Unrecht noch wie ein bedrohliches Geheimnis vorkommt. Der Aufsatz versteht sich damit auch als ein Beitrag zur Überwindung dieser Berührungsängste des mittelständischen Handels gegenüber den neuen Technologien und Dienstleistungen.

Der Gedanke der Überwindung von Berührungsängsten mit neuen Technologien der Handelsbetriebsführung wird fortgeführt durch den Beitrag von BEHRENDS, der sich mit der Einführung eines Direktkostenrechnungssystems im Handel zur Optimierung der Sortimentspolitik befaßt. Auch hier gilt es, vorliegende betriebswirtschaftliche Theorie durch neue elektronische Systeme in die Praxis umzusetzen. Das beschriebene DPR-System kann über Personal Computer mit dem Standard-Tabellenkalkulationsprogramm LOTUS 1-2-3 benutzt werden. Es handelt sich um nichts anderes als eine konsequente Deckungsbeitragsrechnung auf der Artikelebene, die den Handelsmanager mit rationalen und "schnellen" Informationen für seine Entscheidungen ausstattet. Der Artikel gibt detaillierte Informationen über Nutzen und Benutzung des Systems sowie über verbleibende Probleme, insbesondere über die Lösung des sogenannten Restkostenproblems.

Der Beitrag von FALK betrifft die standortbezogene Marktforschungsseite der Handelsbetriebsführung. Wie mißt man Entwertung bzw. Abnutzung von Einkaufszentren? Zunächst werden die Rechts- und Betriebsformen beschrieben, nach denen Einkaufszentren organisiert werden. Dann beschreibt FALK die verschiedenen Ursachenkomplexe für Erosion. Der folgende Hauptteil des Beitrages ist methodischer Art: Es werden die rein quantitative Kundenfrequenz-und Kundenstromanalyse, die verschiedenen Möglichkeiten der Befragung von Konsumenten, die Kundenlaufanalyse als ergänzendes quantitativ-qualitatives Beobachtungsverfahren sowie die Verkehrs- und Park-Analysen als Erhebungsverfahren dargestellt und bewertet. Im Endergebnis erscheint es wichtig, eine Mehrzahl von Methoden anzuwenden, um Erosion in Einkaufszentren und deren Ursachen festzustellen.

DILLER fragt: Sollen bestimmte Artikel im Geschäft nach der Art des Artikels oder nach Marken gebündelt präsentiert werden? Die Frage ist z.B. für den Textileinzelhandel besonders aktuell. Zur Beantwortung der Frage genügt es nicht, logistische Gesichtspunkte zu beachten. Für die Bündelung nach Marken sprechen z.B. Imagemerkmale wie das markenbezogene Konsumerlebnis und die wahrgenommene Fachkompetenz des Händlers sowie die Pflege der vertikalen Kooperation mit dem Hersteller. Mögliche, aber wenig gravierende Risiken der markenbezogenen Präsentation sieht DILLER in der geringeren Transparenz des Angebots für den Kunden, in der möglichen Dominierung des Händlerimages durch das Herstellerimage sowie allgemein in einer Einflußverlagerung auf den Hersteller. Diese Hypothesen wurden empirisch-exemplarisch im Textileinzelhandel geprüft und dabei weitgehend bestätigt.

Auch der Aufsatz von BARTH/THEIS befaßt sich wie der von DILLER mit einer innerbetrieblichen Standortbetrachtung, nämlich den Kriterien (Anforderungen), die Konsumenten mit Warenhausabteilungen verbinden. Und wie der Aufsatz von FALK ist der Beitrag der Lösung von Marktforschungsproblemen des Handels zuzuordnen. Die Autoren stellen zu Recht fest, daß das Handelsmarketing im Unterschied zum produktbezogenen Herstellermarketing marktforscherisch vernachlässigt ist. So weiß man viel über Kaufkriterien für Produkte, aber wenig über entsprechende Kriterien für den Besuch bzw. die Akzeptanz von Handelsunternehmen(sabteilungen). Der Aufsatz bereitet das allgemeine Marktforschungsinstrumentarium für diese Zwecke auf und systematisiert es so, daß der Handel zukünftig mehr Gebrauch davon machen kann. Der Ansatz wird durch das Beispiel einer entsprechenden empirischen Untersuchung mit detaillierten Ergebnisdarstellungen verdeutlicht.

Berlin, im August 1988 Professor Dr. Volker Trommsdorff

Inhaltsverzeichnis

Informationsgrundlagen für die Handelsbetriebsführung

Standortfragen

... aus gesamtwirtschaftlicher Sicht

Einzelhandel und Stadtentwicklung
Zur Funktionalität regionaler Handelsstrukturen

Hans-Jürgen Geßner, Göttingen

Der Beitrag skizziert zunächst im Überblick den alternativen Stellenwert des Einzelhandels im Raum nach Maßgabe der Interessenkategorien "Industrie-Marketing", "Handels-Marketing", "Verbraucher-Versorgung" und "Stadt-Entwicklung", um sich im weiteren Verlauf der Analyse vorrangig dem zuletzt genannten Aspekt zu widmen. Dabei gilt es, die diesbezüglichen Leitvorstellungen zur Standortstruktur des Einzelhandels den entsprechenden empirischen Befunden gegenüberzustellen, den sich hieraus ergebenden stadtentwicklungspolitisch angezeigten Planungs- und Handlungsbedarf vor dem Hintergrund von drei ausgewählten Problemfeldern zu verdeutlichen (Innenstadt, großflächige Einzelhandelsbetriebe, Nahversorgung) sowie der Frage nachzugehen, inwieweit dies zugleich Herausforderungen an das Wissenschaftsprogramm der Handelsbetriebslehre impliziert.

1 RAUMBEDEUTSAME FUNKTIONSBEITRÄGE DES EINZELHANDELS

1.1 Einzelhandelsrelevante Kategorien der Raumnutzung (Erkenntnisperspektiven)

Es liegt im Wesen des *Raumes* als dem "Träger" allen sozialen Geschehens begründet, daß es kaum cin gesellschaftliches Phänomen geben dürfte, welches nicht gleichermaßen mit einer *räumlichen Dimension* zu belegen wäre wie auch als Ausdruck seiner *räumlichen Bedingtheit* interpretiert werden könnte.

Für den *Einzelhandel* gilt das in besonders zwingender Weise:

- Wird er doch Güter der Lebenshaltung und Daseinsvorsorge grundsätzlich nur dort "verfügbar" bzw. "zugänglich" machen können (Geßner 1978, S. 4), wo sich die private Nachfrage naturgemäß zu artikulieren pflegt, d.h. innerhalb der Aktivitätsradien menschlicher Lebensäußerung, mithin als sortimentsspezifische Einzelhandelskapazitäten in sozialökonomisch determinierten Raumeinheiten ge-

Handelsforschung 1988
Hrsg. Volker Trommsdorff

sellschaftlicher Gemeinwesen ("sozialökonomische Territorialität", Geßner 1977a, S. 139, S. 150);

- wird er doch dabei zugleich Einfluß nehmen können auf das Anspruchsniveau und die Realisierungschancen der privaten Konsumvorstellungen, so daß die Erscheinungsformen des Einzelhandels auch vor dem Hintergrund der Gestaltbarkeit raumgebundenen Verbraucherverhaltens zu begreifen sind (Geßner 1982, S. 22 ff., S. 31, S. 129).

Mit anderen Worten: Der Einzelhandel nimmt Funktionen wahr in einem "Bezugsraum", der seinerseits Art und Umfang seiner Funktionsträgerschaft prägt. Der Raum interessiert insofern nicht per se, sondern "nur" in seiner Eigenschaft, die Wahrnehmung von Funktionen zu ermöglichen, d.h. *einzelhandelsrelevanter Funktionsraum* zu sein. Inwieweit sich in diesem Zusammenhang die räumliche Einbindung des Einzelhandels als zweckdienlich erweist, mithin nicht nur von "*Funktionswahrnehmung*", sondern auch von "*Funktionalität*" gesprochen werden kann, bestimmt sich zunächst nach Maßgabe der Erkenntnisperspektive, in der man den Systemzweck regionaler Handelsstrukturen zu betrachten gedenkt, sowie der Akzeptanz der hieraus abzuleitenden – da nicht ohne weiteres vorgegebenen – Beurteilungskategorien (siehe *Abbildung 1*).

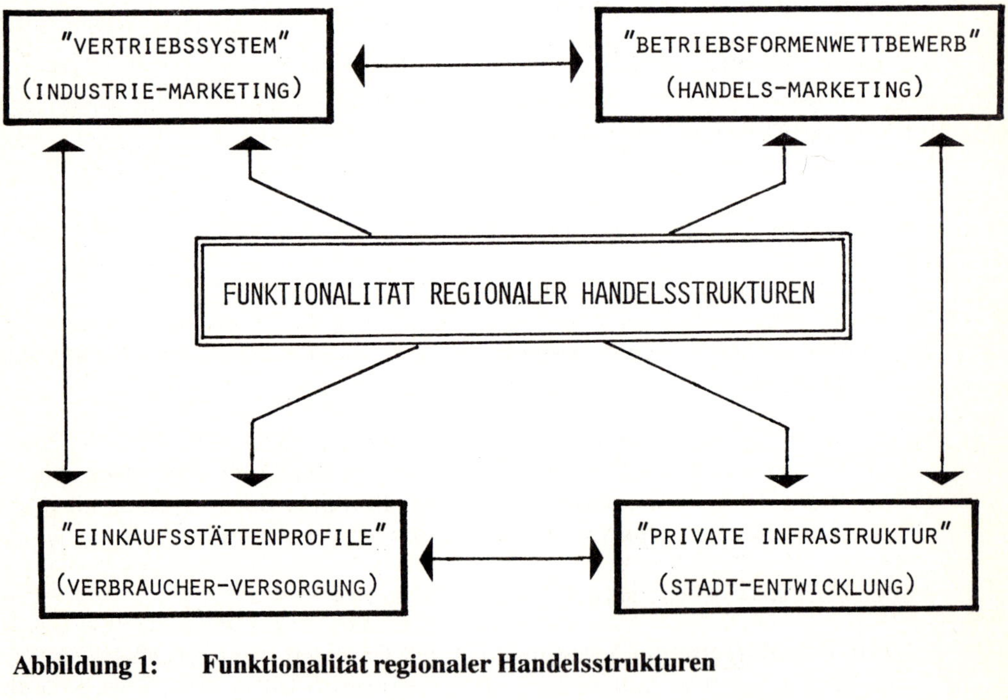

Abbildung 1: Funktionalität regionaler Handelsstrukturen

- So beteiligt sich der Einzelhandel als gleichermaßen vertikales, horizontales und namentlich auch räumliches *Strukturelement industrieller Vertriebssysteme* an der anspruchs- und marktgerechten Verfügbarmachung herstellerinitiierter Angebotsprogramme, was indes die Relativierung der Distributionsautorität des Herstellers und damit möglicherweise die Leistungsfähigkeit des Vertriebssystems insgesamt aufgrund der distributionswirtschaftlich relevanten Kompetenzverteilung in mehrstufig strukturierten Distributionssystemen des Konsumgütermarktes nicht ausschließt. Die in diesem Zusammenhang bedeutsamsten Gefährdungspotentiale und Konfliktbereiche im Hersteller-Händler-Verhältnis, wie Funktionsbesonderheiten, Zieldivergenzen, Kommunikationsbarrieren, Machtverteilung, Motivations- und Akzeptanzdefizite sind zugleich jene Beurteilungskategorien, nach denen sich letztlich das Ausmaß plandeterminierter Rollenverteilung und Konflikthandhabung und damit *funktionale Verhaltensabstimmung* im Absatzkanal bestimmen ließen (Geßner 1977b, S. 10 f., S. 14 ff.; Ahlert 1985, S. 86 ff.).

- Für den Einzelhandel selbst stellt sich die räumliche Basis als *lokaler/regionaler Wettbewerbsraum* dar, der mittels Wahrnehmung von Profilierungschancen die ertragbringende Verwertbarkeit des handelsbetrieblichen Leistungsprogramms ermöglichen soll und in dem es insofern mit entsprechender, wie auch immer zu instrumentalisierender Marktwirksamkeit zu agieren gilt (Geßner 1982, S. 74 ff.). Daß dabei der *Betriebsform* als charakteristischer Kombination marktwirksamer Strukturmerkmale und Geschäftsprinzipien eine herausragende, für das Handelsmarketing geradezu konstitutive Bedeutung beizumessen ist, erscheint offenkundig; findet dies doch bereits im allenthalben verwendeten sprachlichen Synonym von der "*Institutionalisierung der handelsbetrieblichen Marketingkonzeption*" seinen sinnfälligen Ausdruck. Ebenso zweifelsfrei dürfte es jedoch sein, daß die Absicherung der in diesem Zusammenhang zu treffenden Entscheidungen, sollen sie dem jeweiligen Unternehmens- bzw. Marketingziel gemäß ausfallen, mithin *Funktionalität der Entscheidungskonsequenzen* bewirken, die Ermittlung erfolgs- und risikobestimmender Faktoren voraussetzt, seien diese nun eher überbetrieblicher/unternehmensexterner Natur (z.B. "Betriebstypenattraktivität", wie insbesondere ihre vom jeweiligen Standorttyp her generalisierbaren Voraussetzungen) oder eher betriebsbezogen/unternehmensintern dimensioniert (z.B. "Wettbewerbsvorteile", namentlich, was die situativ wie perspektivisch geprägten spezifischen Profilierungschancen am jeweiligen Standort angeht; Drexel 1981, S. 157 ff., Wehrle 1982, S. 109; Drexel 1984, S. 106 ff.).

- Bei der Wahrnehmung marktinduzierter Profilierungschancen wird sich der Einzelhandel vorrangig am Verbraucher orientieren. Der interessiert dabei allerdings "nur" insoweit, als er mit seinem Verhalten am Markt zugleich Aussagen über den Zielerreichungsgrad der verbrauchergerichteten Aktivitäten gestattet, wie insbesondere Hinweise zu geben vermag auf die einzelwirtschaftliche Zweckdienlichkeit des mit betriebstypenprägender Kraft kombinierten marketingpolitischen Mitteleinsatzes (*Einkaufsstättenprofil*). Indes: Das bloße Erkennen von Kaufoptionen seitens des Verbrauchers und seine – wie auch immer ausfallende – Wahlentscheidung signalisieren nicht notwendigerweise Funktionalität auch nach Maßgabe *bedarfsorientierter Versorgungskalküle*. Sie fände ihre Bestätigung erst nach Kenntnis der gegenüber dem potentiellen Leistungsangebot von Einzelhandelsbetrieben entwickelten *kriteriengestützten Erwartungshaltungen* sowie der diesbezüglichen *raumspezifischen Situationseinschätzung*, ob nun hinsichtlich einzelner Versorgungsdimensionen oder im Sinne eines Gesamturteils zur Versorgungslage (Geßner 1982, S. 93 ff.).

- Mit seinem Leistungsangebot agiert der Einzelhandel in einem Umfeld, das sich nicht nur in den Denk- und Handlungskategorien der Marktwirksamkeit erschließen und gestalten läßt (*Wettbewerbsraum*), sondern auch als spezifische Erscheinungsform menschlicher Zivilisation und der ihr immanenten Sozialisationsprinzipien zu begreifen ist (*Sozial- und Kulturraum*). Mit geradezu exemplarischer Bedeutung ist in diesem Zusammenhang die *Stadt* zu nennen: Der Einzelhandel repräsentiert hier einen unverzichtbaren, da stadttypischen Teilbereich privater *Infrastruktur ; seine kapazitive Ausgestaltung ist insofern Ausdruck und Reflex städtischer Lebensform zugleich, wie er andererseits mit seinen Entschei-dungen und jeweiligen Realisationsformen den Verlauf der sozioökonomischen Entwicklung im urbanen Raum (Stadtentwicklung*) nach Art und Intensität wesentlich mitbestimmt (Heuer 1977, S. 22 ff. und S. 39 ff.). Hieraus folgernd ein generelles Abstimmungsgebot zwischen den Planungsträgern des Einzelhandels und der kommunalen Selbstverwaltung zu fordern, ist konsequent (BAG 1986, S. 17; DIHT 1985a, S. 9), wenn auch von der Umsetzung her erst in dem Maße als "funktional" zu qualifizieren, wie es gelingt, hinsichtlich der räumlichen Einbindung des Einzelhandels in das städtische Gemeinwesen die hierfür maßgeblichen einzelwirtschaftlichen/marketingpolitischen Entscheidungskalküle des Handelsmanagements mit den diesbezüglichen stadtentwicklungspolitischen Vorstellungen der kommunalen Planungsträger im Sinne der *Sozialverträglichkeit* in Einklang zu bringen.

Kurzum: Die Frage nach der Funktionalität regionaler Handelsstrukturen impliziert wechselnde Erkenntnisperspektiven. Sie erklären sich im Kern mit *alternativen Interessen an raumspezifisch instrumentalisierbaren Handelsleistungen*. Von den in diesem Zusammenhang unterschiedenen, wenn auch in hohem Maße interdependenten Interessenkategorien "Industrie-Marketing", "Handels-Marketing", "Verbraucher-Versorgung" und "Stadt-Entwicklung" erweist sich die zuletzt genannte als von herausragender erkenntnisleitender Bedeutung: Bietet sie doch die Chance, im Rahmen einer perspektivisch derart ausgerichteten Funktionalbetrachtung die für die Einzelhandelsentwicklung im urbanen Raum insgesamt relevanten Interessen einander abwägungsfähig gegenüberzustellen; vermag sie doch damit zugleich jene notwendigerweise verengten, da "nur" dem einzelwirtschaftlichen Verwertungskalkül bzw. dem bedarfsorientierten Versorgungskalkül verhafteten Erkenntnisperspektiven zu erweitern helfen, um auch die gesellschaftlichen Dimensionen privatwirtschaftlich motivierten Handelns zu verdeutlichen und den diesbezüglichen "politischen Kontext" nicht aus den Augen zu verlieren. Hiervon soll im folgenden die Rede sein.

1.2 Leitvorstellungen zur Standortstruktur des Einzelhandels (Normenkreis)

Die Unverzichtbarkeit eines angemessenen Güter- und Leistungsangebots für die Lebenshaltung des Menschen sowie die Akzeptanz sozialstaatlicher Verpflichtung zur Wahrung der diesbezüglichen Chancengleichheit und freien Entfaltungsmöglichkeit des Bürgers haben die *Gleichwertigkeit der Lebensbedingungen und die Ver-*

besserung der Daseinsvorsorge in allen Teilräumen des Landes auch für den Einzelhandel zu einer zentralen Leitvorstellung werden lassen; wohlgemerkt: für den Einzelhandel in seiner versorgungsbezogenen Funktionsträgerschaft und in der raumwirtschaftspolitischen Perspektive des Staates.

Die *bedarfsgerechte und verbrauchernahe Versorgung* bzw. die entsprechend *qualifizierten Einkaufsmöglichkeiten der Bevölkerung in zumutbarer Entfernung* stellen insofern maßgebliche Ziel- und Beurteilungskategorien raumspezifischer Versorgungsfunktionalität des Einzelhandels dar.

Von instrumentaler Bedeutung hinsichtlich der Umsetzung einer derartigen Leitvorstellung erweist sich das *Konzept der Zentrenhierarchie*, wonach – gestützt durch die "Theorie der zentralen Orte" (Heinritz 1979, S. 13 ff.) – u.a. auch der Einzelhandel bei der Dimensionierung seiner Angebotskapazitäten (Verkaufsfläche, Sortiment) den Versorgungsrang (Zentralität) berücksichtigen sollte, den ein entsprechend abgestuft definiertes, die Versorgungsbeziehungen mit dem Umland nach Art, Intensität und Reichweite erfassendes System von Zentren für den jeweiligen Standort vorsieht. Gleichgültig, ob dabei nun im Einzelfall in den Kategorien der *überörtlichen Zentralität* oder des *innerörtlichen Zentrengefüges* gedacht wird bzw. der einzelhandelsrelevante Differenzierungsgrad der *Zentrentypisierung* mit den entsprechenden kapazitiven *Ausstattungsmerkmalen* interessiert (vgl. Stuch 1977, S. 11 ff.), an der Kernaussage dieser nach wie vor verbindlichen öffentlichen Ordnungsvorstellung, die räumliche Verteilung (Standortstruktur) der Versorgungseinrichtungen (Einzelhandel) als Arbeitsteilung hierarchisch gegliederter Gebietskategorien zu begreifen (Bestandsanalyse) bzw. in diesem Sinne auf sie einzuwirken (Orientierungsrahmen), ändert das nichts (Geßner 1982, S. 226; BAG 1986, S. 30 ff.).

Der Vermittlung dieser räumlichen Ordnungsvorstellung sowie der diesbezüglich konzeptionsgebundenen Steuerung von Standortstrukturen im Einzelhandel dient ein mehrstufiges *System konkretisierender Medien und planungsrechtlicher Kompetenzverteilungen*, dem – bei aller Detailproblematik hinsichtlich Plausibilität und Durchsetzbarkeit – zumindest soviel zu entnehmen ist, daß

1. die Versorgungsfunktionalität des Einzelhandels durch Ausweisung von *einzelhandelsrelevanten Gebietskategorien* über die damit dem Standortplanungskalkül des Einzelhandels prinzipiell zugänglichen *Flächen* gewährleistet werden soll und daß

2. dabei der *Gemeinde* die eigentliche Planungshoheit zufällt (siehe *Abbildung 2*).

Gleichwohl werden bei alledem "lediglich" Normenkataloge in öffentlich-rechtlicher Verantwortung, um nicht zu sagen: "Ansprüche mit Aufforderungscharakter" formuliert, denen auf der betrieblichen Ebene des Einzelhandels eingedenk der einzelwirtschaftlichen Investitionsfreiheit bzw. marktwirtschaftlichen Orientierung bei Standortentscheidungen nur relative Verbindlichkeit zukommt. Es liegt insofern nahe, danach zu fragen, inwieweit sich dieser Normenkreis für die Standortstruktur des Einzelhandels als realitätsprägend erwiesen hat.

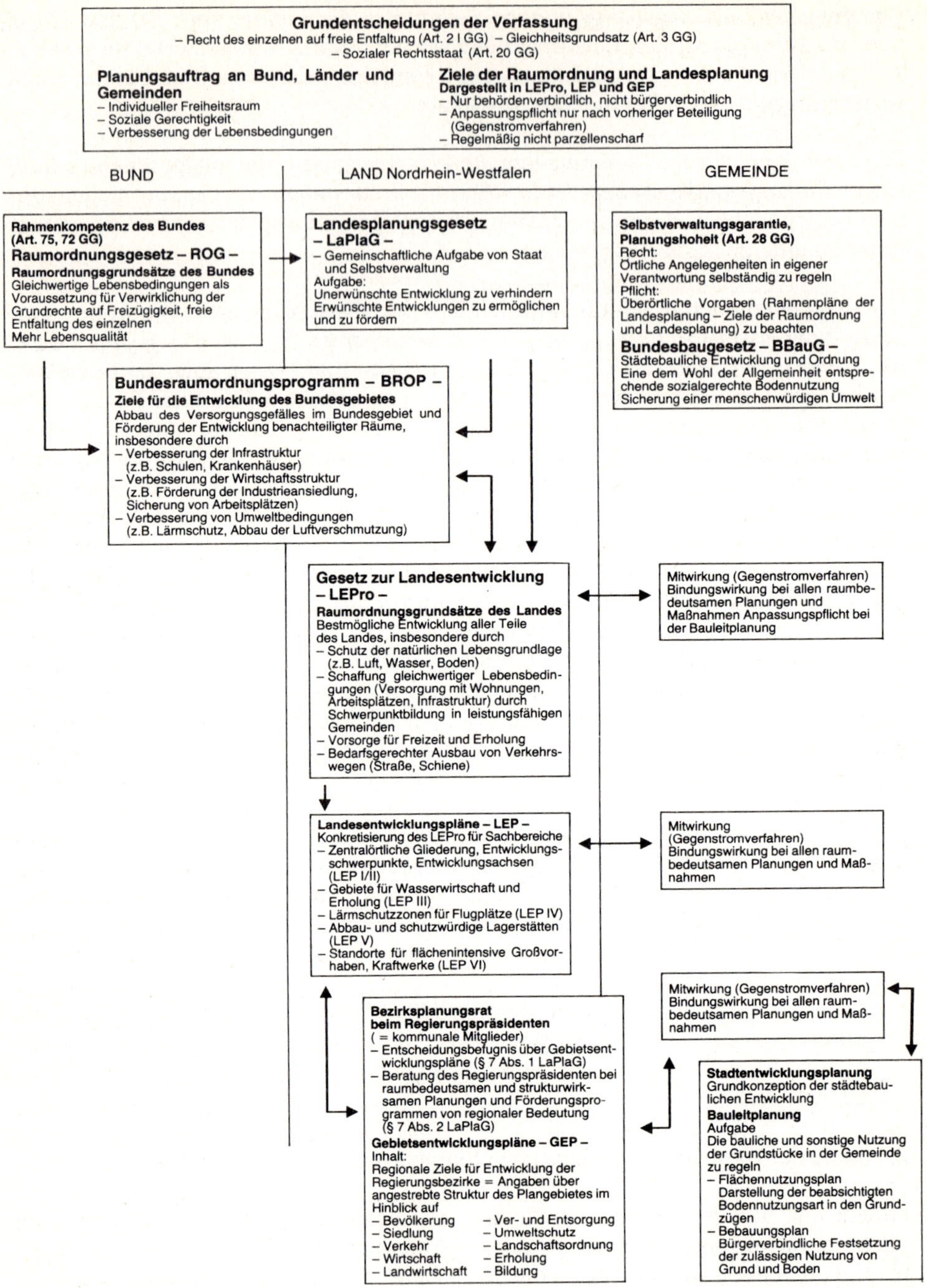

Abbildung 2: Räumliches Leitbild in der BRD (Beispiel: Nordrhein-Westfalen, BAG 1986, S. 132)

1.3 Tatsächliche Entwicklung der Standortstrukturen des Einzelhandels (empirische Befunde)

Der Prozeß der räumlichen Einbindung des Einzelhandels vollzog sich in weiten Teilen der Bundesrepublik nicht in Übereinstimmung mit den zentrenhierarchischen Vorgaben der Landes- und Stadtentwicklungs- bzw. Bauleitplanung, auch wenn sich das Ausmaß der jeweiligen Disparitäten regional durchaus unterschiedlich darstellt. Zumindest war der Prozeß vielerorts mit zentrenspezifischen Standortumwertungen verbunden, ob nun im Sinne einer relativen Schwächung der oberzentralen Versorgungsfunktionen oder als diesbezüglicher Bedeutungszuwachs nachrangiger Zentren; Umwertungen im übrigen, von denen die Standorte mit alternativer überörtlicher Zentralität (z.B. Ober-/ Mittelzentren) ebenso betroffen waren wie das innerörtliche Zentrengefüge vieler Großstädte (z.B. City/Stadtteilzentren) (DIHT 1982, S. 3).

Ließe sich dieser Befund aufgrund der ihm inhärenten Nivellierungsaussage noch als allgemeine Angleichung der zentrenspezifischen Standortstrukturen interpretieren, etwa nach dem aus der Planungspraxis bekannten Motto: "Von der 'Zentrenhierarchie' zur 'Zentrendemokratie'", so darf das Ergebnis jedoch nicht darüber hinwegtäuschen, daß die Standortumwertungen auch mit einer zunehmend polarisierten, da zentrenbezogenen vs. stadtperipheren Standortorientierung sowie mit einer hiervon begünstigten generellen Ausdehnung der regionalen Wettbewerbsräume in Verbindung zu bringen sind, was notwendigerweise die Relativierung historisch bedingter Standortvorteile zur Folge hat. Da dies insbesondere die tandorte in Streulagen und Randgemeinden betrifft, d.h. Standorte mit spezifischer Bedeutung für die planerisch intendierte *flächendeckende Versorgungsfunktion des Einzelhandels*, stellt sich die räumliche Entwicklung des Einzelhandels auch als eine Reduzierung der kleinteiligen Angebotsstrukturen in wohnortnahen Bereichen bei gleichzeitiger Zentralisierung von Einzelhandelsbetrieben an bevorzugten Standorten dar, oder um es in schlagwortartiger Kürze zu sagen: als dezentrale Konzentration der einzelhändlerischen Angebotskapazitäten (Geßner 1982, S. 177).

Nun entfalten Feststellungen dieser Art ihren analytischen wie handlungsorientierten Nutzen erst dann, wenn sich mit ihnen auch sinngebende und das hieße: dem vorgegebenen (und eingangs formulierten) Untersuchungsziel verpflichtete Interpretationen verbinden lassen. Der Hinweis darauf, daß den meisten stadtentwicklungspolitisch bedeutsamen Zentrenkonzepten eine statische Perspektive zugrunde liegt, d.h. mehr oder weniger aus Bestandserhebungen bzw. Situationsbeschreibungen abgeleitete Zielprojektionen darstellen und damit die zeitablaufbezogenen Aspekte der Ressourcenallokation weitgehend vernachlässigen, erweist sich vor diesem Hintergrund als ebenso grundlegend wie abstrakt. Hieran anknüpfend die konkreten Handlungsmuster der für die Dynamik von Standortstrukturen maßgeblichen "Akteure" im städtischen Raum darzulegen, wäre insofern naheliegend.

Hinsichtlich der *Verbraucher* müßte zum Beispiel von der Abwanderung der Wohnbevölkerung in das Umland, von der größeren Käufermobilität sowie von vielfältig spezifizierbaren Veränderungen der Einkaufsgewohnheiten die Rede sein; der *Einzelhandel* wäre mit den unterschiedlichsten Erscheinungsformen marktinduzierter

Eigendynamik und Unternehmenskonzentration im allgemeinen sowie mit den standortpolitischen Verhaltensweisen flächenextensiver, umschlagsstarker und/oder filialisierter Betriebsformen und Angebotstypen im besonderen vertreten; und was die *Kommunen* betrifft, so müßte auf die zahlreichen Beispiele der Verbesserung städtischer Infrastruktur, aber auch auf zentrenspezifische Restriktionen hinsichtlich Erreichbarkeit, Flächenangebot, Bauauflagen u.dgl.m. verwiesen werden.

Indes: das Risiko, bei allem empirischen Fleiß doch nur eher Symptome nachzuzeichnen als Begründungszusammenhänge aufzuzeigen, ist ebenso evident wie es zweckmäßiger erscheint, die Begleiterscheinungen der Einzelhandelsdynamik im Raum gleichermaßen als Ergebnisse "interessengeleiteter Entscheidungen" und "marktorientierter Unternehmensführung" zu begreifen, aber auch als Ausdruck "gesellschaftlichen Wirtschaftens" mit dem ihm derzeit immanenten ordnungspolitischen Leitbild zu interpretieren (Geßner 1982, S. 156 ff.). Am Beispiel von drei aktuellen, im Schnittfeld "Einzelhandel-Stadtentwicklung" angesiedelten Problemfeldern mag dies verdeutlicht werden (siehe *Abbildung 3*).

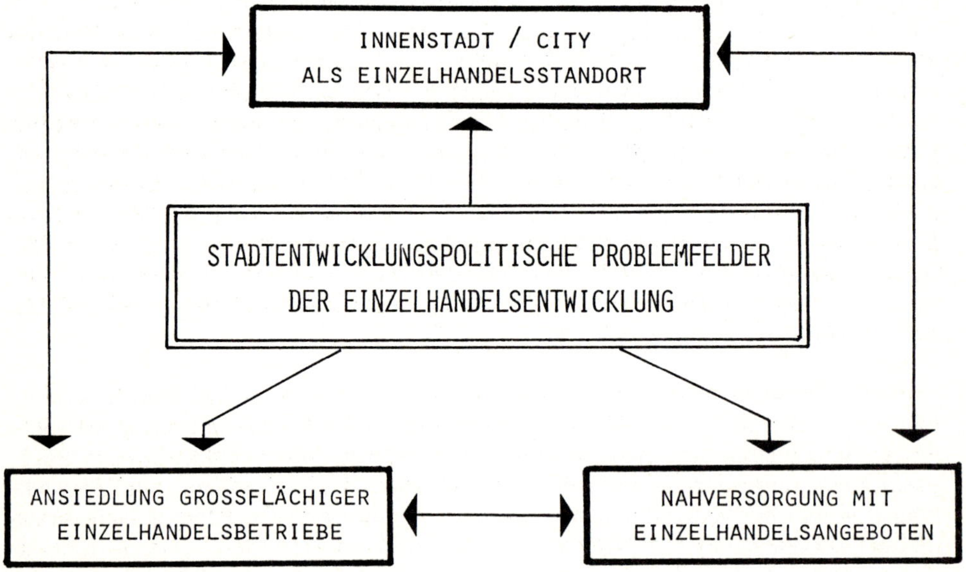

Abbildung 3: Stadtentwicklungspolitische Problemfelder der Einzelhandelsentwicklung

2 STADTENTWICKLUNGSPOLITISCHE PROBLEMFELDER DER EINZELHANDELSENTWICKLUNG

2.1 Innenstadt als Einzelhandelsstandort

Das eingangs abgeleitete Statement von der 'konstitutiven Bedeutung des Einzelhandels für die versorgungsbezogene Lebensqualität im urbanen Raum' reflektiert nicht nur einen *historisch* eindrucksvoll belegbaren Sachverhalt (z.B. Soldner 1968, S. 46 ff.); es steht auch für eine *derzeit* vielbeschworene Formel, wenn es gilt, auf Gefahren aufmerksam zu machen, denen der Versorgungsraum 'Stadt' – ob nun als 'zentraler Einkaufsbereich schlechthin oder mit seinen jeweiligen 'zentralen Einkaufsbereichen' – gegenwärtig ausgesetzt ist und die zu entsprechenden Vermeidungs- bzw. Kompensationsstrategien herausfordern (z.B. BAG 1984; Urbanicom 1985 und 1986).

Insbesondere hinsichtlich der Innenstädte (Kernbereiche, Citylagen) wird auf Entwicklungen hingewiesen, die vom Ergebnis her u.a. eine *Beeinträchtigung der einzelhandelsrelevanten Angebots- bzw. Versorgungsprofile* – wenn schon nicht bereits bewirkt haben, so doch aber zumindest – befürchten lassen. Als Indikatoren für einen derartigen Befund gelten im allgemeinen der 'Rückgang der Besucherfrequenzen' sowie der 'Entzug von umsatzrelevanter Kaufkraft' im Zusammenhang mit der Neuorientierung der konsumtiven Nachfrage an Einzelhandelsleistungen in nachrangigen Zentren bzw. nichtintegrierten Standorten (BAG 1985; Wachholz 1985). Auf konkret erlebnisfähige Kategorien stellt demgegenüber die 'Vereinseitigung des ökonomischen Angebots' bzw. die 'Einengung der Einzelhandelssortimente' sowie Phänomene des 'Trading-down' bzw. der 'Unausgewogenheit im Angebotsniveau' ab (Städtebaubericht 1986, S. 115 f.; Difu 1982, S. 31 ff.; Hermanns 1981; Bunge 1987). Häufig gebrauchte Schlagworte, wie die von der abendlichen 'Verödung' und wachsenden 'Kommerzialisierung', versuchen, die Situation ebenso anschaulich zu beschreiben, wie es die Begriffe 'Textilisierung', 'St. Paulisierung', 'Amerikanisierung' und 'Banalisierung' auf ihre Weise tun.

Natürlich lassen sich derartig verkürzende Aussagen in vielfältiger Hinsicht relativieren: Sei es, daß es städtebezogen und regionsspezifisch zu differenzieren gilt, wie es z.B. im sog. "Nord-Süd-Gefälle" (Hamburg-München) seinen Ausdruck findet (Wirtschaftswoche 1986a; vgl. aber auch Kossak 1987), sei es, daß das empirisch wie auch immer belegte Marktschicksal herausragender Betriebsformen und Agglomerationstypen des Einzelhandels mit City-Standort, wie insbesondere das der Warenhäuser, Kleinpreis-Geschäfte, Einkaufszentren und Einkaufspassagen keineswegs – wie häufig geschehen – mit dem des City-Einzelhandels schlechthin gleichzusetzen ist (BAG 1985, S. 8; Wirtschaftswoche 1986c, S. 114), oder sei es schließlich, daß die Konturen des hier interessierenden Problems unter dem Eindruck der sich wandelnden gesellschaftlichen Perspektiven zu verwischen drohen, etwa wenn von der "Renaissance der City" oder der "Revitalisierung der innerstädtischen Geschäftszentren" die Rede ist und ein diesbezüglicher Nachfrageüberhang nach Ladenflächen in den Ia-Lagen der Stadtzentren konstatiert werden kann (IfI 1986; RDM-Preisspiegel 1987; Wirtschaftswoche 1986b, S. 73).

Wie dem auch sei, im Kern beziehen sich alle diese Befunde auf cityspezifische Funktionen (u.a.) des Einzelhandels, die es im Sinne des Leitbildes "*Urbanität*" zu erhalten, wieder wahrzunehmen und/oder neu zu definieren gilt, bei aller Unbestimmtheit, die dem Begriff (um nicht zu sagen: der "Worthülse") Urbanität inzwischen immanent ist (Geßner 1975a, S. 32 f.; Rüppel 1982 bzw. Difu 1982, S. 14 ff.). Verbindet man damit jedoch in erster Annäherung etwa "Lebendigkeit und Attraktivität der Innenstadt", so erweisen sich die in diesem Zusammenhang formulierten Zielvorstellungen von der "Erhaltung der Multifunktionalität bzw. Nutzungsvielfalt" sowie der "Verbesserung der Erreichbarkeit und Einkaufsatmosphäre" einschließlich "Stadtbildpflege" als durchaus plausibel und erstrebenswert (z.B. DIHT 1985a, S. 11 ff.; Absatzwirtschaft 1987, S. 27; Hotzan 1981).

Daß die Umsetzung derartiger Konzepte generell in Abstimmung der Kommune mit allen hieran Interessierten erfolgen sollte, dürfte ebenso einsichtig sein, wie dies nicht in Verkennung des privatwirtschaftlichen Interesses an renditesichernder Nutzungsmöglichkeit räumlicher Ressourcen zu geschehen hätte, ob damit nun 'Immobilienpreise', 'Gewerbemieten' oder 'Verkaufsflächenproduktivitäten' assoziiert werden (z.B. IHK Berlin 1981, S. 17 ff.). 'Maßnahmen zur Stärkung der City als Einzelhandelsstandort', die zunächst einmal nur den Grundstücks- bzw. Standortwert erhöhen, würden weniger ertragreiche Nutzungen zwangsläufig in Frage stellen, wenn nicht gar gegenstandslos werden lassen, d.h. ursprünglich intendierte stadtentwicklungspolitische Zielvorstellungen, wie die bereits erwähnte Nutzungsvielfalt, z.T. wieder konterkarieren.

Die Umsetzung attraktivitätssteigernder Konzepte stellt sich insofern auch als die Bewältigung von grundsätzlichen, da mit dem 'natürlichen Spannungsverhältnis' kommunaler und privatwirtschaftlicher Interessen in Verbindung zu bringenden Zielkonflikten dar, von solchen z.B. verkehrsökologischer und arbeitsmarktpolitischer Art einmal abgesehen (Difu 1982, S. 67); zumindest lassen sie die ordnungspolitische, hier: boden-/eigentumsrechtliche Dimension des Gestaltungsproblems erkennen.

2.2 Ansiedlung großflächiger Einzelhandelsbetriebe

Eine mögliche Beeinträchtigung stadtentwicklungsplanerischer Belange wird im allgemeinen auch mit der Ansiedlung großflächiger Einzelhandelsbetriebe in Verbindung gebracht, hier allerdings nur insoweit, wie die diesbezüglichen Betriebstypen (z.B. Verbrauchermärkte, SB-Warenhäuser) mit ihren Angebotskapazitäten (Sortiment, Fläche) kundenattrahierende Wirkungen entfalten, die den zentralörtlichen Status des betrieblichen Standortes deutlich übersteigen. Schlüsselworte für eine möglicherweise zu unterstellende Gefährdung der (versorgungsbezogenen!) Funktionsfähigkeit des hierarchischen Zentrengefüges sind mithin die "relative Überdimensionierung" und der "nicht-integrierte Standort". Hinzu kommen jene Folgeerscheinungen, die unmittelbar auf die händlerischen Leistungsprofile bzw. standortpolitischen Präferenzen von flächenintensiv-discountorientierten ("rationalisierten") Betriebsformen zurückzuführen sind, wie insbesondere die (kunden- und liefer-) verkehrsbedingten Immissionen, die Verminderung des Ausbildungs- und Arbeitsplatzangebots in der Region, die Belastungen der öffentlichen Haushalte aufgrund infrastruktureller Vorleistungen und Folgekosten sowie die Beeinträchtigung des Orts- und Landschaftsbildes (Geßner 1982, S. 226 ff; Hamer 1986, S. 48 ff.; Hatzfeld 1987, S. 133 ff.; BAG 1986, S. 20 ff.; Alles/Sautter 1983, S. 18 ff.; Söllner 1984, S. 189 ff.).

Natürlich haben derartige Befunde und die ihnen zugrundeliegenden Beurteilungskategorien durch die – vom Markterfolg dieser Betriebsformen wie auch immer – Betroffenen ihre 'interessenpluralistische Ausdeutung' erfahren; namentlich die auf (Einzelhandels-) Verbandsebene kontrovers vorgetragene Einschätzung der räumlichen Entwicklung des Einzelhandels seitens des Bundesverbandes der SB-Warenhäuser (BdSW) und der Hauptgemeinschaft des Deutschen Einzelhandels (HDE) mag hierfür ein exemplarischer Beleg sein (Geßner 1982, S. 229 ff.). Ebenso naturgemäß haben daran die – in der jüngeren Vergangenheit permanent restriktiver gehandhabten – bauplanungsrechtlichen Bestimmungen etwas ändern können, mit denen sich die Ansiedlungsvorhaben von Einzelhandelsbetrieben der geschilderten Art zunehmend konfrontiert sehen, ob nun aufgrund der Novellierung der Baunutzungsverordnung (BauNVO) im Jahre 1977 mit ihrer Ansiedlungsbeschränkung auf Kern- und Sondergebiete bzw. kriteriengestützten, da an regional- wie stadtentwicklungsplanerischen Belangen sich orientierenden Beurteilungspflicht, oder was die jüngst erfolgte Herabsetzung der Regelvermutungsgrenze des § 11 Absatz 3 BauNVO (wenn auch "nur" im Sinne einer flexibel zu handhabenden "Öffnungsklausel" hinsichtlich der zu erwartenden raumordnerisch wie städtebaulich unerwünschten Auswirkungen) von 1500 m^2 auf 1200 m^2 Geschäftsfläche sowie die diesbezügliche Verschärfung von Ländererlassen zur Beurteilung von Einzelhandelsgroßprojekten betrifft (BAG 1986, S. 79 ff., S. 152 f.; BauNVO 1987; HDE 1987, S. 33 ff.; BdSW 1986; NRW-Erlaß 1986a und 1986b; DIHT 1986, S. 11 ff., S. 37 ff.).

Die Investitionskraft und Marktdynamik der flächenintensiv-discountorientiert agierenden Betriebsformen erweisen sich jedenfalls als nach wie vor ungebrochen, was nicht im Gegensatz dazu steht, daß sie ihr sortimentspolitisches Profil und standortpolitisches Verhalten den veränderten Rahmenbedingungen im Raum angepaßt haben: Empirische Befunde, wie insbesondere die reduzierte (= schwellenwertorientierte) Geschäftsflächendimensionierung bei Ansiedlungsvorhaben, die Entwicklung zielgruppen- bzw. bedarfsorientierter Spezialisierungskonzepte im Warenangebot (z.B. Bau-, Drogerie- und Hobbymärkte, Gartencenter) und ihre betriebliche Realisierung in Gewerbegebieten, die verstärkte Innenstadtorientierung sowie die Ablösung traditioneller Warenhäuser in ihrer Funktion als Leitbetriebe in Einkaufszentren belegen dies in eindrucksvoller Weise. Sie haben jedoch das hier interessierende Gestaltungsproblem keineswegs gegenstandslos werden lassen, sondern "nur" in seiner Struktur modifiziert, allein, wenn man die stadtentwicklungspolitisch bedeutsamen Konsequenzen der Standortwahl von Fachmärkten unterschiedlicher Branche, Größe und Einzelhandelsnachbarschaft bedenkt oder aber die veränderte Qualität der flächeninduzierten Konkurrenzbeziehungen am angestammten Standort des ortsansässigen/innerstädtischen Einzelhandels erkennt (HDE 1986, S. 39 f.; Kersch 1985; Schnermann 1985; Wölk 1987; ISB 1985).

Man mag die konzeptionelle Neuorientierung großflächiger Einzelhandelsbetriebe und die entsprechenden sortiments- wie standortpolitischen Reaktionsmuster (u.a.) als bloßen Versuch zur Umgehung stadtentwicklungspolitisch wohlzubegründender Bestimmungen ansehen (z.B. Arbeitskreis Köln 1983, S. 18; HDE 1986, S. 36 f.); positiv interpretiert haben hier jedoch Unternehmen nur von ihrem ordnungspolitisch zugestandenen Recht Gebrauch gemacht, auf die Wahrnehmung standortspezifischer Marktchancen nicht zu verzichten, d.h. die regionalen Marktpotentiale systematisch auszuschöpfen, was insofern das 'Verdrängen' nicht mehr marktgerechter Mitbewerber notwendigerweise impliziert (Grüner 1986, S. 17; Viehof 1986).

2.3 Nahversorgung mit Einzelhandelsangeboten

Ging es im Rahmen der bisherigen Erörterungen zur 'Funktionalität regionaler Handelsstrukturen' einmal um die handelsrelevante Bezugsbasis 'Raum' (Teilaspekt: Innenstadt), ein andermal um den agierenden 'Einzelhandel' selbst (Teilaspekt: Großflächige Einzelhandelsbetriebe), so soll im folgenden der eigentliche 'Adressat' aller raumspezifischen Einzelhandelsaktivitäten angesprochen werden, d.h. der 'Verbraucher' mit seinem vitalen Interesse an versorgungsbezogener Lebensqualität, wie insbesondere an qualifizierter Grundversorgung (Güter des kurzfristigen Bedarfs) innerhalb kurzer Beschaffungsreichweiten (Nahversorgung).

Daß sich hinter diesem Aspekt – jenseits des grundsätzlichen Gehalts der Fragestellung (Stichwort: Lebensraumbezogener Systemzweck des Einzelhandels) – ein aktuelles stadtentwicklungspolitisches Problem verbirgt, ergibt sich – zumindest implizit – schon aus dem bisher ausgeführten. In dem Maße nämlich, wie die Instrumentalisierung der Verkaufsfläche im Rahmen des Einzelhandelsmarketing einem marktinduziert-wachstumsimmanenten Sachzwang entspringt und vom Markt honoriert wird (vgl. akquisitorische Bedeutung des Betriebsraums, die stagnierenden Raumproduktivitäten, die Erhöhung der betriebsindividuellen Mindestabsatzpotentiale und die Marktanteile der flächenexpansiv operierenden Einzelhandelsunternehmen), in dem Maße werden sich die Einzugsbereiche der Verkaufsstellen zunehmend überschneiden und kleinteilige Angebotsstrukturen, namentlich im verbrauchernahen-flächendeckenden Sinne, unter existenzbedrohenden Konkurrenzdruck gelangen lassen, mit der im Einzelfall möglicherweise nur noch verbleibenden Konsequenz der Betriebsaufgabe (Geßner 1982, S. 168 ff.).

Zwar sind die verengten Marktperspektiven der von Standortumwertungen dieser Art betroffenen Kleinbetriebe des Einzelhandels auch auf betriebsgrößenspezifische Strukturmerkmale und Leistungsdefizite im Marketing- bzw. Managementbereich zurückzuführen (Geßner 1975b, S. 21 ff.; DIHT 1987a, S. 2 ff. bzw. 1987b, S. 11 f.; BBE-Bayern 1983, S. F 20 f.). Ebenso dürften die Konsumenten mit ihrem Einkaufsverhalten, wie z.B. durch die verstärkte Präferenzierung von agglomerierten Betriebsformen bzw. Groß-Angebotstypen des Einzelhandels und nachlassende Geschäftstreue aufgrund veränderter Anspruchsprofile, erhöhter Mobilität und anderer soziodemographischer Gegebenheiten ganz wesentlich zum Kaufkraftentzug bzw. Umsatzverlust und damit zum Ausscheiden der Kleinbetriebe in (wohnungsnahen) Streulagen beigetragen haben (z.B. Rothauer 1982, S. 35 f.; Happel 1987; aws-Monitor 1987). Die empirische Evidenz des vielbeschworenen 'Ladensterbens', namentlich im Lebensmitteleinzelhandel, ist jedenfalls ebenso unstrittig, wie das in diesem Zusammenhang gleichfalls häufig zitierte Gleichnis vom 'grobmaschiger werdenden Netz der Verkaufseinrichtungen bei gleichzeitiger Leistungssteigerung der Knoten' den nahversorgungsrelevanten Gehalt dieses Befundes bildhaft unterstreicht.

Die Frage indes, ob es sich dabei um einen sozialverträglichen bzw. stadtentwicklungspolitisch zu akzeptierenden Befund handelt, kann – zumindest bislang – in Ermangelung einer geeigneten, d.h. konsensfähig und operational definierten normativen Basis nicht beantwortet werden. Daran haben im Prinzip auch die zahlreichen Untersuchungen zum Nahversorgungsproblem kaum etwas ändern können, ob sie nun auf das Vorhandensein nahversorgungsrelevanter Einkaufsstätten, mithin auf den regionalen/gebietsspezifischen Einzelhandelsbesatz abstellen ("angebotsbezogener Ansatz"), oder in der Versorgungssituation "lediglich" einen – wenn auch komplex strukturierten – Meinungsgegenstand erblicken, den es per Zufriedenheitsurteil global wie versorgungsdimensionsspezifisch zu ermitteln gilt ("nachfragebezogener Ansatz") oder aber einen gleichermaßen "angebots-" wie "nachfragebezogene" ("objektive", "subjektive") Merkmale berücksichtigenden "Versorgungsqualitäts-Indikator" als angemessenen Beurteilungsmaßstab vorschlagen (Geßner 1982, S. 107 ff., S. 178 ff.; FfH 1981, S. 110 ff.; Piorkowsky 1984).

Sie gelangen zwar häufig zu einer Bewertung der jeweils untersuchten Versorgungslage, und zwar durchaus im Sinne des vorerwähnten normativen Votums. Sie können dies aber nur vor dem Hintergrund diffus bleibender bzw. nur bedingt legitimierter versorgungspolitischer Zielvorstellungen tun, seien sie nun faktisch autonom gesetzt bzw. demoskopisch abgeleitet (z.B. Müller/Finck/Köglmayr 1982), seien sie lediglich Ausdruck allgemeiner Plausibilitätsüberlegungen, etwa im Sinne einer 'Entdramatisierung' vermeintlicher Unterversorgung in bestimmten Teilregionen mit Hinweis auf die vergleichsweise geringe Zahl der hiervon Betroffenen (z.B. FfH 1980, S. 115 und 1985, S. 122) bzw. auf die kompensierende Funktion mobiler Verkaufsstellen (z.B. FfH 1983, S. 69 ff.; Haas 1986), oder seien sie mit den Gestaltungsprinzipien marktwirtschaftlich-betriebswirtschaftlicher Rationalität für mehr oder weniger unvereinbar erklärt (z.B. Rindermann 1979, S. F 40; Marschner 1981, S. 108). Ihre Aussagen setzen sich damit einer wenig zweckdienlichen Relativierbarkeit aus (z.B. Geßner 1982, S. 201 ff. und S. 258 ff.; Hatzfeld 1987, S. 188 ff.). Zumindest können sie *so* der ordnungspolitischen Herausforderung, wie sie dem (im gesamtwirtschaftlichen Sinne zu begreifenden) *Versorgungsauftrag des Handels* auch in regionaldifferenzierender Weise nun einmal immanent ist, nur sehr bedingt gerecht werden.

2.4 Einzelhandelsrelevanter Planungs- und Handlungsbedarf

Der Versuch, am Beispiel von drei ausgewählten Problemfeldern der Einzelhandelsentwicklung im Raum die entsprechenden empirischen Erscheinungsformen sowie die hierfür maßgeblichen Bestimmungsgründe zu diskutieren, hat – bei aller Vielfalt und Wechselbezüglichkeit der thematisierten Befunde – zumindest das Dilemma deutlich werden lassen, vor dem die Stadtentwicklungspolitik derzeit steht, und einzelhandelsrelevanten Planungs- und Handlungsbedarf signalisiert: Es geht um Phänomene der Einzelhandelsentwicklung, die sich nicht so sehr aufgrund fehlender, sondern trotz gegebener Leitvorstellungen und planungsrechtlicher Instrumente eingestellt haben; es geht aber auch um Struktureffekte, die sich mit ordnungspolitisch gesetzten Rahmenbedingungen in Verbindung bringen lassen, und die sich insofern als durchaus "fragwürdig" erweisen, ob damit nun die "Frage" nach der "eigentumsrechtlichen Schutzwürdigkeit der innerstädtischen Bodennutzung" (vgl. Innenstadt als Einzelhandelsstandort), nach der "Akzeptanz des regionalen Verdrängungswettbewerbs" (vgl. Ansiedlung großflächiger Einzelhandelsbetriebe) sowie nach der "Transparenz der gebietsspezifischen versorgungspolitischen Zielvorstellungen" (vgl. Nahversorgung mit Einzelhandelsangeboten) assoziiert werden (siehe *Abbildung 4*).

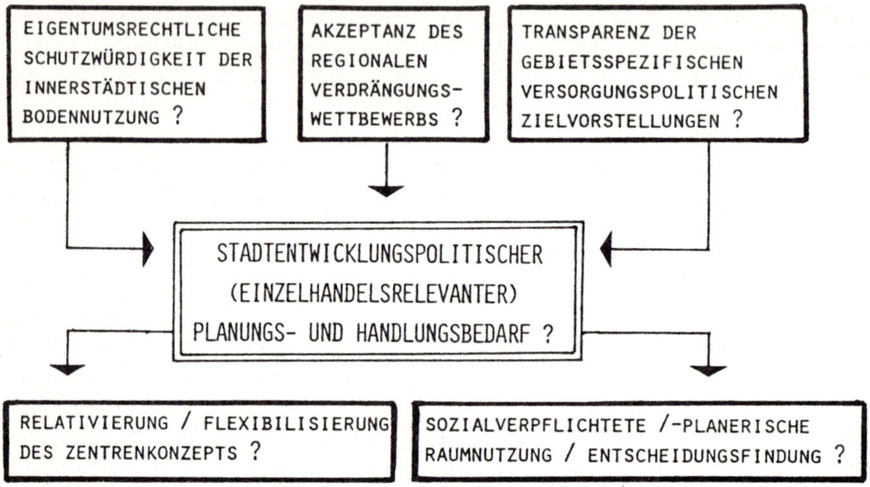

Abbildung 4: Stadtentwicklungspolitischer (einzelhandelsrelevanter) Planungs- und Handlungsbedarf

Die damit angezeigte Konsequenz, bislang praktizierte Problemlösungsmuster als offenbar dem hier interessierenden Gestaltungsproblem nicht mehr angemessen zu empfinden, ist ebenso evident, wie es den grundsätzlichen Charakter der in diesem Zusammenhang vorgetragenen Positionen erklärt, von denen die öffentliche Diskussion derzeit beherrscht wird. Dabei gilt es, zwischen zwei 'Argumentationssträngen' zu unterscheiden: Sie markieren – vom jeweils gewählten Denkansatz her – gleichsam die Pole eines Kontinuums, auf dem sich die meisten der problemzentriert-politischen Diskussionsbeiträge ansiedeln lassen.

Der eine Denkansatz – hier einmal bewußt verkürzend mit "*Relativierung und Flexibilisierung des Zentrenkonzepts*" umschrieben – fordert im Kern die verstärkte Beachtung der branchen- und betriebsformenspezifischen sowie rentabilitätsbezogenen Sachzwänge des Einzelhandels hinsichtlich der Mindestabsatzpotentiale, der Einzugsgebiete und der Sortiments- bzw. Geschäftsflächendimensionierung. Er lehnt privatwirtschaftlich verbindliche, in Sonderheit zentrenhierarchisch vorzugebende Kapazitätshöchstgrenzen des Einzelhandels als Ausdruck der Errichtung von Marktzutrittsbarrieren, der Gewährung eines marktwidrigen Bestandsschutzes sowie der Vornahme einer gleichfalls nicht marktkonformen Bedarfsprüfung ebenso grundsätzlich ab, wie er andererseits das Zentrenkonzept an sich deswegen nicht prinzipiell in Frage stellt, sondern vornehmlich als einen Orientierungsrahmen für öffentliche Investitionen interpretiert wissen will. Ein stadtentwicklungspolitischer, namentlich am vorerwähnten Problem des City-Standortes sich orientierender Handlungsbedarf wird in aller Regel "nur" insoweit gesehen, als dabei an die stimulierende Bedeutung der infrastrukturellen Ausstattung des einzelhandelsrelevanten Umfeldes gedacht wird (Stichwort: "Leitinvestitionen", vgl. Difu 1982, S. 64) bzw. diesbezügliche Konzepte zur Verbesserung der Standortbedingungen des innerstädtischen Einzelhandels gemeint sind, seien sie nun verkehrstechnischer Art (Erreichbarkeit, Pkw-Stellplatzangebot usw.) oder an den kundenfrequenzsteigernden Voraussetzungen innerstädtischer Attraktivität orientiert (Nutzungsvielfalt, Freizeitwert, Stadtbild, Wohnqualität usw.); von den eigeninitiativ zu leistenden Beiträgen des Einzelhandels einmal abgesehen (vgl. etwa DIHT 1982, S. 6 ff.; DIHT 1985a, S. 11 ff.; Depenbrook-Naumann 1982, S. 161 ff.; DIHT 1985b, S. 28 ff.).

Der andere Denkansatz – hier wiederum nur verkürzend mit "*sozialverpflichteter Raumnutzung bzw. sozialplanerische Entscheidungsfindung*" umschrieben (und insofern nicht ohne weiteres gleichzusetzen mit der vielfach geäußerten Kritik an der Forderung nach einer Flexibilisierung und Relativierung des Zentrenkonzepts i.S.v. HDE/BAG 1983 und Schubert 1983) –, dieser Denkansatz hegt Skepsis gegenüber den marktwirtschaftlichen Selbstregulierungsmechanismen und den Folgen rein privatwirtschaftlich motivierten Handelns. Er fordert stattdessen die qualifizierte Beteiligung aller, im Beziehungsfeld 'Stadtentwicklung und Einzelhandel' anzusiedelnden Akteure im Raum auf der Basis entsprechend ausgewiesener Partizipationskonzepte. Daß dies zugleich eine grundsätzliche Erweiterung des Raum- und Planungsverständnisses impliziert, da weniger den Denkkategorien der Rentabilitätserzielung und eines möglichst ungehinderten Konsums verhaftet, als vielmehr den umfassenden Gestaltungsaufgaben menschlicher Daseinsvorsorge und gesellschaftlicher Auseinandersetzung verpflichtet, ist ebenso evident, wie sich andererseits der Stellenwert des Einzelhandels als urbanitätsprägende Kraft entsprechend relativiert (vgl. etwa Geßner 1982, S. 251 ff.; Difu 1982, S. 16 f.; BRBS 1982, S. 12 ff.).

Vor diesem Hintergrund der beiden skizzierten polaren Denkansätze ein abwägendes Resümee formulieren zu wollen, hieße auf dem besagten Kontinuum der Diskussionsbeiträge "nur" eine bestimmte Position (unter vielen denkbaren) zu markieren. Das wäre zwar möglich (und reizvoll), aber unter dem hier interessierenden Gesichtspunkt nicht angezeigt. Vielmehr gilt es, auf die prädisponierende Bedeutung (um nicht zu sagen: paradigmatische Funktion) derartiger Alternativen im Raum- und Planungsverständnis hinzuweisen, wenn in der stadtentwicklungspolitisch wie einzelhandelsrelevanten Fachöffentlichkeit über die Zweckmäßigkeit bestimmter (z.B. planungsrechtlicher) Handlungsmuster (eben mehr gestritten als) diskutiert wird, und dabei der eigentliche Dissens verdeckt bleibt, anstatt ihn argumentativ auszutragen.

3 HANDELSWISSENSCHAFTLICHE IMPLIKATIONEN

Welchen Denkansatz man hinsichtlich des angezeigten stadtentwicklungspolitischen Planungs- und Handlungsbedarfs auch immer wählen mag, um ihn nach Gegenstand und Dringlichkeit verdeutlichen zu können, am Faktum, daß Einzelhandelsbetriebe in ihrem räumlichen Verhalten gleichermaßen als *privatwirtschaftlich motivierte Funktionsträger* wie auch als *gesellschaftlich bedingte Institutionen* agieren, ändert das nichts. Hieraus zu folgern, in den Zielkatalogen des Einzelhandels auch legitime Belange des gesellschaftlichen Umfeldes zu verankern, erweist sich insofern ebenso als konsequent, wie dies andererseits zur Voraussetzung hätte, entsprechend den alternativen gesellschaftlichen Bezugsgruppen werte- und interessenbezogen zu differenzieren und damit die prinzipielle Mehrdimensionalität der unternehmerischen Planungs- und Entscheidungskalküle sowie der diesbezüglichen Entscheidungskonsequenzen zu erkennen.

Indes: Der bloße Appell an die gesellschaftliche Verantwortung der Unternehmung und die hiermit korrespondierende Forderung nach einer entsprechend qualifizierten Handlungsorientierung muß solange diffus und unverbindlich bleiben, wie der Reifegrad des hier interessierenden gesellschaftlichen Anliegens nach Problemstruktur und Handlungszwang in der Fachöffentlichkeit keineswegs übereinstimmend gesehen und thematisiert wird (*Konsensproblem*), wie in diesem Zusammenhang das Ausmaß der Betroffenheit von Handelsunternehmen (um nicht zu sagen: der Grad ihrer stadtentwicklungspolitischen 'Exponiertheit') je nach raumbedeutsamen Verhaltensprofil sich durchaus unterschiedlich darstellt (*Relevanzproblem*), und wie überhaupt die grundsätzliche Frage als keineswegs ausdiskutiert gelten kann, inwieweit Unternehmen nach ihrem Rollenverständnis hinsichtlich der einzelwirtschaftlichen Gestaltungsaufgabe auch 'Adressaten' bzw. 'Bewältiger' gesellschaftspolitischer Anliegen sind oder doch zumindest sein sollten (*Akzeptanzproblem*).

Zugleich erklärt sich, weshalb die öffentliche Auseinandersetzung, namentlich mit Blick auf die Diskussionsbeiträge und Argumentationsmuster der Handelspraxis, einen bislang so wenig zweckdienlichen Verlauf genommen hat:

- So z.B., wenn die stadtentwicklungspolitisch bedeutsamen Dimensionen der Einzelhandelsentwicklung zwar prinzipiell bejaht werden, aber unter dem Gesichtspunkt ihrer Umsetzungsbedürftigkeit je nach unternehmens- oder verbandsspezifischer Interessenlage eine differierende, sprich: interessenpluralistische Ausdeutung, erfahren;

- so z.B. auch, wenn lediglich auf die Sachzwänge der verkehrswirtschaftlichen, in Sonderheit handelsmarketingpolitischen Rationalität verwiesen wird, die zu relativieren oder gar zu ignorieren zwangsläufig die Hinnahme existentieller Bedrohung der Unternehmen zur Folge hätte;

- so schließlich auch, wenn in aller Regel für möglichst hohe Freiheitsgrade der unternehmerischen Optionen – auch und gerade bezüglich des raumbezogenen Verhaltens – votiert wird, aber eben nur insoweit, als dies die Durchsetzbarkeit der jeweils präferenzierten Marktziele nicht gefährdet, um widrigenfalls um so nachhaltiger faktisch marktwirksame Eingriffe, wie insbesondere Marktzutrittsbarrieren für potentielle Mitbewerber, zu fordern.

Der Katalog der vorgetragenen Argumente ließe sich in exemplarischer Weise noch beträchtlich erweitern – der Eindruck, daß lediglich dem Partikularinteresse verpflichtete Positionen 'verfestigt' werden sollen, d.h. die Diskussion nach Sachinhalt und Form eher einem Konfrontationsdenken verhaftet bleibt, anstatt in der gemeinsamen Verantwortung für das Leistungsprofil des Einzelhandels sich über die eingangs skizzierten Implikationen sozialverträglicher Einzelhandelsstrukturen im urbanen Raum gedanklich auszutauschen, bliebe jedoch bestehen. Mithin gilt es, zunächst einmal die Voraussetzungen für einen konstruktiven Dialog zu schaffen. Die Handelswissenschaft könnte hierzu einen maßgeblichen Beitrag leisten, wenn auch um den Preis eines entsprechend modifizierten Verständnisses vom Gegenstand ihres Wissenschaftsprogramms.

Um es unter drei Aspekten zu verdeutlichen, auch wenn dies hier nur in schlagwortartiger Verkürzung geschehen kann: So müßte in *forschungslogischer Hinsicht* die traditionelle Zurückhaltung gegenüber der Thematisierung von Wirkungszusammenhängen im Verhältnis Handel – Stadtentwicklung aufgegeben werden, auch wenn dies möglicherweise Ergebnisse zeitigen und Konsequenzen nahelegen würde, für deren Umsetzung derzeit (noch) geringe Chancen bestehen, gleichwohl aber mit ihrer Erarbeitung zumindest den Blick für prinzipiell denkbare Alternativen offenhält. So müßte in *praxeologischer Hinsicht* vor dem Hintergrund der gesellschaftlichen, hier: stadtentwicklungspolitischen, Legitimationsbedürftigkeit der Einzelhandelsentwicklung im Raum für eine diesbezüglich systematische Ausweitung der einzelwirtschaftlichen Planungskalküle plädiert werden, was allerdings – eingedenk der planungspraktischen Kompetenzverteilung und der Gewährleistung einer konstruktiven Dialogfähigkeit – auch zu bedeuten hätte, daß die kommunalen Planungsträger für entsprechende Transparenz und Plausibilität ihrer jeweiligen Zielvorstellungen Sorge tragen.

Schließlich müßte auch in *fachdidaktischer Hinsicht* den geschilderten gesellschaftlichen stadtentwicklungspolitischen Herausforderungen der Handelsunternehmung insofern entsprochen werden, als es im Lehrgespräch neben der Vermittlung rein instrumentellen, sprich: "technologischen", Wissens in zunehmendem Maße darauf ankommt, Sensibilität für die Dynamik der handelsrelevanten gesellschaftlichen Umfeldbeziehungen und ein dies reflektierendes Problembewußtsein – namentlich im Hinblick auf den urbanen Lebensraum – zu erzeugen sowie die Fähigkeit zu einer entsprechend qualifizierten, sprich: "kontextgebundenen", Argumentation zu entwickeln. Zumindest bietet sich damit die Chance, daß Absolventen derartig konzipierter Ausbildungsprogramme, mithin die künftigen Planungs- und Entscheidungsträger in Handelsbetrieben, sich nicht nur als bloße 'Gefangene' unternehmensin- und -externer Sachzwänge empfinden, welche es lediglich zu 'exekutieren' gilt, sondern auch in Aufgeschlossenheit gegenüber dem Wandel der gesellschaftlichen Perspektiven die damit korrespondierenden veränderten Anforderungen an das Handelsmanagement erkennen und verantwortungsbewußt umzusetzen verstehen.

LITERATUR

Absatzwirtschaft 1987 – o.V.: Innenstadt zieht an. In: Absatzwirtschaft, Nr. 8/1987, S. 26-35

Ahlert, D.: Distributionspolitik, Stuttgart 1985

Alles, R.; Sautter, H.: Erfahrungen mit Großbetriebsformen des Handels, Darmstadt 1983

Arbeitskreis Köln 1983 – Arbeitskreis Gewerbliche Ansiedlung Köln (Hrsg.): Tätigkeitsbericht, Köln 1983

asw-Monitor 1987 – o.V.: Einkaufsstätten-Barometer. In: Absatzwirtschaft, Nr. 3/1987, S. 36

BAG 1984 – Bundesarbeitsgemeinschaft der Mittel- und Großbetriebe des Einzelhandels e.V. (BAG) (Hrsg.): Stadt und Handel – Identische Interessen ? (Dokumentation einer Veranstaltung der BAG am 2.11.1983), Köln 1984

BAG 1985 – Bundesarbeitsgemeinschaft der Mittel- und Großbetriebe des Einzelhandels e.V. (BAG) (Hrsg.): Gefahr für die Innenstädte wächst. Ergebnisse der Untersuchung Kundenverkehr 1984, Köln 1985

BAG 1986 – Bundesarbeitsgemeinschaft der Mittel- und Großbetriebe des Einzelhandels e.V. (BAG) (Hrsg.): Standortfragen des Handels, 3. Auflage, Köln 1986

BauNVO 1987 – o.V.: Heftige Kritik am Entwurf. In: Lebensmittel-Zeitung, Nr. 44 v. 31.10.1986, S. 84-85

BBE-Bayern 1983 – o.V. (KL): Neues Leben für alte Läden. In: Lebensmittel-Zeitung, Nr. 40 v. 7.10.1983, S. F 18 - F 22

BdSW 1986 – LZ-Gespräch mit dem BdSW-Präsident und Asko-Vorstandsmitglied G. Mössner: "Die Stadt muß sich öffnen, wenn die Parkplätze leer sind". In: Lebensmittel-Zeitung, Nr. 38 v. 19.9.1986, S. F 34

BRBS 1982 – Bundesminister für Raumordnung, Bauwesen und Städtebau, Bonn (Hrsg.): Praxis der Gemeinden bei der Beteiligung der Bürger an der Bauleitplanung (Bearbeiter A. Evers et al.), Bonn 1982

Bunge, H.: Innenstadtentwicklung und Einzelhandel. In: mitteilungen aus der FfH Berlin, 2. Jg., Nr. 3/1987, S. 1-4

Depenbrock-Naumann, E.-M.: Einzelhandel und Stadtentwicklung, Diss., München 1982

Difu 1982 – Deutsches Institut für Urbanistik, Berlin (Hrsg.): Die City als Einzelhandelsstandort (Räumliche Entwicklungsplanung. Teil 2: Auswertung. Heft 5), Berlin 1982

DIHT 1982 – Deutscher Industrie- und Handelstag (Hrsg.): Zentrenhierarchie und Standortwahl des Einzelhandels, Bonn 1982/1985 (Beilage zu DIHT 1985a)

DIHT 1985a – Deutscher Industrie- und Handelstag (Hrsg.): Attraktive Innenstadt – Maßnahmen zur Stärkung der City, Bonn 1985

DIHT 1985b – Deutscher Industrie- und Handelstag (Hrsg.): Handel im Umbruch. Grundpositionen der Binnenhandelspolitik, Bonn 1985

DIHT 1986 – Deutscher Industrie- und Handelstag (Hrsg.): Baurecht für den Handel – Wegweiser für die Ansiedlung großflächiger Betriebe, Bonn 1986

DIHT 1987a – Deutscher Industrie- und Handelstag (Hrsg.): Erste Schwerpunktanalyse der Handels- und Gaststättenzählung 1985, 2. Teil: Arbeitsstättenerhebung, Bonn 1987

DIHT 1987b – Deutscher Industrie- und Handelstag (Hrsg.): Konzentration im Zwielicht. Binnenhandel auf Konzentrationskurs, Bonn 1987

Drexel, G.: Strategische Unternehmensführung im Handel, Berlin-New York 1981

Drexel, G.: Strategisches Marketing in der Praxis. In: Die Unternehmung, Nr. 2/1984, S. 101-119

FfH 1980 – Forschungsstelle für den Handel Berlin (FfH) e.V. (Hrsg.): Die Versorgung mit Lebensmitteln in städtischen Randlagen (Verfasserin: A. Wölk), Berlin 1980

FfH 1981 – Forschungsstelle für den Handel Berlin (FfH) e.V. (Hrsg.): Die Qualität der Versorgung mit Einzelhandelsleistungen in Bayern. Erster Teil: Grundlagenstudie zur Ermittlung eines Versorgungsqualitäts-Indikators, Berlin 1981

FfH 1983 – Forschungsstelle für den Handel Berlin (FfH) e.V. (Hrsg.): Funktion und Bedeutung mobiler Verkaufsstellen in der Bundesrepublik Deutschland – Wirtschaftspolitische, volkswirtschaftliche und versorgungspolitische Aspekte (Verfasserin: A. Wölk), Berlin 1983

FfH 1985 – Forschungsstelle für den Handel Berlin (FfH) e.V. (Hrsg.): Die Versorgung der Bevölkerung mit Einzelhandelssleistungen des täglichen Bedarfs in der Bundesrepublik Deutschland nach Haushaltstypen, Berlin 1985

Geßner 1975a – Geßner, H.-J.: Handelsmarketing und Versorgungsauftrag (Klein- und Mittelbetriebe im Urbanisierungsprozeß). In: Internationales Gewerbearchiv, 23. Jg., Nr. 1/1975, S. 32-44

Geßner 1975b – Geßner, H.-J.: Probleme und Chancen der Unternehmensführung in Kleinbetrieben des Handels (International Symposium on Small Business, Tokyo 1975). Arbeitspapier Freie Universität Berlin, Berlin 1975

Geßner 1977a – Geßner, H.-J.: Zur Bestimmung von Einzugsgebieten im Einzelhandel. In: Haedrich, G. (Hrsg.), Operationale Entscheidungshilfen für die Marketingplanung, Berlin, New York 1977, S. 143-165

Geßner 1977b – Geßner, H.-J.: Distribution. Arbeitspapier Freie Universität Berlin, Berlin 1977

Geßner, H.-J.: Zur Verantwortung des Handels in der Konsumgüterdistribution. In: FfH-Mitteilungen, Neue Folge, 19. Jg., Nr. 2/1978, S. 1-7

Geßner, H.-J.: Handelsmarketing und Raumökonomie – Räumliche Aspekte der Verbraucherversorgung, Berlin 1982

Grüner 1986 – Antwort des Parlamentarischen Staatssekretärs Grüner v. 10.3.1986 vor dem Deutschen Bundestag auf eine Kleine Anfrage zur Stellung der Asko AG im Wettbewerb. In: Bundestagsdrucksache 10/5195, S. 16-17

Haas, S.: Mobilität wird schon gebraucht (Studie der Bayerischen Industrie- und Handelskammer zur Versorgung der Bevölkerung). In: Lebensmittel-Zeitung, Nr. 37 v. 12.9.1986, S. F 4 - F 8

Hamer, E.: Machtkampf im Einzelhandel. Folgen der Neuansiedlung von Verbrauchermärkten auf den mittelständischen Facheinzelhandel, Minden 1986

Happel, H.: Das "Fremdgehen" in benachbarte Einkaufszentren hat bereits existenzbedrohende Ausmaße angenommen. In: Handelsblatt v. 11.5.1987, S. 14

Hatzfeld, U.: Auswirkungen von Verbraucher- und Fachmärkten auf kommunale Belange, Dortmund 1987

HDE/BAG 1983 – Hauptgemeinschaft des Deutschen Einzelhandels e.V., Köln / Bundesarbeitsgemeinschaft der Mittel- und Großbetriebe des Einzelhandels e.V., Köln (Hrsg.): Gemeinsame Stellungnahme zur Zentrenhierarchie im Bereich Zentraler Orte und ihrer Verflechtungsbereiche, Köln 1983

HDE 1986 – Hauptgemeinschaft des Deutschen Einzelhandels (Hrsg.): 38. Arbeitsbericht 1985, Köln 1986

HDE 1987 – Hauptgemeinschaft des Deutschen Einzelhandels (Hrsg.): 39. Arbeitsbericht 1986, Köln 1987

Heinritz, G.: Zentralität und zentrale Orte, Stuttgart 1979

Hermanns, H.: Kölner City unter Druck – Verpaßt die Innenstadt den Anschluß? In: Mitteilungen der Industrie- und Handelskammer zu Köln, Nr. 9 (Juni)/1981, S. 12-18

Heuer, H.: Sozioökonomische Bestimmungsfaktoren der Stadtentwicklung, 2. Auflage, Stuttgart 1977

Hotzan, J.: Die Bedeutung der Erreichbarkeit unserer Städte für den Handel aus der Sicht des Stadtplaners. In: BAG-Nachrichten, 21. Jg., Nr. 3/1981, S. 6-10

IfI 1986 – Institut für Immobilienforschung GmbH (Hrsg.): Perspektiven des Einzelhandels und der einzelhandelsgenutzten Immobilie (Pressemitteilung), Göttingen 1986

IHK Berlin 1981 – Industrie- und Handelskammer zu Berlin (Hrsg.): Zur Problematik zentraler Einkaufsbereiche in Berlin, Berlin 1981

ISB 1985 – o.V. (ke): Die Großen werden kleiner (Ergebnisse einer SB-Center-/ SB-Warenhaus-Erhebung des Instituts für Selbstbedienung und Warenwirtschaft e.V., Köln). In: Lebensmittel-Zeitung, Nr. 15 v. 12.4.1985, S. F 10 - F 12

Kersch, Chr.: Jetzt zieht es auch Massa in die City. In: Lebensmittel-Zeitung, Nr. 4 v. 25.1.1985, S. F 4 - F 8

Kossak, E.: Tor zur Welt wiederbelebt. In: Lebensmittel-Zeitung, Nr. 39 v. 25.9.1987, S. 126

Marschner, H.: Ausgewählte empirische Ergebnisse eines Stadt-/Landvergleiches über die Versorgung mit Nahrungsmitteln. In: Marschner, H. (Hrsg.): Handelsforschung – Handelspraxis, Wien 1981, S. 93-120

Müller, St.; Finck, G.; Köglmayr, H.-G.: Wie gut ist die Nahversorgung? Eine Untersuchung zur Versorgungszufriedenheit bei eingeschränkter Konsumentenmobilität. In: Der Markt, 21. Jg., Nr. 1/1982, S. 20-28

NRW-Erlaß 1986a – o.V.: Höhere Hürden für neue Großflächen am Stadtrand. In: Lebensmittel-Zeitung, Nr. 35 v. 29.8.1986, S. 10

NRW-Erlaß 1986b – Gemeinsamer Runderlaß des Ministers für Stadtentwicklung, Wohnen und Verkehr, des Ministers für Wirtschaft, Mittelstand und Technologie und des Ministers für Umwelt, Raumordnung und Landwirtschaft v. 16.7.1986. In: Ministerialblatt für das Land Nordrhein-Westfalen, 39. Jg., Nr. 60, S. 1001-1008

Piorkowsky, M.-B.: Versorgungsbedingungen und Versorgungszufriedenheit bei Gütern des Grundbedarfs. In: Jahrbuch der Absatz- und Verbrauchsforschung, 30. Jg., Nr. 3/1984, S. 241-252

RDM – Preisspiegel 1987 – o.V.: Beste Lagen stark gefragt. In: Lebensmittel-Zeitung, Nr. 30 v. 24.7.1987, S. 35

Rindermann, R.: Was ist an der Unterversorgung ländlicher Regionen wirklich dran: Nur eine Fata Morgana? In: Lebensmittel-Zeitung, Nr. 14 v. 6.4.1979, S. F 36 - F 40

Rothauer, H.: Nahversorgung im sozialen und ökonomischen Wandel. In: Berichte zur Raumforschung und Raumplanung, Nr. 1/1982, S. 34-37

Rüppel, W.: Urbanität. In: Falk, B.; Wolf, J. (Hrsg.): Das große Lexikon für Handel und Absatz, 2. Auflage, Landsberg am Lech 1982, S. 771-774

Schnermann, J.: Störenfried oder Partner? Konsequenzen von SB-Warenhäusern in der City für Handel und Städteplaner. In: Lebensmittel-Zeitung, Nr. 45 v. 8.11.1985, S. F 22 - F 23

Schubert, U.: Konzept der Zentrenhierarchien – eine wichtige Planungsgrundlage. In: BAG-Nachrichten, Nr. 9/1983, S. 12-14

Söllner, J.T.: Neue Verbrauchermärkte und ihre Folgen, Nürnberg 1984

Soldner, H.: Die City als Einkaufszentrum im Wandel von Wirtschaft und Gesellschaft, Berlin 1968

Städtebaubericht 1986 – Der Bundesminister für Raumordnung, Bauwesen und Städtebau (Hrsg.): Städtebaulicher Bericht Umwelt und Gewerbe in der Städtebaupolitik v. 9.9.1986. In: Bundestagsdrucksache 10/5999, Bonn – Bad Godesberg 1986, S. 115-122

Stuch, F.: Zentrenstruktur und Planung marktfähiger, konsumorientierter Versorgungseinrichtungen, Köln 1977 (Gewerbe- und Zentrenplanung der BBE-Unternehmensberatung Köln)

Urbanicom 1985 – Internationale Vereinigung Stadtentwicklung und Handel, Brüssel, Deutsche Sektion (Hrsg.): Lebendige Stadt – der Beitrag des Handels (Dokumentation der Studientagung der Deutschen Sektion von Urbanicom vom 8.-10.5.1985 in Frankfurt am Main), Köln 1985

Urbanicom 1986 – Internationale Vereinigung Stadtentwicklung und Handel, Brüssel, Deutsche Sektion (Hrsg.): Braucht der Handel künftig noch die Stadt? (Dokumentation der Studientagung der Deutschen Sektion von Urbanicom vom 4.-6.6.1986 in Dortmund), Köln 1986

Viehof, E.: Innenstadt oder Diversifikation. In: Lebensmittel-Zeitung, Nr. 41 v. 10.10.1986, S. 138

Wachholz, F.: City im Wandel – Daten für standortbezogenes Marketing. In: BAG-Nachrichten, 25. Jg., Nr. 11/1985, S. 9-17

Wehrle, F.: Strategische Marketingplanung im Handel. In: Harvard Manager, Nr. 2/1982, S. 104-112

Wirtschaftswoche 1986a – o.V.: Innenstädte (I) – Suche nach Leben. In: Wirtschaftswoche, Nr. 31 v. 25.7.1986, S. 102-104

Wirtschaftswoche 1986b – o.V.: Innenstädte (II) – Erlebnisraum City. In: Wirtschaftswoche, Nr. 32 v. 1.8.1986, S. 73-76

Wirtschaftswoche 1986c – o.V.: Innenstädte (III) – Jogging auf dem Dach. In: Wirtschaftswoche, Nr. 33 v. 8.8.1986, S. 114-115

Wölk, A.: Die Standortwahl von Fachmärkten und ihre planungsrechtliche Beurteilung. In: mitteilungen aus der FfH Berlin, 2. Jg., Nr. 3/1987, S. 4-7

Die Fluktuation im Einzelhandelsbetriebsbestand von Mittelzentren
Diskutiert am Beispiel von Dachau, Neuburg/Donau, Pfaffenhofen und Schrobenhausen

Günter Heinritz, München

Die Entwicklung des Einzelhandels in den vier untersuchten Mittelzentren ist zwischen 1981 und 1986 nach Betriebszahlen und nach Verkaufsflächen recht unterschiedlich verlaufen. Gemeinsam war allen Städten eine relativ hohe Fluktuation im Betriebsbestand und die Tatsache, daß überall jene Standorte besonders selten vom Einzelhandel aufgegeben worden sind, die durch ein besonders hohes Kopplungspotential gekennzeichnet sind. Obwohl das u.a. den Hauptgeschäftsgebieten im Stadtkern zugute kommt, haben diese infolge von Ansiedlungen umfangreicher Verkaufsflächen in nicht integrierter Lage doch relativ an Bedeutung verloren.

1 EINFÜHRUNG

Entstehung und Ausbreitung neuer Angebots- und Betriebsformen im Einzelhandel sowie Konzentration und Auslese im Betriebsbestand sind Vorgänge, die nicht nur betriebswirtschaftlich, sondern auch stadtgeographisch von großem Interesse sind, tragen sie doch entscheidend zur Dynamik von Geschäftszentren bzw. zentralörtlichen Systemen bei. Nun gibt es in der Literatur eine Reihe theoretischer Ansätze zur Analyse solcher Veränderungen der räumlichen Verteilung des Einzelhandels und seiner strukturellen Merkmale wie Sortimentsgestaltung etc. sowie ihrer raumordnungs- und sozialpolitischen Implikationen. Diesen theoretischen Ansätzen stehen bisher nur wenige Untersuchungen gegenüber, die empirisch prüfen, welche Auswirkungen Standortentscheidungen von Einzelhandelsunternehmen und innerbetriebliche Veränderungen auf die räumliche Gesamtentwicklung von Geschäftszentren tatsächlich haben. Dies zu untersuchen, war Ziel eines Projektes, in dessen Rahmen in 26 Testgebieten unterschiedlicher Struktur im Raum München-Ingolstadt alle Veränderungen im Betriebsbestand wie Inhaberwechsel, Fusionen, Standortverlagerungen, Neueröffnungen und Schließungen über fünf Jahre hinweg kontinuierlich beobachtet und registriert worden sind.

Das so gewonnene Datenmaterial bietet nun auch die Möglichkeit, mit der Fluktuation im Betriebsbestand des Einzelhandels ein Phänomen zu analysieren, das mit Hilfe der üblicherweise herangezogenen amtlichen Statistik (HGZ), die jeweils

Handelsforschung 1988
Hrsg. Volker Trommsdorff

auf Stichtagszählungen beruht, nicht meßbar ist. Entsprechend gering sind auch unsere Kenntnisse, so daß über die Fluktuation in den meisten Standortgutachten und planungsbezogenen Untersuchungen städtischer Standorträume Aussagen kaum zu finden sind.

Auf den ersten Blick scheint das auch kein Schade zu sein: Vergleicht man etwa den Betriebsbestand aller Testgebiete zu Projektbeginn im Frühjahr 1981 (= 3 022 Betriebe) mit dem zu Projektende im Herbst 1986, so erhält man einen positiven Saldo von nur 92 Betrieben, das entspricht einem Wachstum von gerade 3 %. Solche Zahlen wirken tatsächlich nicht sehr dramatisch, sie vermitteln allerdings auch keine zutreffenden Vorstellungen von den Veränderungen, die sich in der Tat abgespielt haben. Während der fünfjährigen Beobachtungszeit unseres Projektes waren nicht weniger als 1 172 Betriebszugänge zu registrieren (davon waren 957 Neugründungen und 157 Herverlagerungen von einem anderen Standort), denen 1 080 Abgänge gegenüberstehen (824 durch Schließungen und 200 durch Wegverlagerungen von Betrieben). Solche Zahlen bedeuten, daß einerseits immerhin 24 % aller Betriebe, die wir 1981 erfaßt hatten, fünf Jahre später nicht mehr existiert haben und andererseits nicht weniger als 35 % aller 1986 bestehenden Betriebe jünger als fünf Jahre waren (eingeschlossen die 284 Betriebe, die zwar 1981 bestanden hatten, zwischenzeitlich aber den Inhaber gewechselt haben). Der Anteil solch junger Betriebe am Gesamtbestand ist damit gegenüber 1981 nicht kleiner geworden, sondern um mindestens 6 % angewachsen.

Um die abgelaufenen Prozesse ganz zu erfassen, müssen wir zudem auch die Veränderungen bei den 2 295 persistenten (d.h. den 1981 erfaßten und 1986 noch existierenden) Betriebe betrachten, von denen

- 12 % den Inhaber gewechselt haben;

- 2 % ihre Verkaufsfläche um insgesamt 6 690 m^2 verkleinert und 8 % ihre Verkaufsfläche um 38 090 m^2 vergrößert haben, so daß sich per Saldo für die persistenten Betriebe ein Verkaufsflächenzuwachs von 31 400 m^2 ergibt, das entspricht 6,5 % ihrer 1981 ermittelten Verkaufsfläche;

- ein Viertel wesentliche Veränderungen im Sortiment vorgenommen hat;

- 23 % ihr Angebot an (berechneten) Dienstleistungen vergrößert und 4 % dieses Dienstleistungsangebot reduziert haben;

- 3,7 % der 1981 erfaßten Einzelbetriebe zur Filiale eines Mehrbetriebsunternehmens geworden sind, wobei es sich in 32 von 59 Fällen um Mehrbetriebsunternehmen handelt, die ihr Filialnetz nur lokal aufgespannt haben. 4,9 % (78) der Filialen von 1981 sind durch Inhaberwechsel (23 Filialen), Aufgabe anderer Filialen oder durch Umstellung auf franchising formal selbständige Betriebe geworden;

- 52 % umfangreiche Modernisierungen ihres Ladenlokales und ihrer Ladeneinrichtungen vorgenommen haben.

Zusammengenommen haben diese einzelbetrieblichen Entscheidungen und Maßnahmen deutliche Veränderungen der Einzelhandelsstrukturen in unseren Testgebieten zur Folge. Sie für alle Testgebiete zu analysieren und darzustellen, wird Aufgabe einer eigenen Veröffentlichung (in den Münchener Geographischen Heften) sein, die für Ende 1988 geplant ist. Im vorliegenden Beitrag wollen wir uns auf jene vier Städte beschränken, die in unserem Projekt den Typ des Mittelzentrums repräsentieren. Es sind dies

1. die Große Kreisstadt *Dachau* mit 32 700 Einwohnern (alle Einwohnerzahlen Stand: 31.12.1985), 17 km oder 21 S-Bahn-Minuten vom Münchner Marienplatz entfernt,

2. *Neuburg/Donau* mit 24 300 Einwohnern, 23 km oder 12-22 Bahnminuten vom möglichen Oberzentrum Ingolstadt entfernt,

3. die Kreisstadt *Pfaffenhofen/Ilm* mit 17 300 Einwohnern, 49 km oder 26-40 Bahnminuten von München bzw. 32 km und 18-29 Bahnminuten von Ingolstadt entfernt und

4. die ehemalige Kreisstadt *Schrobenhausen* mit 14 000 Einwohnern, 48 km nordwestlich von München, 39 km von Ingolstadt und 41 km von Augsburg entfernt. Die Nebenbahn, durch die Schrobenhausen an das Bahnnetz angeschlossen ist, verkehrt nur so selten, daß sie für Versorgungsfahrten von Schrobenhausener Einwohnern wohl keine Rolle spielt.

Diese vier Städte können hier nicht in aller Ausführlichkeit beschrieben werden. Um ihre demographische und ökonomische Entwicklung während der letzten Jahre (1979 - 1985) zu kennzeichnen, mag es genügen, darauf hinzuweisen, daß Pfaffenhofen kontinuierlich ein auf positive Wanderungssalden zurückzuführendes Bevölkerungswachstum von insgesamt 1 100 Einwohnern erfahren hat, Neuburgs Bevölkerungszahl bei bald positiven, bald negativen Wanderungssalden nur geringfügig um 1,3 % zugenommen hat, während Schrobenhausen und Dachau mit - 2,0 % bzw. - 4,3 % leichte Rückgänge ihrer Einwohnerzahlen hinnehmen mußten. Für die wirtschaftliche Entwicklung möge die Steuereinnahmekraft der Gemeinden in DM pro Einwohner stehen, die 1979 mit 1.001 DM in Pfaffenhofen am höchsten und mit 512 DM pro Einwohner in Neuburg/Donau am niedrigsten lag. Die Werte für Dachau und Schrobenhausen betrugen 869 DM und 705 DM. Sechs Jahre später ist die diesbezügliche Rangfolge der vier Städte unverändert, doch hat Neuburg/Donau mit einem Anstieg von 80 % auf 920 DM pro Einwohner den Abstand zum Spitzenreiter Pfaffenhofen mit einem Anstieg von nur 12,5 % auf jetzt 1.239 DM pro Einwohner deutlich verringert. Die Steuereinnahmekraft von Dachau ist auf 1.153 DM, die von Schrobenhausen auf 1.093 DM gestiegen.

2 DIE ENTWICKLUNG IN DEN MITTELZENTREN VERLÄUFT NICHT EINHEITLICH

Einen ersten Überblick über die Veränderungen, die sich während der Beobachtungszeit in unseren vier Städten vollzogen haben, geben die in der *Tabelle 1*

(Tabellen und Abbildungen siehe Ende des Beitrags) zusammengestellten Werte. Die Veränderungsziffer, eine Maßzahl, die das Veränderungsvolumen, d.h. die Summe aller Gründungen, Her- oder Wegverlagerungen und Schließungen ins Verhältnis zum Bestand von 1981 setzt, zeigt für alle vier Städte hohe Werte. Sie liegen einerseits klar über jenen der Unterzentren und nichtzentralen Orte im ländlichen Raum (für die wir Veränderungsziffern von 50 % bzw. 35 % gemessen haben), bleiben andererseits aber weit hinter den Veränderungsziffern der suburbanen Untersuchungsgemeinden zurück, die mit 125 % die am stärksten von Veränderungen getroffene Testgebietskategorie unseres Projektes waren.

Die jeweiligen Wachstumsziffern (Relation Veränderungssaldo zum Grunderhebungsbestand) belegen, daß zwischen Veränderungsvolumen und Veränderungssaldo aber kein funktionaler Zusammenhang besteht. Sie zeigen, daß "unter dem Strich" das Veränderungsgeschehen in den vier Mittelzentren zu ganz unterschiedlichen Resultaten geführt hat. So ist der Bestand an Einzelhandelsbetrieben in Pfaffenhofen um 15,1 % angewachsen, in Neuburg/Donau dagegen ist er um 4 % rückläufig gewesen. Das läßt zunächst einmal Zurückhaltung bei schnellen Verallgemeinerungen geraten erscheinen. Ein Mittelwert – er beträgt etwa für die drei Mittelzentren im ländlichen Raum (Neuburg, Pfaffenhofen und Schrobenhausen) 3,9 % – mag geeignet sein zu zeigen, daß gegenüber den Testgebietskategorien "Unterzentren im ländlichen Raum" und "nichtzentrale Orte im ländlichen Raum" (mit Veränderungsziffern von - 1,7 und - 4,6) ebenso deutliche Unterschiede bestehen, wie gegenüber der Testgebietskategorie "suburbane Unterzentren", die mit + 22,7 das stärkste Wachstum aller Testgebietskategorien zeigen, doch darf man darüber nicht vergessen, daß die innerhalb der Testgebietskategorie Mittelzentren bestehenden Wachstumsunterschiede von gleicher Größenordnung sind.

Die beschriebenen Unterschiede im Wachstum gehen sowohl auf unterschiedlich hohe Geschäftsgründungsaktivitäten als auch auf verschieden hohe Abgänge, d.h. Geschäftsschließungen und Geschäftsverlagerungen, zurück. Bemerkenswert erscheint dabei, daß das Gründungsrisiko in den Mittelzentren deutlich geringer ist als etwa in den Unterzentren des ländlichen Raumes, wo immerhin 34 % der (zwischen 1981 und 1984) gegründeten Betriebe nicht über zwei Jahre alt geworden sind (die höchsten Fehlschlagsziffern wurden in den Testgebieten München-Augustenstraße und der suburbanen Gemeinde Eching mit je 64 % ermittelt).

3 ANHALTENDE FLÄCHENEXPANSION

Die bisher gemachten Aussagen der Einzelhandelsentwicklung basierten auf Berechnungen, die mit der Einheit Betrieb gearbeitet haben, wobei von der unterschiedlichen Größe ihrer Verkaufsflächen abstrahiert worden ist. Setzen wir an die Stelle von Betrieben aber ihre Verkaufsflächen, so müssen wir zwar einen gewissen Fehler, der bei der Erhebung solcher Daten unvermeidlich ist, in Kauf nehmen, doch wird dessen ungeachtet sichtbar, daß die Expansion der Flächen unvermindert angehalten hat. Das Flächenwachstum verlief also stärker als das Wachstum der Betriebszahlen, nicht zuletzt deshalb, weil daran auch die bestehenden Betriebe durch die Erweiterung ihrer Verkaufsflächen Anteil hatten. 61 % des Zuwachses an Verkaufsfläche verdankt sich Betrieben, die 1981 bereits bestanden haben. Das Wachstum – nach Betriebszahl bzw. Verkaufsfläche – hat sich natürlich über die Jahre hin nicht gleichmäßig vollzogen, vielmehr zeigen die in *Tabelle 2* zusammengestellten jährlichen Wachstumsraten doch erhebliche Schwankungen.

In allen Testgebieten haben wir insgesamt einen Verkaufsflächenzuwachs von 8,1 % messen können. Auch hier beobachten wir zwischen den Testgebieten massive Unterschiede, und gerade die Gruppe der Mittelzentren ist dabei durch hohe Heterogenität der Entwicklung gekennzeichnet. Während wir in Pfaffenhofen mit einem Zuwachs von + 49 % den höchsten Wert registrieren, liegt das Flächenwachstum von Schrobenhausen nur bei + 21 %, in Neuburg/Donau fällt es dagegen mit knapp - 8 % sogar negativ aus (vgl. Tabelle 1). Eine solche uneinheitliche Entwicklung gerade der Mittelzentren kommt nicht überraschend, vielmehr entspricht das durchaus der 1977 von Karl Ganser geäußerten These, daß das mittelzentralörtliche System in Bewegung sei und nur ein kleinerer Teil der Mittelzentren aufgewertet, der größere Teil aber zentralörtliche Funktionsverluste erleiden werde.

4 STANDORTQUALITÄT ERHÖHT DURCHHALTEVERMÖGEN

Bevor wir im folgenden näher auf die beobachtete Fluktuation eingehen, wollen wir unser Augenmerk erst auf die Unterschiede richten, die sich hinsichtlich der Persistenz im Betriebsbestand zwischen den Testgebieten feststellen lassen. Diese Unterschiede korrespondieren keineswegs mit den jeweiligen Wachstumsraten. Das zeigt sich eindrucksvoll im Vergleich der hier betrachteten Mittelzentren mit den Testgebietskategorien der Unterzentren und der nichtzentralen Orte im ländlichen Raum. Letztere hatten, wie erwähnt, im Gegensatz zu den Mittelzentren zwar rückläufige Betriebszahlen, doch waren dort von 100 im Jahre 1981 erfaßten Betrieben 5 Jahre später noch 84 bzw. 82 existent, während in den Mittelzentren im Durchschnitt nur 76 von 100 Betrieben "durchgehalten" haben, wobei es zwischen den Mittelzentren durchaus relevante Unterschiede gibt. Den höchsten Anteil persistenter Betriebe weist Schrobenhausen mit 80 % auf, Dachau und Pfaffenhofen liegen bei je 77 %, Neuburg/Donau aber nur bei 73 %.

Es liegt nahe, solche Persistenzunterschiede nicht für zufallsbedingt zu halten, sondern Ursachen dafür z.B. in unterschiedlichen Standortqualitäten zu suchen. Nun ist die Qualität eines Standortes selbstverständlich eine höchst komplexe Größe, die nicht einfach direkt gemessen werden kann. Ausgehend von Ergebnissen aktionsräumlicher Untersuchungen zum Kundenverhalten, haben wir sie im folgenden operationalisiert durch die Zahl der um einen Standort in 150 m Blockdistanz gelegenen zentralen Einrichtungen ("Kopplungspotential"). Zu diesen zählen nicht nur Einzelhandelsbetriebe, sondern auch alle zentrenbildenden Dienstleistungseinrichtungen. Darunter fallen etwa

- Banken, Sparkassen, Postämter
- Dienstleistungen des Handwerks (Friseure etc.)
- Serviceeinrichtungen (Reinigung, Waschsalon, Copyshop, Lotterieeinnahme, Totostelle etc.)
- Reise- und Fremdenverkehrsbüros

- Gasthäuser, Restaurants und Cafés mit Tagesbetrieb
- öffentliche Verwaltungen mit starkem Publikumsverkehr
- Bibliotheken, Galerien und andere Kultureinrichtungen mit stärkerem Publikumsverkehr.

Gruppiert man nun alle Einzelhandelsstandorte nach ihrem Kopplungspotential in 5 Klassen und berechnet für jede Klasse den Anteil persistenter Betriebe, so zeigt sich ein klarer Zusammenhang. Den höchsten Persistenzanteil weisen die Betriebe in Lagen mit sehr hohem Kopplungspotential auf, für die folgenden Klassen sinkenden Kopplungspotentials nehmen die Persistenzanteile ständig ab. Nur die Gruppe der Betriebe an Standorten mit sehr geringem Kopplungspotential weicht von dieser Reihe ab. Sie zeigt vielmehr wieder überdurchschnittlich hohe Persistenz. Bei diesen Betrieben handelt es sich zumeist um Einzelbetriebe mit relativ kleinen Verkaufsflächen im eigenen Haus des Geschäftsinhabers vorwiegend im ländlichen Raum. Bei ihnen liegt der betriebliche Schwerpunkt nicht selten auf handwerklicher Produktion bzw. Dienstleistungsfunktion.

Unabhängig vom absoluten Besatz eines Testgebietes mit Dienstleistungseinrichtungen und Einzelhandelsbetrieben gilt, daß ein Betrieb um so wahrscheinlicher durchhält, je mehr die Zahl der im Umkreis gelegenen Einzelhandels- oder Dienstleistungseinrichtungen über dem Durchschnittswert des betreffenden Testgebietes liegt. Zudem nimmt die Wahrscheinlichkeit, daß bei Abgang eines Betriebes sein Standort vom Einzelhandel überhaupt aufgegeben wird, mit steigendem Kopplungspotential des Standortes deutlich ab.

Der zuletzt genannte Zusammenhang ist stadtgeographisch zweifellos von besonderem Interesse. Die Lebensdauer eines Betriebes wird ja nicht nur von standörtlichen Gegebenheiten, sondern darüber hinaus von einer großen Zahl wirtschaftlicher Faktoren mitbestimmt und ist nicht zuletzt oft auch aus persönlichen Gründen begrenzt. Tatsächlich nannten auch die von uns befragten Inhaber von Betrieben, die während der Projektlaufzeit aufgegeben worden sind, als Gründe u.a. mangelnde Rentabilität (54 %) und persönliche Umstände wie Alter, Krankheit etc. (32 %; Mehrfachantworten waren möglich). Die Lage des Standortes wurde dagegen seltener – aber immer noch von einem Fünftel der Befragten – als Aufgabegrund angeführt.

Unabhängig vom absoluten Besatz eines Testgebietes mit Dienstleistungseinrichtungen und Einzelhandelsbetrieben gilt, daß ein Betrieb umso wahrscheinlicher durchhält, je mehr die Zahl der im Umkreis gelegenen Einzelhandels- oder Dienstleistungseinrichtungen über dem Durchschnittswert des betreffenden Testgebietes liegt. Zudem nimmt die Wahrscheinlichkeit, daß bei Abgang eines Betriebes sein Standort vom Einzelhandel überhaupt aufgegeben wird, mit steigendem Kopplungspotential des Standortes deutlich ab.

Die Aufgabe eines Betriebes ist für sich noch kein Hinweis auf unbefriedigende Qualität des Standortes. Fluktuationen können sich ja in attraktiven Lagen gerade infolge Verdrängung von Betrieben durch leistungsstärkere ergeben. Erst auf aggregiertem Niveau können unterschiedlich hohe Anteile aufgegebener Betriebe als Indikator für die Qualität eines Standortraumes verwendet werden, wenn angenommen werden kann, daß hinsichtlich der Wahrscheinlichkeit für das Vorliegen weiterer Gründe zwischen den verglichenen Räumen keine wesentlichen Unterschiede bestehen.

Findet sich aber nach einer – aus welchen Gründen auch immer – erfolgten Betriebsaufgabe kein Nachfolgebetrieb, der das frei werdende Ladenlokal übernimmt, so wird man dies dagegen durchaus mit der Qualität des Standortraumes in Verbindung bringen dürfen. Der Einfluß, den mangelnde Kopplungsmöglichkeiten eines Standortes auf dessen Persistenz haben, ist in *Abbildung 1* deutlich zu erkennen.

Wie hat sich nun durch unterschiedlich hohe Persistenz und Fluktuation im Betriebsbestand das innerstädtische Standortmuster des Einzelhandels in den untersuchten Mittelzentren verändert? Sind bestimmte Teilräume stärker oder schwächer von Standortauflösungen, Betriebsgründungen, Verlagerungen oder Schließungen betroffen? Welche Standorträume erweisen sich als besonders standortpersistent? Welche ziehen den Zuwachs an Betriebszahlen und Verkaufsflächen überproportional an sich? Gibt es auch Verlierer bei diesem Prozeß? An Mutmaßungen bzw. empirisch mehr oder meist weniger gesicherten Hypothesen fehlt es dabei nicht. Neugründungen in nicht integrierten Lagen hätten heute dank verbesserter planungsrechtlicher Instrumente kaum mehr eine Chance, heißt es. Aber ist aufgrund der zahlreichen großflächigen Betriebe, die schon in den siebziger Jahren auf der grünen Wiese entstanden sind, nicht dennoch eine Schwächung der Stadtmitte als dem traditionellen Zentrum des klein- und mittelständischen Handels zu befürchten? Wie entwickeln sich die in den Mittelzentren entstandenen Stadtteilzentren und geplanten kleineren Ladengruppen in Wohngebieten? Kommt es zum befürchteten "Rückzug des Einzelhandels aus der (städtischen) Fläche" zugunsten neuer Konzentrationen etwa in den Gewerbegebieten, die in den siebziger Jahren überall großzügig ausgewiesen worden sind?

Solche Fragen sind bisher, wenn überhaupt, zumeist nur am Beispiel einer einzigen Stadt bearbeitet worden. Dabei wird in der Regel unterschieden zwischen

- dem Stadtkern als dem Hauptgeschäftsgebiet,
- einem mit diesem räumlich verbundenen Kernrand,
- einem oder mehreren Nebenzentren,
- Streulagen in Wohngebieten und
- Lagen in Gewerbegebieten, zu denen im allgemeinen auch Industrie- und Sondergebiete der Flächennutzungsplanung gerechnet werden.

Die Operationalisierung dieser Standorträume wird im allgemeinen deshalb nicht als sonderlich problematisch empfunden, weil bei der Untersuchung einer einzigen Mittelstadt die Abgrenzung individuell erfolgen und dabei örtlichen Besonderheiten ohne weiteres Rechnung getragen werden kann. Anders ist dies bei einer vergleichenden Untersuchung mehrerer Mittelzentren, weil ein solcher Vergleich einheitliche Abgrenzungsprinzipien erfordert.

Zur Bestimmung vergleichbarer städtischer Teilgebiete als Standorträume des Einzelhandels haben wir neben den Kategorien der Flächennutzungsplanung vor allem das Kopplungspotential für jeden Einzelhandelsstandort gewählt. Da sich die Mittelzentren in bezug auf die absolute Anzahl der Standorte doch erheblich unterscheiden, wurden die Werte mittels einer Z-Transformation (X - M/STD.DEV) mit dem Mittelwert der jeweiligen Gemeinde von 1981 normiert. Die Z-Werte selbst werden nicht weiter statistisch ausgewertet, sondern dienen nur der Klassenbildung für das Kopplungspotential der Standorträume. Die Z-Werte von 1986 wurden, um auch die Entwicklung des Kopplungspotentials darstellen zu können, mit den Mittelwerten von 1981 berechnet (siehe unten).

Die o.g. Standorträume wurden nun folgendermaßen bestimmt:

1. Zum Hauptgeschäftsgebiet (Kern) zählen alle Standorte mit $Z > 0$, d.h. mit überdurchschnittlichem Kopplungspotential.

2. Zum Kernrand zählen alle Standorte mit Z-Werten ≤ 0 und > -1, solange sie nicht durch Standorte geringerer Z-Werte vom Kern getrennt sind.

3. Als Agglomerationen gelten Standorte $Z \leq 0$ und > -1, die die unter 2. genannten Bedingungen eines räumlichen Zusammenhanges mit dem Hauptgeschäftsgebiet nicht erfüllen.

4. Alle Betriebe, die in den vom Flächennutzungsplan ausgewiesenen Gewerbe-, Industrie- und Sondergebieten oder direkt jenseits der Gebietsgrenzen ("auf der anderen Straßenseite") liegen, werden in der Standortraumkategorie "Gewerbegebiet" zusammengefaßt.

5. Alle übrigen Standorte mit $Z \leq -1$ gelten als Streulagen.

5 BEDEUTUNGSVERLUST DER KERNGEBIETE

Indem wir das Kopplungspotential der Standorte als wichtiges Abgrenzungskriterium verwenden, können wir im Zeitvergleich auch Veränderungen von Lage und Größe der Standorträume in die Analyse mit einbeziehen. Stadtgebiete, die z.B. 1981 noch Streulagen waren, können 1986 als Bestandteil des Kernes erscheinen, wenn sich durch eine Verdichtung der Standorte dieser Raum zum Geschäftsgebiet entwickelt hat. Der Zuwachs der Einzelhandelszahlen pro Standortraum z.B. ist also nicht generell als wirklicher Zugang im Sinne von neu entstandenen Standorten zu interpretieren – wenngleich er durch reale Neugründungen induziert worden ist –, da auch bereits 1981 bestehende Betriebe durch die Verdichtung im Standortraum Bestandteil einer Agglomeration werden können, ohne daß am Standort des betreffenden Betriebes selbst eine Veränderung stattgefunden hat. Auch der Saldo aus Zu- und Abgängen pro Standortraum läßt sich nicht einfach als Wachstum interpretieren, weil die betreffenden Räume unter Umständen eben 1981 und 1986 nicht identisch sind. Das gewählte Verfahren trägt aber – und darin liegt sein Vorteil – der Tatsache Rechnung, daß sich die stadtstrukturelle Bedeutung eines Standortraumes – operationalisiert durch den Anteil am Gesamtbestand der jeweiligen Gemeinde – ja in der Tat sowohl durch Zugänge bzw. Abgänge als auch durch Veränderungen der Gesamtstruktur wandeln kann. So läßt sich etwa am Beispiel des Kerns von Pfaffenhofen zeigen, daß, obwohl die Verkaufsfläche dort (vor allem aufgrund von Vergrößerungen bestehender Geschäfte, aber auch durch die räumliche Erweiterung des Kerns durch "alte" Geschäfte, die 1981 noch dem Kernrand zuzurechnen waren) um immerhin 30 % gewachsen ist, seine Bedeutung – ausgedrückt als Anteil an der Gesamtverkaufsfläche von Pfaffenhofen – dennoch (von etwa 40 % auf 36 %) leicht zurückgegangen ist.

Wie sich in den untersuchten Mittelzentren die Bedeutung der Standorträume verändert hat, zeigt *Tabelle 3* (siehe auch die Kartenbeispiele für Neuburg und Pfaffenhofen, *Abbildungen 2 und 3*). Hier fällt zunächst auf, daß der Flächenanteil der Kerngebiete mit Ausnahme von Dachau überall geringer geworden ist. Der höhere Stellenwert des Kerns von Dachau relativiert sich insofern, als hier zwei Hauptgeschäftsgebiete (die "untere" und die "obere" Stadt) zusammengefaßt sind, von denen nur die "untere" Stadt tatsächlich gewachsen ist, während die "obere" Stadt, d.h. der historische Kern Dachaus, als Standortraum eher verloren hat. (Die mit dieser Struktur verbundene höhere Streuung der Betriebe kommt deutlich mit dem geringen Mittelwert der Kopplungsmöglichkeiten pro Standort zum Ausdruck. Er beträgt in Dachau nur 16,8, in Schrobenhausen, Neuburg und Pfaffenhofen dagegen 23,6, 29,7 und 34,7!).

In allen vier Städten entfallen 1986 auf Streulagen geringere Verkaufsflächenanteile als 1981. An Bedeutung gewonnen haben in Neuburg und Schrobenhausen die Agglomerationen außerhalb des Kerns und die Gewerbegebiete. Besonders bemerkenswert ist der starke Zuwachs für das Gewerbegebiet in Pfaffenhofen. 1986 lag dort ein Drittel aller Verkaufsflächen der Stadt, nur 3 Prozentpunkte weniger, als im Hauptgeschäftsgebiet an Verkaufsflächen versammelt sind.

Betrachtet man einmal nur die Verteilung der Flächen jener Betriebe, die zwischen 1981 und 1986 neu eröffnet bzw. herverlagert worden sind, dann erkennt man nicht nur für Pfaffenhofen, sondern auch für Dachau und Schrobenhausen, daß es vor allem großflächige Betriebe waren, die sich in den Gewerbegebieten niedergelassen haben. Es verwundert daher nicht, wenn 1986 der Verkaufsflächenanteil neuer Betriebe in den Hauptgeschäftsgebieten aller vier Mittelzentren jeweils unter 10 % liegt, dieser Wert in den Gewerbegebieten – Neuburg wiederum ausgenommen – in Dachau und Schrobenhausen dreimal, in Pfaffenhofen gar sechsmal so hoch liegt (siehe *Tabelle 4*). Höhere Anteile neuer Betriebe an der gesamten Verkaufsfläche des jeweiligen Standortraumes werden nur noch im Kernrand erreicht, d.h. dort, wo durch Betriebsaufgaben in erheblichem Umfang Flächen frei geworden sind, die von neuen Betrieben übernommen werden konnten.

6 BRANCHENSPEZIFISCHE ENTWICKLUNGSTENDENZEN

Die bisherige Betrachtung von Persistenz und Fluktuation im Einzelhandelsbetriebsbestand hatte von der Branchenzugehörigkeit der Betriebe abstrahiert. Selbstverständlich aber unterscheiden sich die Standortansprüche von Betrieben verschiedener Branchen sehr erheblich, so daß sie sich auch sehr ungleich auf die ausgewiesenen Standorträume verteilen. Wenden wir uns deshalb zum Schluß noch der Frage zu, welche Veränderungen diese Verteilung einzelner Branchen auf die Standorträume erfahren hat.

Hier ist nun zunächst für die Lebensmittelbranche festzustellen, daß sie in den Kernbereichen aller vier Mittelzentren Flächenanteile verloren hat (siehe *Tabelle 5*). Wo dies, wie in Pfaffenhofen und Schrobenhausen, mit einem starken Wachstum der gesamten Lebensmittelverkaufsfläche verbunden war, geschah das vor allem zugunsten nicht integrierter Lagen, in denen sich neue relativ großflächige Betriebe niedergelassen haben. Der schwindende Anteil der Lebensmittelbranche in den Hauptgeschäftsgebieten der Mittelzentren würde noch deutlicher hervortreten, wenn wir die auf Verbrauchermärkte entfallenden Verkaufsflächenanteile für Lebensmittel in die Rechnung mit einbeziehen würden, da deren Standorte sich ebenfalls vor allem in den Gewerbegebieten bzw. nicht integrierten Lagen befinden.

Die größte Affinität zu Standorten im Kern- und Kernrandgebiet weist erwartungsgemäß die Textilbranche auf, eine Tendenz, die sich von 1981 bis 1986 nicht ändert, sondern sich im Gegenteil überall noch leicht verstärkt. Mit anderen Worten: Fachmärkte aus dieser Branche, die ihre Standorte vorzugsweise außerhalb des Kerns wählen würden, haben sich während der Laufzeit unserer Untersuchung in den von uns beobachteten Mittelzentren (noch) nicht angesiedelt. Anders ist dies im Bereich der Branche Hausrat und Elektrowaren, die 1986 mit sehr uneinheitlich hohen Anteilen im Kern unserer Mittelzentren vertreten ist, weil sich in einigen Orten, vor allem in Pfaffenhofen, in geringerem Maß auch in Dachau, Fachmärkte dieser Branche mit relativ großen Flächen in Gewerbegebieten niedergelassen haben. Einheitlich rückläufig sind die auf Kern und Kernrand entfallenden Verkaufsflächenanteile erwartungsgemäß für die Branche Einrichtung – zugunsten von Gewerbegebieten oder nicht integrierten Lagen. Nichts geändert hat sich im übrigen daran, daß Betriebe der Branchen Fahrzeuge, Brennstoffe und der Mischbranche zum weitaus größten Teil Standorte in nicht integrierten Lagen bzw. in Gewerbegebieten wählen.

Quer zu der Branchengliederung der Handels- und Gaststättenzählung haben wir eine Branche Freizeit- und Unterhaltungsbedarf (= Zeitungen, Bücher, Schallplatten, Musikinstrumente, Kunst, Schmuck, Photo, Basteln, Sammlerbedarf, Spielwaren, Sport, Jagd, Waffen, Camping, Blumen, Samen u.ä.) gebildet, in der Betriebe mit allgemein durchschnittlich geringerer Verkaufsfläche zusammengefaßt sind. Betrachtet man deren Verteilung auf die unterschiedenen Standorträume, dann fällt auf, daß sie wie die Betriebe der Textilbranche in ihrer Mehrheit zwar Standorte im Kern bzw. im Kernrand innehaben, ihr auf Streulagen entfallender Flächenanteil aber deutlich höher liegt als bei der Textilbranche. Eine nähere Betrachtung solcher Betriebe an Standorten in kopplungsarmen Lagen zeigt, daß sie regelmäßig stark spezialisiert sind. Für sie erweist sich die Spezialisierung ihres Sortimentes also offenbar als erfolgreiche Strategie, um an Standorten mit geringem Kopplungspotential zu bestehen. Dagegen können nach den Ergebnissen einer Untersuchung von Spezialisierungstendenzen in verschiedenen Branchen, die Volker Baron auf der Grundlage des Datenmaterials unseres Projektes durchgeführt hat, Betriebe der Branchen Lebensmittel, Textilien oder Hausrat und Eisenwaren nicht darauf hoffen, durch Spezialisierung ihres Sortimentes Nachteile eines Standortes mit geringem Kopplungspotential kompensieren zu können.

LITERATUR:

Baron, V.: Vergleichende Untersuchung spezialisierter Einzelhandelsgeschäfte in bezug auf Betriebsmerkmale und Standortwahl. Diplomarbeit am Geographischen Institut der TU München. (Masch.Schr.), München 1988

Ganser, K.: Zentrale Orte und Entwicklungszentren. In: Beiträge zur Zentralitätsforschung. Kallmünz/Regensburg. In: Münchener Geographische Hefte 39 (1977), S.105-124

Heinritz, G.: Strukturwandel im Einzelhandel als raumrelevanter Prozeß. Bericht über den Beginn eines Forschungsprojektes. In: Münchener Geographische Hefte 46 (1981), S.95-106

Heinritz, G.: Strukturwandel im Einzelhandel als raumrelevanter Prozeß. In: FfH Mitteilungen XXIV (1983), 7/8, S.1-7

Heinritz, G.: Wie sehen Einzelhandelsbetriebe ihre Zukunft? Bericht über erste Auswertungen eines Forschungsprojekts. In: Bayerischer Einzelhandel, Nr. 5, 1988, S.8-14

Lange, S.: Wachstumstheorie zentralörtlicher Systeme. Eine Analyse der räumlichen Verteilung von Geschäftszentren, Beiträge zum Siedlungs- und Wohnungswesen und zur Raumplanung, Bd. 5, Münster 1973

Popien, R.: Die Bedeutung von Kopplungsmöglichkeiten für den Einzelhandel. Diplomarbeit am Geographischen Institut der TU München (Masch.Schr.), München 1988

Nachfolgend Tabellen und Abbildungen

Tabelle 1: Prozeßparameter der Einzelhandelsentwicklung

		Dachau	Neuburg/D.	Pfaffenhofen	Schrobenhausen
Grunderhebungs- bestand 1981	Betriebszahl	399	297	192	171
	Verkaufsfläche	53.660	51.840	33.100	27.080
Gründungsziffer	1)	38	34	51	33
	2)	22	25	47	33
Fehlschlagsquote	1)	20	26	22	18
	2)	16	7	6	6
Verlustziffer	1)	24	30	23	18
	2)	14	23	8	8
Abgangsziffer	1)	34	38	36	28
	2)	21	34	12	15
Wachstumsziffer	1)	4.8	-4.0	15.1	5.3
	2)	2.1	-7.8	49.2	21.3
Veränderungsziffer	1)	72	73	87	61
	2)	46	69	74	55

1) = Prozentbasis Betriebszahlen 2) = Prozentbasis Verkaufsfläche

Erläuterungen zu den Bestands- und Änderungsziffern

Grunderhebungsbestand: Gesamtzahl der im Testgebiet 1981 vorhandenen EH-Betriebe

Gründungsziffer: $\frac{\text{Neugründungen}}{\text{Grunderhebungsbestand}}$

Fehlschlagsquote: $\frac{\text{Kurzläufer: Betriebe, die nach 1981 und 1984 neu gegründet wurden und weniger als 2 Jahre bestanden haben}}{\text{Neugründungen: Betriebe, die zwischen 1981 und 1984 gegründet worden sind}}$

Verlustziffer: $\frac{\text{Schließungen des Grunderhebungsbestandes}}{\text{Grunderhebungsbestand}}$

Abgangsziffer: $\frac{\text{Schließungen (aus Grunderhebungsbestand und Neugründungen)}}{\text{Grunderhebungsbestand}}$

Wachstumsziffer: $\frac{\text{Veränderungssaldo}}{\text{Grunderhebungsbestand}}$

Veränderungsziffer: $\frac{\text{Veränderungsvolumen}}{\text{Grunderhebungsbestand}}$

Tabelle 2: Wachstumsraten 1981 - 1986 in vH.

		1981	1982	1983	1984	1985	1986
Dachau	1)	1.01	1.00	0.74	3.92	-1.4	--
	2)	1.18	2.60	-.47	1.57	-1.98	-2.13
Neuburg/Donau	1)	0.35	-0.35	-1.74	1.41	-.70	-1.75
	2)	0.79	2.60	-3.61	1.11	-6.19	-1.98
Pfaffenhofen	1)	5.76	0.50	-2.46	5.05	3.37	0.93
	2)	16.15	2.82	1.40	1.60	4.56	4.17
Schrobenhausen	1)	-1.18	4.76	3.98	-1.09	-1.10	-0.56
	2)	0.70	7.64	4.40	2.68	-1.05	-0.68

1) = Prozentbasis Betriebszahlen

2) = Prozentbasis Verkaufsfläche

Tabelle 3: Relative Bedeutung der Standorträume 1981 und 1986 (Anteile am Gesamtbestand in vH.)

Standortraum	Dachau				Neuburg / Donau				Pfaffenhofen				Schrobenhausen			
	Betriebsanteil		Verkaufsflächenanteil		Betriebsanteil		Verkaufsflächenanteil		Betriebsanteil		Verkaufsflächenanteil		Betriebsanteil		Verkaufsflächenanteil	
	1981	1986	1981	1986	1981	1986	1981	1986	1981	1986	1981	1986	1981	1986	1981	1986
Kern	40	44	34	41	51	55	41	28	51	48	40	36	47	42	45	44
Kernrand	18	15	13	11	16	16	11	14	21	24	12	12	18	16	9	7
Nebenzentren	20	20	13	12	8	7	12	18	-	-	-	-	5	8	3	8
Gewerbegebiete	4	5	21	21	6	6	18	20	7	11	27	33	7	10	26	27
Streulagen	18	16	19	15	20	16	17	10	22	18	21	20	24	24	18	14
Prozentbasis (in Absolutwerten)	399	418	50.560	54.870	297	285	51.610	49.530	192	221	33.060	48.850	171	180	27.080	32.860

Tabelle 4: Anteil neuer Betriebe

	Dachau				Neuburg / Donau				Pfaffenhofen				Schrobenhausen			
	Neue Betriebe i.v.Hd.				Neue Betriebe i.v.Hd.				Neue Betriebe i.v.Hd.				Neue Betriebe i.v.Hd.			
	des jeweiligen Standortraumes		an allen neuen Standorten		des jeweiligen Standortraumes		an allen neuen Standorten		des jeweiligen Standortraumes		an allen neuen Standorten		des jeweiligen Standortraumes		an allen neuen Standorten	
	Prozentbasis:		Prozentbasis:		Prozentbasis:		Prozentbasis:		Prozentbasis:		Prozentbasis:		Prozentbasis:		Prozentbasis	
	Betriebszahl	Verkaufsfläche	Betriebszahl	Verkaufsfläche	Betriebszahl	Verkaufsfläche	Betriebszahl	Verkaufsfläche	Betriebszahl	Verkaufsfläche	Betriebszahl	Verkaufsfläche	Betriebszahl	Verkaufsfläche	Betriebszahl	Verkaufsfläche
Kern	13	6	44	29	14	8	57	34	11	5	22	7	7	8	16	18
Kernrand	16	10	19	12	24	23	30	39	37	46	39	21	21	38	19	13
Agglomerationen außerhalb von Kern/Rand	7	8	11	10	0	0	0	0	0	0	0	0	29	26	13	10
Gewerbegebiete	41	18	17	44	6	3	3	8	46	33	22	47	33	25	19	34
Streulage	8	3	9	5	9	15	11	19	20	31	16	24	23	34	32	25
Σ ganzes Testgebiet	13	9	100	100	13	8	100	100	22	25	100	100	17	20	100	100

Tabelle 5: Verteilung der Verkaufsflächen auf Standorträume für die Branchen Lebensmittel und Textilien

	Lebensmittel								Textilien							
	Dachau		Neuburg/Donau		Pfaffenhofen		Schrobenhausen		Dachau		Neuburg/Donau		Pfaffenhofen		Schrobenhausen	
	1981	1986	1981	1986	1981	1986	1981	1986	1981	1986	1981	1986	1981	1986	1981	1986
Kern	42	39	22	18	46	25	53	39	55	63	82	86	67	73	85	77
Kernrand	15	16	15	21	35	26	16	20	29	23	5	6	21	19	10	17
Agglomerationen außerhalb von Kern/Rand	27	29	31	24			3	3	12	11	10	8			1	2
Gewerbegebiet	0	6	1	4	-	5	0	0	1	0	0	0	5	4	1	1
Streulage	15	10	32	33	19	44	29	38	3	3	3	-	6	4	4	2
Testgebiet	9.950	10.230	7.310	9.320	4.420	8.700	3.190	5.260	7.240	7.440	7.360	9.200	3.070	4.340	3.940	3.680

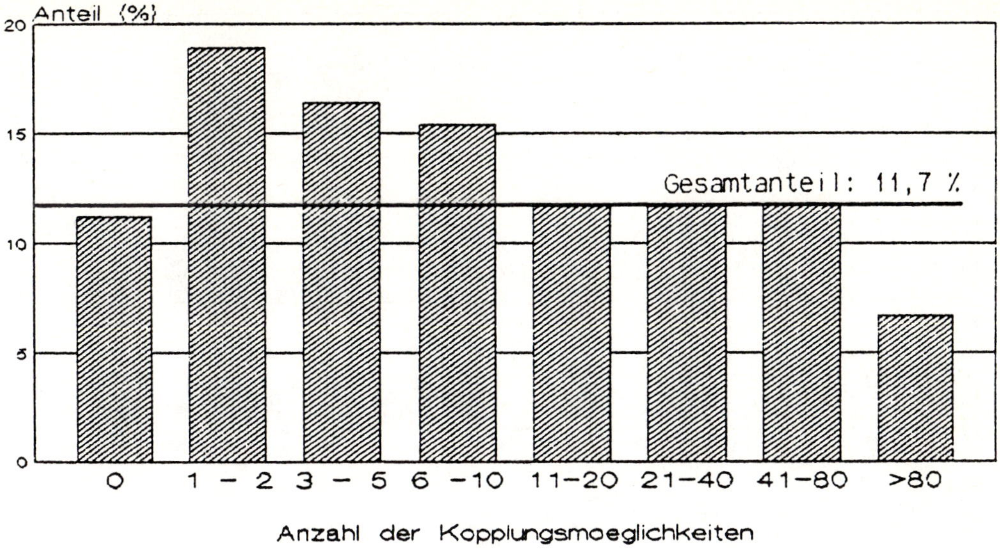

Abbildung 1: **Anteil der Auflöse-Standorte in Abhängigkeit von der absoluten Anzahl der Kopplungsmöglichkeiten (N = 2 828)**

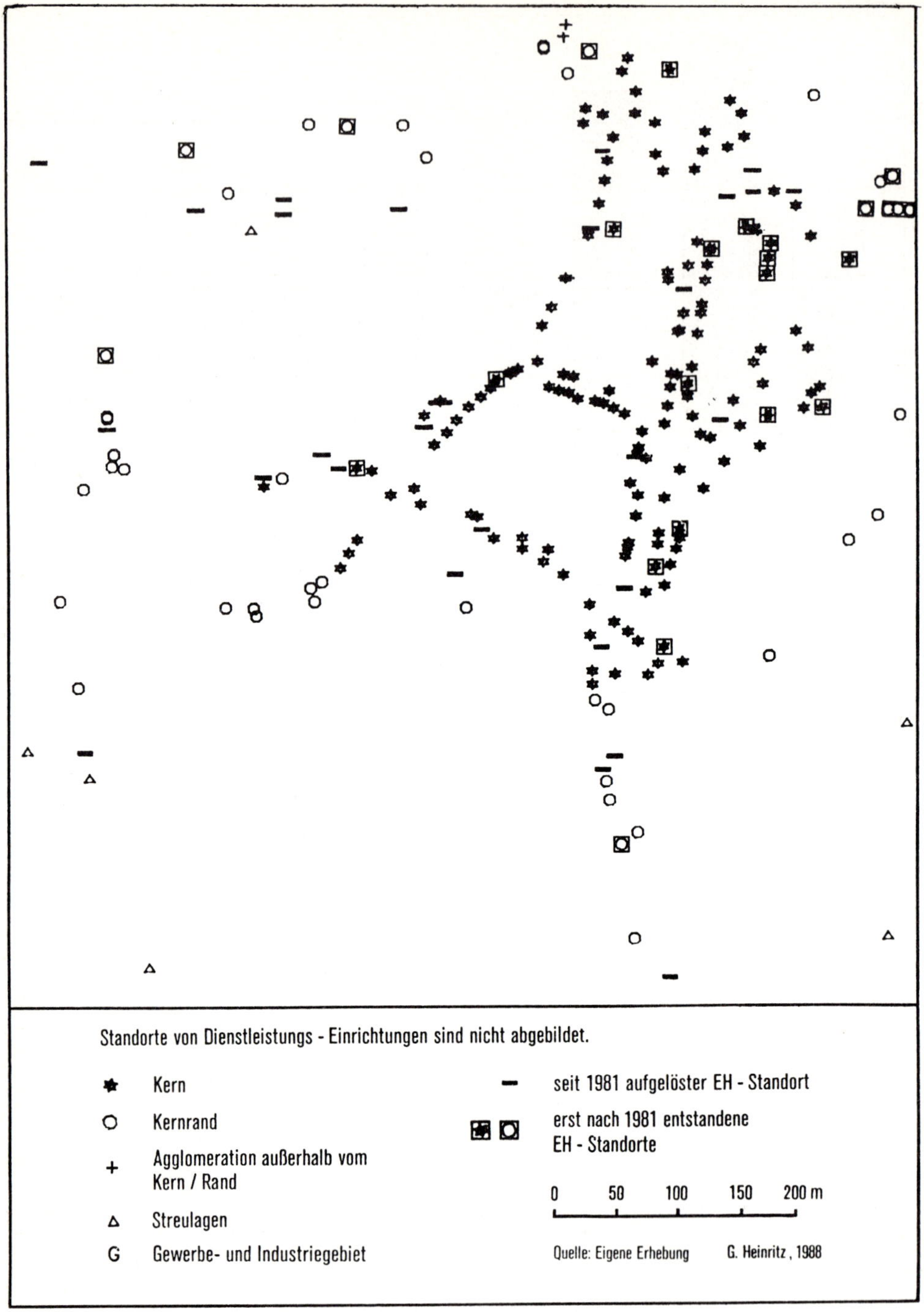

Abbildung 2: Einzelhandels-Standorte in Neuburg / Donau 1986 (Ausschnitt)

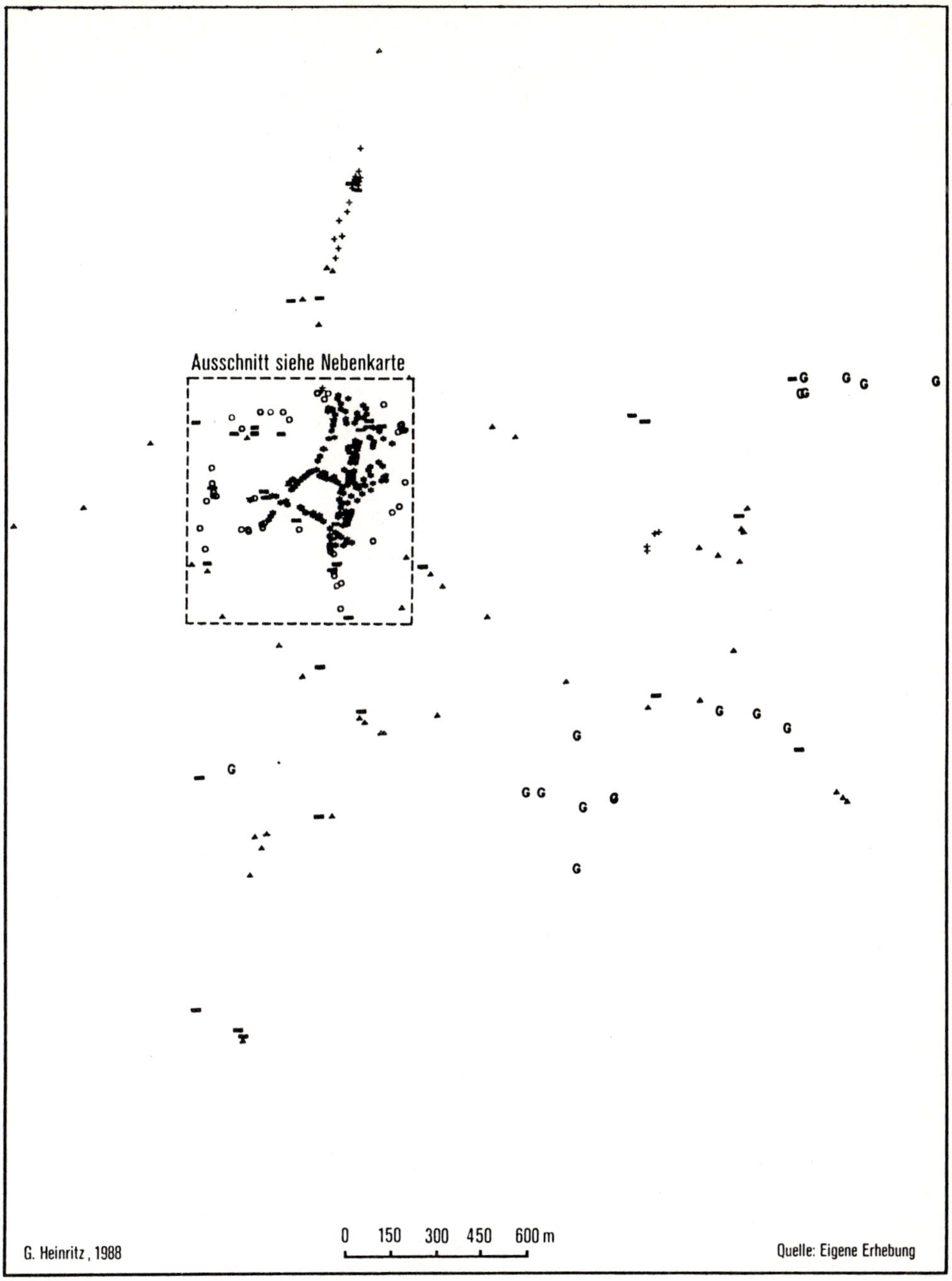

Abbildung 2a: Einzelhandels-Standorte in Neuburg / Donau 1986

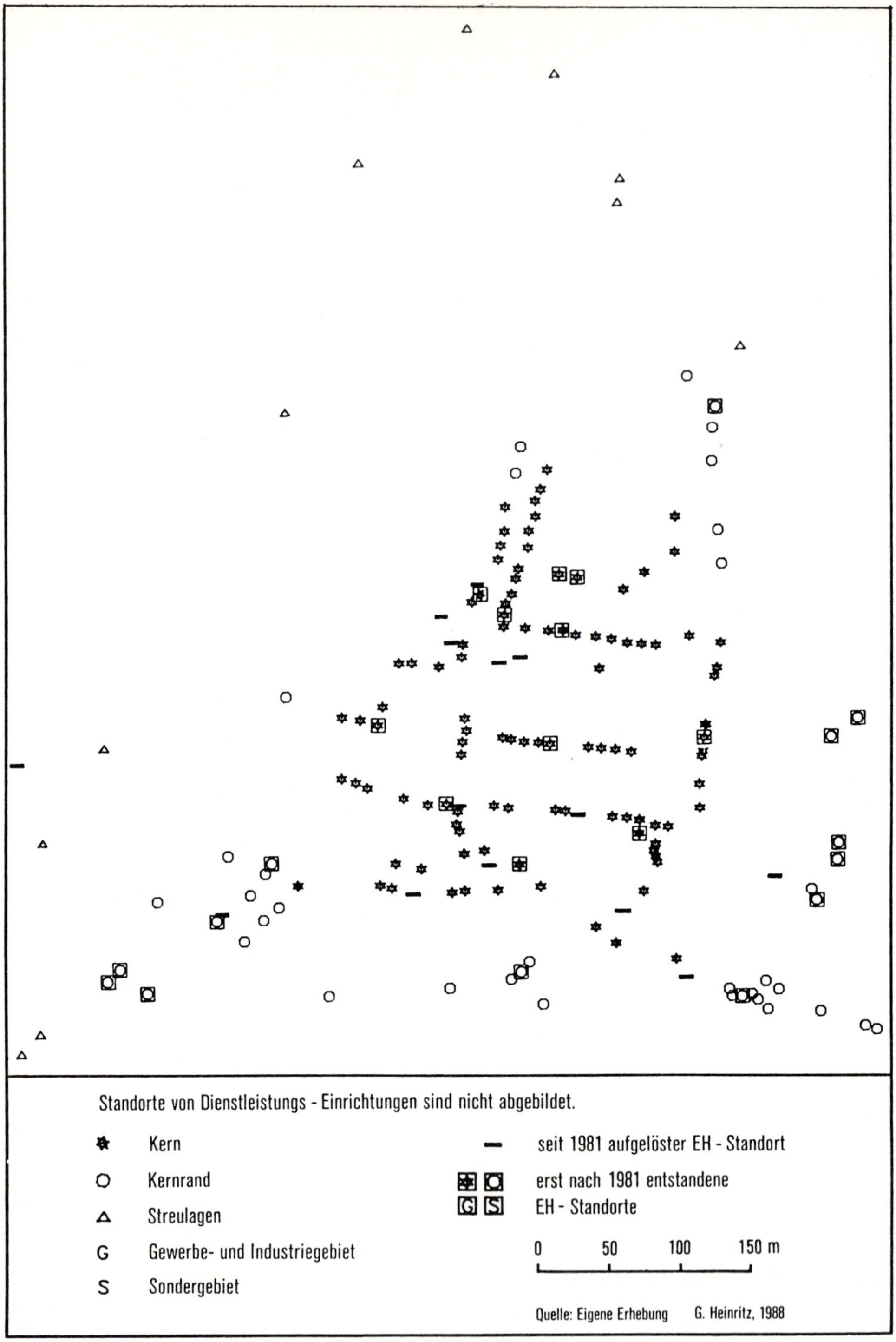

Abbildung 3: Einzelhandels-Standorte in Pfaffenhofen / Ilm 1986 (Ausschnitt)

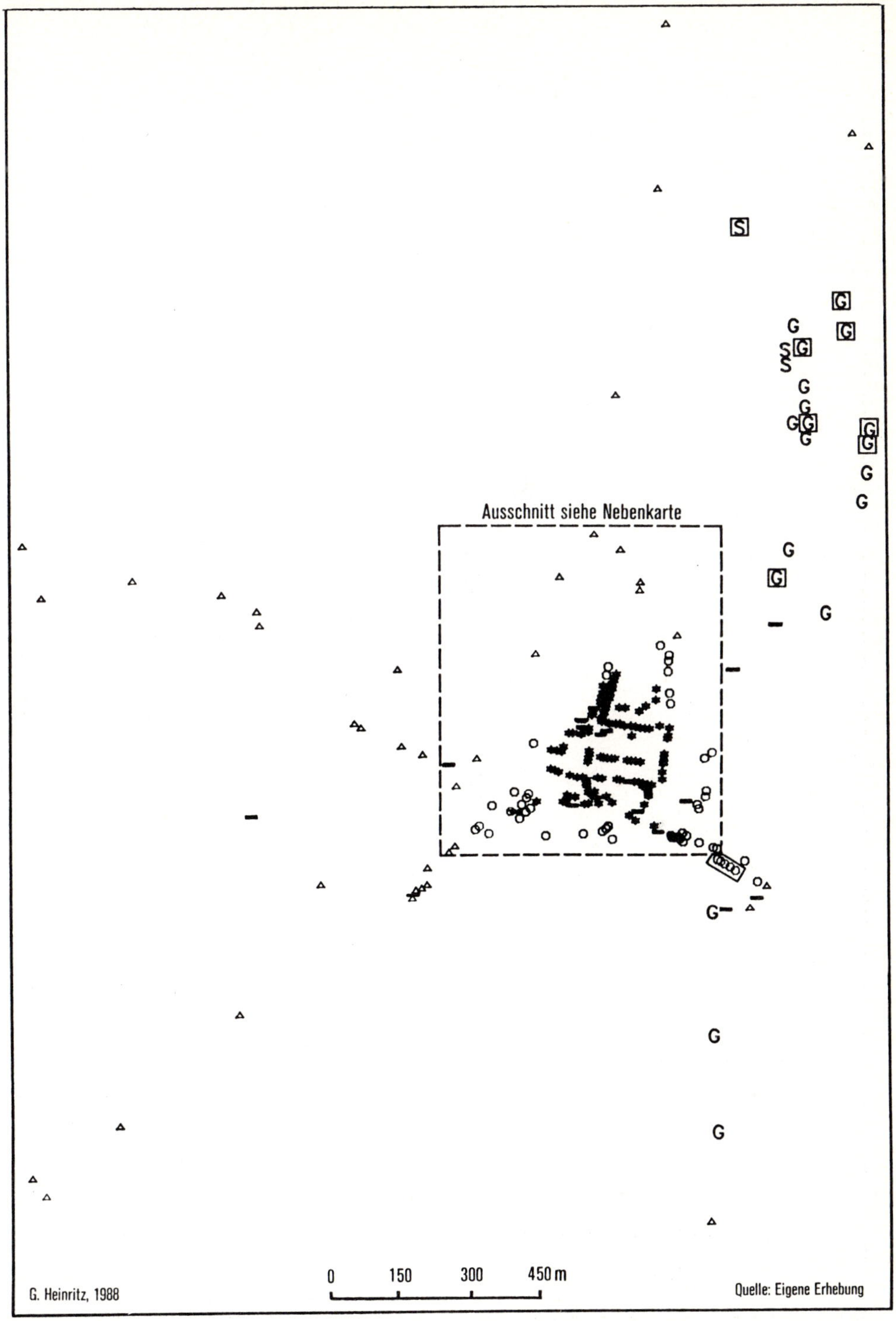

Abbildung 3a: Einzelhandels-Standorte in Pfaffenhofen / Ilm 1986

Neue Einkaufszentren im Ruhrgebiet
Zur Dynamik und Raumwirksamkeit jüngerer Standortgemeinschaften des Einzelhandels

Heinz Heineberg und Alois Mayr, Münster

Der Verdichtungsraum Ruhrgebiet zeichnet sich innerhalb der Bundesrepublik Deutschland durch die bedeutendste räumliche Konzentration neuer Einkaufszentren aus. Der nachfolgende Beitrag gibt ausgewählte Ergebnisse einer Untersuchung der Autoren wieder, die die vergleichende Analyse der Planung, baulichen Konzeption, Ausstattung und Inanspruchnahme sämtlicher größerer Shopping-Center des Ruhrgebiets zum Gegenstand hat.

1 EINFÜHRUNG

Mit der Bezeichnung "Neue Einkaufszentren", synonym auch Shopping-Center, werden von uns die größeren der *neugeplanten* Standortagglomerationen von Einzelhandels- und ergänzenden Dienstleistungsunternehmen bezeichnet, die sich mit zumeist einheitlicher baulicher Gesamtkonzeption und überwiegend gemeinsamer Verwaltung und z.T. auch Werbung deutlich von *gewachsenen* Geschäftszentren abheben. Diese neuen Standortgemeinschaften sind neben anderen neuen Handelsformen charakteristisch für den betriebsstrukturellen Wandel und die Veränderungen des Standortgefüges im Einzelhandel, wie sie seit Mitte der 60er Jahre im westlichen Deutschland in zunehmendem Maße zu beobachten sind. Neben der Vielzahl neuer Shopping-Center unterschiedlichster Planung, Konzeption, Ausstattung und Funktion sind großflächige Verbrauchermärkte, Fachmärkte und Großmärkte (Cash-and-Carry-Betriebe) die wichtigsten Repräsentanten dieser neueren Veränderungen des Handels.

Das Arbeitsgebiet "Stadt- und Regionalforschung" am Institut für Geographie der Westfälischen Wilhelms-Universität zu Münster, das 1986 auf sein zehnjähriges Bestehen zurückblicken konnte, hat sich seit Anbeginn u.a. auch mit innerstädtischen Geschäftszentren, neuen Einkaufszentren und Dienstleistungsstandorten in Forschung und Lehre beschäftigt. Im Jahre 1980 wurde beispielsweise als Heft 5 der "Münsterschen Geographischen Arbeiten" ein Sammelband über "Einkaufszentren in Deutschland" von H. Heineberg herausgegeben, der neben einer Anzahl repräsentativer Fallstudien einen einführenden Grundsatzbeitrag von A. Mayr über Entwicklung, Bedeutung und planungsrechtliche Problematik der Shopping-Center in der Bundesrepublik Deutschland enthält.

Handelsforschung 1988
Hrsg. Volker Trommsdorff

Aufbauend auf diesen Untersuchungen und Erfahrungen wurde von den beiden Verfassern seit Ende der 70er Jahre mit einer vergleichenden Analyse der Planung, Ausstattung und Inanspruchnahme sämtlicher größerer neuer Einkaufszentren im Ruhrgebiet mit jeweils mehr als 8 000 m^2 Geschäftsfläche begonnen; ihre Anzahl war bis 1984 in mehreren Entwicklungsphasen bereits auf insgesamt 21 angewachsen (siehe *Abbildungen 1 und 2*). Die ersten Voruntersuchungen ergaben, daß die Fragestellung zwar wissenschaftlich außerordentlich ergiebig war, die Durchführung der empirisch sehr aufwendigen Forschungen und deren Veröffentlichung aber nur durch Drittmittel realisiert werden konnten. Die seit Herbst 1983 vor allem von der Gesellschaft zur Förderung der Westfälischen Wilhelms-Universität Münster e.V. unterstützte Untersuchung[1] konnte 1985 abgeschlossen werden; sie erschien 1986 als Heft 24 der "Münsterschen Geographischen Arbeiten".

2 ZIELSTELLUNG, EMPIRISCHE GRUNDLAGEN UND METHODEN DER UNTERSUCHUNG

Der im Mittelpunkt der Untersuchung stehende geographische Vergleich sämtlicher größerer neuer Einkaufszentren im Ruhrgebiet konzentrierte sich schwerpunktmäßig auf die folgenden Aspekte:

- Planung der Einkaufszentren, d.h. insbesondere die jeweilige Objektplanung, aber auch deren Zusammenhänge mit der übergeordneten Stadt-, Regional- und Verkehrsplanung;

- bauliche Konzeption einschließlich der Mikrostandortwahl sowie späterer Erweiterungs- und Umbaumaßnahmen;

- funktionale Ausstattung, d.h. Analyse der Einzelhandels- und Dienstleistungseinrichtungen nach betrieblicher, flächenmäßiger und angebotsstruktureller Differenzierung sowie deren Entwicklung;

- Inanspruchnahme des jeweiligen Einkaufszentrums, d.h. nicht nur Ermittlung der Einzugsbereiche, Einkaufshäufigkeiten und des Tagesgangs der Kunden, sondern u.a. auch deren demographische und soziale Struktur, Motive und spezielle Gründe des Zentrenbesuchs, Verkehrsmittelwahl und subjektive Bewertungen der Zentrenausstattungen und -gestaltungen sowie schließlich

- die zentralörtliche Bedeutung, d.h. die Stellung der neuen Einkaufszentren im Funktionsgefüge des traditionellen Zentrensystems.

---

1 Die Verfasser sind der Gesellschaft zur Förderung der Westf. Wilhelms-Universität zu Münster sowie folgenden Firmen und Institutionen für die finanzielle Unterstützung des Projektes zu Dank verpflichtet:
- RWI-Fonds 47 Dr. Paul Spelsberg AG, Düsseldorf, als Eigentümer des Ruhrpark-Einkaufszentrums, Bochum,
- Stinnes Baupartner GmbH als Verwalterin des Rhein-Ruhr-Zentrums und Interessengemeinschaft Rhein-Ruhr-Zentrum (Werbegemeinschaft) Mühlheim,
- Werbegemeinschaft Lippetor-Einkaufszentrum Dorsten und
- Karstadt AG, Essen.
Der Beitrag ist in kürzerer Fassung in der Jahresschrift 1986/87 der Gesellschaft zur Förderung der Westf. Wilhelms-Universität zu Münster erschienen.

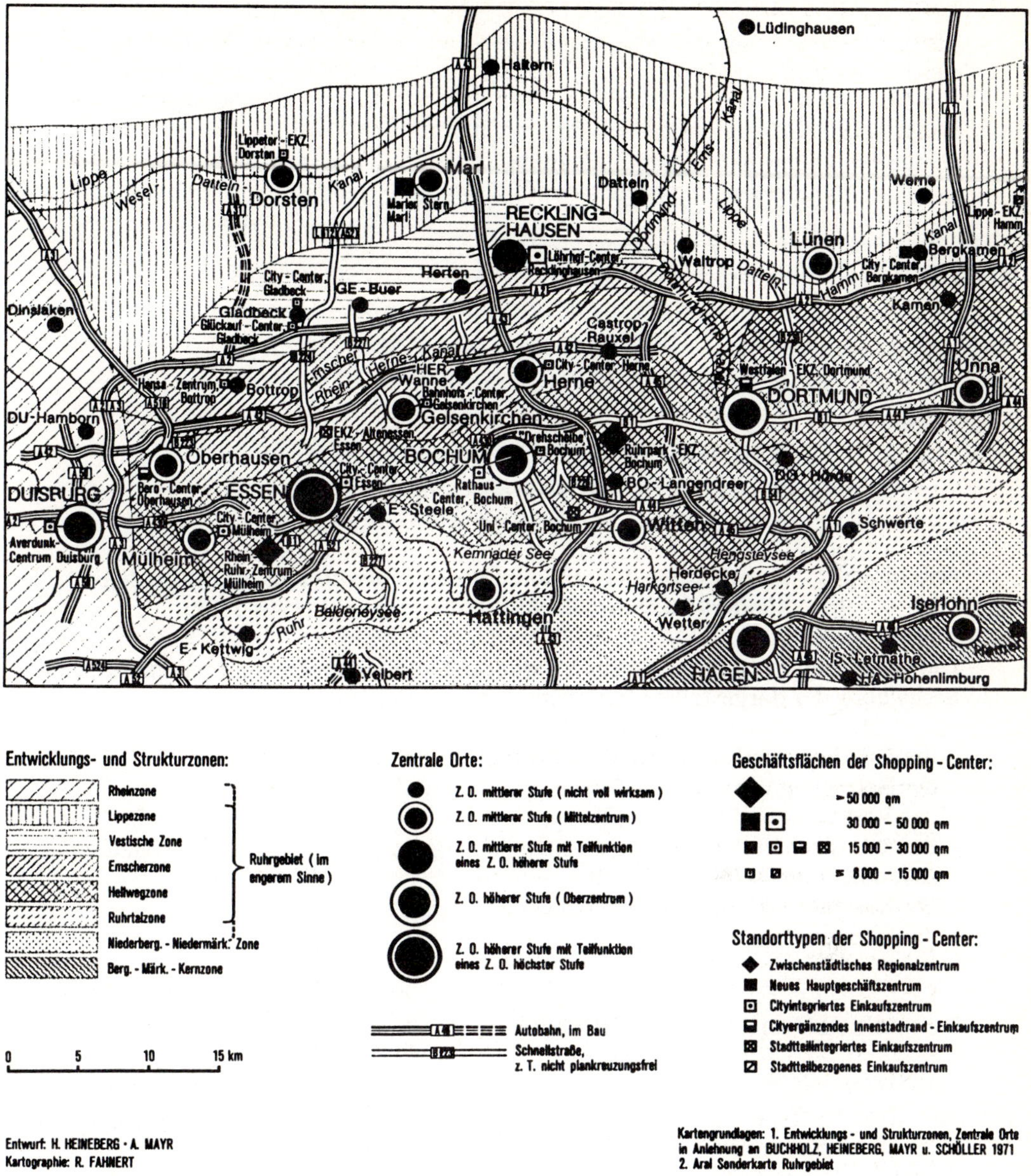

Abbildung 1: Zentrale Orte, neue Einkaufszentren (Shopping-Center) sowie Entwicklungs- und Strukturzonen im Ruhrgebiet

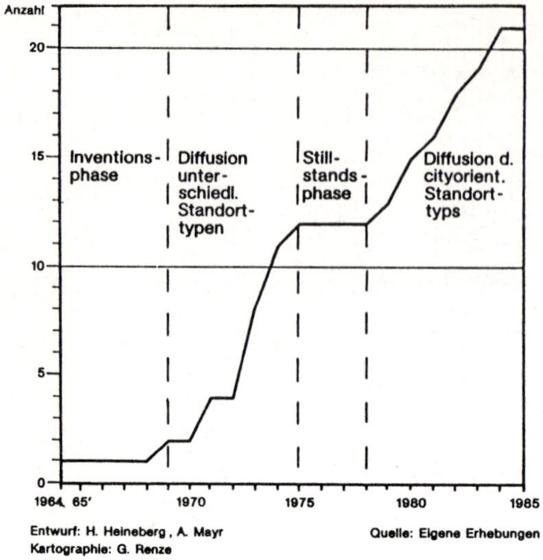

Abbildung 2: Entwicklung der größeren neuen Einkaufszentren (Shopping-Center) im Ruhrgebiet nach ihrer Anzahl (1964-1985)

Die somit in erster Linie empirisch ausgerichtete Untersuchung bediente sich zur Erreichung der dargestellten Zielstellung der Methoden

- der Erhebung und Kartierung von Nutzungseinheiten,
- der Befragung von Kunden, Geschäftsleuten und Schlüsselpersonen,
- der Verkehrs- und Kundenzählung,
- der statistischen Auswertung und Darstellung empirisch gewonnener Daten und sekundärstatistischen Materials,
- der Karten- und Luftbildauswertung und -darstellung und
- der Literaturanalyse.

3 AUSGEWÄHLTE ERGEBNISSE

3.1 Standorttypen, Entstehungsphasen und planerische Einordnung der neuen Einkaufszentren

Der Gesamtvergleich sämtlicher neuer Einkaufszentren ermöglichte eine neue Typisierung nach charakteristischen Makro- und Mikrostandortlagen (siehe *Abbildung 3*). Diese innerstädtischen Standorttypen stehen in einem auffälligen Zusammenhang mit bestimmten Entstehungszeiträumen (vgl. Abbildung 2). So wurden in der Inventionsphase (1964-1969) im Ruhrgebiet lediglich zwei neue Einkaufszentren errichtet, von denen sich das am Ruhrschnellweg, in der Nähe der Dortmunder Stadtgrenze gelegene zwischenstädtische Ruhrpark-Einkaufszentrum in Bochum-Harpen nach mehreren Erweiterungen und Umbauten mit heute rd. 89 000 m^2 Geschäftsfläche zum größten deutschen Shopping-Center entwickeln

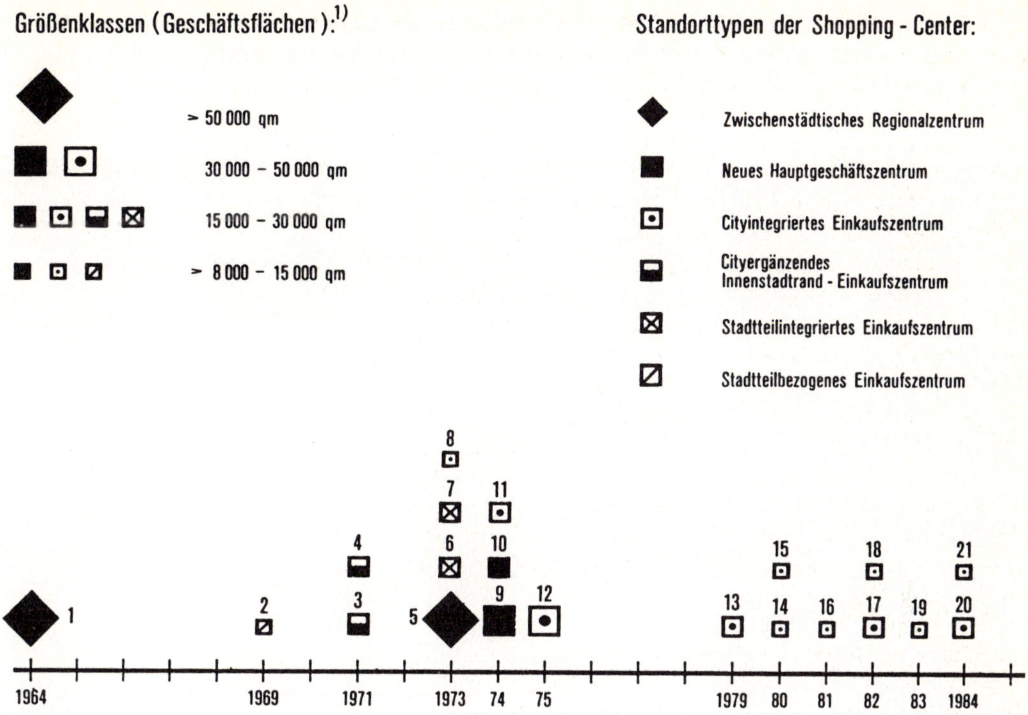

1 Ruhrpark-Einkaufszentrum Bochum
2 Lippe-Einkauf-Zentrum Hamm
3 BERO-Center Oberhausen
4 Westfalen-Einkaufszentrum Dortmund
5 Rhein-Ruhr-Zentrum Mülheim
6 Uni-Center Bochum
7 Einkaufszentrum Altenessen
8 City-Center Herne
9 Marler Stern
10 City-Center Bergkamen
11 City-Center Mülheim
12 Löhrhof-Center Recklinghausen
13 City-Center Essen
14 City-Center Gladbeck
15 Glückauf-Center Gladbeck
16 Hansa-Zentrum Bottrop
17 Rathaus-Center Bochum
18 Lippetor-Einkaufszentrum Dorsten
19 Bahnhofs-Center Gelsenkirchen
20 Averdunk-Centrum Duisburg
21 "Drehscheibe" Bochum

1) Die Größenklassen basieren auf Daten des Jahres 1985 und schließen damit zwischenzeitlich erfolgte Shopping-Center-Erweiterungen ein.

Entwurf: H. HEINEBERG · A. MAYR

Abbildung 3: Entwicklung der größeren neuen Einkaufszentren (Shopping-Center) im Ruhrgebiet nach Größenklassen und Standorttypen

konnte. Es verfügt über rd. 85 Einzelhandels- und Dienstleistungseinrichtungen und ein sehr großes Angebot an rd. 6 500 kostenfreien, ebenerdigen PKW-Stellplätzen (siehe *Abbildung 4*).

Abbildung 4: Ruhrpark-Einkaufszentrum mit Blick auf das Bochumer Autobahnkreuz und Bochum-Harpen 1985
Foto: Presse- und Informationsamt der Stadt Bochum, Archiv-Nr. 56707. Freigeg. Reg.-Präs. Münster, Nr. 8484/85

Die zweite Entstehungsphase (1971-1975) war durch die Ausbreitung unterschiedlichster Standorttypen im Ruhrgebiet gekennzeichnet. Neben einem weiteren großen Regionalzentrum in zwischenstädtischer Lage – dem Rhein-Ruhr-Zentrum in Mülheim-Heißen (siehe *Abbildung 5*) – entstanden jeweils zwei sog. cityergänzende Zentren an den Rändern von Innenstädten, zwei Hauptgeschäftszentren als neue Stadtmitten (Marl und Bergkamen), zwei stadtteilintegrierte Einkaufszentren (Essen-Altenessen und Bochum-Querenburg, siehe *Abbildung 6*) und schließlich erste Vertreter des neuen Typs der sog. cityintegrierten Einkaufszentren. Dieser letztgenannte Typ kennzeichnet als einziger die jüngste Entstehungsphase, die nach mehrjähriger Pause 1979 einsetzte und u.a. von veränderten planungsrechtlichen Bestimmungen beeinflußt wurde (Einschränkung der Entwicklung des großflächigen Einzelhandels an peripheren Standorten durch die neue Baunutzungsverordnung). Zu den durchweg kleineren cityintegrierten Shopping-Centern, die in besonderem Maße zur Attraktivität der Innenstädte beigetragen haben, zählen inzwischen 12 der 21 untersuchten Objekte (siehe City-Center Essen in *Abbildung 7*); ein weiterer Vertreter dieses Standorttyps wird derzeit im Essener Stadtzentrum anstelle des dort aufgegebenen Wertheim-Warenhauses gebaut.

Abbildung 5: Das zwischenstädtische Regionalzentrum Rhein-Ruhr-Zentrum, das größte geschlossene Einkaufszentrum, mit Ruhrschnellweg an der Stadtgrenze von Mülheim in Richtung Essen, 1980
Foto: Walter Moog, Essen-Kettwig, Freigeg. Reg.-Präs. Düsseldorf, Nr. 19/K 132

Im Rahmen der Untersuchung konnten vielfältige Zusammenhänge der Entstehung der neuen Einkaufszentren mit speziellen Maßnahmen der Stadtplanung und Stadtentwicklung nachgewiesen werden. Dazu zählen neben den seit den 70er Jahren verstärkten Bemühungen der Städte um funktionale Aufwertungen ihrer zentralen Geschäftskerne u.a. Maßnahmen

- der kommunalen Wirtschaftsförderung (zum Teil durch Umgestaltung ehemaliger Bergbaubetriebsflächen),
- der Stadtsanierung (z.B. als städtebauliche Veränderungen in Rathaus- und Hauptbahnhofsbereichen in Verbindung mit Verkehrsneuordnungen) oder
- der Siedlungsschwerpunktplanung (u.a. im Zusammenhang mit der Entwicklung neuer Stadt- oder Stadtteilzentren).

3.2 Zur baulichen Konzeption und Entwicklung der neuen Einkaufszentren

Die Untersuchung der neuen Einkaufszentren im Ruhrgebiet hat den allgemeinen Trend innerhalb der Bundesrepublik Deutschland bestätigt, wonach in den letzten

Jahren in zunehmendem Maße mittelgroße bis kleinere neue Einkaufszentren errichtet wurden (vgl. Abbildung 3).

Abbildung 6: Das Uni-Center als neues Stadtteilzentrum von Bochum-Querenburg mit Wohnbebauung (Hochhäuser), Kirchenforum (Mitte rechts), Universitätsstraße und Brückenverbindung zur Ruhr-Universität Bochum 1977
Foto: Presse- und Informationsamt der Stadt Bochum, Archiv-Nr. 409897, Freigeg. Reg.-Präs. Münster, Nr. 8569/77

Bezüglich der Objektkonzeption sind die offenen, d.h. nicht überdachten oder teiloffenen Zentren weniger stark vertreten als die geschlossenen, klimatisierten neuen Einkaufszentren. Das noch in offener Bauweise erstellte Essener City-Center (Abbildung 7) soll in Zukunft überdacht werden.

Auch für das Ruhrgebiet zeigte sich, daß – wie bei den übrigen Shopping-Centern im westlichen Deutschland – die vertikale Konzeption nur in seltenen Fällen über zwei Geschosse hinausreicht; allerdings weisen vor allem die meisten der cityintegrierten Zentren zur besseren Tragfähigkeit zusätzliche Hochhausbauten mit ergänzenden Dienstleistungseinrichtungen und insbesondere Wohnfolgenutzung auf. Beispielsweise wurde die Funktionsfähigkeit des neuen Stadtzentrums in Marl durch die Konzentration von Wohnbevölkerung in mehreren benachbarten "Hochhausscheiben" unterstützt.

Das für jedes Einkaufszentrum existenzielle Problem des Parkraumangebotes wurde in unterschiedlichster Weise gelöst. Es reicht von einfachen ebenerdigen Stellplätzen für maximal 6 500 kostenfreie PKW-Plätze (mit zusätzlichen Reserveflächen) beim Ruhrpark-Einkaufszentrum in Bochum über angeschlossene Parkhäuser bis hin zu großen Tiefgaragen sowie kombinierten Formen des Stellplatzangebotes.

Abbildung 7: Das auf einer Brückenkonstruktion an der Ostflanke der Essener City angelegte City-Center – als charakteristischer Vertreter des Typs neuer cityintegrierter Einkaufszentren – mit Rathaus-Hochhaus und östlicher Stadtkerntangente, 1985
Foto: Kommunalverband Ruhrgebiet, Essen, Freigeg. Reg.-Präs. Münster, Nr. 3500/85

Als ausgesprochene Überraschung ist zu werten, daß nahezu alle neuen Einkaufszentren – dabei z.T. bereits kurz nach ihren Eröffnungen – bemerkenswerte Umbaumaßnahmen, in einigen Fällen sogar größere, mehrfache bauliche Erweiterungen erfahren haben. Diese Entwicklung kann am eindrucksvollsten beim Bochumer Ruhrpark-Einkaufszentrum aufgezeigt werden, das seit 1964 in mehreren Phasen von anfangs rd. 23 000 m^2 auf nunmehr rd. 89 000 m^2 Geschäftsfläche vergrößert werden konnte und in jüngster Zeit wiederum erweitert wurde. Derartige Umbauten stellten sich wie etwa beim Ruhrpark nicht allein als Folge einer Attraktivitätssteigerung heraus, sondern teilweise auch als Ausgleichsmaßnahmen zur Behebung beträchtlicher Gestaltungsdefizite und Funktionsschwächen. Als folgenreich erwies sich in mehreren Zentren der Auszug von Magnetbetrieben (Warenhäuser, Möbeleinrichtungshäuser, Rollschuhbahnen etc.).

Trotz vielfacher Umbaumaßnahmen konnten nicht wenige Gestaltungsfehler nachgewiesen werden, die die Funktionsfähigkeit mancher Zentren – insbesondere in den oberen Geschossen – noch heute beeinträchtigten.

3.3 Funktionale Ausstattung und zentralörtliche Bedeutung

Die neuen Einkaufszentren im Ruhrgebiet wurden nach ihrer jeweiligen funktionalen Ausstattung in unterschiedlichster Weise analysiert: nach der Branchendifferenzierung und -gruppierung ihrer Einzelhandels- und Dienstleistungseinrichtungen sowie deren Flächenanteilen und zeitlicher Entwicklung, nach der Bedeutung von Magnet- oder Leitbetrieben und nach dem Anteil leerstehender oder zu Ausstellungszwecken genutzter Geschäftseinheiten als Indikator für Funktionsschwächen.

Ohne auf die im einzelnen sehr differenzierten Analyseergebnisse eingehen zu können, soll im folgenden eine einfache Typisierung der neuen Einkaufszentren nach Anteilswerten ihrer jeweiligen Einrichtungen wiedergegeben werden, die trotz ihres Überblickscharakters bereits eine beträchtliche Vielfalt verschiedener Angebots- oder Funktionstypen der neuen Einkaufszentren verdeutlicht (siehe *Abbildung 8*):

1. Funktionsstarke Einkaufszentren mit ganz überwiegender Einzelhandelsnutzung einschließlich zumeist großer Warenhäuser und mit ergänzenden Dienstleistungen; dazu zählen das Ruhrpark-Einkaufszentrum Bochum, das Rhein-Ruhr-Zentrum Mülheim, das City-Center Essen und das Einkaufszentrum Essen-Altenessen.

2. Jüngere Einkaufszentren mit ganz überwiegender Einzelhandelsfunktion, ergänzenden Dienstleistungen und gewissen anfänglichen Funktionsschwächen; dieser Gruppe können das Bahnhofs-Center Gelsenkirchen und das Einkaufszentrum "Drehscheibe" in Bochum zugeordnet werden.

3. Einkaufszentren mit überdurchschnittlicher Einzelhandelsfunktion, bedeutenden Dienstleistungsanteilen und z.T. gewissen Funktionsschwächen; hierzu gehören z.B. das Einkaufszentrum Marler Stern in Marl oder das City-Center Herne.

4. Einkaufszentrum mit dominanter Einzelhandelsfunktion und bedeutenden, z.T. freizeitorientierten Dienstleistungsanteilen; Beispiele sind das BERO-Center Oberhausen oder das Westfalen-Einkaufszentrum Dortmund.

5. Einkaufszentren mit dominanten Anteilen öffentlicher und sonstiger Dienstleistungsfunktionen; dieser Gruppe wurden das Löhrhof-Center in Recklinghausen, das Uni-Center in Bochum-Querenburg (vgl. Abbildung 6) und das Averdunk-Centrum in Duisburg zugeordnet.

6. Einkaufszentren mit z.T. sehr hohen Anteilen an Dienstleistungseinrichtungen und beträchtlichen Funktionsschwächen; diesem Typ gehören das Glückauf-

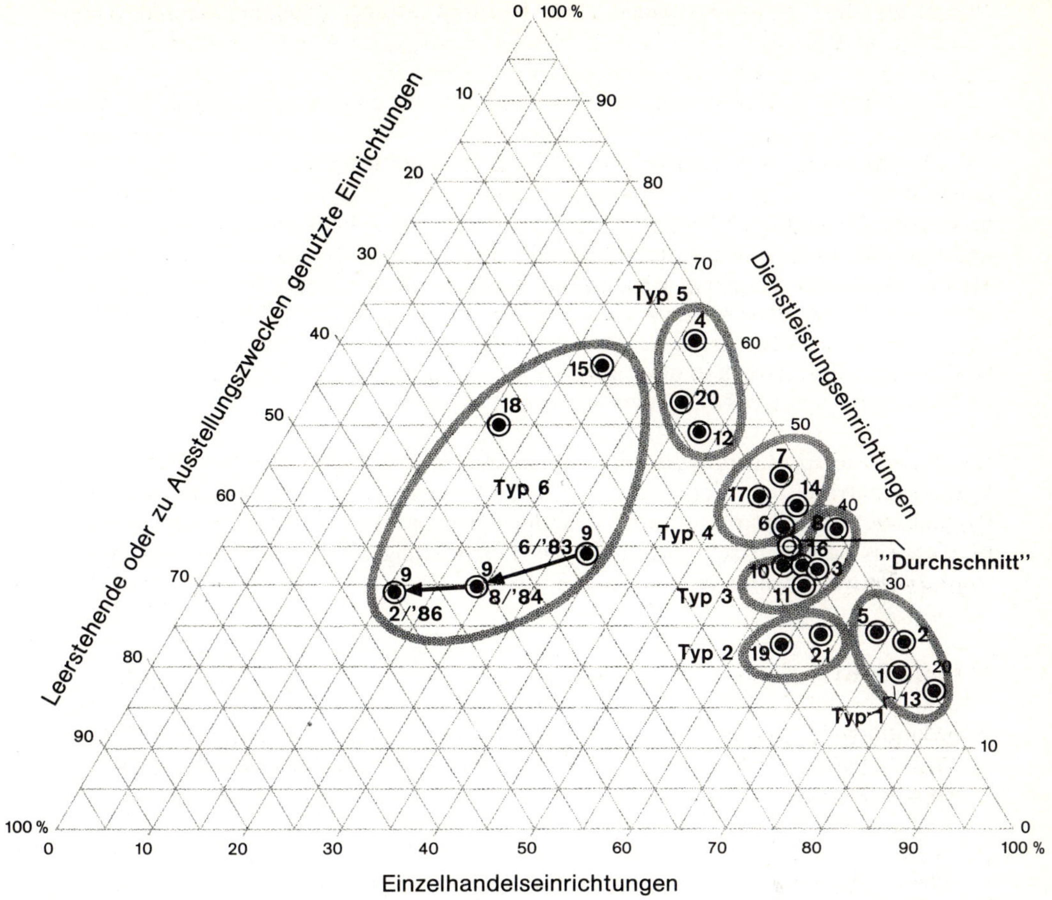

1 Ruhrpark-EKZ Bochum (Dez. 1985)
2 Rhein-Ruhr-Zentrum Mülheim (Dez. 1985)
3 Lippe-Einkauf-Zentrum Hamm (Juni 1983)
4 Uni-Center Bochum (Sept. 1985)
5 EKZ-Altenessen Essen (August 1985)
6 BERO-Center Oberhausen (August 1984)
7 Westfalen-EKZ Dortmund (August 1984)
8 Marler Stern Marl (Juni 1983)
9 City-Center Bergkamen (Juni 1983, August 1984, Febr. 1986)
10 City-Center Herne (Sept. 1985)
11 City-Center Mülheim (Sept. 1985)
12 Löhrhof-Center Recklinghausen (Sept. 1985)
13 City-Center Essen (März 1985)
14 City-Center Gladbeck (März 1985)
15 Glückauf-Center Gladbeck (März 1985)
16 Hansa-Zentrum Bottrop (Febr. 1985)
17 Lippetor-EKZ Dorsten (Nov. 1984)
18 Rathaus-Center Bochum (Mai 1985)
19 Bahnhofs-Center Gelsenkirchen (Nov. 1984)
20 Averdunk-Centrum Duisburg (März 1985)
21 "Drehscheibe" Bochum (März 1985)

Abbildung 8: Funktionale Typisierung der neuen Einkaufszentren des Ruhrgebietes nach den Anteilen ihrer Einzelhandels-, Dienstleistungs- und leerstehender Einrichtungen

Center Bottrop, das Rathaus-Center Bochum und insbesondere das City-Center Bergkamen an.

Die zentralörtliche Bewertung der 21 neuen Einkaufszentren ergab, daß deren Einordnung in die hierarchische Stufung gewachsener Zentraler Orte (Abbildung 1) vor allem deshalb problematisch ist, weil sie im allgemeinen dominant Einzelhandelsfunktionen ausüben. Die Bedeutung der neuen Zentren wird jedoch allein daran deutlich, daß die größeren – nämlich das Ruhrpark-Einkaufszentrum Bochum und das Rhein-Ruhr-Zentrum Mülheim sowie eingeschränkt auch der Marler Stern – bezüglich des Einzelhandelsangebotes den Rang Zentraler Orte mittlerer Stufe einnehmen. Sie sind in dieser Funktion durchaus mit gewachsenen Mittelzentren wie Herne, Witten oder Hattingen vergleichbar. Die Mehrzahl der neuen Einkaufszentren fällt jedoch in die Kategorie der Zentralen Orte unterer Stufe mit teilweise lediglich stadtteilbezogener Versorgungsfunktion.

Das komplexe Konkurrenzsystem gewachsener und neugeplanter Geschäfts- bzw. Einkaufszentren unterliegt im Ruhrgebiet insgesamt erheblichen jüngeren dynamischen Anpassungs- und Veränderungsprozessen, die in diesem größten und zudem polyzentrisch strukturierten Verdichtungsraum Mitteleuropas in besonders eindrucksvoller Weise deutlich werden.

LITERATUR:

Brandenburg, H.: Standorte von Shopping-Centern und Verbrauchermärkten im Kölner Raum – Entwicklung und Auswirkungen auf das Einzelhandelsgefüge, Kölner Forschungen z. Wirtschafts- u. Sozialgeogr. 32, Köln 1985. Zugleich erschienen als: Schr. z. Handelsforschung 68, Göttingen 1985

Heineberg, H. (Hrsg.): Einkaufszentren in Deutschland. Entwicklung, Forschungsstand und -probleme mit einer annotierten Auswahlbibliographie, Münstersche Geogr. Arb. 5, Paderborn 1980

Heineberg, H.; Mayr, A.: Shopping-Center im Zentrensystem des Ruhrgebietes. In: Erdkunde 38 (1984), S. 98-114

Heineberg, H.; Mayr, A.: Neue Einkaufszentren im Ruhrgebiet. Vergleichende Analyse der Planung, Ausstattung und Inanspruchnahme der 21 größten Shopping-Center, Münstersche Geogr. Arb. 24, Paderborn 1986

Mayr, A.: Entwicklung, Bedeutung und planungsrechtliche Problematik von Shopping-Centern in der Bundesrepublik Deutschland. In: Heineberg, H. (Hrsg.), Einkaufszentren in Deutschland, Münstersche Geogr. Arb. 5, Paderborn 1980 (auszugsweise auch in: Falk, B. (Hrsg.), Einkaufszentren. Planung, Entwicklung, Realisierung und Management, München 1982, S. 229-248)

Vogel, H.: Das Einkaufszentrum als Ausdruck einer kulturlandschaftlichen Innovation, dargestellt am Beispiel des Böblinger Regionalzentrums, Forsch. z. dt. Landeskunde 209, Trier 1978

Wolf, K.: Das Shopping-Center Main-Taunus – ein neues Element des rhein-mainischen Verstädterungsgebietes. In: Ber. z. deutschen Landeskundes 37 (1966), S. 78-97

Standortfragen

... aus einzelwirtschaftlicher Sicht

Standortkontrolle durch nonverbale Imageanalyse

Hans-Otto Schenk, Duisburg

Der vorliegende Beitrag geht von der praktisch zu beobachtenden Wechselwirkung zwischen Standortqualität und Image aus und versucht, ein theoretisches Konzept der Synthese von Standort- und Imageanalyse zu begründen und zu postulieren. Eine entsprechende imagebezogene Standortkontrolle bzw. eine standortbezogene Imagekontrolle kann auf zahlreiche Untersuchungsverfahren zurückgreifen, deren wichtigste zusammengestellt werden. Sie kann sowohl ökoskopische als auch demoskopische Methoden, objektive und subjektive Befunde miteinander verbinden. An einem praktischen Fall, der Imageanalyse für das Modehaus H, ein Kleinfilialunternehmen in Neukirchen-Vluyn, werden die Möglichkeiten und Vorzüge der Berücksichtigung nonverbaler Erhebungsmethoden dargestellt, insbesondere unter dem Gesichtspunkt der Tauglichkeit für Klein- und Mittelbetriebe des Einzelhandels.

1 THEORETISCHE ÜBERLEGUNGEN ZUR SYNTHESE VON STANDORT- UND IMAGEANALYSE

Die Standortlehre zählt zu den am weitesten ausgebauten Teilen der empirischen Handelsforschung. Namentlich für die Wahl des betrieblichen Standorts – stärker als für die Wahl der innerbetrieblichen Standorte – steht eine lange Reihe von Untersuchungsverfahren zur Verfügung. Die wichtigsten sind in der Übersicht auf der folgenden Seite zusammengestellt (in Klammern Hinweise auf Hauptvertreter bzw. Literaturquellen).

Diese theoretischen Ansätze haben alle ihre empirische Feuertaufe bestanden. Und doch enthalten sie nicht nur zahlreiche, oft diskutierte und kritisierte systematische Schwächen (ceteris-paribus-Implikation, geringe prognostische Relevanz, Erfaßbarkeit des Konkurrenten- und Kundenverhaltens, Problem der Gewichtung der Standortfaktoren), sondern auch und vor allem praktische Schwächen der Anwendbarkeit. Von verfahrensspezifischen Anwendungsschwächen einmal abgesehen, liegt das Hauptproblem in der aufwendigen Datenbeschaffung. Es nimmt nicht wunder, daß die Praxis sich in der Regel mit einfacher Überprüfung von Grobindikatoren für die Standortfaktoren Bedarf, Kaufkraft, Konkurrenz, Verkehr und Betriebsraum begnügt, ggf. noch mit überschlägiger investitionsrechneri-

Handelsforschung 1988
Hrsg. Volker Trommsdorff

- Gravitationsgesetz, "law of retail gravitation", Schwerkraftgesetz des Einzelhandels (Reilly, Converse, Huff, Kotschedoff)
- Agglomerationsgesetz (Nelson, Behrens)
- Customer-Spotting Technique (Applebaum, Wolf)
- Kreismethode, Polygonmethode (Lösch, Curdes, Nauer)
- Zeitdistanzmethode (Nauer)
- Ökonometrische Methode, "Isowahrscheinlichkeitslinien" (Hansen/Algermissen)
- Zonographverfahren (Rist, Nauer)
- Analogieverfahren (Wolf)
- Scoring-Methode, "Standortkalkulation", Checklist-Methode (Behrens, Müller-Hagedorn, Tietz)
- Investitionsrechnungsverfahren (Falk/Wolf, Tietz)
- Profilanalyse (Wotzka, Hansen/Algermissen)
- Spieltheoretische Verfahren (Liebmann)
- System-Theory Model (White/Ellis)

scher Gegenüberstellung von (leicht prognostizierbaren) Auszahlungsreihen und (sehr schwer prognostizierbaren) Einzahlungsreihen je Standort. Die Tücke der z.T. elegant wirkenden Verfahren zur Untersuchung der Standortqualität liegt aber vor allem darin, daß sie den Anspruch auf allgemeine Lösungsansätze geltend machen, während es in der Praxis stets auf eine besondere, individuelle und differenzierte Problemlösung ankommt. Man könnte von einem Standorttheorie-Standortpraxis-Dilemma sprechen. Ein und derselbe Standort kann für zwei verschiedene Handelsbetriebe von sehr unterschiedlicher Qualität sein. Es gibt praktisch keine Standortwahlregeln für eine Branche, für eine Betriebsform (Betriebstyp), für eine Betriebsgröße. Standortwahlentscheidungen sind Einzelfallentscheidungen, die von der Unternehmensphilosophie abhängen und mit dem gesamten Marketing-Konzept abgestimmt sein wollen. Filialunternehmen, die permanent Standortentscheidungen zu treffen haben, und zwar nicht nur über Betriebsgründungen, sondern auch über Standortspaltung, Betriebsverlagerung und Betriebsschließung, erfahren zudem nachhaltig, daß Standortentscheidungen in einen Lernprozeß eingebettet sind. Was heute als standortoptimal gilt (Verkaufsfläche, Stadtrandlage,

Konkurrenzmeidung), wird schon morgen durch neues Erfahrungswissen überholt (Flächenrevision, Citylage, Konkurrenzsuche).

Die genannten theoretischen Ansätze können im Falle ihrer praktischen Anwendung auch stets nur vom status quo, von den empirisch vorgefundenen Gegebenheiten, eventuell noch unter Berücksichtigung raum-, städte- und verkehrsplanerischer Erwartungswerte, ausgehen. Kaum zu berücksichtigen sind hingegen *Wechselwirkungen*, die sich etwa aus dem Image des Mikrostandortes und aus den Images der dort räumlich verbundenen Betriebe ergibt. Am positiven Image eines Standorts zu partizipieren, ist aus einzelbetrieblicher Sicht eine verständliche Maxime. Aber die verschiedenen Images der räumlich verbundenen Betriebe müssen sich nicht harmonisch im Sinne einer Festigung oder Verbesserung des Mikrostandort-Images auswirken. Sie können auch disharmonisch, konkurrierend oder widersprüchlich wirken. Beispiele hierfür liefert so manche Fußgängerzone, in der Gewerbefreiheit und fehlender gewerblicher Mieterschutz für puren Standortbesetzungskampf der Filial- und Franchise-Systeme, für Austauschbarkeit, Gesichtsverlust und mancherorts für Standortabwertungen (Spielhallen-Effekt!) gesorgt haben. Die Standortwahl für den eigenen Betrieb kann somit das Image des Mikrostandorts ebenso abwerten wie auch aufwerten oder festigen. Im übrigen weisen Bestätigungen aus Filial- und Franchise-Systemen, für die die Abteilung "Standortsicherung" inzwischen zur wichtigsten des ganzen Unternehmens bzw. Systems geworden ist, auf eine neue Dimension der Standortpolitik hin: Es kommt angesichts des Engpaßfaktors Betriebsraum für expansive Konzern- und Systemunternehmen schon nicht mehr darauf an, möglichst optimale Standorte zu wählen, sondern überhaupt Standorte zu besetzen, überhaupt präsent zu sein im Sinne der Ubiquitätsideologie der Markenartikel-Strategen.

Standortanalysen, die sich die eingangs erwähnten Untersuchungsverfahren zunutze machen, ebenso wie die Anmietungs- und Immobilienpolitik der Konzerne und System-Unternehmen des Einzelhandels (mit geradezu darwinistischen Zügen) sind zur Domäne der Mittel- und Großbetriebe geworden. Kleinbetriebe, auch Kleinfilialisten, des Einzelhandels haben regelmäßig keinen Zugang zur modernen Standortanalyse, sei es, daß eigenes Know-how nicht vorhanden oder nur begrenzt ist, sei es, daß die Kosten für eine herkömmliche Standortanalyse – etwa durch ein kommerzielles Marktforschungsinstitut oder durch eine Beratungsgesellschaft – nicht aufgebracht werden können. Immerhin leisten hier Genossenschafts- und sonstige Kooperationszentralen informatorische Hilfestellung mit Standort-(erst)beratung, die wir nicht geringschätzen wollen. Auch können Kleinbetriebe durch die Teilnahme an Betriebsvergleichen standortspezifische Informationen erhalten, und zwar für beide standortpolitische Zwecke:

- für die erstmalige Standortwahl und
- für die laufende Kontrolle der Standortqualität.

Zur Ermittlung der Standortqualität im Zeitablauf (Standortdynamik) können im Prinzip alle eingangs genannten Untersuchungsverfahren herangezogen werden, wenn die empirische Untersuchung nur im Zeitablauf – möglichst regelmäßig – wiederholt wird. Es versteht sich, daß die einmal gewählte(n) Untersuchungsmethode(n) nicht gewechselt werden dürfen. Durch *Wiederholungsuntersuchungen* kommen zeitliche Standortvergleichsdaten zutage, die sogar einige systematische Schwächen abbauen helfen. So reduziert sich das bei der einmaligen bzw. erstmaligen Standortanalyse auftretende Problem der mangelnden prognostischen Relevanz durch wiederholte Analysen auf das Problem der (vorsichtigen) Interpretation von Extrapolationsdaten. Trends werden sichtbar, ein Frühwarnsystem für standortspezifische Marketingdifferenzierung entsteht. In diesem Sinne wird in Zukunft die laufende Standortkontrolle womöglich bedeutsamer werden als die erstmalige Standortanalyse bei der Betriebsgründung, -ansiedlung oder -übernahme. Frühzeitig erkannt haben dies die Warenhauskonzerne, die über die Bundesarbeitsgemeinschaft der Mittel- und Großbetriebe des Einzelhandels e.V. (BAG), Köln, regelmäßig Kundenbefragungen in den Mitgliedshäusern durchführen lassen. Da sich mit Wiederholungsuntersuchungen die Kosten der Datenbeschaffung nur vermehren, wenn auch mit leicht degressivem Effekt, verschärft sich die Problematik für Kleinbetriebe. Im Hinblick auf eine laufende Standortkontrolle werden ihre größenbedingten Nachteile besonders sichtbar (Böcker 1981, S. 208).

Muß sich die erstmalige Standortanalyse im wesentlichen auf objektive und ökoskopisch ermittelte Daten stützen, so kann die laufende Standortkontrolle vorzüglich auf beide Datenarten und beide Ermittlungsmethoden zurückgreifen, auf

- objektive und subjektive Daten und auf
- ökoskopische und demoskopische Datenerhebung.

Gewiß können für die Wahl des betrieblichen Standortes auch demoskopische Einstellungen, Meinungen, Wünsche, Abneigungen usw. von potentiellen Kunden, von Lieferanten, von Experten, mitunter sogar von Konkurrenten erfaßt werden. Diese Auskünfte müssen jedoch zwangsläufig hypothetischer Natur sein. (Als Cornelius Stüssgen seine ersten SB-Geschäfte errichtete oder die Gebrüder Albrecht ihre ersten Discount-Filialen, da hätten sie sich nicht auf demoskopische Ergebnisse stützen dürfen!). Für die Überprüfung der Qualität des eigenen Standorts im Zeitablauf hingegen sind derartige Einstellungen, Wünsche und Kritik Ergebnis von Wahrnehmungen und/oder von Erfahrungen. Selbst objektiv unzutreffende Meinungen über einen Mikrostandort, über eine räumliche Kooperation oder über ein einzelnes Ladengeschäft, namentlich Vorurteile aller Art, sind wichtig zu kennen. Denn nicht objektiv zweckmäßige Marketingkonzepte bestimmen über die Akzeptanz eines Einzelhandelsgeschäfts, sondern das subjektiv als zweckmäßig empfundene Waren- und Diensteangebot am konkreten Standort im Urteil der Zielgruppe(n) (Barth 198, S. 148). Mit anderen Worten: Gerade die als Aktionsparameter von den Einzelhandelsunternehmen beeinflußbaren Standortfaktoren machen eine Politik der Erhaltung oder Verbesserung der Standortqualität erst möglich, nicht die vom Unternehmen wenig oder gar nicht beeinflußbaren objektiven Umweltparameter.

Da vom Mikrostandort als solchem bereits eine bestimmte Imagewirkung ausgeht, da im Handel strategische Unternehmensführung auf die abgestimmte und schlüssige Planung aller Imagekomponenten abzielen muß und da schließlich Images von Mikrostandorten und von einzelnen Handelsbetrieben im Wechselspiel stehen (Böcker/Brink 1987, S. 161-180), erscheint es uns naheliegend und sinnvoll, die bisherige Trennung in Standortanalyse und Imageanalyse aufzuheben und eine *Syn-*

these vorzuschlagen: eine imagebezogene Standortkontrollanalyse bzw. eine standortbezogene Imageanalyse. Für Einbetriebsunternehmen wäre eine solche standortbezogene Imageanalyse zugleich Analyse des Firmenimages und des Einkaufsstättenimages. Für Mehrbetriebsunternehmen, namentlich für Filialisten mit Betriebstypendiversifikation, eröffnet sich jedoch die Chance, gleich drei verschiedene Images zu analysieren und zu prägen: das Firmenimage, die Betriebstypenimages und die konkreten Einkaufsstättenimages. Je nach Unternehmensphilosophie können Firmen-, Betriebstypen- und Einkaufsstättenimage homogenisiert oder heterogenisiert werden. Bei der Imagepolitik in bezug auf die Einkaufsstätten handelt es sich um ein unternehmenspolitisches Strategiekontinuum zwischen totaler Gleichheit der Einkaufsstätten nach Größe, äußerer und innerer Gestaltung, Sortiment und Dienstleistungen einerseits und völlig differenzierter, individualisierter Filialaufmachung und Leistung je nach Standort – Nichterkennbarkeit als Filial- oder Systembetrieb und unverwechselbare "Einkaufsstättenpersönlichkeit" – auf der anderen Seite. Dazwischen liegen die zahllosen Möglichkeiten der feindosierten Abhebung und Standortanpassung für die einzelnen Verkaufsstellen.

Halten wir als Zwischenergebnis unserer Überlegungen fest:

1. Die herkömmlichen Standortuntersuchungsverfahren sind als überwiegend ökoskopische Verfahren mehr oder minder geeignet zur erstmaligen Bestimmung des betrieblichen Standorts.

2. Zur Kontrolle der Standortqualität bestehender Einzelhandelsbetriebe ist eine Kombination aus ökoskopischen und demoskopischen Erhebungen sinnvoll. Eine Kombination aus Standort- und Imageanalyse bietet sich an.

3. Zur Kontrolle der Standortdynamik und der Effizienz von imagepolitischen Maßnahmen sind (möglichst regelmäßig) wiederholte kombinierte Erhebungen erforderlich.

Die postulierte Kombination aus Standort- und Imageanalyse ist nun nicht zu verstehen als eine beliebige Kombination eines der o.g. Standortuntersuchungsverfahren mit einem der verschiedenen Imageanalyseverfahren. Für die praktische Imageanalyse stehen ja tatsächlich auch eine ganze Reihe von Verfahren zur Verfügung. Die wichtigsten sind in der Übersicht auf der folgenden Seite zusammengestellt (in Klammern Hinweise auf Hauptvertreter bzw. Literaturquellen).

Vielmehr ist wohl im Einzelfall zu prüfen, welche Kombination überhaupt sinnvoll, erhebungstechnisch praktikabel und kostenmäßig verantwortbar ist. Grundsätzlich sind Standortuntersuchungsverfahren immer dann mit Imageanalyseverfahren kombinierbar, wenn Verhaltensparameter oder soziographische Informationen benötigt werden ("Isowahrscheinlichkeitslinien", "Standortkalkulation", Profilanalyse). Da auf diesem Gebiet u.W. noch keine systematische Methodenforschung betrieben wurde, sei es erlaubt, es hier nur bei dieser Anregung zu belassen. Immerhin gestattet der Kombinationsansatz den Hinweis auf einen einfacheren, vorerst auch praktikableren methodischen Weg: Die empirische Analyse von Standortfaktoren *und* Image (Gesamtimage, Imageelemente) sollte ohne weiteres durch Differenzierung des gewählten Standortuntersuchungs- oder Imageanalyseverfahrens

- die Polaritätsprofil-Methode oder Semantische Differentialmethode (Wolf)
- der Zuordnungstest (offen/nach Wertstufen/als Bilderzuordnungstest) (Falk/Wolf)
- der Ergänzungstest (Wolf)
- die Präferenzenskala-Methode, "preference ratings" (Varble/Grimm)
- Erkundung des Bekanntheitsgrades (offene/unterstützte Befragung) (Heemeyer)
- die Repertory-Grid-Methode (Trommsdorff)
- die Elicitation-Technik (Fishbein; Heemeyer)
- die zweidimensionale Positionierung (Barth)
- die multidimensionale Skalierung (MDS; Faktorenanalyse, Clusteranalyse) (Heemeyer)
- die nonverbale Imageanalyse (Schweiger)

möglich sein. So kann z.B. die "Standortkalkulation" verstärkt Imagekomponenten berücksichtigen (zahlenmäßig und/oder gewichtsmäßig). Umgekehrt kann die Imageanalyse über die demoskopischen Primärinformationen hinaus verstärkt ökoskopisch erhobene, beobachtete Standortfaktoren berücksichtigen.

Vor diesem Hintergrund erscheint uns insbesondere die Verwendung der *nonverbalen Imageanalyse* zur Kontrolle zumindest eines wichtigen Aspekts der Standortqualität sinnvoll. Wenn man sich die empirisch überprüfte Erkenntnis zunutze macht, "daß die Verwendung von Bildvorlagen zur Imagemessung zu prägnanteren Images führt als die Verwendung von Wortreizen bzw. daß die Bildreize zu einer stärkeren Diskriminierung zwischen den Objekten führen als die Wortreize" (Schweiger 1985, S. 44), dann fallen in Bildvorlagen von Einzelhandelsbetrieben (Außenansichten, Geschäfts- und Schaufensterfront) Imagefaktoren und Standortqualitätsfaktoren zusammen. Bezieht man in eine solche nonverbale Imageanalyse Ansichten von benachbarten Geschäftsfronten, ggf. von ganzen benachbarten Straßenzügen oder Plätzen mit ein, dann bekommt man vorzügliche Informationen über ganze Mikrostandortkomplexe.

Ein besonderer Reiz – und ein sich daraus ergebender Informationsvorsprung – ergibt sich, wenn in die nonverbale Imageanalyse sowohl Bildvorlagen des zu untersuchenden Einzelhandelsbetriebs (Untersuchungsstandorts) als auch relevanter Konkurrenzbetriebe (Vergleichsstandorte) aufgenommen werden. Aus einem solchen Vergleich ergeben sich unmittelbar Gemeinsamkeiten und Unterschiede in der Bekanntheit, Wertschätzung, Präferenz usw. der Probanden im Hinblick auf unterschiedliche Meinungsgegenstände (Betrieb, Standort). Die isolierte Untersuchung eines Standorts oder eines Betriebsimage liefert ohne Vergleichsdaten wenig Aufschluß für unternehmerische Entscheidungen. Es bedarf vielmehr sinnvoller, einen Vergleich ermöglichender Ergänzungsdaten. Diese können aus bloßen Wiederholungen im Zeitablauf gewonnen werden, etwa zur Überprüfung standortpolitischer oder imagepolitischer Maßnahmen. Sie setzen jedoch eine relativ aufwendige und gleichwohl aussagearme Erstuntersuchung voraus. Eine andere, auch praktisch angewandte Möglichkeit ist die für Vergleichszwecke entwickelte Idealsituation. Besonders die semantische Differentialmethode bedient sich gern der Gegenüberstellung von Idealprofilen und Realprofilen, die beide während einer einzigen (Erst-) Befragung erhoben werden können. Bei der Standortwahl können so z.B. mehrere reale Standorte mit einem gedanklichen Idealstandort verglichen werden, und dasjenige Realprofil, das dem Idealprofil (Anforderungsprofil) am ähnlichsten ist – ermittelt durch Korrelationsanalysen –, wird für die unternehmerische Entscheidung präferiert (Wotzka 1970, S. 132 f.). Entsprechend können für Einkaufsstätten Idealimages erhoben werden (sofern das Vorstellungs- und Abstraktionsvermögen der Probanden nicht überfordert wird!), mit welchen wiederum das konkrete Verkaufsstättenimage verglichen wird.

2 EIN PRAKTISCHER FALL: NONVERBALE IMAGEANALYSE FÜR EIN MODEHAUS

Der Verfasser hatte Gelegenheit, einige der vorstehenden theoretischen Überlegungen einmal an einem praktischen Fall zu überprüfen. Die wichtigsten Erkenntnisse dieser Pilotstudie seien im folgenden mitgeteilt, wobei aus Gründen der Vertraulichkeit die Firmennamen anonymisiert werden.

Im Rahmen des Seminars Handelsforschung an der Universität-GH-Duisburg wurde im Sommersemester 1987 eine Imageanalyse für ein Modehaus in Neukirchen-Vluyn durchgeführt. Die Untersuchung beruhte auf standardisierten mündlichen Befragungen von insgesamt 260 Probanden. Um eine möglichst problem- und standortgerechte Stichprobe zu erhalten, wurden 60 Kunden des Modehauses aus der Kundenkartei gewählt und 200 sonstige Probanden ("Nichtkunden"). Die untersuchungsadäquate Repräsentativität wurde durch genaue Quoten hinsichtlich Kunden/"Nichtkunden", Geschlecht, Alter und Wohnort der Probanden gesichert. Das für die Untersuchung gewonnene Modehaus kam den theoretischen Erwägungen besonders entgegen, da es sich um ein Kleinfilialunternehmen mit Hauptgeschäft in Vluyn und zwei kleineren Filialen in Neukirchen handelt. Das Unternehmen ist als Familienbetrieb in zweiter Generation seit fast 50 Jahren langeingeführt. Durch die Bevölkerungsfluktuation und starke Bautätigkeit in der Untersuchungs-gemeinde, durch erheblichen Berufspendlerverkehr, Durchgangsverkehr und umliegende attraktive Einkaufszentren mit ausgeprägtem Angebot an Textilhäusern (Moers 4 km, Duisburg 12 km, Krefeld 15 km entfernt) ergeben sich besondere Probleme der Erzielung eines hohen Bekanntheitsgrads und eines guten Firmenimage. Wie wichtig eine Imageanalyse für das Modehaus H geworden war, bestätigen auch ökoskopisch gewonnene Daten zur Standortgemeinde. Im Vergleich zur Nachbargemeinde Moers (Moerser Vergleichswerte in Klammern) zeigen sich für Neukirchen-Vluyn mit rd. 25 200 Einwohnern (rd. 97 800) eine wesentlich geringere Einwohnerdichte (E/km^2) von 580 (1 445), eine ähnlich hohe Pkw-Dichte (Pkw/1 000 E) von 442 (461) und eine erheblich geringere Zentralität (Umsatzkennziffer : Kaufkraftkennziffer) von 0,74 (1,20) (IHKR 1987, S. 24-28). Streusiedlung in Verbindung mit guter Autobahn- und Landstraßenanbindung führt bei hoher Mobilität zu Kaufkraftabfluß, der sich in der niedrigen Zentralitätskennzahl widerspiegelt. Berücksichtigt man noch, daß in Neukirchen-Vluyn nicht weniger als neun Textil-Konkurrenzbetriebe, wenn auch durchweg kleinere Familienbetriebe, existieren und daß insgesamt nur vier großflächige Einzelhandelsbetriebe vorhanden sind (in Moers 22!), dann wird die geringe Attraktivität der Stadt als Einkaufsort offenbar. Um so größere Bedeutung bekommen daher Standort- und Imagekontrolle für ein Kleinfilialunternehmen, das auf die Gewinnung und Bindung der örtlichen Kaufkraft angewiesen ist. Ein besonderer Reiz liegt im vorliegenden Fall in einem Vergleich der drei Verkaufsstätten, von denen sich das Hauptgeschäft an der Hauptverkehrs- und Durchgangsstraße befindet und die beiden Filialbetriebe in Nebenstraßen. Die Imageanalyse war im wesentlichen konventionell angelegt. Es wurden dabei in psychotaktisch angelegter Mischung

- konkrete Faktfragen gestellt,
- Verhaltensfragen gestellt,
- Bewertungen eingeholt,
- die semantische Differentialmethode angewandt und
- spontane Äußerungen und besondere Wünsche der Probanden schriftlich festgehalten.

Überdies – und das war das Neue an der Imageuntersuchung – wurde die nonverbale Befragung mit Hilfe von Fotovorlagen angewandt. Auf diese Weise konnten bei der vorgegebenen Standortspaltung separat für jede Betriebseinheit Bekanntheit über einen Wiedererkennungstest und in einem weiteren Schritt Bewertungen des äußeren Gesamteindrucks (Geschäftsfront und Schaufenster) ermittelt werden. Um die Aussagefähigkeit im Hinblick auf standortspezifische Images nochmals zu steigern, wurden außerdem Fotovorlagen von den drei wichtigsten Konkurrenzbetrieben am Ort sowie von drei sonstigen Gebäuden/Gebäudekomplexen getestet.

Da sich Fotos aus der Heimatgemeinde, wie die Interviewer später übereinstimmend bestätigten, hervorragend als "Eisbrecher" für die Befragung eignen, wurden sie am Anfang der Interviews verwendet. Bei den Farbfotos im Format 10 x 15 cm (mit technisch und ästhetisch gleichem Wert) handelte es sich um die in *Tabelle 1* wiedergegebenen und in dieser Reihenfolge vorgelegten Motive.

Zunächst wurde anhand dieser Fotos von den Probanden die *Wiedererkennung* im Sinne des aided recall-Test ermittelt. Dabei war von den Interviewern die jeweils zutreffende Kategorie "Firma/Gebäude erkannt", "Lage erkannt" oder "nicht erkannt" zu markieren. (Die Firmenschriftzüge auf den Originalfotos waren wegretuschiert worden). Der auf optischer Wiedererkennung basierende Bekanntheitsgrad ist unter imageanalytischen Gesichtspunkten deshalb aufschlußreich, weil der äußere, mitunter flüchtige Eindruck der Läden (Autofahrer!) eine besonders wichtige Imagekomponente darstellt. Mit einer einladenden äußeren Ladengestaltung ist nicht nur zugleich ein hoher Erinnerungswert verbunden, sondern auch das erste Interesse geweckt, das entsprechende Geschäft zu betreten.

In einem weiteren Schritt wurden die Fotos den Probanden nochmals vorgelegt, und zwar mit der Bitte, anzugeben, wie ihnen die Gebäude bzw. Geschäftsfronten gefallen ("Sie können dazu Noten verteilen, z.B. 1 = sehr gut, 3 = mittelmäßig, 5 = schlecht".) Auf diese Weise konnten subjektive *Bewertungen* ermittelt und nach demographischen Kriterien sogar differenziert werden. Die mehr oder weniger deutlich empfundene Gefälligkeit des Ladenäußeren stellt ihrerseits einen wichtigen Imagefaktor dar (äußere Attraktivität). Wenn sich beim "ersten Eindruck" der Ladenfront und des Schaufensters negative Eindrücke bilden oder stauen, dann wird damit eine Hemmschwelle errichtet, die auch durch andere positive Imagekomponenten nur schwer überkompensiert werden kann. Umgekehrt kann ein erster positiver Eindruck kaum durch andere, eher negative Imagefaktoren ausgelöscht werden.

Tabelle 1: Fotovorlagen der nonverbalen Imageanalyse "Modehaus H"

Lfd. Nr.	Fotomotiv	Kurzkennung
1	Neubaukomplex Mozartstraße in Neukirchen	SGN
2	Konkurrenzbetrieb S, Vluyn	KBS
3	Untersuchungsbetrieb I, Filiale M-Straße, Neukirchen	UBM
4	Konkurrenzbetrieb N, Neukirchen	KBN
5	Untersuchungsbetrieb II, Hauptgeschäft, Vluyn	UBH
6	Untersuchungsbetrieb III, Filiale E-Straße, Neukirchen	UBE
7	Privathaus Leineweberplatz, Vluyn	SGP
8	Konkurrenzbetrieb K, Vluyn	KBK
9	Fabrikgebäude, Vluyn	SGF

Von den Ergebnissen, die einer vertieften Auswertung nach Kunden und "Nichtkunden" und nach typologischen Probandengruppen zugeführt wurden, seien hier nur einige summarische Daten wiedergegeben (*Tabelle 2*). Für den Auftraggeber mag es positiv zu werten sein, daß sein Hauptgeschäft (UBH) den größten absoluten *Bekanntheitsgrad* aufweist mit 191 Firmenerkennungen, 38 Lageerkennungen und 31 Nichterkennungen. Wichtiger sind jedoch auch für den Auftraggeber die relativen Bekanntheitsgrade seiner Geschäfte im Vergleich zu den Konkurrenzgeschäften und den sonstigen Gebäuden. Die relative Bekanntheit der nonverbal getesteten Betriebe spiegelt sich in der Tabelle 2 recht deutlich wider.

Von aufschlußreichen Einzelergebnissen abgesehen – so war das Hauptgeschäft des Auftraggebers in Vluyn sogar von 52 Neukirchener "Nichtkunden" (65 %) namentlich erkannt worden –, liefert dieses summarische Ergebnis einen ersten Hinweis auf unterschiedliche Standortqualitäten für die drei Filialbetriebe. Die unterschiedliche Wiedererkennung und somit Bekanntheit hat sicherlich zahlreiche Ursachen, auch solche, die "selbstverschuldet" sind, z.B. mangelnde Filialwerbung. Immerhin kann durch die Zusatzfrage nach der Bewertung der Außenansichten eine wichtige zusätzliche standortbezogene Information gewonnen werden.

Tabelle 2: Ergebnis A der nonverbalen Imageanalyse "Modehaus H": Bekanntheitsgrade

Rangplatz	Kurz-ken-	Firma/Gebäude erkannt		Lage erkannt		keine Erkennung	
		abs.	vH	abs.	vH	abs.	vH
1.	UBH	191	73,5	38	14,6	31	11,9
2.	KBN	152	58,5	32	12,3	76	29,2
3.	UBM	125	48,1	41	15,8	94	36,1
4.	SGF	116	44,6	28	10,8	116	44,6
5.	UBE	107	41,2	82	31,5	71	27,3
6.	KBS	96	36,9	121	46,5	43	16,6
7.	SGP	95	36,5	122	46,9	43	16,6
8.	KBK	76	29,2	110	42,3	74	28,5
9.	SGN	68	26,1	150	57,7	42	16,2

Auch wenn man die aus der Marktforschung bekannte Tendenz zur Positivneigung bzw. zur Kritikmeidung in Rechnung stellt, ergibt die folgende ermittelte Rangreihe über alle neun Bildvorlagen eine aufschlußreiche Rangreihe der *Motivbewertungen* (*Tabelle 3*).

Es ist auffällig, daß die Bekanntheit der Untersuchungsbetriebe des Auftraggebers nicht mit der architektonisch-ästhetischen Bewertung seiner drei Geschäfte übereinstimmt. Insbesondere rangieren die beiden Filialen UBM und UBE im Wiedererkennungswert über zwei ortsansässigen Konkurrenten. In der Gefälligkeitsbewertung rangieren die beiden Filialen jedoch am Ende der Skala. Besonders springt die Diskrepanz beim Hauptgeschäft ins Auge: Ein hoher Bekanntheitsgrad geht einher mit einer nur befriedigenden Bewertung des Ladenäußeren – gewiß nicht nur eine Aufgabe für das untersuchte Unternehmen, am Ladenäußeren nachhaltige Modernisierungen vorzunehmen, sondern auch eine erhebliche Marktchance, Bekanntheit und Zustimmung zum äußeren Erscheinungsbild bei den potentiellen Kunden in Übereinstimmung zu bringen. Überhaupt bedeuten nur "befriedigende" und "ausreichende" Notendurchschnitte wohl ein ernst zu nehmendes Signal. Baulich-architektonische Maßnahmen an den Außenfronten scheinen dringend geboten. (In diesem Punkt hat das Unternehmen inzwischen bereits erfolgreich Renovierungen vorgenommen). Unter Beachtung der standortbezogenen Urteilsunterschiede könnte der untersuchte Kleinfilialist sogar verstärkt auf die filialtypische Wiedererkennbarkeit aller Geschäfte abstellen, und zwar hinsichtlich sämtlicher kommunikativer Aktivitäten. Das wurde in den letzten Jahren versäumt. Daß die positive Abhebung von den drei Konkurrenzbetrieben KBN, KBK und KBS nicht schwerfallen dürfte, liegt auf der Hand; denn auch sie reichen nicht an "gute" Notendurchschnitte heran!

Tabelle 3: Ergebnis B der nonverbalen Imageanalyse "Modehaus H": Bewertung der Außenansichten

Rangplatz	Kurzkennung	gewichtete Durchschnittsnote gerundet	ungerundet
1.	SGP	1,8	1,792
2.	SGN	1,9	1,938
3.	KBN	2,9	2,915
4.	UBH	2,9	2,949
5.	KBK	3,1	3,082
6.	SGF	3,4	3,374
7.	KBS	3,4	3,378
8.	UBM	3,5	3,490
9.	UBE	3,7	3,703

Der Vollständigkeit halber sei angemerkt, daß über die empirischen Ergebnisse aus allen Antworten (Totaldurchschnitte) hinaus auch Teilergebnisse ermittelt werden können. Die vorliegende Pilotstudie konnte dank der exakten Repräsentation nicht nur Teilergebnisse für

- Kunden/"Nichtkunden",
- weibliche/männliche Probanden,
- Neukirchener/Vluyner Bewohner und
- nach vier Altersklassen aufgeteilte Probanden

aufbereiten, sondern sogar bei hinreichender Datenbasis Teilergebnisse für Probandentypen ermitteln. Beispielsweise können je nach Kundensegment-Interesse des Modehauses typenspezifische Images für 20- bis unter 40jährige weibliche "Nichtkunden" aus Vluyn oder für 60jährige und ältere männliche Kunden aus Neukirchen gewonnen werden. Daß sich bei typologischer Auswertung in Anbetracht der begrenzten Probandenzahl (260) z.T. sehr kleine Basen ergeben, stellt ein methodisches Problem dar. Dieses Problem kann jedoch mittels einer einfachen Differentialanalyse weitgehend entschärft werden. Wenn z.B. die Datenbasis nur 25 Probanden beträgt, dann werden zunächst nur 15 Antworten aus diesem Probandenkreis zu Durchschnitten aufbereitet, in einem zweiten Schritt 20 Antworten und als Kontrollschritt alle 25 Antworten. Bleibt der Durchschnittswert über alle drei Schritte hinweg konstant oder zeigt er keine signifikanten Schwankungen, dann kann eine hinreichende Validität auch kleinerer Stichproben angenommen werden. (Hierin liegt nicht zuletzt eine Ermunterung für Klein- und Mittelbetriebe, eine standortbezogene Imageanalyse auch mit bescheidenen Mitteln durchzuführen! Gerade für Einzelhandelsbetriebe mit begrenztem Einzugsgebiet und z.T. genau abgrenzbaren Kundengruppen kommt es ja ohnehin nicht auf eine bundesweite Bevölkerungsrepräsentativität an, sondern auf eine möglichst repräsentative Erfassung der Kundenzielgruppe(n) im Einzugsbereich!).

3 ERGEBNISSE

Auch wenn fairerweise bekannt werden muß, daß der bescheidenen Imageanalyse für das Modehaus H keineswegs eine Prüfhypothese im Sinne des Themas zugrundelag, so hat sie doch Fingerzeige für einen neuen theoretischen (und praktikablen!) Ansatz gegeben. Verallgemeinernd wollen wir aus den ersten empirischen Befunden folgende Ergebnisse ableiten:

1. Nicht nur wiederholte kombinierte Erhebungen zur Kontrolle der Standortdynamik und der imagepolitischen Maßnahmen sind sinnvoll, sondern eine einzelne kombinierte Erhebung liefert bereits Aufschluß über Standortqualitäten (insbesondere über die Einzelstandorte von Einzelhandelsfilialen) und über die standortbezogenen Images – und zwar durch Vergleichsdaten (standortbezogener Imagevergleich bzw. imagebezogener Standortvergleich).

2. Namentlich durch die Anwendung nonverbaler Methoden (Vorlage von Fotos, Skizzen, Plänen usw.) lassen sich Bekanntheitsgrade und Bewertungen von standort- bzw. imagerelevanten Meinungsgegenständen innerhalb ansonsten verbaler demoskopischer Untersuchungen testen.

3. Aus dem anfallenden Datenmaterial lassen sich nicht nur komplexe Gesamt-Standortqualitäten und Gesamt-Images (Firmenimage) ermitteln, sondern standort- und verkaufsstättenspezifische Qualitätsunterschiede. Diese Qualitätsunterschiede, auch nur subjektiv empfundene, vermeintliche Unterschiede, vermitteln insbesondere für Filialunternehmen wichtige Erkenntnisse für das jeweilige Handelsmarketing (Homogenisierung von Firmen-, Betriebstypen- und Verkaufsstättenimage oder bewußte standortbezogene Heterogenisierung, Abhebung, Differenzierung). Aber nicht nur Filialisten, sondern auch Ein-Betrieb-

Unternehmen können den vorgestellten Ansatz mit Nutzen verwenden, vorausgesetzt, es werden Konkurrenzbetriebe in die Analyse mit einbezogen. Es versteht sich, daß derartige Informationsvorteile auch von Shopping Centers, Einkaufszentren und von Kooperationen aller Art genutzt werden können.

Am Ende kann die bekannte US-amerikanische Kaufmannsregel "All business is local" wohl ergänzt werden um eine neue Kaufmannsregel "All image is local"!

LITERATUR

Appelbaum, W.: Methods for Determining Store Trade Areas, Market Penetration, and Potential Sales. In: Journal of Marketing Research, 3 (1986), Heft 2, S. 127-141

Barth, K.: Betriebswirtschaftslehre des Handels, Wiesbaden 1988

Behrens, K.Chr.: Der Standort der Handelsbetriebe, Köln und Opladen 1965

Böcker, F.: Größenbedingte Vor- und Nachteile mittelständischer Einzelhandelsunternehmen in der Informationswirtschaft. In: Treis, B. (Hrsg.), Der mittelständische Einzelhandel im Wettbewerb. Größenbedingte Vor- und Nachteile, München 1981, S. 187-209

Böcker, F.; Brink, M.: Images von und Präferenzen für Einkaufszentren und einzelne Einzelhandelsgeschäfte im Wechselspiel. In: Trommsdorff, V. (Hrsg.), Handelsforschung 1987, Heidelberg 1987, S. 161-179

Converse, P.D.: New Laws of Retail Gravitation. In: Journal of Marketing, 14 (1949), S. 379-390

Curdes, G.: Stand und Aufgaben der Gewerbeplanung. In: Ingesta-Report, Heft 2, 1967

Falk, B.R.; Wolf, J.: Handelsbetriebslehre, 7. Aufl., Landsberg 1986

Fishbein, M.: A Behavior Theory Approach to the Relations between Beliefs about an Object and the Attitude Toward the Object. In: Fishbein, M. (Hrsg.), Readings in Attitude Theory and Measurement, New York-London-Sydney 1967, S. 389-400

Hansen, U.; Algermissen, J.: Handelsbetriebslehre (Taschenlexikon), Göttingen 1979

Heemeyer, H.: Psychologische Marktforschung im Einzelhandel, Wiesbaden 1981

Henseler, R.: Imagepolitik in Betrieben des mittelständischen Facheinzelhandels. Beiträge zur Mittelstandsforschung, Heft 31, Göttingen 1978

Huff, D.: Defining and Estimating a Trading Area. In: Journal of Marketing, 28 (1964), S. 34-38

Industrie- und Handelskammern im Ruhrgebiet, IHKR (Hrsg.): Großflächige Einzelhandelsbetriebe ab 1 000 m^2 Verkaufsfläche im Ruhrgebiet, Bochum 1987

Kammer, J.: Imagepolitik. In: Falk, B.R.; Wolf, J. (Hrsg.), Das große Lexikon für Handel und Absatz, 2. Aufl., Landsberg 1982, S. 357-359

Kotschedoff, M.: Sozialphysikalische Modelle in der regionalen Handelsforschung, Berlin 1976

Liebmann, H.-P.: Die Standortwahl als Entscheidungsproblem, Würzburg und Wien 1971

Lösch, A.: Die räumliche Ordnung der Wirtschaft, 3. Aufl., Stuttgart 1962

Müller-Hagedorn, L.: Handelsmarketing, Stuttgart, Berlin, Köln, Mainz 1984

Nauer, E.: Standortwahl und Standortpolitik im Einzelhandel, Bern und Stuttgart 1970

Nelson, R.: The Selection of Retail Locations, New York 1958

Reilly, W.J.: The Law of Retail Gravitation, New York 1931

Rist, K.N.: Zonograph erleichtert die Standortuntersuchung. In: Moderner Markt, Heft 7, 1964, S. 40 ff.

Schenk, H.-O.: Handelsmarketing. In: Falk, B.R.; Wolf, J. (Hrsg.), Das große Lexikon für Handel und Absatz, 2. Aufl., Landsberg 1982, S. 324-328

Schenk, H.-O.: Marktforschung für mittelständische Handelsbetriebe, Niederrhein-Kammer, Heft 8, 1982, S. 405-406

Schweiger, G.: Nonverbale Imagemessung, 3. Aufl., Wien 1985

Tietz, B.: Die Standort- und Geschäftsflächenplanung im Einzelhandel. Ein Beitrag zur regionalen Handelsforschung, Zürich 1969

Trommsdorff, V.: Die Messung von Produktimages für das Marketing. Grundlagen und Operationalisierung, Köln 1975

Varble, D.L.; Grimm, J.L.: Image Assessment Can Be Administered by a Small Retailer. In: Business Ideas and Facts, 5 (1972), Heft 2, S. 15-21

White, L.A.; Ellis, J.B.: A System Construct for Evaluating Retail Marketing Locations. In: Journal of Marketing Research, 8 (1971), Heft 1, S. 43-46

Wolf, J.: Markt- und Imageforschung im Handel, Grafenau 1981

Wotzka, R.: Standortwahl im Einzelhandel, Hamburg 1970

Wrigley, N. (Hrsg.): Store Choice, Store Location and Market Analysis, London 1988

Standortpolitik und strategische Marktforschung im Handel

Hans-Peter Liebmann; Peter Schnedlitz, Graz

Die strategische Orientierung im Handelsmarketing bewirkt ein geändertes Anforderungsprofil für die Standortmarktforschung. Im vorliegenden Beitrag werden Ergebnisse einer repräsentativen Konsumentenbefragung zu einem neu errichteten Einkaufszentrum vorgestellt. Im Mittelpunkt steht dabei die Beziehung zwischen wahrgenommenen Wettbewerbsvorteilen, Leitsortimenten und Konkurrenzintensität. Aus den Untersuchungsergebnissen lassen sich für die Standortmarktforschung folgende Konsequenzen ableiten: Je nach Sortimentserfahrung haben Kunden unterschiedliche Leitstandards für die Beurteilung von Wettbewerbsstrukturen. Leitsortimente beeinflussen das "evoked set" von wahrgenommenen Betriebstypenalternativen. Der Standortmarktforschung kommt verstärkt eine Controlling-Funktion hinsichtlich der lokalen Wettbewerbsbeziehungen zwischen Betriebstypen zu.

1 AUSGANGSPUNKT UND ZIELSETZUNG DER UNTERSUCHUNG

Die Beschäftigung mit den Informationsgrundlagen für "Standortwahl" und "Standortpolitik" gehört zu den klassischen Forschungsschwerpunkten der Handels-betriebslehre und hat eine große historische Tradition. (Ludovici 1768; Tietz 1969; Liebmann 1969, S. 131ff; Müller-Hagedorn 1984, S. 100 ff.) Die Standortpolitik gehört zur Grundstrukturpolitik im Handel; der Standort stellt die räumliche Basis für den Einsatz der betriebspolitischen Instrumente dar.

Bei einer kritischen Bestandsaufnahme der Standortliteratur im Handel kristallisieren sich zwei Problembereiche heraus:

- Im Vordergrund stehen einmal mehr oder weniger komplexe Methoden der Informationsverarbeitung von Standortinformationen. Die Palette reicht von simplen Checklist-Methoden mit relevanten Standortfaktoren über Scoring-Modelle bis hin zur Anwendung von Methoden der Investitions- und Finanzierungstheorie (Gümbel 1969; Müller-Hagedorn 1984).

Handelsforschung 1988
Hrsg. Volker Trommsdorff

Bei der praktischen Anwendung zeigt sich jedoch, daß in vielen Fällen die *Datenbasis* den Engpaßfaktor darstellt. Die Informationen über die Standortfaktoren liegen häufig zu wenig systematisch, zu wenig detailliert und zu unvollständig vor. Darin kann eine neue Herausforderung für die Marktforschung als Grundlage von Standortentscheidungen gesehen werden. Diese Herausforderung konzentriert sich auf die Auswahl der relevanten Informationen aus der Informationsflut (*Selektions-Funktion*) und auf die Verbesserung der Qualität der Entscheidung (*Entscheidungsverbesserungs-Funktion*).

- Aber auch die Diskussion neuer Inhalte in der Handelsbetriebslehre macht eine Neuorientierung der Marktforschung für Standortentscheidungen notwendig. Dabei geht es vor allem um den Aspekt der *strategischen Orientierung* im Handelsmarketing. Es gilt, wie auch auf anderen Gebieten des Marketing, Versäumnisse wettzumachen (Engelhardt 1985). Standortentscheidungen im Rahmen der strategischen Unternehmensführung im Handel verlangen die Auseinandersetzung mit folgenden Fragen:

  - Welchen Beitrag leistet die Marktforschung zur Ermittlung jener Standortfaktoren, die das Erfolgspotential der Standortpolitik ausmachen?
  - Welche Beziehungen bestehen zwischen Standortfaktoren und *strategischen Wettbewerbsvorteilen* im Handel?
  - Was heißt "*Kundennähe*" für die Standortpolitik?
  - Welchen Beitrag leistet die Marktforschung im Rahmen von Früherkennungssystemen?
  - Erfüllt die Marktforschung ein vom *strategischen Controlling* gefordertes Anforderungsprofil?

Der vorliegende Beitrag versucht, Schwerpunkte für eine Neuorientierung der Marktforschung für die Standortpolitik im stationären Handel zu erarbeiten. In einem zweiten Schritt werden die Ergebnisse einer empirischen Untersuchung vor diesem Hintergrund dargestellt und diskutiert.

2 THEORETISCHER BEZUGSRAHMEN

2.1 Die Datenbasis als Engpaßfaktor in der Standortmarktforschung

Die Kataloge von Standortfaktoren, die häufig in Form von Checklisten die entscheidungsrelevanten Aspekte systematisieren, zeigen eine Vielzahl von Variablen, die an die Marktforschung sehr unterschiedliche und z.T. sehr hohe Ansprüche stellen. Da sowohl die Datenbasis als auch die Untersuchungsobjekte und die einzusetzenden Untersuchungsmethoden besonders heterogen sind, wird der Einsatz des gesamten Repertoirs der Marktforschungsmethoden notwendig. Es geht um Marktanalyse und Marktbeobachtung, um Primär- und Sekundärmarktforschung, um demoskopische und ökoskopische Marktforschung und um psychologische und wirtschaftsgeographische Marktforschung. In der Praxis kommt es angesichts der Vielschichtigkeit der Aufgabenstellung häufig zu einer heuristischen Komplexitätsreduktion, die nicht selten eine Form der Resignation vor der Informationsflut darstellt. Die Beliebtheit von Scoringmodellen dürfte nicht zuletzt auf diesen Sachverhalt zurückzuführen sein. Alle entscheidungsrelevanten Kriterien werden aufgelistet und gewichtet, die jeweiligen Ausprägungen der Standortmerkmale werden mit Hilfe von Punktzahlen beurteilt. Damit soll erreicht werden, daß auch qualitative Standortfaktoren und subjektive Erwartungen quantifiziert und vergleichbar gemacht werden. Die dahinterstehenden meßtechnischen Probleme bleiben unberücksichtigt und unreflektiert (Kotler 1971, S. 294).

Auf der Grundlage der bekannten Checkliste von Nauer (1970, S. 44 - 46) läßt sich zeigen, daß der praktische Einsatz von Checklistenverfahren zu zwei Kernproblemen führt:

(1) Standortentscheidungen weisen eine stark lokale Komponente auf. Gerade der von T. Levitt (1983) angesprochene Globalisierungsaspekt trifft auf die Standortmarktforschung in vielen Bereichen nicht zu. Die Orientierung am Wettbewerber vor Ort (vgl. Meffert u. Patt 1987, S. 196) setzt der These des "Think Global" die Antwort "All Business is Local" gegenüber. Generalisierte und z.T. aggregierte Einflußgrößen (z.B. volkswirtschaftliche Daten) müssen auf ihren *lokalen Bezug* hinterfragt werden. Die "Routinemarktforschung" muß sich den Vorwurf gefallen lassen, daß sie sich zu wenig um lokale Informationsgrundlagen kümmert.

Auch Tietz (1986, S. 42) unterstreicht die Bedeutung der Lokalisierung bzw. Mikrospezialisierung als wichtigen Trend im Handel. Die bewußte und präzise Orientierung am örtlichen Markt wird zum Erfolgsfaktor von Betriebstypen.

Zusammenfassend geht es somit bei diesem Kernproblem um die *lokale Entscheidungsrelevanz der Information über Standortfaktoren*.

(2) Beim zweiten Problem steht die *Leistungsfähigkeit* und *Qualität* der Standortmarktforschung zur Diskussion. Die Marktforschung hat zu vielfältigen Fragestellungen einen Beitrag zu leisten.

Standortentscheidungen folgen häufig einem hierarchisch strukturierten Entscheidungsmuster, das Standortinformationen auf folgenden Ebenen betrifft:

- globale Ebene (z.B. Wertewandel, internationale Betriebstypentrends) (Riesenbeck 1988)

- nationale Ebene (z.B. Entwicklung der Einwohnerzahlen, Kaufkraftentwicklung, Wettbewerbskonzentration)

- regionale Ebene (z.B. Pendlerstruktur, regionale Entwicklungsprogramme, regionale Konsumgewohnheiten)

- lokale Ebene (z.B. Standorte und Betriebstypenmix der Mitbewerber im lokalen Markt, Passantenfrequenz, lokale Leitbetriebe aus der Sicht der Konsumenten, Zielgruppenstruktur)

All diese Entscheidungen zielen darauf ab, lokale Erfolgsfaktoren für die Kundenpolitik zu ermitteln und gegebenenfalls laufend anzupassen (siehe *Abbildung 1*).

Die Analyseebenen der Standortfaktoren verlangen je nach Lokalisierungs- bzw. Globalisierungsgrad einen unterschiedlichen Marktforschungszugang. Vor allem auf der lokalen Ebene besteht ein massiver "Ökonomisierungsdruck" auf die Marktforschung. Unternehmensbezogene Sekundärinformationen stehen nur in sehr beschränkten Umfang zur Verfügung (z.B. Datenbanken wie Dun & Bradstreet, Hoppenstedt; s. Schnedlitz 1986).

Gezwungen durch das "klassische statistische Methodenarsenal" wird bei Primärerhebungen für lokale Standortinformationen ein bestimmtes Untersuchungsdesign forciert, das aus Unternehmenssicht meist keine vernünftige Relation zwischen Marktforschungsaufwand und Informationsnutzen darstellt. Das klassische Marktforschungsdesign wird geprägt von Fragestellungen, die durch Stichworte wie "Gesetz der großen Zahl", "verteilungsgestützte Meßfehlertheorie" und "Repräsentanzschluß" charakterisiert sind.

Neue Marktforschungstechnologien - Computerbefragungen mit begleitender Auswertung, Scannermarktforschung - bieten eine Chance, den Ökonomisierungsgrad zu erhöhen (Simon 1987):

- Bei der Datenerhebung kann durch begleitende Auswertung eine "Zwischensignifikanzprüfung" durchgeführt werden. Konkret bedeutet dies, daß bei klaren Ergebnisstrukturen bereits bei geringem Stichprobenumfang ein Abbruch erfolgen kann.

- Auch der Einsatz von Testsystemen, wie Blickregistrierung, Bildplattenkommunikationssystemen und Kundenterminals, reduziert einerseits Interviewkosten und fördert andererseits das systematische Controlling von Standortinformationen.

In *Abbildung 2* wird eine Zusammenfassung der Charakteristika der Standortmarktforschung bei vorwiegend nationaler bzw. regionaler Betriebstypenpolitik vorgenommen

2.2 Standortmarktforschung und strategische Wettbewerbsforschung

In vielen Handelsunternehmen liegt die wichtigste strategische Schwachstelle nicht in der Kenntnis neuer Betriebstypenentwicklungen, neuer Technologien und

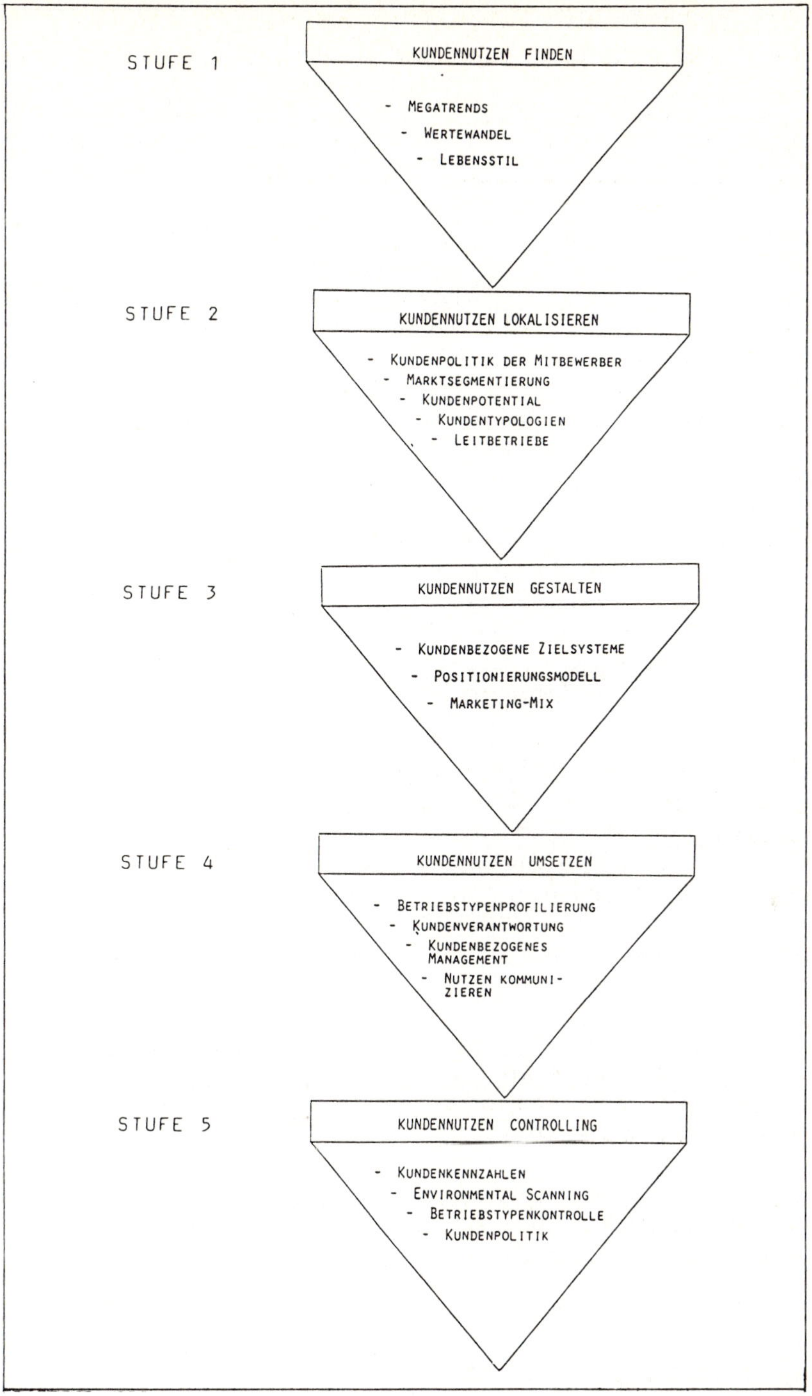

Abbildung 1: Struktur der Lokalisierung des Kundennutzens im Handel

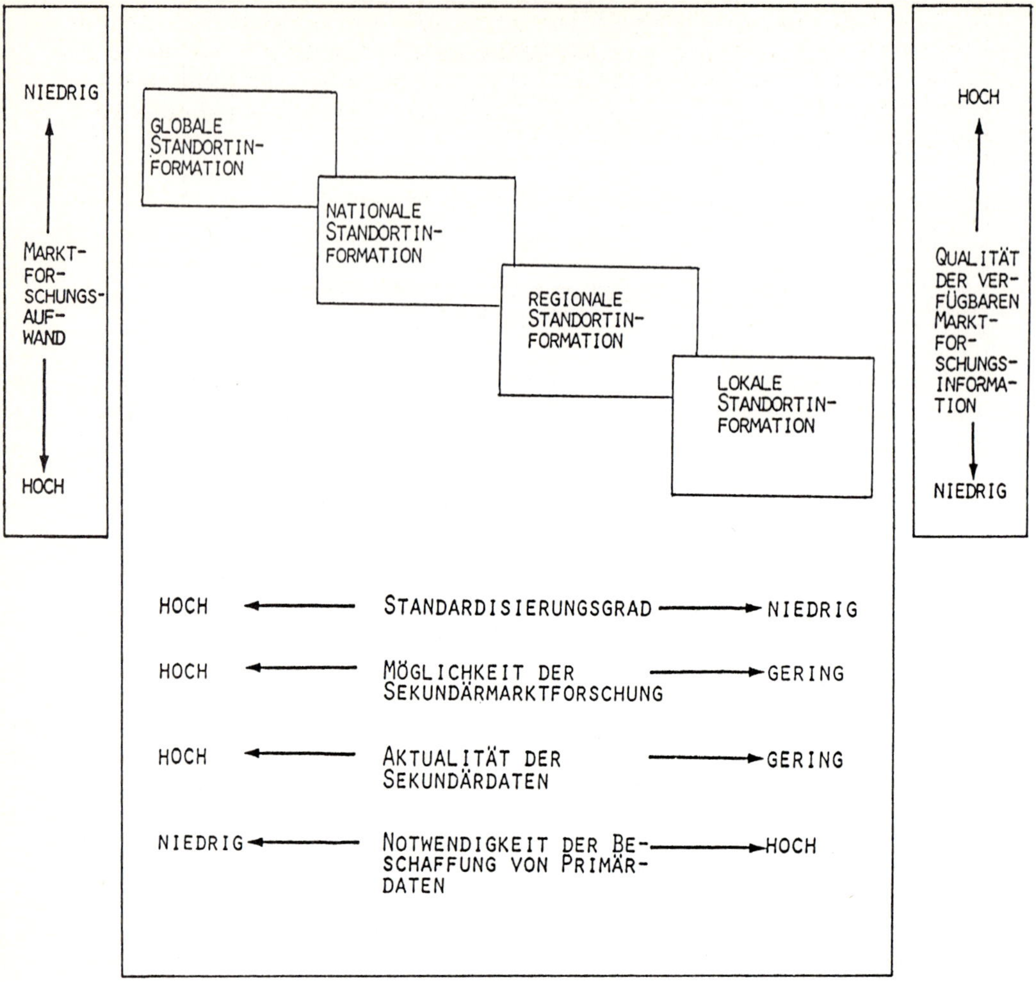

Abbildung 2: Charakteristika der Standortmarktforschung bei vorwiegend nationaler bzw. regionaler Betriebstypenpolitik

Kenntnisse über die Mitbewerber. Die eigentliche Schwachstelle stellt vielmehr die Unkenntnis über lokale Marktforschungsinformationen und deren Umsetzung im Rahmen einer dynamischen Betriebstypenprofilierung dar. In der neueren Literatur zeichnen sich besonders zwei Schwerpunkte ab, die an die Standortmarktforschung neue Fragestellungen herantragen:

- Wie kann standortbezogene *Kundennähe* erreicht werden? (Vgl. Peters/Watermann 1982; Albers/Eggert 1988.)

- Wie lassen sich *strategische Wettbewebsvorteile* im Handel schaffen? (Vgl. Porter 1985; Simon 1988.)

Für die strategische Ausrichtung der standortbezogenen Marktforschung wird das Denken in einem "strategischen Dreieck" (Ohmae 1982) immer wichtiger. Für den Handel kann diese Triade folgendermaßen dargestellt werden (siehe *Abbildung 3*).

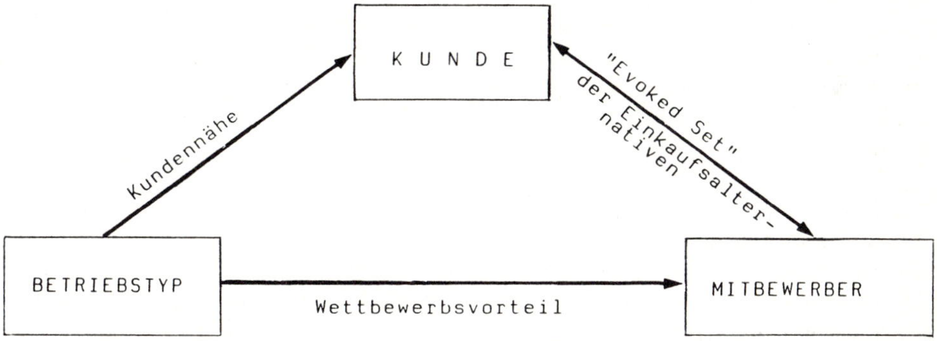

Abbildung 3: Strategisches Dreieck im Handel

Dieser Bezugsrahmen verdeutlicht, daß der Betriebstyp als kompaktes Angebot des Handels an den Kunden möglichst "kundennah" profiliert werden muß. Zu den Kernaufgaben der standortbezogenen Markforschung gehört somit

(1) die Ermittlung der Maßgrößen für die Kundennähe,

(2) eine Hilfestellung bei der Ableitung der Wettbewerbsvorteile und

(3) die Eingrenzung der aus der Sicht der Kunden jeweils relevanten Mitbewerber ("evoked set" der Mitbewerber).

Seit den viel beachteten Arbeiten von Peters/Waterman erfolgt in der Literatur eine kritische Auseinandersetzung mit der Operationalisierung von *Kundennähe.* Albers/Eggert (S. 11, 1988) zeigen, daß Kundennähe unter strategischen Gesichtspunkten auf differenzierter Marktbearbeitung, Flexibilität gegenüber Kundenwünschen und Reagibilität auf mittel- bis langfristige Marktveränderungen basiert. Diese Größen determinieren das Managementprofil und den Einsatz der marketingpolitischen Instrumente im Handel. Aus der Sicht der Handelspraxis ist es allerdings gefährlich, bestimmte Ausprägungen dieser Dimensionen "vom grünen Tisch aus" als Kundennähe zu interpretieren. Im Handel sind eine starke Differenzierung der Marktbearbeitung, eine hohe Flexibilität gegenüber Kundenwünschen und eine hohe Reagibilität auf mittel- bis langfristige Marktveränderungen nicht synonym für Kundennähe. Gerade die Beispiele ALDI/HOFER und MIGROS machen deutlich, daß Kundennähe nur betriebstypenspezifisch und nur aus der Sicht der Kunden sinnvoll operationalisiert werden kann. Beispielsweise kann Marktforschung aufzeigen, daß Kunden in einer bestimmten Artikelgruppe eine Sortimentskonstanz einer Sortimentshektik vorziehen (z.B. FERRERO, NIVEA/ Beiersdorf).

Eine Hilfestellung der Marktforschung bei der Bestimmung von *Wettbewerbsvorteilen* ist nur dann gegeben, wenn Marktforschungsartefakte vermieden werden. Konkret bedeutet dies, daß jene Wettbewerbsvorteile herausgearbeitet werden müssen, die aus der Sicht der Kunden wichtige Leistungsmerkmale eines Betriebstyps betreffen, die von Kunden auch tatsächlich wahrgenommen werden und die die Chance eines längerfristigen Wettbewerbsvorsprungs bilden. Simon (1988, S. 466) betont diesen Sachverhalt und weist darauf hin, daß Konkurrenzmarktforschung den gleichen Stellenwert gewinnen wird wie die Kundenmarktforschung. Die von Simon herausgearbeiteten sieben "Prinzipien strategischer Wettbewerbsvorteile" gewinnen unter dem Lokalisierungsaspekt für die Standortmarktforschung im Handel einen besonderen Stellenwert.

Die Zahl der Betriebstypen bzw. Einkaufsstätten, die der Konsument bei seinen Einkaufsentscheidungen im Handel heranzieht, ist begrenzt und variiert regional und sortimentsspezifisch. Für die Standortmarktforschung gilt es insbesondere, das "*evoked set*" der Betriebstypen bzw. Mitbewerber herauszufiltern. Darunter ist die begrenzte Zahl jener Einkaufsstätten zu sehen, die von den Kunden als Einkaufsalternativen für bestimmte Warentypen tatsächlich wahrgenommen werden.

3 DESIGN UND VORGEHENSWEISE DER EMPIRISCHEN UNTERSUCHUNG

Ein besonderes Anliegen des vorliegenden Forschungsprojekts ist es, eine Fragenkonzeption zu entwickeln, die dem Bezugsrahmen des strategischen Dreiecks im Handel Rechnung trägt.

Die Untersuchung basiert auf einer mündlichen Umfrage mit einem Stichprobenumfang von 500 Konsumenten in Graz, der zweitgrößten Stadt Österreichs. Die Auswahlmethode bestand aus einer Mischung von Quotenstichprobe und Time Sample, um besondere Zeiteffekte auszuschalten. Die Quotierung erfolgte nach Geschlecht (49 % Männer, 51 % Frauen) und Alter (25 % unter 25 Jahre, 18,6 % 25 - 35 Jahre, 16,2 % 36 - 45 Jahre, 20,4 % 46 - 60 Jahre, 19,8 % über 60 Jahre). Weiter wurden für die Gewichtung der Stichprobe folgende Merkmale aus der Struktur der Grundgesamtheit gemessen: Beruf, Familienstand, Schulbildung, Wohnregion und Haushaltsnettoeinkommen. Die Interviews erfolgten an 18

Sample-Points im Stadtgebiet von Graz. Die Feldarbeit fand in der Zeit vom 17. - 24. Juni 1988 statt. Die Auswertung erfolgte mit dem Programmpaket SPSS-X auf einer VAX 750 des Rechenzentrums der Universität Graz.

Als Instrument für die Konsumentenbefragung wurde ein standardisierter Fragebogen mit insgesamt 20 Sachfragen und 8 Fragen zur Person entwickelt. Im Zuge dieser Entwicklung wurde der Fragebogen einem Pre-Test unterworfen (20 Probeinterviews). Dies diente zur Absicherung der psychologischen Kompetenz und zur Gewährleistung der standardisierten Verständlichkeit des Befragungsinstrumentes.

Die Fragenkonzeption ging von folgenden Vorgaben aus:

- Es soll ein realitätsnahes Bild eines Einkaufszentrums (EKZ) in Graz aus der Sicht des Konsumenten ermittelt werden.

- Konsumenten haben keine Absoluturteile, sie bewerten Einkaufsquellen im Vergleich. Der Fragebogen soll deshalb keine künstlichen Absoluturteile forcieren, sondern Wettbewerbsstärken und -schwächen im Vergleich zu den wichtigsten Mitbewerbern herausarbeiten.

- Den Befragten soll der Untersuchungsgegenstand im Sinne der Dramaturgie des Fragebogens möglichst spät im Interviewablauf bekannt werden. Aus diesem Grund bietet sich ein "Trichter-Konzept" an, das mit allgemeinen und ungestützten Fragestellungen beginnt. Zuerst werden damit spontane und ungestützte Verankerungen analysiert ("evoked set"). Mit diesem Ansatz soll das Problem von Pseudoantworten minimiert werden.

- Erst im zweiten Schritt erfolgt jeweils eine Abstützung der Ergebnisse durch die Vorgabe von Antwortkarten. Alle Antworten wurden einem Vortestverfahren unterzogen.

- Die Konzeption der inhaltlichen Blöcke der Befragung hat die Möglichkeit einer flexiblen statistischen Auswertung zu bieten. Dies wird mit der folgenden Struktur des Fragenprogramms realisiert (siehe *Abbildung 4*).

4 UNTERSUCHUNGSERGEBNISSE

Aus dem umfangreichen Fragenkonzept (vgl. Abbildung 4) sollen jene Ergebnisausschnitte vorgestellt und diskutiert werden, die sich auf das strategische Dreieck zwischen Kunden, Betriebstyp und Mitbewerber beziehen.

Der erste Abschnitt der Untersuchungsergebnisse bezieht sich auf die Frage, inwieweit Leitsortimente eines Betriebstyps das "evoked set" der Vergleichsbetriebstypen beeinflussen. Die Ergebnisse sind in *Tabelle 1* dargestellt.

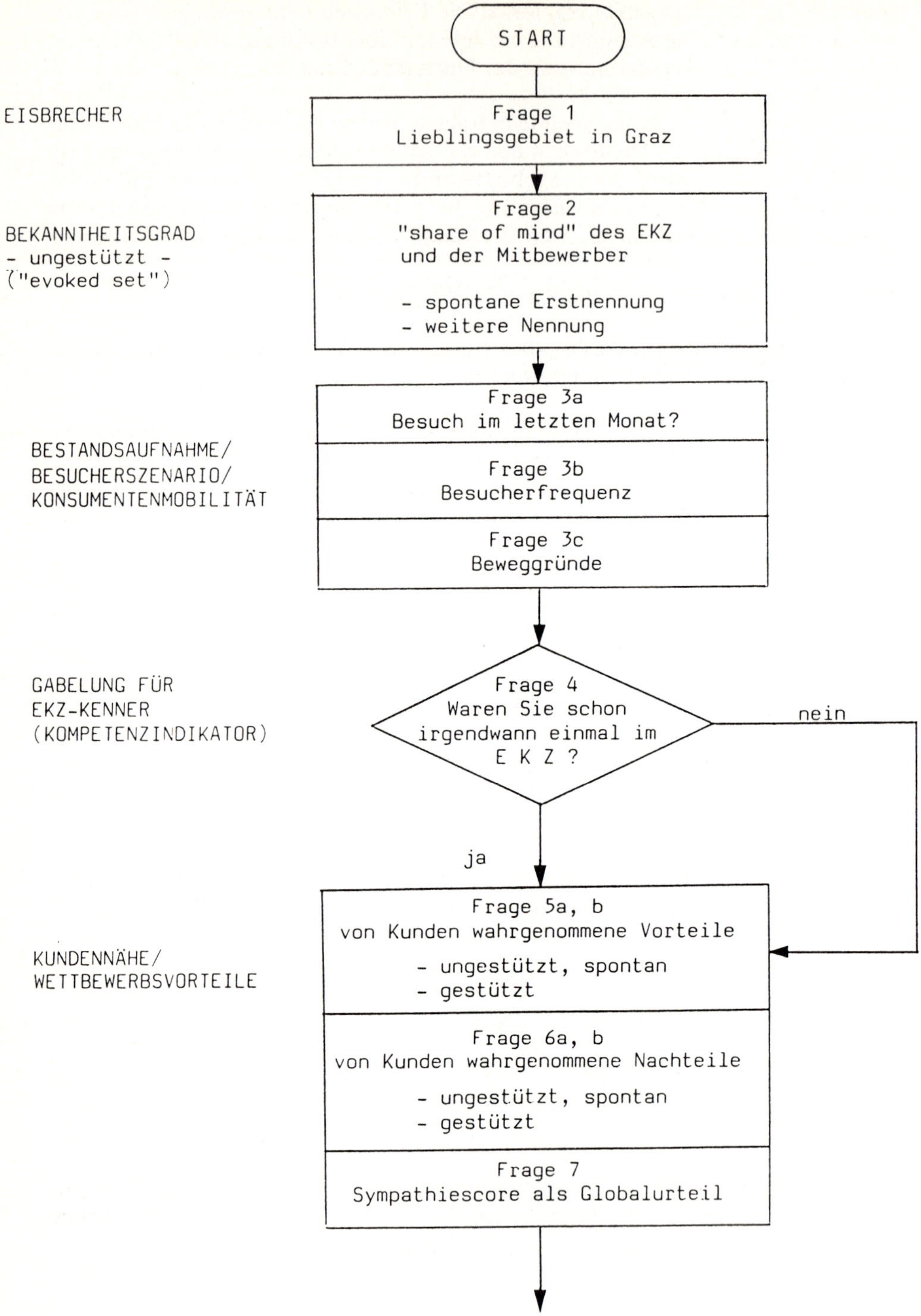

Abbildung 4: Struktur des Fragebogens

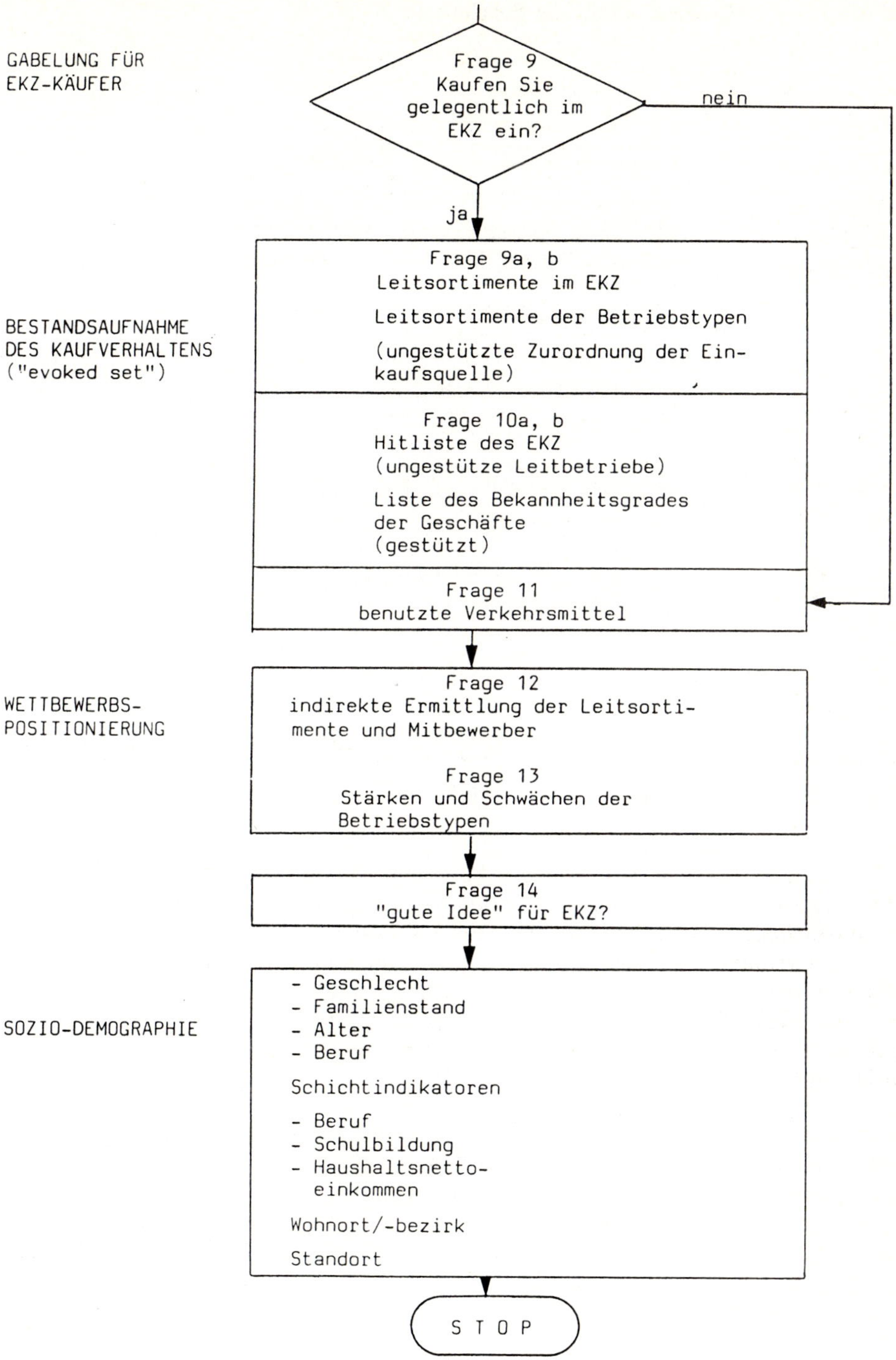
GABELUNG FÜR EKZ-KÄUFER
Frage 9 Kaufen Sie gelegentlich im EKZ ein?
nein
ja
BESTANDSAUFNAHME DES KAUFVERHALTENS ("evoked set")
Frage 9a, b
Leitsortimente im EKZ
Leitsortimente der Betriebstypen
(ungestützte Zurordnung der Einkaufsquelle)
Frage 10a, b
Hitliste des EKZ
(ungestütze Leitbetriebe)
Liste des Bekannheitsgrades der Geschäfte
(gestützt)
Frage 11
benutzte Verkehrsmittel
WETTBEWERBS-POSITIONIERUNG
Frage 12
indirekte Ermittlung der Leitsortimente und Mitbewerber
Frage 13
Stärken und Schwächen der Betriebstypen
Frage 14
"gute Idee" für EKZ?
SOZIO-DEMOGRAPHIE
- Geschlecht
- Familienstand
- Alter
- Beruf
Schichtindikatoren
- Beruf
- Schulbildung
- Haushaltsnetto-einkommen
Wohnort/-bezirk
Standort
S T O P

Tabelle 1: Leitsortiment und Betriebstyp

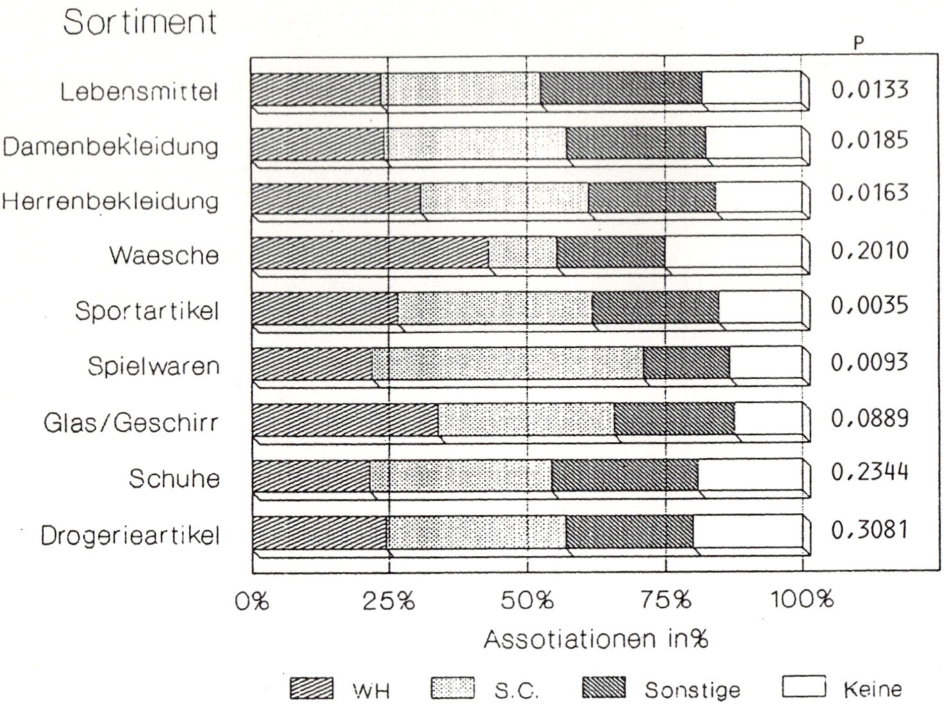

(p = Wahrscheinlichkeit; Chi-Quadrat; Basis: 500 Befragte)

In Tabelle 1 erfolgt eine Analyse jener Personen, die im letzten Monat Käufer bestimmter Sortimente im Einkaufszentrum EKZ waren. Diese Sortimente werden als Leitsortimente bezeichnet, da sie den realen Beurteilungshintergrund für die Kunden darstellen. Im Diagramm erfolgt die Darstellung der Spontanassoziation auf die Frage: "Sagen Sie, mit welchem Geschäft von Graz würden Sie XY am ehesten vergleichen?" Die Assoziationen werden in drei Betriebstypenkategorien zusammengefaßt: WH (Warenhäuser), SC (Shopping Center), VM (Verbrauchermärkte und sonstige).

Die Untersuchungsergebnisse zeigen einmal, daß in Anhängigkeit von den erlebten Leitsortimenten unterschiedliche Betriebstypen als Mitbewerber wahrgenommen werden. Beispielsweise assoziieren jene Kunden, die im EKZ Herrenbekleidung gekauft haben, signifikant häufiger Warenhäuser (27,3 %) als erlebte Mitbewerber. Bei Spielwarenkäufern dominieren als Erstassoziationen Shopping Centers (15,1 %). Bei Lebensmitteln (46,3) dominieren dagegen Betriebstypen, die zur Kategorie Verbrauchermärkte und sonstige zugeordnet werden können.

Für die Standortmarktforschung ergibt sich daraus:

(1) Je nach Sortimentserfahrung haben Kunden unterschiedliche Vergleichsstandards für die Berurteilung von Mitbewerberstrukturen.

(2) Leitsortimente beeinflussen das "evoked set" von Betriebstypen.

(3) Der Standortmarktforschung kommt eine Controlling-Funktion hinsichtlich der lokalen und sortimentsspezifischen Wettbewerbsbeziehungen zwischen Betriebstypen zu.

Ein weiterer Schwerpunkt bezieht sich auf die Wahrnehmung von Wettbewerbsvorteilen. In der Handelspraxis kann häufig festgestellt werden, daß Unternehmen ihren strategischen Wettbewerbsvorteilen (1) zu wenig Aufmerksamkeit widmen und (2) kaum untersuchen, ob ihre Kunden bestimmte Wettbewerbsvorteile als wichtig wahrnehmen.

In der vorliegenden Untersuchung wurde ermittelt, ob Kunden in der Lage sind, spontan und ungestützt Wettbewerbsvorteile und -nachteile eines Einkaufszentrums nennen.

Tabelle 2 zeigt, daß 80 Prozent der repräsentativen Stichprobe spontan zumindest einen Wettbewerbsvorteil anführen. Bezüglich der Wettbewerbsnachteile sinkt die Quote auf 55,6 Prozent.

Tabelle 2: Spontane und ungestützte Nennung von Wettbewerbsvor- und nachteilen

	zumindest ein Merkmal genannt	keine Nennung
Wettbewerbsvorteile	80,0 %	20,0 %
Wettbewerbsnachteile	55,6 %	44,4 %

Für die Standortmarktforschung ergibt sich daraus:

(1) Sie muß eine Hilfestellung dabei leisten, welche Wettbewerbsvorteile das höchste Erfolgspotential auf lokaler Basis hat. Damit sind jene Vorteile von Betriebstypen gemeint, die nicht kurzfristig von den Mitbewerbern einholbar sind. Erst unter dieser Bedingung kann von strategischen Wettbewerbsvorteilen gesprochen werden.

(2) Die Standortmarktforschung kann einen Beitrag zur Kontrolle von Betriebstypen leisten: Sie kann untersuchen, inwieweit es mit Betriebstypen gelingt, sich auf diese strategischen Wettbewerbsvorteile zu konzentrieren und eine starke Verankerung im Bewußtsein der Kunden zu erreichen.

Ein dritter Schwerpunkt der empirischen Untersuchung betrifft die Fragestellung, ob die spontane Präsenz von Wettbewerbsvorteilen einen Einfluß auf die Gesamtbeurteilung eines Einkaufszentrums besitzt. Die Gesamtbeurteilung wird durch folgende Frage ermittelt: "Wie sympathisch finden Sie insgesamt das EKZ? Vergeben Sie bitte Schulnoten, 1 steht für sympathisch, 5 für überhaupt nicht sympathisch".

Die Ergebnisse zeigen (siehe *Tabelle 3*), daß die Profilierung von Wettbewerbsvorteilen einen positiven Einfluß auf die Gesamtbeurteilung eines Einkaufszentrums aufweist.

Tabelle 3: Wettbewerbsvorteile und Gesamtbeurteilung

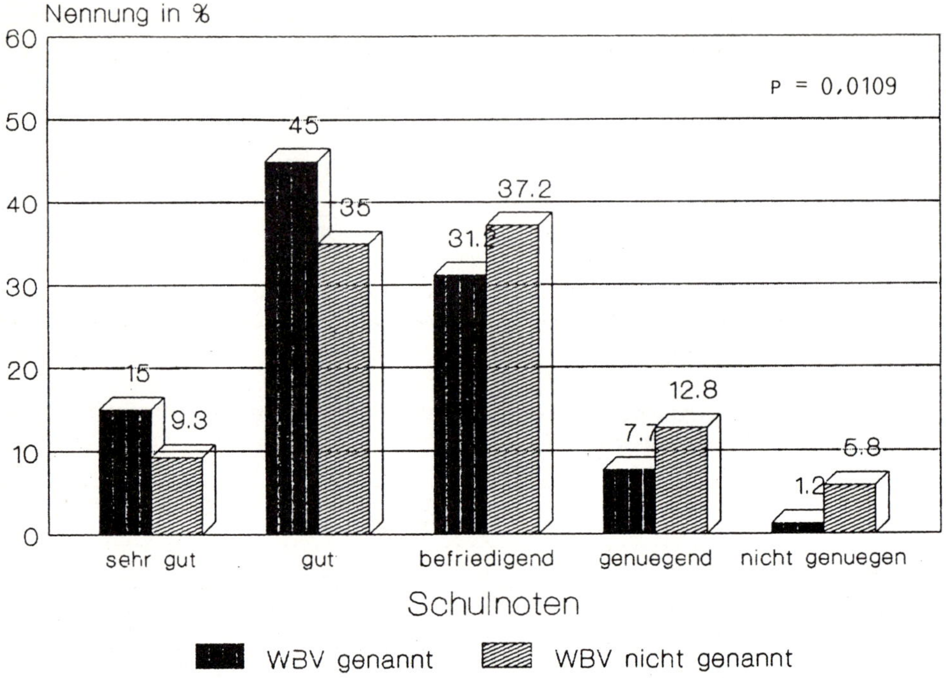

(p = Wahrscheinlichkeit; Chi-Quadrat; Basis: 500 Befragte)

Während von jenen Befragten, die spontan keinen Wettbewerbsvorteil nannten, 44,3 Prozent eine Gesamtbeurteilung von sehr gut/gut abgeben, beträgt dieser Anteil bei den befragten Grazern, denen Wettbewerbsvorteile bewußt sind, 60,0 Prozent.

Die Unterschiede sind auf der Grundlage eines Chi-Quadrat-Tests signifikant ($p < 0{,}05$).

Die positive Gesamtbeurteilung eines Einkaufszentrums hat die Wahrnehmung von Wettbewerbsvorteilen zur Voraussetzung. Die Profilierung auf der Dimension "Sympathie" bedarf einer Feinabstimmung mit den wahrgenommenen Wettbewerbsvorteilen.

Für die Standortmarktforschung ergibt sich die Aufgabe, die Transparenz dieser Urteilsverflechtungen zu fördern.

In einem Schwerpunkt der Untersuchung wird analysiert, welche betriebstypen- und personenbezogenen Faktoren das Globalurteil über ein Einkaufszentrum bestimmen. Dabei ist zu berücksichtigen, daß die Erfolgschancen in einem Einkaufszentrum im Vergleich zu Innenstadtlagen stärker durch das Einkaufszentrumsmanagement gestaltbar sind. Die Innenstadt lebt von der Agglomeration, ein Einkaufszentrum muß diese erst schaffen (vgl. Böcker/Brink 1987).

Mit Hilfe einer Varianzanalyse wird in einem mehrfaktoriellen Auswertungsdesign die Ausprägung des Einflusses von folgenden Faktoren untersucht:

- "Nennt spontan einen Leitbetrieb im Einkaufszentrum" (Ja/Nein)

- "Kauft im Einkaufszentrum gelegentlich ein" (Ja/Nein)

- "Nennt vergleichbaren Betriebstyp" (Ja/Nein)

Mit diesem Design sollen Indikatoren für die Intensität der emotionalen Affinität zwischen den Einkaufszentren und den Kunden gefunden werden.

Die Ergebnisse zeigen, daß die Hypothesen empirisch nicht vollständig bestätigt werden. In der folgenden Übersicht ist das Ergebnis dieser Varianzanalyse zusammengefaßt (siehe *Tabelle 4).*

Ein signifikanter Haupteffekt ergibt sich nur für "Kaufen Sie gelegentlich im EKZ ein?" (siehe Tabelle 4: $p < 0{,}000$).

Tabelle 4: Ergebnisse der Varianzanalyse

Ursache der Veränderung	Summe der Quadrate	Freiheitsgrade	gewichtete Quadratsumme	empirischer F-Wert	Signifikanzniveau von F
Haupteffekte	31.347	3	10.449	15.016	0,000
Leitbetrieb genannt	0.152	1	0.152	0.218	0.641
kauft gelegentlich ein	18.499	1	18.499	26.585	0.000
nennt vergleichbaren Betriebstyp	0.006	1	0.006	0.008	0.928
2 Variablen Interaktion	4.028	3	1.343	1.929	0.125
Leitb. gen./kauft geleg. ein	0.308	1	0.308	0.443	0.506
Leitb. gen./nennt vergl. Betr.	1.038	1	1.038	1.492	0.223
kauft gel. ein/nennt vergl. Betr.	3.794	1	3.794	5.452	0.020
3 Variablen Interaktion	0.208	1	0.208	0.299	0.585
Leitbetrieb genannt/kauft gelegentlich ein/nennt vergleichbaren Betriebstyp	0.208	1	0.208	0.299	0.585
Erklärter Anteil	35.583	7	5.083	7.305	0.000
Residual	205.275	295	0.696		
Total	240.858	302	0.798		

Über die vorliegenden Untersuchungsergebnisse hinaus bedeutet eine konsequente Umsetzung von "Kundennähe" die Ausschöpfung von vielfältigen Informationen zum Kundennutzen, der nur durch eine lokale Marktforschung voll erfaßt werden kann (vgl. Abbildung 1).

Gerade das in Abbildung 1 angesprochene Stufenmodell macht deutlich, welche Palette von Möglichkeiten besteht, durch Standortmarktforschung Erfolgsfaktoren systematisch zu erkennen und für die Anpassung und Entwicklung von Betriebstypen nutzbar zu machen. Dies bedeutet aber nichts anderes als die bekannte Tatsache, daß der systematische Dialog mit den Kunden einen Pfeiler eines erfolgreichen Handelsmarketings darstellt. So haben z.B. in der vorliegenden Studie 41 Prozent der befragten Personen zumindest "eine gute Idee" zur Verbesserung des Einkaufszentrums genannt.

5 SCHLUSSFOLGERUNGEN UND AUSBLICK

Die Lokalisierung der Marktforschung eröffnet eine Chance für die Neugestaltung und Intensivierung der Kundenpolitik im Handel und ergänzt die Marktforschung auf regionalem und internationalem Niveau. Kundennähe bedeutet auch kundennahe Marktforschung.

Die rasante Entwicklung der neuen Technologien in der Marktforschung zeigt, daß dieser Prozeß der Intensivierung der lokalen Marktforschung erst am Anfang steht. Die Basisinnovationen für diese Entwicklung stellen die Scanner-Technologie und die Mikroelektronik in der Filiale dar (vgl. Simon 1987).

In dem vorstehenden Beitrag wurde an Beispielen gezeigt, welche Hilfestellung eine lokale Marktforschung für die Betriebstypenstrategie im Handel leisten kann. Dabei wird nicht zuletzt deutlich, daß "Routinefragentypen" aus der klassischen Marktforschung sorgfältig angepaßt werden müssen, um Artefakte zu vermeiden und tatsächlich Wettbewerbsstärken und -schwächen offenzulegen.

Das lokale "evoked set" von Mitbewerbern aus der Sicht der Kunden kann sich durch das Auftreten eines neuen Betriebstyps sehr rasch ändern. Damit kann sich auch die Struktur der Wettbewerbsvorteile gravierend wandeln. Betriebstypenpolitik verlangt daher die verstärkte Nutzung der Möglichkeiten einer lokalen Marktforschung, aber auch die Entwicklung eines marktforschungsgestützten strategischen Controllings.

Literatur

Albers, S.; Eggert, K.: Kundennähe. Strategie oder Schlagwort? In: Marketing ZfP, Heft 1, Februar 1988, S. 5 - 16

Böcker, F.; Brink, M.: Images von und Präferenzen für Einkaufszentren und einzelne Einzelhandelsgeschäfte im Wechselspiel. In: Trommsdorff, V. (Hrsg.), Handelsforschung 1987, Jahrbuch der Forschungsstelle für den Handel Berlin (FfH) e.V., Heidelberg 1987, S. 161 - 179

Engelhardt, W.H.: Versäumnisse der Marketing-Wissenschaft in der Strategiediskussion. In: Marketing ZfP, Heft 3, 1985, S. 211 - 212

Gümbel, R.: Die Abbildung von Standortwahlproblemen einer Filialunternehmung in einem polyselektiven Standortmodell. In: Gümbel, R.; Brauer, K.M.; Liebmann, H.-P.; Müller-Hagedorn, L. (Hrsg.), Unternehmensforschung im Handel, Rüschlikon-Zürich 1969, S. 195 - 223

Kotler, P.: Marketing Decision Making, New York u.a. 1971

Levitt, Th.: The Globalization of Markets. In: Havard Business Review, 3, 1983, S. 92 - 102

Liebmann, H.-P.: Das empirische Erscheinungsbild von Standortentscheidungen in Lebensmittel-Filialunternehmen. In: Gümbel, R.; Brauer, K.M.; Liebmann, H.-P.; Müller-Hagedorn, L. (Hrsg.), Unternehmensforschung im Handel, Rüschlikon-Zürich 1969, S. 225 - 247

Liebmann, H.-P.: Die Standortwahl als Entscheidungsproblem. Ein Beitrag zur Standortbestimmung von Produktions- und Handelsbetrieben, Würzburg und Wien 1971

Ludovici, C.G.: Grundrisse eines vollständigen Kaufmannssystems, 2. Aufl., Leipzig 1768. Nachgedruckt in: Seyffert, R. (Hrsg.), Quellen und Studien zur Geschichte der Betriebswirtschaftslehre, Band IV, Stuttgart 1932, S. 312 (§ 620)

Meffert, H.; Patt, P.-J.: Strategische Erfolgsfaktoren im Einzelhandel. Eine empirische Analyse am Beispiel der Bekleidungsfachgeschäfte. In: Trommsdorff, V. (Hrsg.), Jahrbuch der Forschungsstelle für den Handel Berlin (FfH) e.V., Heidelberg 1987, S. 181 - 198

Müller-Hagedorn, L.: Handelsmarketing, Stuttgart u.a. 1984

Nauer, E.: Standortwahl und Standortpolitik im Einzelhandel. Methoden der Unternehmungs- und Geschäftsflächenplanung, Bern und Stuttgart 1970

Ohmae, K.: The Mind of the Strategist, New York 1982

Patt, P.-J.: Strategische Erfolgsfaktoren im Einzelhandel, Frankfurt a.M. u.a. 1988

Peters, Th.J.; Waterman, R.H.: In Search of Excellence, New York 1982

Porter, M.E.: Competitive Advantage, New York 1985

Riesenbeck, H.-J.: Die neue internationale Dimension des Wettbewerbs. In: Nielsen, Marketing Trends, 1/1988, S. 13 - 25

Schnedlitz, P.: Aktuelle Trends in der internationalen Marktforschung. In: Marktforschung 2/1986, S. 52 - 57

Simon, H. (Hrsg.): Marketing im technologischen Umbruch, Stuttgart 1987

Simon, H.: Management strategischer Wettbewerbsvorteile. In: Zeitschrift für Betriebswirtschaft, Heft 4, 1988, S. 461 - 480

Tietz, B.: Die Standort- und Geschäftsflächenplanung im Einzelhandel, Rüschlikon-Zürich 1969

Tietz, B.: Konsument und Einzelhandel, Frankfurt a.M. 1983

Tietz, B.: Prioritäten und Warnzeichen für das Handelsmanagement. In: Tagungsband der 10. Welthandelskonferenz des Einzelhandels vom 19. - 22. 10. 1986 in Zürich, S. 13 - 95

Standortspezifische Geschäftstypen im Fachhandel

Burkhard Strobel, Worms

Der Standort ist ein entscheidender Erfolgsfaktor für alle Betriebsformen des Einzelhandels. Passanten-, wohn- und verkehrsorientierte Standorte verlangen spezifische Sortiments-, Einrichtungs- und Werbe-Strategien, so daß verschiedene Variationen des Fachgeschäftes (Geschäftstypen) entstehen. Dies müssen nicht nur Einzelbetriebe zur Optimierung ihrer individuellen Marketing-Strategie beachten, sondern auch Kooperationszentralen zur differenzierten Gesellschafterbetreuung und Filial- oder Franchise-Systeme bei der Vervielfältigung ihrer Geschäftstypen (Netzbildung).

1 DER STANDORT ALS DOMINANTES MARKETINGELEMENT IM EINZELHANDEL

Praxis und Theorie haben in seltener Einmütigkeit dem Standort im Gesamtkonzept des Handelsmarketings einen vorrangigen Platz zuerkannt.

Theoretische Marketing-Ansätze, die auf Handelsbetriebe ausgerichtet sind (z.B. Nieschlag 1975, Hansen, 1976, Oehme 1983), heben die Bedeutung des Standortes als Marketing-Determinante (Barth 1988, S. 61) oder als Marketing-Instrument im Rahmen des Distributions-Mix (Nieschlag 1975, S. 280 ff.) oder der Grundstrukturpolitik (Tietz 1985, S. 200 ff.) hervor.

Die Praxis trägt der Bedeutung des Standortes für den Erfolg des Einzelhandels gleichermaßen Rechnung. Pragmatische Analyse-Methoden zur Standortsicherung (Oehme 1983, S. 101 ff.) werden seit langem entwickelt und angewendet. Gerade in jüngster Zeit werden selbst in traditionell zentralistisch konzipierten Filialunternehmen des Lebensmittel- und Warenhausbereiches Forderungen nach stärkerer Differenzierung des Marketings vor Ort laut (Koller 1988, S. 31).

Schließlich weisen auch empirische Daten nach, daß unterschiedliche Standorte unterschiedliche Ertrags-, Kosten- und Leistungsbedingungen schaffen, wie die folgenden Betriebsvergleichs-Daten (Klein-Blenkers 1985) belegen:

Handelsforschung 1988
Hrsg. Volker Trommsdorff

Tabelle 1: Standortspezifische Kosten- und Ertragsunterschiede

Branchen / Werte in % des Absatzes		Bereiche Innen-stadt	Bereiche Vor-ort	Lagen Haupt-lage	Lagen Neben-lage
Lebensmittel-EH	Handelsspanne	20,3	18,1	18,9	17,8
	Gesamtkosten	23,1	20,5	22,0	20,9
	Betriebsergebnis	-2,8	-2,4	-3,1	-3,1
Reformhäuser	Handelsspanne	29,9	29,5	29,3	28,9
	Gesamtkosten	30,0	30,5	30,6	29,6
	Betriebsergebnis	-0,1	-1,0	-1,3	-0,7
EH mit Herren-ausstattung	Handelsspanne	37,8	38,4	37,4	36,8
	Gesamtkosten	35,7	35,0	35,4	35,8
	Betriebsergebnis	2,1	3,4	2,0	1,0
Radio- und Fernseh-EH	Handelsspanne	28,4	30,7	29,1	29,7
	Gesamtkosten	31,2	32,3	32,5	31,5
	Betriebsergebnis	-2,8	-1,6	-3,4	-1,8

Diese Werte zeigen nicht nur die unterschiedliche Kosten- und Ertrags-Situation in den verschiedenen Standortlagen, sondern auch, daß es für den Fachhandel keine "typisch" excellenten oder "typisch" ungeeigneten Standorte gibt. Der Rundfunk- und Fernseh-Einzelhandel, der im folgenden häufiger als Beispiel dienen soll, zeigt in den Neben- und Vorortlagen bessere Ergebnisse als in Haupt- und City-Lagen, bei den Reformhäusern ist es umgekehrt. Bestimmte Standort-Kategorien für Fachgeschäfte bestimmter Branchen zu reservieren, ist so zwar in der Tendenz erlaubt (Barth 1988, S. 94 f.), kann jedoch durch praktische Beispiele jederzeit widerlegt werden.

Von entscheidender Bedeutung für eine erfolgreiche Einzelhandels-Strategie ist daher nicht ausschließlich, den für eine Betriebsform optimalen Standort zu finden (vgl. dazu Abschnitt 3.3), sondern gerade im Fachhandel die optimale Abstimmung des Marketings auf den zumeist langfristig vorgegebenen Standort.

Diesem Aspekt sei daher der Hauptteil dieser Überlegungen gewidmet, indem nach einer kurzen Diskussion der Begriffe "Betriebstyp", "Geschäftstyp" und "Fachgeschäft" die Abhängigkeit der einzelnen Marketing-Instrumente durch den Standort analysiert wird.

2 STANDORTSPEZIFISCHE BETRIEBS- UND GESCHÄFTSTYPEN

Die folgende Analyse bezieht sich vor allem auf den Fachhandel. Diese traditionsreiche Einzelhandelsform weist nämlich eine Vielzahl von Facetten nach Branchen, Betriebsgrößen und Standorttendenzen auf wie kaum ein anderer Betriebstyp.

2.1 Der Betriebstyp "Fachgeschäft" als Marketing-Konzept

Es gibt viele Versuche, die vielfältigen Formen von Einzelhandelsbetrieben methodisch einwandfrei mit Hilfe der Klassifikation oder der Typologie sogenannten Betriebsformen oder -typen zuzuordnen (Behrens 1962, Algermissen 1975). Als Unterscheidungskriterien werden dabei zumeist entweder die klassischen Handelsfunktionen, die Strukturmerkmale oder die absatzpolitischen Instrumente hinzugezogen (Barth 1988, S. 89 ff.).

Die genannten Unterscheidungsmerkmale lassen sich leicht miteinander verknüpfen. Erfaßt man die absatzpolitischen Instrumente als strategische Dimension der Handelsfunktionen (Kuhlmeier 1980, S. 77 ff.) und bezieht auch die langfristig ausgelegten Instrumente der Leistungsbereitschaft (Distributionsmix) mit ein (Tietz 1985, S. 181 ff.), so können die so umfassenden Instrumente des Marketing-Mix gleichsam als typenbildende oder -beschreibende Markmale des Betriebstyps herangezogen werden. Betriebstypen werden also durch ihr Marketing-Mix charakterisiert.

Dabei hat es sich vor allem in der praktischen Arbeit mit Betriebstypen als zweckmäßig erwiesen, den derzeit relevanten Betriebstypen Leitmerkmale zuzuerkennen, die für diesen Typ besonders kennzeichnend sind. Solche Leitmerkmale und ihre Ausprägungen sind zumeist offenkundig (z.B. für das Warenhaus Universalsortiment und City-Standort). Aus diesen Leitmerkmalen leiten sich Folgemerkmale ab. Die aggressive Preispolitik (als Leitmerkmal) des Diskonters verlangt wegen der nur geringen Kalkulationsmarge eine umschlagsorientierte, daher lückenhafte Sortimentsdimension, sparsamen Personaleinsatz und kapitalarme Geschäftsausstattung (als Folgemerkmale).

Die Folgemerkmale können im Rahmen der Leitmerkmale durchaus mit Variationen auftreten. Der Diskonter kann sich im Sortiment spezialisieren (Lebensmittel-Diskonter) oder eine fast zufällig anmutende Palette anbieten (off-price-stores). Das Warenhaus kann die Betriebsgröße, das Sortimentsniveau variieren. Innerhalb eines Betriebstyps entstehen somit durch Differenzierung der Folgemerkmale Varianten. Diese Varianten der Betriebstypen werden im folgenden als Geschäftstypen bezeichnet.

Vor diesem Hintergrund ist das "Fachgeschäft" zu analysieren. Als Leitmerkmale werden in aller Regel (Barth 1988, S. 94, Tietz 1985, S. 35) Sortimentsdimension (breit und tief gegliedert in einer Branche oder Bedarfsgruppe) und Dienstleistungen (vor allem Beratung) herangezogen. Aus der (Personal- und Kapital-) Kostenintensität dieser Merkmale ergibt sich als Folge eine kostenorientierte Mischkalkulation und somit eine nicht gerade preis-, eher imagebetonte Präsentation im Geschäft und in den Medien.

Durch Sortiment und Dienstleistung (als Leitmerkmale), durch Kalkulation und Kommunikation (als Folgemerkmale), durch die Ausprägung der wesentlichen Marketing-Instrumente also, ist das Fachgeschäft als Betriebstyp beschrieben.

Der Standort ist kein Leitmerkmal des Fachgeschäftes, wie die Tabelle 1 gezeigt hat. Die Verlagerung eines Fachgeschäftes für Herrenausstattung von der Fußgängerzone in eine Nebenlage, die Abwanderung von Fachgeschäften aus der Innenstadt in die Randlagen führt nicht zu einem anderen Betriebstyp. Da aber die spezielle Standort-Situation im Marketing-Mix berücksichtigt werden muß, entstehen so standort-typische Varianten des Fachgeschäftes, also Geschäftstypen. Betriebstypen und Geschäftstypen sind somit Marketing-Konzeptionen.

Im Falle der Fachgeschäfte bestimmt der Standort folglich den Geschäftstyp, nicht aber den Betriebstyp selbst. Die Verlagerung eines Universalsortimenters aus einer City-Lage auf die "Grüne Wiese" dagegen macht aus dem Warenhaus ein SB-Warenhaus, einen neuen Betriebstyp. Ob also eine Standortvariation einen neuen Betriebstyp schafft oder "nur" zusätzliche Geschäftstypen, hängt davon ab, welche Funktion der Standort im Rahmen der Merkmale hat.

Die Diskussion, ob der zur Zeit so erfolgreiche Fachmarkt als eigenständiger Betriebstyp gilt oder aber lediglich als Variante (also Geschäftstyp) des Fachgeschäftes auftritt, kann theoretisch leicht entschieden werden. Da weder die Betriebsgröße noch der Standort als Leitmerkmal für Fachgeschäfte genannt werden, sind Fachmärkte problemlos als Fachgeschäfte einzuordnen, unbeschadet der praktischen Probleme einer Ausgrenzung für wettbewerbs- oder mittelstandspolitische Zwecke (z.B. Belieferungszwang, Fachhandelsbindung).

Eine solche Unterordnung empfiehlt sich auch aus Gründen der Betriebsformen-Dynamik, da sich bereits jetzt schon Assimilationstendenzen sowohl bei den Fachmärkten in Richtung der traditionellen Fachgeschäfte als auch bei diesen in Richtung der Fachmärkte zeigen.

2.2 Standort-Merkmale und Standort-Typen

Eine Analyse der Standortrelevanz setzt eine Klärung des Standortbegriffes voraus. Eine solche Klarstellung ist schon deshalb nötig, um dem Vorwurf zu begegnen, ein standort-orientiertes Marketing widerspreche einem zielgruppen-orientierten Marketing.

Definiert man nämlich den Standort nicht nur als "geographischen Ort, an dem ein Unternehmen Produktionsfaktoren einsetzt, um Leistungen zu erstellen" (Liebmann 1969, S. 3), sondern globaler als regionalen Markt, also als System aller angebots- und nachfragerelevanten Faktoren des Einzugsgebietes, so ist zielgruppenorientiertes Marketing nur ein Spezialfall des standort-orientierten Marketings.

Der Standortbegriff umfaßt demnach, wie die Praxis in der Standortanalyse auch zu Recht untersucht (Oehme 1983, S. 97 ff.), eben diese regionalen Marktfaktoren

- auf der Nachfrageseite

  1. das quantitative Einzugsgebiet, mengenmäßig inkl. der Ein- und Auspendler, wertmäßig sodann durch Hinzunahme der Verbrauchsausgaben, bereinigt um die Kaufkraftunterschiede, das Nachfragepotential;

  2. die qualitativen Dimensionen der soziodemographischen (oder Zielgruppen-) Struktur, des Verbrauchsverhaltens oder des Einkaufsverhaltens (Such- und Entscheidungsverhaltens);

- auf der Angebotsseite

  1. die quantitative Wettbewerbsintensität und damit die Kaufpotential-Abschöpfung;

  2. die qualitativen Dimensionen der Wettbewerbsstruktur und des Wettbewerbsverhaltens und sich daraus ergebender Nischen;

- die Geschäftslage

  1. mit Passantenfrequenz als Einkaufsfrequenz, Verkehrsfrequenz und Berufsfrequenz;

  2. mit Zielgruppenagglomerationen für bestimmte Bereiche, die sich aus dem Vorhandensein von Institutionen (Heime, Sportstätten etc.) oder durch Konzentration bestimmter bedarfslenkender Faktoren (z.B. Ärzte, Schulen etc.) ergeben;

  3. mit Wettbewerbsagglomerationen, die ebenfalls zur Lenkung von Zielgruppen dienen.

Die Vielfalt möglicher Ausprägungen dieser Merkmale erschwert eine Zuordnung zu wenigen Standort-Typen. Dennoch hat die Praxis gezeigt, daß bestimmte Merkmale durchaus in Kombination auftreten, so daß – insbesondere zu analytischen Zwecken – eine Typenbildung zweckmäßig erscheint. Welche konkreten Standort-Typen gewählt werden, hängt von der zu untersuchenden Branche ab. In aller Regel empfehlen sich als Grundtypen die wohn-, passanten- und verkehrsorientierten Standorte (vgl. auch Oehme 1983, S. 112).

In speziellen Branchen können zusätzliche Kategorien (bei Apotheken z.B. ärzteorientierte Standorte) oder feinere Differenzierungen (im Lebensmittelbereich z.B. Standorte in ländlichen Gemeinden, in Vororten) gewählt werden.

Wohnorientierte (integrierte) Standorte zeichnen sich durch die Nähe zum Verbraucher aus. Aus der Sicht der Verbraucher sind sie durch hohe Einkaufsbequemlichkeit gekennzeichnet. Das Einzugsgebiet ist tendenziell begrenzt und zumeist durch geringe Zentralität gekennzeichnet. Die Kundenstruktur ist durch die Art des Wohngebietes, eventuell durch besondere Zielgruppenagglomerationen (Heime, Schulen, Ärzte etc.) geprägt, Zielgruppen-Differenzierungen scheitern meist an der geringen Bewohnerzahl. Die Wettbewerbssituation ist durch relativ gleichförmige Kontrahenten mit geringer Profilierung geprägt. Die Geschäftslagen unterscheiden sich meist nur graduell. Wohnorientierte Standorte finden sich in dörflichen Gemeinden, Vororten größerer, aber auch in den Zentren kleinerer Städte.

Passantenorientierte Standorte stellen den Gegentyp dar. Sie sind geprägt durch hohe Frequenz potentieller Käufer. Die Einzugsgebiete sind weit und schwer einzugrenzen (was eine methodische Analyse des Potentials erschwert), weisen eine hohe Zentralität auf. Da das Gesamtpotential groß ist, sind Zielgruppen-Segmentierungen und damit Wettbewerbsnischen möglich und wegen des hohen Wettbewerbs auch erforderlich. Passantenorientierte Standorte finden sich in den Zentren der größeren Städte, in Großstädten auch bereits in Zentren der Vororte, aber auch in künstlichen Zentren.

Verkehrsorientierte Standorte finden sich nicht nur auf der "Grünen Wiese" (Oehme 1983, S. 113). Neben diesen Standorten an Verkehrsknotenpunkten oder in Gewerbegebieten kommen gerade für mittelständisch ausgerichtete Fachgeschäfte auch Standorte an Ausfallstraßen, Hauptverkehrsadern etc. in Frage. Solche Standorte setzen ausreichend Parkplätze voraus. Das Einzugsgebiet ist weit und abhängig von der jeweiligen Branche. Der Wettbewerb spielt sich entweder innerhalb dieser konkreten Standortlage oder zwischen den verschiedenen "Zentren" ab.

Die eindeutige Zuordnung bestimmter Branchen zu den verschiedenen Standort-Typen wurde bereits abgelehnt. Jedoch zeigen sich bestimmte Tendenzen in der Orientierung von Produkten, Bedarfsanlässen und Kundentypen, aus denen sich Konsequenzen für das Marketing, also auch für das Sortiment ableiten lassen (siehe *Tabelle 2*).

Tabelle 2: Standortspezifische Sortiments- und Kundentypen

Standort-Typen	Produkt	Bedarf	Kunde
wohn-orientiert	convenience goods	Spontan- Dringlichkeits- Vergeßlichkeits- Ersatz- Bedarf	Stamm-Kunden sicherheits- zeit- orientiert
passanten-orientiert	shopping goods	Spontan- Zusatz- Mode- Bedarf	Lauf-Kunden erlebnis- orientiert
verkehrs-orientiert	convenience u. shopping goods	Plan-Bedarf	Ziel-Kunden preis-orientiert

Die genannten Kriterien beschreiben Tendenzen, sie zeigen nur, daß nicht nur die Produkteigenschaft, sondern auch Bedarfsanlässe und Kundenverhalten bestimmte Standorte für bestimmte Sortimente begünstigen oder benachteiligen. Diese Standorteigenschaften müssen bei der Ausgestaltung des Marketing-Konzeptes aller Betriebstypen, auch der Fachgeschäfte, berücksichtigt werden.

3 DIE BEEINFLUSSUNG DER MARKETINGINSTRUMENTE DURCH DEN STANDORT

Da es keine a priori guten oder schlechten Standorte, geschweige denn zulässige und unzulässige Standorte für Fachgeschäfte zu geben scheint, stellt sich der Marketing-Erfolg nicht allein durch einen guten Standort an sich ein, sondern muß durch eine bestmögliche Anpassung des Konzeptes an den Standort erreicht werden. Diese Anpassungsmöglichkeiten sind zu analysieren.

Die Zielrichtung solcher Konzeptionen wird gerade in Fachgeschäften deutlich, wenn man die Einflußfaktoren auf den Betriebserfolg systematisch im Sinne einer Betriebsanalyse aufbereitet (vgl. Barth/Strobel 1974, S. 300 f.).

Folgt man der Spur einer Leitkennzahl (Betriebswirtschaftliches Ergebnis oder Rentabilität) über die Folgekennzahlen, wie in der nachfolgenden *Abbildung* skizziert, so greift der Marketingbereich über Sortiments- und Kalkulationsmix einerseits in das Spannen-Gefüge und über Kommunikations- und Distributionsmix in das Kosten-, stärker noch in das Produktivitätsgefüge ein. Die Produktivität von Fläche und Personal aber kann weiter durch die Kennzahlen der Kundenfrequenz (Einzelverkäufe je Mitarbeiter oder Verkaufsfläche) oder Kundenumsätze (Absatz je Einzelverkauf) beeinflußt werden.

Dabei sollen keineswegs alle denkbaren Marketing-Instrumente einer Analyse unterzogen werden. Vielmehr sei es gestattet, nur einige Schwerpunkte der Standortanpassung zu durchleuchten.

Diese Schwerpunkte orientieren sich an dem Leistungsangebot der Unternehmen einerseits (Sortiment und Service) und der Art der Präsentation dieser Leistung in Verkaufsraumgestaltung und Werbung andererseits. Preispolitische Aspekte werden dabei im Zusammenhang mit dem Leistungsspektrum und der Werbung analysiert, Fragen der Distributionspolitik wirken bei der Verkaufsraumgestaltung mit.

3.1 Standort und Leistungs-Mix

Leitmerkmal des Fachgeschäftes ist der fachbezogene Sortimentsrahmen, der produktorientiert (z.B. Spielwaren) oder bedarfsorientiert und in diesem Rahmen weiter nach Bedarfsträgern (z.B. Kinder), Bedarfsarten (z.B. Spiele) oder Bedarfsanlässen (z.B. Schwangerschaft) konzipiert sein kann.

Der Standort kann in diesem Rahmen auf Sortimentsbreite, -tiefe, -niveau und Service Einfluß nehmen.

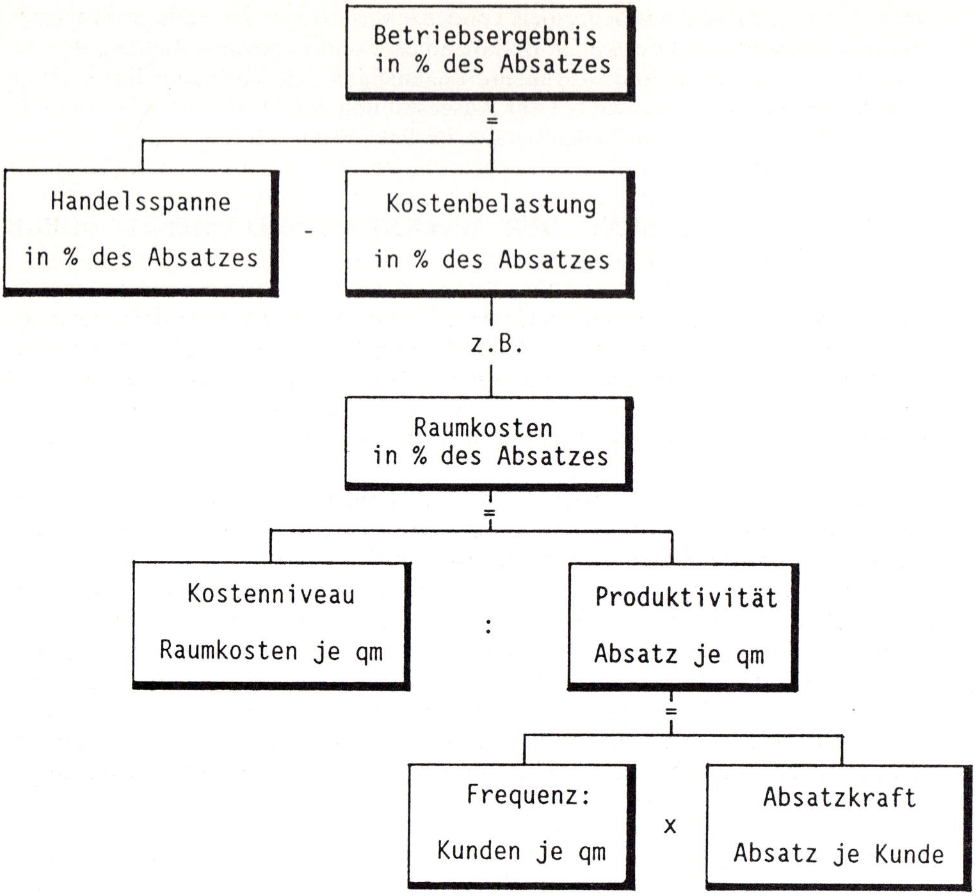

Abbildung: Ansatz einer Kennzahlenhierarchie

o Die *Sortimentsbreite* beschreibt das Maß der Bedarfsabdeckung durch die Warengruppen. Sie hat unmittelbaren Einlfuß auf das zur Verfügung stehende Absatzpotential. Bemißt man grob dieses Potential als Produkt aus Einwohner und Pro-Kopf-Ausgaben, so bestimmen Art und Anzahl der Warengruppen die Höhe der Pro-Kopf-Ausgaben. Benötigt das Fachgeschäft eine bestimmte rentable Umsatzgröße, so muß (ohne Berücksichtigung des Wettbewerbs oder eventueller Abwanderungen) bei engem Sortiment ein größeres Einzugsgebiet abgedeckt werden als bei einem breiten Sortiment.

Unternehmen in wohnorientierten Lagen neigen aus diesen Gründen eher zu breiten Sortimentsabdeckungen. Unternehmen in passantenorientierten Lagen mit großer Einzugsweite haben eher die Möglichkeit, mit gezielteren Sortimentsbereichen die wirtschaftlichen Umsatzgrößen zu erreichen, benötigen auch wegen des an diesen Standorten meist regen Wettbewerbs diese Nischenbildung. Verkehrsorientierte Lagen benötigen die große Sortimentsbreite dagegen aus Attraktivitätsgründen (one-stop-shopping) und unterliegen damit dem Zwang, weite Einzugsgebiete zu schaffen.

o Die *Sortimentstiefe* als Maß für die Auswahl innerhalb einzelner Warengruppen hängt bei gegebener Betriebsgröße von der gewählten Sortimentsbreite ab. Die Erweiterung der Sortimentstiefe vergrößert nicht die Pro-Kopf-Ausgaben. Eine stärkere Sortimentstiefe kann aber über eine erhöhte Attraktivität zur Erweiterung oder besseren Abschöpfung des Einzugsgebietes bzw. zu einer Ausdehnung der Zielgruppen führen. Die Strategie tiefer Sortimente ist daher entweder den passantenorientierten Fachgeschäften eigen oder aber ergibt sich aus der Betriebsgröße in verkehrsorientierten Lagen (z.B. bei Fachmärkten).

o Das *Sortimentsniveau* erfaßt die subjektive Einordnung von Qualität und Preis im Gesamtspektrum des Marktes. Objektive Maßstäbe sind nur in einzelnen Branchen und meist nur für spezielle Warengruppen verfügbar. So leitet der Konsument häufig das Sortimentsniveau aus dem Produktniveau einzelner Marken ab. Das Führen (oder Nichtführen) bestimmter Fabrikate gilt daher als Hinweis für die Qualität des gesamten Sortimentes. Sind diese Marken zudem restriktiv fachhandelsorientiert und gebietsschätzend konzipiert, so sind Unternehmerklagen begreifbar, daß es ohne die Marke X nicht möglich sei, eine bestimmte Warengruppe im Sortiment zu profilieren.

Dieses wie immer auch definierte Sortimentsniveau ist dem regionalen Standort, insbesondere den dort anzutreffenden Kundenstrukturen und Einkaufsverhalten anzupassen:

- Verkehrsorientierte Standorte bedürfen der Attraktivität, auch der Preisattraktivität. Diese kann jedoch eher durch bekannte Marken als durch anonyme Artikel dokumentiert werden. Starke Einzelmarken stellen somit die Aktionssortimente. Das Kernsortiment ist jedoch auf den Massenbedarf preisbewußter Zielkäufer ausgelegt. Dies führt im gesamten Sortiment zu einer eher durchschnittlichen bis unterdurchschnittlichen Niveauausrichtung.

- Wohnorientierte Standorte decken den "Normalbedarf". Zu erwarten ist hier auch weder das hochmodische noch das exklusive Sortiment, es sei denn, spezielle Zielgruppen prägen dieses Einzugsgebiet. Es dominieren die Gattungsprodukte für den Ersatz- oder Vergeßlichkeitsbedarf, traditionelle Marken für das Sicherheitsempfinden der Kunden.

- Passantenorientierte Standorte neigen zur Wettbewerbsagglomeration und damit zur Nischenbildung. Eine solche Nischenbildung kann produkt- oder zielgruppenorientiert sein. Beides vereinigt die starke Neigung der Sortimente zu Exklusiv-Marken. Da zudem der Kostensatz bei nahezu allen Faktoren in diesen Lagen besonders drückt, empfehlen sich auch im Gesamtsortiment Artikel, die eine höhere Kalkulation zulassen.

o Die *Service-Politik* sei hier nur am Rande zugeordnet, da der Bereich dieser akzessorischen Dienstleistungen zu stark von der Branche beeinflußt wird. Immerhin ist bezeichnend, daß selbst bei gleichen Grundsortimenten (z.B. Radio- und Fernseh-Einzelhandel) der Anteil des technischen Services (Werkstatt-Erlöse) in Innenstadtlagen 13 %, in Vorortlagen dagegen 17 % des Umsatzes ausmacht (Klein-Blenkers 1985, S. 46). Andere Dienstleistungen im Bereich der Verkaufsabwicklung (z.B. Zustellung) sind in passantenorientierten Lagen dringlicher, verkehrsorientierte Standorte zwingen infolge der Preisaggressivität zur generellen Service-Reduktion oder zum Service-Angebot als eigenständiger Dienstleistung.

3.2 Standort und Kommunikations-Mix

Sortiment und Service prägen wesentlich den zweiten Bereich des Marketings, die Kommunikationspolitik, denn sie sind zumeist Inhalt der Werbebotschaft oder der Warenpräsentation.

Daß zudem aber gerade der Standort selbst unmittelbar auf die Kommunikationspolitik der Fachgeschäfte wirkt, beweist ein erneuter Blick auf Betriebsvergleichsergebnisse. Unterschiedliche Werte für Kunden-Frequenz und Kunden-Umsatz kennzeichnen die Kommunikations-Richtung eines Marketing-Konzeptes. Diese Kennzahlen zeigen aber gerade nach Standorten verschiedene Tendenzen auf (siehe *Tabelle 3*).

In aller Regel weisen die wohnorientierten Standorte die geringere Frequenz auf, kompensieren aber dieses Defizit mit einer (bereits begründeten) höheren Kundenabdeckung.

Daraus ergeben sich naturgemäß Konsequenzen für die Kommunikation zum Kunden, die grob auf drei Ebenen erfolgen kann:

Die Medienwerbung ist für den Fachhandel insgesamt unabdingbar. Dennoch greift die Standortsituation in die Werbekonzeption ein. Die in der Beratungspraxis gängige Faustformel, daß Miet- und Werbekosten gemeinsam einen bestimmten Anteil am Umsatz (etwa 5 %) betragen sollten, ist natürlich theoretisch nicht begründbar, empirisch aber für viele Branchen nachweisbar (Klein-Blenkers 1985, S. 46) und kennzeichnet treffend die Tatsache, daß schlechte (und damit meist billige) Standorte durch eine verstärkte Medienwerbung aufgewertet werden müssen.

Besonders deutlich wird dies natürlich in der Werbekonzeption verkehrsorientierter Fachhandelsbetriebe (Fachmärkte), die sich weder auf eine natürliche Frequenz noch auf die Kundennähe stützen können.

Auch die Art der Medien muß sich an die Standorte anpassen. Wohnorientierte Betriebe werden vor allem die "nachbarschaftlichen" Möglichkeiten (Wurfsendungen, Verkehrsmittelwerbung, Bandenwerbung, regionale Anzeigenblätter) nutzen, die den Vorzug geringer Streuverluste aufweisen. Verkehrsorientierte und passantenorientierte Betriebe müssen dagegen überregionale Medien (Tageszeitungen, Regionalfunk etc.) in Anspruch nehmen, um das Einzugsgebiet zu bestreuen.

Tabelle 3: Ausgewählte Leistungs-Kennzahlen nach Geschäftslagen

Branchen / Leistungskennzahlen 1984	Bereiche		Lagen	
	Innen-stadt	Vor-ort	Haupt-lage	Neben-lage
Lebensmittel-EH				
Absatz je m^2 Verkaufsfläche (DM)	9.860	8.990	9.500	8.210
Absatz je Einzelverkauf (DM)	13,40	16,00	16,60	16,70
Einzelverkäufe je m^2 Verkaufsraum	736	562	572	492
Reformhäuser				
Absatz je m^2 Verkaufsfläche (DM)	11.135	12.010	11.440	9.591
Absatz je Einzelverkauf (DM)	14,00	12,20	12,90	13,50
Einzelverkäufe je m^2 Verkaufsraum	795	984	887	710
EH mit Herrenoberbekleidung				
Absatz je m^2 Verkaufsfläche (DM)	7.445	8.110	7.405	4.810
Absatz je Einzelverkauf (DM)	166,70	221,90	167,50	179,20
Einzelverkäufe je m^2 Verkaufsraum	45	37	44	27
Radio- und Fernseh-EH				
Absatz je m^2 Verkaufsfläche (DM)	10.185	12.700	10.110	11.315
Absatz je Einzelverkauf (DM)	141,20	154,30	133,30	184,40
Einzelverkäufe je m^2 Verkaufsraum	72	82	76	61

Quelle: Klein-Blenkers 1985

Für passantenorientierte Fachgeschäfte rücken jedoch andere Kommunikationsformen stärker in den Vordergrund.

- Die Außen-Präsentation stellt in Frequenzlagen die wesentliche Kontaktform dar. Das Schaufenster ist Kommunikationsinstrument von großer Bedeutung. Veraltete Themen, unübersichtliche Dekorationen, wettbewerbsuntaugliche Aktionen im Schaufenster mögen in wohnorientierten Lagen zu verzeihen sein, in Passantenlagen sind sie schwerwiegende Fehler und gefährden den Erfolg des Gesamtkonzeptes.

- Die Innen-Präsentation von Ware und Einrichtung ist in erster Linie sortiments- und imagebestimmt. Die Geschäftsphilosophie muß in der Art der Warenanordnung, der Verkaufsbereitschaft des Personals, der Qualität und Funktionalität der Einrichtung deutlich werden. Die Begriffe der Erlebnis- und der Versorgungsorientierung können auch auf standortspezifische Einrichtungskonzepte übertragen werden.

So betonen Fachgeschäfte in der City stark das Einkaufserlebnis. Der Kunde muß unmerklich von Warengruppe zu Warengruppe geleitet werden. Abteilungsanordnungen verlassen die klassische Warengruppen-Gliederung und stellen Sortimente nach dem Bedarf, den Zielgruppen oder aktionsbetont zusammen.

In wohnorientierten Lagen dagegen tritt die Versorgungsfunktion deutlicher zutage. Die Warenpräsentation neigt eher zur Demonstration der Sortimentsbreite mit klarer Gliederung. Die Atmosphäre wird funktional oder familiär, je nach Kundenstruktur und Branche gestaltet.

In verkehrsorientierten Lagen schließlich dominiert die Aktionspräsentation und die Funktionalität. Allerdings vermischen sich die Konzepte. Erlebniszonen wechseln mit Preisaktionen, klare Sortimentsgliederungen werden durch gezielte Verbund-Präsentationen unterbrochen.

Insgesamt zeigt sich gerade in der Präsentation die oft beschriebene Assimilation der Betriebstypen (Marzen 1986, S. 279 f.): Der verkehrsorientierte Fachmarkt kann heute ebensowenig auf Erlebniselemente in seiner Präsentation verzichten wie das wohnorientierte Nachbarschaftsgeschäft stärker in die Selbstbedienung geht.

4 STANDORTSPEZIFISCHE GESCHÄFTSTYPENSTRATEGIEN FÜR FACHGESCHÄFTE

Die Analyse gibt eine Fülle von Hinweisen, daß standortspezifische Determinanten unmittelbar oder mittelbar in das Marketing des Einzelhandels einwirken und in der strategischen Konzeption der Betriebs- oder Geschäftstypen ihren Niederschlag finden müssen.

Dies hat für die unterschiedlichen Organisationstypen des Fachhandels unterschiedliche Konsequenzen: Für den einzelnen Betrieb ergibt sich die Chance optimaler Anpassung seiner Marketing-Instrumente an den jeweiligen Standort, für Kooperationszentralen die Forderung nach einer differenzierteren Gesellschafterbetreuung, für Filialsysteme schließlich die Notwendigkeit systematischer Standortfindung für vorgegebene Geschäftstypen.

4.1 Anpassungsstrategien

Die konsequente Ausrichtung der Marketing-Aktivitäten auf den Standort ist zunächst Aufgabe des Einzelunternehmens, da vor allem in mittelständisch geprägten Fachgeschäften der Standort mittelfristig kaum verändert werden kann.

Die Vernachlässigung von Standortfaktoren kann zu strategischen Fehlern führen, mit Sicherheit aber zu einem Verzicht auf die Abschöpfung von spezifischen Chancen, die jeder Standort bietet. Die Optimierung des Sortimentes in Breite, Tiefe und Niveau, die Überprüfung der Werbeaussagen und -medien, die Aktualisierung der Gestaltung von Schaufenster und Verkaufsraum muß daher im Hinblick auf den konkreten Standort erfolgen.

Der erste Schritt ist dabei eine genaue quantitative und qualitative Analyse dieses Umfeldes. Erst wenn entschieden ist, welche Absatzpotentiale zur Verfügung stehen, welche Zielgruppen künftig angesprochen werden, wer die signifikanten Wettbewerber sind und wo die wesentlichen Profil-Unterschiede liegen, kann kreativ eine Marketing-Strategie entwickelt werden. Kreativität ohne vorherige Analyse ist Zufall.

Dabei ist es für diesen individuellen Betrieb zunächst relativ gleichgültig, ob sich daraus ein neuer, ja ob sich überhaupt ein Geschäftstyp bildet. Die Ausnutzung von Nischen, die Vermarktung besonderer Ideen macht nicht Halt vor Typologien oder Klassifikationen, ist vielleicht sogar ein Vorbild für neue, ungewöhnliche Spielarten oder schafft völlig neue Betriebstypen.

4.2 Differenzierungsstrategien

Optimierung bestehender Unternehmen an ihrem Standort ist auch Aufgabe von Verbundgruppen, welche die Förderung ihrer Mitglieder gelobt haben. Standortspezifische Anpassung der individuellen Marketing-Konzepte durch Informationen, Beratung und Unterweisung gehören somit zu den Grundpflichten von Kooperationszentralen.

Daneben erhält das standortspezifische Marketing in Kooperationen eine weitere Dimension. Nur kleinere und (oder) neu entwickelte Gruppen genießen den Vorzug einer relativ homogenen Mitgliederstruktur. Es scheint eine Gesetzmäßigkeit zu sein, daß Kooperationen im Zuge ihrer Wachstumsphase undifferenzierte Mitgliederwerbung betreiben, um bessere Konditionen zu erreichen. In der Konsolidierungsphase mit stärkerer Marketing-Ausprägung der zentralen Leistungen wirkt diese Heterogenität nun störend.

Neben der kooperationspolitisch brisanten Forderung nach unterschiedlicher Behandlung großer und kleiner Mitglieder verlangt diese Heterogenität der Mitglieder die konzeptionell unterschiedliche Behandlung in der Marketing-Betreuung. Die zuvor analysierten Standortunterschiede bezüglich Sortiment und Kommunikation lassen die Problematik einheitlichen Einkaufs, einheitlicher Werbung, einheitlicher Einrichtungskonzepte deutlich werden. Bereits die Auflage eines einheitlichen Weihnachtsprospektes wird so zu einem Marketing-Problem.

Kooperationen kommen daher nicht umhin, Geschäftstypen-Konzepte zu entwickeln,

- um den Mitgliedern Leitlinien zu geben, wie sie sich an ihre Standorte anpassen können (Marketing-Services),

- um die Mitglieder entsprechend ihrer Standortbesonderheiten auch betreuen zu können (Marketing-Differenzierung).

Die meisten Kooperationszentralen beschäftigen sich mit Geschäftstypen. Dabei reicht es nicht aus, wenn für bestimmte Gesellschafter, für bestimmte Standorte ein besonderer Geschäftstyp entwickelt wird. Geschäftstypen-Konzepte müssen so umfassend definiert sein, daß jedes Kooperationsmitglied entsprechend seiner Eigenart eine Marketing-Förderung erfahren kann.

Dies kann auf zwei unterschiedlichen Wegen geschehen:

- durch modular differenzierte Betreuung, bei der unterschiedliche Konzeptionen für Sortiment, Service, Präsentation und Dekoration, Werbung und Kalkulation bereitgestellt werden, aus denen der Gesellschafter das für ihn Richtige auswählt;

- durch typenbezogene differenzierte Betreuungen, bei denen jedes Kooperationsmitglied einem speziellen Geschäftstyp zugeordnet und entsprechend unterstützt wird.

Modulare Konzeptionen genießen den Vorteil, daß die einzelnen Bausteine nach sehr unterschiedlichen Kriterien erarbeitet werden können. Sortimentsbausteine bestimmter Warengruppen können in ihrer Tiefe differenziert, Werbemittel mit verschiedenen Aussagen angeboten, Einrichtungskonzepte funktional oder erlebnisbetont ausgeführt, Kalkulationsempfehlungen nach Wettbewerbsintensität gestaffelt werden.

Ein standortorientiertes Geschäftstypenkonzept bietet dagegen den Vorteil der geschlossenen Konzeption des gesamten Marketings, muß aber in Kauf nehmen, daß die Geschäftstypen entweder sehr grob (und damit nicht ausreichend spezifisch) konzipiert werden oder nicht vollständig alle Mitglieder zweifelsfrei zugeordnet werden können, wenn die Vielfalt überhand nimmt.

So reichen selbst die in *Tabelle 4* angeführten sechs standort- und größenabhängigen Geschäftstypen einer Kooperation des Rundfunk- und Fernseh-Einzelhandels (RUEFACH) für eine vollständige Zuordnung nicht aus, so daß Mischformen (z.B. zwischen Sortiments-Profi und Service-Profi) zugelassen werden müssen (vgl. Absatzwirtschaft 5 (1987), S. 56-61).

Tabelle 4: Geschäftstypen

Größe	Standortorientierung		
	passanten-orientiert	wohnorientiert	verkehrs-orientiert
geringe Verkaufsfläche	Spezialist	Service-Profi	e-Markt kompakt
größere Verkaufsfläche	City-Markt	Sortiments-Profi	e-Markt

Insbesondere die von mittleren Fachgeschäften stark besetzten Mittelzentren und Vororte lassen häufig keine eindeutige Standortorientierung zu. Mischformen sind meist unvermeidlich, widerlegen aber nicht die Notwendigkeit einer standortbezogenen Typenbildung.

So können z.B. oberflächlich relativ homogen anmutende Handelsformen, wie Apotheken, nach ihren Standorten in wohnorientierte Nachbarschaftsapotheken, passantenorientierte City-Apotheken oder ärzteorientierte Apotheken mit unterschiedlichen Marketing-Schwerpunkten ausgestattet werden. Die Apotheke in einem Ärztehaus in der Fußgängerzone einer Mittelstadt wird aber eine individuelle Kombination ärzteorientierter Arznei-Sortimente, wohnorientierter Ergänzungs-Sortimente und passantenorientierter Präsentationsbausteine vornehmen müssen. Das modulare Konzept bietet sich dafür an (vgl. Strobel 1986).

4.3 Netzbildungsstrategien

Gleichgültig, ob modular oder typenbezogen aufgebaut, Geschäftstypenkonzepte in Kooperationen müssen die Marketing-Unterschiede aller Mitglieder berücksichtigen; sie dürfen nicht nur einige, besonders profilierte Typen herausstellen. Die standortspezifische Durchsetzung solcher Einzelstrategie ist vielmehr den Filialsystemen oder den verwandten Franchise-Systemen eigen.

Die Aufgabenstellung lautet in diesem Fall jedoch anders. Nicht bestehende Geschäfte sind zu optimieren, sondern für bereits entwickelte (und hoffentlich erfolgreiche) Marketing-Konzeptionen (oder Geschäftstypen) sind die passenden Standorte zu suchen.

Solche Konzeptionen brauchen zunächst bei ihrer Entwicklung dem Standort keine besondere Funktion beizumessen. Katalysator solcher Geschäftstypen-Konzepte sind in erster Linie neue Sortimente, neue Dienstleistungen, neue Zielgruppen. Sie schaffen den neuen Betriebstyp (vgl. Kuhlmeier 1980, S. 38 ff.), um Wachstumsstrategien zu verfolgen, Risikostreuung durch Diversifikation zu ermöglichen oder Verluste durch die Auszehrung bestehender Formen aufzufangen.

Die Standortanpassung erfolgt in dieser Strategie gerade in umgekehrter Richtung. Das Konzept wird nicht auf die Standorte ausgerichtet, vielmehr werden für ein konkretes Geschäftstypen-Konzept die passenden Standorte ausgewählt.

Standortanforderungen an Größe des Einzugsgebietes, Wettbewerbsbesetzung, Käuferstruktur und -verhalten, Kaufkraft und Geschäftslage ergeben sich nunmehr aus Sortiment, Bedienungsform und Betriebsgröße, aus Preisstrategie und Service-Angebot, aus Werbeaussage und Gesamtimage.

Standortmarketing ist für diesen Fall Standort-Suche unter der Zielsetzung möglichst geeigneter Verkaufspunkte oder möglichst flächendeckender Netzbildung (Nagel 1980, S. 628 ff.).

5 HANDELSMARKETING GEGEN DEN STANDORT?

Kaum ein Handelsmarketing ist ohne Berücksichtigung des Standortes als aktiv beeinflussender oder passiv anzupassender Faktor denkbar. Dies hat die Theorie erkannt, dies bewährt sich in der konkreten Unternehmenspraxis.

Gegenwärtige Tendenzen jedoch geben zu Befürchtungen Anlaß, daß dem ehernen Handelsgrundsatz "all business is local" in manchen Entscheidungssituationen die kalte Schulter gezeigt wird:

- Einmal erfolgreiche Geschäftstypen-Konzepte werden global auf freie Standorte übertragen, auch wenn die "Ideal-Standorte" nicht verfügbar sind. Selbst kleinere Städte werden mit Filialkonzeptionen überschwemmt, die sich von den großen (erfolgreichen) Ur-Typen lediglich durch kleinere Verkaufsfläche, nicht aber durch angepaßtes Marketing unterscheiden.

- Erfolgreiche "neue" Geschäftstypen (z.B. Fachmärkte) werden bedenkenlos von anderen Betrieben (z.B. traditionellen Fachgeschäften) kopiert, ohne zu prüfen, ob der Standort (oder sogar das Management) die Voraussetzungen für dieses Konzept bietet.

- Erfolgreiche Unikate, die durch die Konzeption bestechen, weil sie durch besonders dynamische Inhaber-Unternehmer getragen werden, werden als Franchise-Konzept multipliziert, sichern so zumindest kurzfristig dem Franchise-Geber die Lizenz-Gebühren, nicht aber dem Franchise-Nehmer den Erfolg, da weder die Standorte noch die Unternehmer dieses Konzept erfolgreich umsetzen können.

Filialunternehmen im Lebensmittel- und Warenhausbereich haben die Standortbedeutung erkannt und differenzieren ihre Betriebstypen. Sie verzichten dabei bewußt auf die Kostenvorteile der Zentralisation, um standortspezifische Marktchancen besser auszuschöpfen. Der Fachhandel hat mit seiner Marktnähe einen großen Wettbewerbsvorsprung, den er nicht durch den kritiklosen Einsatz undifferenzierter Marketinghilfen seiner Kooperationen oder standardisierter Franchise-Konzepte vergeben darf.

LITERATUR

Algermissen, J.: Der Handelsbetrieb, eine typologische Studie aus absatzwirtschaftlicher Sicht, Frankfurt 1975

Barth, K.: Betriebswirtschaftslehre des Handels, Wiesbaden 1988

Barth, K.; Strobel, B.: Betriebsvergleich. In: Marketing-Enzyklopädie, Bd. 1, München 1974, S. 289-303

Behrens, K.Ch.: Versuch einer Systematisierung der Betriebsformen des Einzelhandels. In: Behrens, K.Ch. (Hrsg.), Der Handel heute, Tübingen 1962, S. 131 ff.

Hansen, U.: Absatz- und Beschaffungsmarketing des Einzelhandels, Göttingen 1976

Klein-Blenkers, F. (Hrsg.): Geschäftslagen-Ergebnisse des Einzelhandels 1984, Beiträge des Instituts für Handelsforschung, Heft 50, Göttingen 1985

Koller, K.: Local Store Marketing. In: Thexis 1988, Heft 1, S. 31-34

Kuhlmeier, A.: Die Betriebstypeninnovation als Bestandteil der Absatzpolitik im Einzelhandel, Göttingen 1980

Liebmann, H.-P.: Grundlagen betriebswirtschaftlicher Standortentscheidungen, Diss. Berlin 1969

Marzen, W.: Die "Dynamik der Betriebsformen des Handels" – aus heutiger Sicht. In: Marketing ZFP, 8 (1986), Heft 4, S. 279-285

Nagel, E.: Standortnetzplanung. In: Falk, B.R.; Wolf, J. (Hrsg.), Handlexikon für Handel und Absatz, München 1979, S. 628-630

Nieschlag, R.; Dichtl, E.; Hörschgen, H.: Marketing, 8. Auflage, München 1975

Oehme, W.: Handels-Marketing, München 1983

o.V.: Wohlverhalten der Industrie gefordert. In: Absatzwirtschaft, Heft 5, 1987, S. 56-61

Strobel, B.: DAV-Marketing-Konzept, MGDA Marketing-Gesellschaft Deutscher Apotheken mbH (Hrsg), Frankfurt 1986

Tietz, B.: Der Handelsbetrieb, München 1985

Entwicklungstendenzen im Handel

Die Zukunftsaussichten des selbständigen Einzelhandels

Alfred Gutersohn, Bern

Seit mehr als 40 Jahren tritt der Verfasser mit großem Engagement für die Belange kleiner und mittlerer Betriebe in der freien Marktwirtschaft ein. Dies kennzeichnet auch seine Untersuchung der Zukunftschancen des selbständigen Facheinzelhandels, die nur anhand von Analysen seiner angestammten Stärken und Schwächen und der Folgerungen aus dem gesellschaftlichen und volkswirtschaftlichen Wandel in Frage kommt. In einer Zeit des Umbruchs wie der gegenwärtigen darf und muß man mit dem persönlichen Gestaltungswillen der beteiligten Menschen rechnen, weniger mit dem Formalismus der Betriebswirtschaftslehre.

1 PROBLEMLAGE

Seit mehr als einem halben Jahrhundert machen immer wieder Meldungen über eine fortschreitende *Schrumpfung des selbständigen Einzelhandels*, vorab des Lebensmitteleinzelhandels, die Runde. Allerdings geschieht es zumeist ohne Hinweis auf den statistischen Hintergrund, daß nach wie vor zahlreiche Betriebe dieser Art tätig sind und auch noch Neugründungen erfolgen. Das darf indessen nicht darüber hinwegtäuschen, daß der Facheinzelhandel tatsächlich seit Jahrzehnten einem tiefgreifenden Wandel, einer eigentlichen Restrukturierung mit dem Ausscheiden vieler selbständiger Einzelhändler unterliegt. Das Wirtschaften mit diesen Einheiten ist offenbar zu allem anderen als zu einer Sinekure geworden. Damit liegt die Frage nach ihrer Zukunft in der Luft.

2 TYPEN DES SELBSTÄNDIGEN EINZELHANDELS

Sieht man aber näher zu, so zeigt sich bald, daß es darauf keine einfache allgemeine Antwort geben kann. Dazu erweist sich der von kleinen und mittleren Betrieben getragene Facheinzelhandel nach Ausrichtungen und Leistungsvermögen als viel zu heterogen zusammengesetzt. Um diese Unterschiedlichkeit der Beteiligten mit entsprechend ungleichen Chancen zu erkennen, tut fürs erste eine Klärung des häufig verschwommen gedeuteten Begriffs "Facheinzelhandel" not. Stellt das Bemühen darum, volks- wie betriebswirtschaftlich vorgezeichnet, auf die Art seiner

Handelsforschung 1988
Hrsg. Volker Trommsdorff

Warenvermittlung an die Konsumenten ab, so sind in der Gesamtheit der vorhandenen Unternehmen die nachstehenden Typen auseinanderzuhalten:

1. Verkaufsstellen für die leichte, fast tägliche Deckung kürzestperiodischen Informations-, Zerstreuungs- und Genußmittelbedarfs: *Kioske, kleine offene Marktstände*;

2. der *ambulante Einzelhandel*, wie z.B. derjenige landwirtschaftlicher Betriebe, sowie Reste des früher in ländlichen Gebieten verbreiteten Hausierhandels und der Marktfahrer, diese vorwiegend mit Gemischtwarensortiment;

3. die *Nachbarschafts- oder Quartierläden* im Dorf und in der Stadt, diese fast durchgängig mit Gemischtwarensortiment;

4. der Einzelhandel *mit fachlichen Schwerpunkten*, aber noch breitem Warenangebot, zur Bedarfsdeckung einfacheren Anspruchsniveaus, ebenfalls in ländlichen Ortschaften und in Stadtquartieren;

5. *Facheinzelhandelsbetriebe mit stärkerer Konzentration* ihres Angebots auf Branchenbereiche zur Erfüllung höher gespannter Käuferansprüche, für eine Reihe von Handelszweigen eher in den Stadtzentren, im Lebensmitteleinzelhandel, aber auch in den Stadtvierteln und in größeren nicht-städtischen Ortschaften angesiedelt;

6. der *Fachhandel mit Spezialgeschäftscharakter*, konzentriert auf die Waren und Dienstleistungen eines engeren Bedarfsbereichs, dafür mit betonten Ambitionen, eine um so bessere Beratung zu bieten. Seine äußeren Merkmale sind ein begrenzter Warenkreis und, um größere Auswahlmöglichkeiten zu erschließen sowie auf Präferenzen der Käufer besser eingehen zu können, ein tiefes Sortiment. Diese Betriebe sind auf städtische Zentrallagen und Kunden in weiten Einzugsgebieten angewiesen.

Natürlich werden die meisten Handelsbetriebe auch durch ihre Zugehörigkeit zu einem der vielen Handelszweige geprägt. Zwischen den Betrieben des Lebensmitteleinzelhandels und denen des Einzelhandels mit Herren- oder Damenkonfektion oder den Eisenwarenhandlungen bestehen große Unterschiede. Aber dieselben oder ganz ähnliche Unterschiede finden sich innerhalb der Branchen zwischen kleinen und größeren Betrieben. Für die Erfolgsmöglichkeiten im wirtschaftlichen Wettbewerb kommt es aber in erster Linie auf die Leistungsunterschiede innerhalb der einzelnen Handelszweige an, die gewöhnlich als Gefälle zwischen "groß" und "klein" gesehen werden.

Nach den Befunden empirischer Analysen hat man es beim Fachhandel in der Tat mit *arteigenen Betrieben* zu tun, die mehr oder weniger, bewußt oder unbewußt auf die Erbringung differenzierter, ständig abgewandelter Leistungen ausgerichtet sind. Unter im übrigen gleichen Umständen ist ihnen als gemeinsamer Grundzug eine größere Befähigung zur Anpassung ihrer Angebote und Dienste an die an sie herangetragenen Käuferbedürfnisse und -wünsche eigen (Gutersohn 1977, S. 140 ff.). Am besonders deutlichen Modellfall der Handwerkswirtschaft im Verhältnis zur Industrie zeigt sich gerade in den fortgeschrittenen Volkswirtschaften eine Polarität zwischen der Einzelproduktion und den Anwendungen des industriellen Prinzips, d.h. der Serienfertigung, mit einem weiten Spektrum von Zwischen-, Misch- und Übergangsformen. Diese Polarität mit den Zwischenformen gibt es auch im Einzelhandel. Dabei stellt sich wie im Handwerk heraus, daß es um eine Differenzierung der zu erbringenden Nutzleistungen auf verschiedenen Stufen gehen kann.

Eine *erste*, vielleicht noch weniger eigentliche Fachtüchtigkeit erheischende *Stufe* ist die der Differenzierung des Angebots nach Ort und Zeit, d.h. die Bedienungsbereitschaft an Orten und zu Zeiten, durch welche die Versorgungsanliegen am besten erfüllt werden. Bisher gab es keine geringe Neigung, das Überleben mancher Kleinunternehmen einem Entfernungsschutz vor der Effizienz der größeren Unternehmen zuzuschreiben. Mittlerweile haben im Zuge der Unternehmenskonzentration aufgetretene Versorgungsprobleme deutlich gemacht, daß das Fortbestehen von Handelsbetrieben in kleineren Ortschaften und in dünn besiedelten Gebieten eine volkswirtschaftlich und sozial relevante Leistung sein kann (Forschungsstelle für den Handel 1983, 1985).

Die *zweite Stufe* äußert sich in der Differenzierung (Abwandlung) der Nutzleistungen für die Käuferschaft in deren Abstimmung auf die Bedarfslagen und persönlichen Wünsche der Kunden. Damit wird viel mehr getan als mit der gelegentlich auch schon als Angebotsdifferenzierung bezeichneten Strukturierung der Sortimente duch die Warenhäuser und Supermärkte. Da gilt die Regel: "Was wünschen Sie? Wir werden es Ihnen, wenn Sie es in unserem Laden nicht vorfinden sollten, möglichst rasch beschaffen" und nicht die andere: "Was wünschen Sie? Wir hoffen, daß Sie es in unserem Angebot finden". Selbstverständlich hat aber diese Leistungsdifferenzierung, welche fachliches Können und psychologisches Geschick der Kaufleute und ihrer Mitarbeiter fordert, nur insoweit ihren Sinn, als entsprechend unterschiedliche oder sich rasch wandelnde Bedürfnisse zu befriedigen sind und jede Hinlenkung auf standardisierte Angebote als Nutzeneinbuße empfunden wird.

Die *höchste Stufe* wird mit der schöpferischen Leistungsdifferenzierung erreicht, mit der Vermittlung größerer Nutzengewinne, als sie die Kaufinteressenten erwarten. Wie der Maßschneider seinem Kunden zu besserem Aussehen über dessen ursprüngliche Ambitionen hinaus verhelfen kann, so besteht für den Fachhandel Gelegenheit, durch geeignete Kaufempfehlungen und Beratung den Kunden durch das Vermitteln höheren Lebensgenusses zu Genugtuungen zu verhelfen. Über die danach verlangende Nachfrage und deren Motivation wird auf Gutersohn (1977, S. 246 ff) und die einschlägige jüngere Literatur über das Käuferverhalten (Kroeber-Riel 1984, Trommsdorff 1988) verwiesen.

Von diesen Einsichten aus braucht es wohl nicht mehr viel, um verständlich zu machen, daß die Ausrichtung auf die Erbringung derart differenzierter Leistungen den Boden für höhere Angebotsqualitäten bereitet und damit zum Rückgrat der Fachhandelsunternehmen wird.

Bei aller Berücksichtigung der Tatsache, daß zahlreiche *Kleinunternehmen* durch Schwächen ihrer Leiter am Wachsen und Großwerden gehindert werden, können die auf die Erbringung differenzierter, oft individualisierter Leistungen ausgerichteten Geschäftstätigkeiten weniger ausgedehnt werden als die der Massenfertigung und Massenandienung zugewandten. Gewiß vermögen tüchtige Unternehmer auch mit größeren Betrieben mitzuhalten, doch haben sie damit progressiv erhöhten Anforderungen zu genügen. Häufig machen indessen Führungskräfte, die durch bisherige Erfolge mit angestammter Leistungsvariation zum Ausbau ihrer Betriebe ermutigt wurden, eines Tages die Erfahrung, daß sie fortan auf höhere Umsätze abzielen und zu diesem Zweck von der bisherigen Angebotsdifferenzierung abgehen müssen.

Diese in der Praxis bekannte, in der Theorie bisher wenig beachtete Gesetzmäßigkeit wirkt sich nachhaltig aus. Sie liefert die sachliche Haupterklärung für das in den modernen Marktwirtschaften weiterhin vorhandene Nebeneinander unter unterschiedlichsten Bedingungen tätiger Betriebe. Wie im Handel und besonders im Handwerk prägen diese Bestimmtheiten ebenfalls manche Unternehmen der Dienstleistungszweige. Sie machen sich in einem Ausmaß geltend, das nach einer Sammelbezeichnung der ihnen unterliegenden Unternehmen ruft. Wir schlagen dafür ungeachtet gewisser Unzukömmlichkeiten mit den Fremdsprachen den Ausdruck "Gewerbe" vor, der einen besseren, fundierteren Zugang zum Verständnis der ins Auge gefaßten Unternehmen mit ihren Betrieben als die gebräuchlichen Formeln "Klein- und Mittelunternehmen" und "mittelständische Wirtschaft" erschließt (vgl. Gutersohn 1984).

3 BEGRIFFSPRÄZISIERUNG

Der *Fachhandel* bildet demnach einen Großteil des gewerblichen Einzelhandels; dabei repräsentieren die verschiedenen Typen immer noch mancherlei Einzelausformungen. Sie tendieren eher zum Modell der Einzelbedienung als zu seinem Gegenstück, der Massenversorgung. Allerdings wartet die praktische Wirtschaft sowohl im Verhältnis des Gewerbes zur Industrie und zum nach industriellen Methoden arbeitenden Handel als auch von der einen Fachhandelsstufe zur anderen mit flachen Übergängen auf. Das bereitet indessen, zum mindesten grundsätzlich, nur scheinbare Zuordnungsschwierigkeiten. Wieder legt die Verknüpfung der Unternehmen mit ihren Märkten nahe, deren geschäftliche Schwerpunkte zu erkunden und sie danach den verschiedenen Fachhandelsstufen zuzuweisen.

Der Fachhandel für die Deckung *weniger anspruchsvollen Bedarfs* ist in der Regel nur für die im näheren Umkreis ansässigen Kunden tätig, führt die gängigen Waren bei begrenzter Sortimentstiefe; auch bleibt der "Service" in begrenztem Rahmen. Der Fachhandel zur Erfüllung höherer Ansprüche führt Waren höherer Qualität und bemüht sich um die genauere Abstimmung der Angebote auf die Versorgungswünsche der Kunden einschließlich ihrer psychischen Bedürfnisse; er muß daher wesentlich größere Auswahlmöglichkeiten bieten. Auch die Verkaufsstätten müssen ansprechender sein; die Käufer kommen bereits aus ausgedehnteren Einzugsgebieten. Das Spezialgeschäft ist gekennzeichnet durch besonders tiefe Sortimente, prompte Andienungsbereitschaft, aufmerksamste Beratung der Kaufinteressenten sowie ausgebauten "aprés vente service". Es verlangt, auf größere Einzugsgebiete angewiesen, ein weiter ausgreifendes Marketing.

Für alle drei Stufen des Fachhandels erfordert die jüngere Entwicklung der Einkaufsgewohnheiten eine *Präzisierung des Begriffs*. Bis dahin war dieser an die Auswertung genauerer Warenkenntnis geknüpft: Von dem Wissen um die Beschaffenheit der Waren und ihrer Herkunft durfte man die größere Zuverlässigkeit bei der Beratung als von seiten von Nicht-Kennern erwarten. In diesem Sinne wurde "Fachhandel" mit "Branchengeschäft", d.h. mit dem an produktionszweigbezogene Fachkenntnissse gebundenen Einzelhandel gleichgesetzt. Nun zeigt die jüngere allgemeine Entwicklung mit der reichlichen Güterversorgung und der Anhebung der Ansprüche eine Hinlenkung der Nachfrage von Artikeln auf ganze *Bedarfsbündel.* Im Lebensmittelhandel pflegen die Kunden den gesamten Bedarf ihres Haushalts mit vermehrter Beschaffung von frischen Erzeugnissen in einer Einkaufsstätte zu decken. Im Bekleidungshandel richtet sich die Nachfrage weniger auf den einzelnen Herrenanzug oder das Kleid als auf die "Garderobe" mit mancherlei "Accessoires", auf die umfassende Pflege des persönlichen Erscheinungsbildes.

Das verändert den Fachhandel, am meisten den für die Befriedigung gehobener Wünsche, zum branchenübergreifenden, bedarfsgruppenbestimmten. Unter dem Einfluß der Mode und der Markenartikelwerbung gewinnen die Marketingaufgaben zusätzliche Dimensionen. Die fachhändlerische Tüchtigkeit muß sich also verstärkt im rechtzeitigen Erkennen der Bedarfslagen und Wünsche der potentiellen Kunden und Kundinnen äußern.

Die jüngere Literatur glaubt im "alternativen" Handel neue Formen zu gewahren (Schenk 1986). Er wird als Handel aus einer anderen Motivation gedeutet, aus der nachhaltigeren Bedachtnahme auf die Erhaltung der natürlichen Umwelt, aus der Auflehnung gegen das Gewinnstreben, die geschäftliche Expansion oder aus anderen von den Normen abweichenden Zielen. Hält man sich jedoch die Kernaufgabe allen Einzelhandels, nämlich die marktwirtschaftlich gesteuerte Güterversorgung der Bevölkerung, vor Augen, so erhellt, daß dies auch für die neuen Ansätze zutrifft und sich diese, nach den funktionalen Merkmalen ausgegliedert, ihrerseits als Konkretisierungen aller Stufen des selbständig ausgeübten Einzelhandels erweisen. Diese Zugehörigkeit schließt nicht aus, daß von den "alternativ" orientierten Anbietern gesamtgesellschaftlich relevante Beeinflussungen des Lebensstils breiterer Kreise ausgehen können.

4 STÄRKEN DES SELBSTÄNDIGEN FACHHANDELS UND GÜNSTIGE RAHMENBEDINGUNGEN

Die Abschätzung der Zukunftsmöglichkeiten für den selbständigen Einzelhandel muß anhand von Überlegungen über dessen *Stärken und Schwächen* erfolgen. Dabei werden jene Eigenschaften als Stärken zu verzeichnen sein, die das "akquisitorische Potential" (Gutenberg 1955) erhöhen, d.h. den potentiellen Käufern die Inanspruchnahme der Dienste der in Betracht kommenden Unternehmen als vorteilhaft erscheinen lassen. Die gewerbliche Ausrichtung erlegt diesen Wirtschaftseinheiten zwar meistens Beschränkungen ihrer Größe auf; den kleineren Unternehmen wird jedoch im Vergleich zu den größeren unter im übrigen gleichen Umständen größere Flexibilität zugebilligt. Diese Qualifikation kann recht verschiedenes bedeuten. Für Betriebe, die sich durch die Abwandlung ihrer Leistungen oder durch vielfältige Angebote besserer Qualität auszeichnen, kommt es offenbar in erster Linie auf deren Abstimmung auf die Bedarfslagen und Wünsche ihrer Käuferschaft an. Und in der Tat gewähren begrenzte Betriebsgrößen noch Gelegenheiten, durch die persönlichen Kontakte mit ihren Kunden näheren Einblick in deren Versorgungsanliegen zu gewinnen und damit die Grundlage für nachfragegerechtere Angebote zu schaffen.

Namentlich das Marketing der Fachhändler muß stark auf die persönlichen Verbindungen mit den schon gewonnenen und mit den potentiellen Kunden ausgerichtet sein. Solche "Markterkundung" vermag bereits feinste Bedarfsregungen und deren Wandel zu erfassen und damit am ehesten zu optimalen geschäftlichen Reaktionen darauf zu befähigen. Bekanntlich sind es allerdings hauptsächlich die nach industriellen Prinzipien geführten großen Unternehmen des Einzelhandels, die Marktanalysen durchführen und – immer häufiger mit geplanter Marktsegmentierung – auswerten. Vielleicht werden aber nur diskret eingesetzte Bemühungen von Fachhandels-Kaufleuten in dieser Richtung unterschätzt. Von ihnen lassen sich viel unmittelbarere Auskünfte gewinnen, als sie selbst verfeinerte statistische Erhebungen – stets irgendwie auf das Erfassen von Massenerscheinungen angelegt – je zu liefern vermögen.

Das engagierte Interesse des Fachhändlers für die Bedürfnisse seiner Kunden bereitet die Basis für erwachendes Vertrauen in dessen Tüchtigkeit, für Vertrauen in seine Verläßlichkeit und Loyalität sowie sein ganzes Bemühen darum, den Anliegen der Käufer gerecht zu werden. Für selbständige Einzelhandelsbetriebe, die Mitarbeiter beschäftigen, müssen sich entsprechende Führungstalente hinzugesellen, die sich bei der Ausbildung geeigneter Jugendlicher zu qualifizierten und motivierten Mitarbeitern, bei der Gewährung von Weiterbildungsgelegenheiten und bei der Schaffung eines guten Betriebsklimas bestätigen.

Wenn schon der gewerbliche Einzelhandel in der Preiskonkurrenz der "Großverteiler" zumeist nicht Schritt zu halten vermag, hängt um so mehr davon ab, ob der Fachhändler den Käufern die Vorteile der Inanspruchnahme seiner Dienste durch die gebotenen Warenqualitäten und deren Andienung bewußt zu machen weiß. Da die *Standorte* der Läden die Erfolgsaussichten von vornherein stark beeinflussen, kann die örtliche Leistungsdifferenzierung, d.h. die Nähe zum Verbraucher, immer noch einen festen Rückhalt bieten. Man hat die Vorzüge der örtlich gestreuten Einkaufsgelegenheiten über manche Jahrzehnte unterschätzt.

Ebenso werden sich die wesensgemäßen besonderen Befähigungen der selbständigen Einzelhändler, entgegen mitunter anderem Anschein, auf die zeitlichen Differenzierungsmöglichkeiten ihres Angebotes erstrecken. Das bedeutet, daß der gewerblich orientierte Einzelhandel – immer unter im übrigen gleichen Umständen – die *Öffnungszeiten* flexibler als die Warenhäuser, Supermärkte usw. den Wünschen der Verbraucher anpassen kann. Während Fach- und Spezialgeschäfte in den städtischen Zentren sowie dort oder am Stadtrand angesiedelte Großanbieter an der Bewilligung des Abendverkaufs an ein oder zwei Wochentagen interessiert sind, dürften dem "schlichten" Fachhandel in Streulagen werktäglich um eine halbe bis eine Stunde verlängerte Spätnachmittags-Öffnungszeiten stärkeren Zuspruch der in der Nähe wohnenden Kunden bringen.

Daneben finden sich in den "Quartierläden" und im Fachhandel für die Deckung des schlichteren Alltagsbedarfs nach wie vor Talente der differenzierten Kundenbedienung, die sich durch Kontaktfreudigkeit auszeichnen. Es sind vielfach Frauen, die Menschen in der Nachbarschaft "betreuen" und sie dadurch für ihr Geschäft gewinnen. Im Fachhandel für die Befriedigung höherer Ansprüche werden allerdings solche Talente auf längere Sicht nicht mehr für das erfolgreiche Sich-Durchsetzen gegen die Konkurrenz der Großbetriebe ausreichen. Um in diesem Wettbewerb bestehen zu können, müssen sie bei aller ursprünglicher Begabung eine nachhaltige Förderung durch eine auf sie zugeschnittene *Führungsausbildung* erfahren.

Besonders zur Befriedigung anspruchsvoller Käufer bedarf es auch im Fachhandel und für die Spezialgeschäfte schöpferischer Einsätze. Das gilt namentlich für die "Ansprache" unentschlossener Kunden. Nicht zuletzt verlangt die Personalführung schöpferische Einsätze, die sich etwa darin äußern, daß die Verkaufskräfte die Kunden nicht zum Kaufe drängen, sondern ihnen mit Geduld begegnen. Danach richtet sich das Image der Unternehmen in hohem Grade – und dieses Image muß "stimmen"!

Die etablierte Lehre sieht die *Flexibilität der kleinen Wirtschaftseinheiten* einstweilen hauptsächlich als Beweglichkeit, Behendigkeit in der Reaktion auf allgemeine Veränderungen der Umweltbedingungen, vorab natürlich der Nachfrage nach den angebotenen Gütern. Als Folge ihrer begrenzten Dimensionen benötigen sie keine ausgebaute und stark formalisierte Organisation; die Wege der Anweisung und Überwachung des Betriebsgeschehens können kurz bleiben. In einigen Funktionen ist noch ohne festschreibende Planung mit Improvisation auszukommen. Diese Vorzüge können die meisten gewerblichen und Fachhandelsunternehmen auswerten, fürs erste in der Weise, daß sie schneller als die Massendistributoren mit neuer Saisonware aufwarten. Ebenso darf man mit ihrer Befähigung zur rascheren Anpassung an den Wandel der Bedarfsstrukturen rechnen, wobei allerdings die nicht seltene Begrenztheit der Beziehungen für die Warenbeschaffung diesen Vorsprung stark schmälern kann. Als weitere Stärke des Fachhandels kann sich die unmittelbare Führung der Betriebe durch Inhaber bestätigen, die die Möglichkeiten ihrer Selbständigkeit voll ausschöpfen. Dies wirkt sich jedenfalls insoweit aus, als echte Unternehmernaturen am Werk sind.

An den Realitäten des praktischen Wirtschaftens gemessen, ist dazu freilich, bereits bei der Aufzählung der Stärken des Fachhandels, eine Einschränkung anzumelden. Wahrscheinlich hat *J. Schumpeter* (1912) sein profiliertes Modell des kapitalistischen Unternehmers weniger aus Vorbildern des gewerblichen bzw. des Facheinzelhandels als aus solchen des Großhandels, der Industrie und des Bankwesens abgeleitet. Offenbar waren die selbständigen Kaufleute in der Regel zu wenig unternehmerisch tätig, als daß sie ausreichendes empirisches Material zu liefern in der Lage waren.

Manchmal ist das *Leistungsgefälle* von der Dynamik der Massenfilialunternehmen bis zum selbständigen Fachhandel so steil, daß der Selbständige Anlaß erhält, sich über "rücksichtslose Konkurrenzierung durch die Großen" zu beschweren. Dennoch erfüllen manche gewerblich ausgerichteten Einzelhändler für ihren Teil, nur weniger augenfällig, unternehmerische Funktionen. Mit dem Aufbau eigener Betriebe nehmen sie finanzielle Verantwortlichkeiten und Risiken auf sich, haben sie durch geeignete Leistungen einen Kundenkreis zu gewinnen, Mitarbeiter einzustellen, die benötigten Ausrüstungen und finanziellen Mittel zu beschaffen, für Liquidität des Unternehmens und ausreichende Umsätze zu sorgen. Vielleicht wird manchmal zu viel Zeit auf Routinearbeiten, etwa administrativer Art, verwendet, während umsichtiges Marketing zu besseren Ergebnissen verhelfen könnte.

In der nordamerikanischen Literatur äußerte Scanlan (1980) die Vermutung, daß die reinen Unternehmer, die ihre Aktivität auf das Ausschöpfen der – häufig flüchtigen – Marktchancen konzentrierten, größere *Gewinne* als die mit der Fachtechnik ihrer Branche eng verbundenen zu erzielen vermöchten. Obwohl die Ansicht eher für den Handel als z.B. für das Handwerk zutreffen könnte, scheint es für den europäischen Facheinzelhandel eher umgekehrt zu sein, daß nämlich der fachtechnisch versierte Chef des Hauses mehr Käufer anzieht. Die – im Vergleich zu den Mitarbeitern – oft viel längeren Arbeitstage und intensiveren Einsätze der Selbständigen seien nur am Rande erwähnt. Ganz allgemein steckt doch wohl in der Erfahrung ein Fingerzeig, daß Fachhandelsbetriebe unter öfterer *Abwesenheit des Leiters* von der Verkaufsfront, etwa öffentlicher oder politischer Verpflichtungen wegen, leicht einmal zu leiden beginnen.

Jedenfalls gehen selbst von bescheideneren unternehmerischen Anstrengungen in ihrer Summierung, nicht zuletzt durch ihre regionale Streuung in die Breite wirkend, *befruchtende Effekte* auf die Gesamtwirtschaft aus. Schon auf diesem Niveau kann es bedeutsam werden, daß die – im Vergleich zu den Großanbietern – geringere Möglichkeit, vorab mit den Preisen und der Werbung im Wettbewerb zu konkurrieren, stärker zur Pflege der Qualität der Angebote drängt. Dies äußert sich etwa darin, daß Metzgerei-Fachgeschäfte nicht einfach den "normalen" Fleischanfall übernehmen, sondern besondere Ansprüche an das für ihren Bedarf zu schlachtende Vieh stellen.

Eine nicht zu unterschätzende *Stärke* kann für den gewerblich ausgerichteten Einzelhandel im *"Familienbetrieb"* mit verständnisvoller Mithilfe von Angehörigen der Familie der leitenden Person stecken. Das trifft allerdings nur dort zu, wo keine durch Meinungsverschiedenheiten durchsetzte Mitsprache dieser Familienmitglieder die Leitung beeinträchtigt, keine unkontrollierten Entnahmen geschehen, zugleich aber auch Überbelastungen etwa der Ehegattin vermieden werden. Eine nur scheinbare Stütze der selbständigen kleineren Handelsunternehmen ist eine Zeitlang die Übung von Inhabern in eigenen Liegenschaften betriebener Läden gewesen, sich mit schematischer Preiskalkulation ohne Bedachtnahme auf die eigene Raumkostenbelastung zu begnügen. Inzwischen dürfte aber die Selbsttäuschung als solche erkannt worden sein.

Weil kaum mehr unmittelbar wettbewerbswirksam und deshalb über das Thema unseres Beitrags hinausreichend, mögen einige weitere volks- und sozialwirtschaftlich wesentliche Vorzüge des gewerblichen Einzelhandels nur am Rande Erwähnung finden: die – sachlich gerechtfertigte – größere *Arbeitsintensität* seiner Verrichtungen und damit sein Beitrag zur Milderung der gegenwärtigen Arbeitslosigkeit; die geringere, weniger geballte Umweltbelastung durch Abfälle; die schwächere Beanspruchung der Straßen durch den motorisierten Verkehr.

Zu einer Stärkung der Fachhandelsbetriebe kann sodann die *Kooperation* verhelfen: von Vereinigungen wie Werbegemeinschaften, über Standes- und Berufsverbände bis zu den genossenschaftlichen Zusammenschlüssen und den anspruchsvolleren Erfagruppen. Doch ist hervorzuheben, daß diese Kooperationen keine selbständigen Wundermittel sind, sondern einträchtiges Zusammenwirken tüchtiger und die Zusammenarbeit suchender Unternehmer verlangen. Namentlich im Gewerbe besteht die Gefahr des Sich-begnügen-wollens von Betriebsinhabern in der Rolle von Trittbrettfahrern.

So bestätigt sich für *große Einkaufsverbände*, daß sich die Mitgliedschaft aus Kreisen sehr verschiedenen Engagements für die Gemeinschaftsziele zusammensetzt (Draheim 1952). Einerseits suchen nicht wenige Mitglieder von den Gemeinschaftsbemühungen hauptsächlich zu profitieren; andererseits gibt es aber auch das Risiko, daß eine starke Führung nicht nur den "einfacheren" Kaufleuten, sondern ebenfalls dem aktiven Fachhandel für die Erfüllung anspruchsvollerer Käuferwünsche zu sehr einheitliche Stammsortimente auferlegt. Deshalb können sich kleine Einkaufs- und Verkaufsförderungsringe mit dem vollen Überblick jedes Mitglieds über das "Mitziehen" der anderen als unter Umständen erfolgreicher erweisen. Vollends hängt die Effizienz der Erfahrungsaustausch-Gruppen als einer Art der gegenseitigen kollegialen Unternehmensberatung von der Bereitschaft jedes Teilnehmers zur Offenlegung der eigenen Verhältnisse und Probleme sowie zur Mitwirkung bei der Lösung dieser Probleme ab.

In jüngerer Zeit regt sich in manchen Ländern mit noch einigermaßen freier Marktwirtschaft eine *Auflehnung der kleinen Unternehmen* wider die Gesetzgebungs- und Abgabeneinzugsfreudigkeit des modernen Wohlfahrtstaates. Allerdings ist nicht zu übersehen, daß das gesellschaftliche Zusammenleben mehr als nur den "Nachtwächterstaat", nämlich angemessene Rahmenordnungen sowie zusätzliche Regelungen und Vorkehrungen der öffentlichen Gebietskörperschaften zur Bereitstellung technischer und kultureller Infrastrukturen und zum sozialen Ausgleich benötigt. Diese Vorsorge kommt ebenfalls dem gewerblichen und dem Facheinzelhandel zugute, weshalb sich der politische Meinungsstreit nur auf die jeweiligen Einzelziele und das Ausmaß der Interventionen bzw. der Wirtschaft aufgebürdeten Belastungen erstrecken kann (Gutersohn 1981). Im Hinblick auf die möglichen Chancen für den Fachhandel wollen die Einsätze der Gemeinden, Provinzen, Glied-, Bundes- oder Zentralstaaten für die allgemeine Schul- und die Berufsbildung, die Förderung des Wettbewerbs wie ja auch die Vorsorge gegen dessen Mißbrauch und die Bekämpfung des unlauteren Geschäftsgebarens, die Ordnung des Kreditwesens und des Verkehrs gebührend gewürdigt sein. Diese Vorschriften und Maßnahmen bilden gerade ebenfalls für den Handel unumgängliche Grundlagen. Selbst die vorab oft beargwöhnten arbeitsrechtlichen Regelungen können ihm unmittelbar und mittelbar zum Nutzen gereichen. Um so mehr steht es ihm zu, auf die Verhältnismäßigkeit der Maßnahmen und – bei den jeweiligen Ordnungserfordernissen – auf die Wahrung der notwendigen Bewegungsfreiheit für die selbständig Wirtschaftenden zu dringen.

Gute Konjunkturlagen und eine wachsende Volkswirtschaft bringen günstige Bedingungen für den gewerblichen und den Fachhandel – scheinbar selbstverständlich – mit sich. Denn man darf ja von beiden eine – manchmal sogar rasche – Stärkung der Kaufkraft und erhöhte Kauflust der Haushalte erwarten. Indessen besteht Anlaß, diese Aussagen zu relativieren. Fürs erste treten die stärkenden Effekte für die Fachhandelsunternehmen nur unter den vorgenannten Bedingungen ein. Um sie für sich nutzbar zu machen, bedürfen die Betriebe *unternehmerischer Führung.* Je länger, desto mehr kommt es auf einladende Images bei den potentiellen Käufern an, welche diese die gebotenen qualifizierten Vermittlungsdienste entsprechend in Anspruch nehmen lassen.

Daß sich damit auch volkswirtschaftliche Voraussicht verbinden sollte, lehren die Erfahrungen mit den inflatorischen Entwicklungen. Diese verführen ja unter dem Eindruck der vorerst erhöhten Kauflust der Verbraucher und der verbesserten Verdienstspannen auch für den Fachhandel leicht zu Dispositionen, die sich über kurz oder lang als verfehlt erweisen. Der selbständige Kaufmann muß seinerseits mit dem Risiko rechnen lernen, daß die fortschreitende allgemeine Teuerung und die dadurch erzwungenen politischen Maßnahmen zur Wiederherstellung einigermaßen ausgewogener Strukturen die Wettbewerbschancen gegenüber den Billiganbietern ganz empfindlich zu schmälern vermögen. Aber auch im übrigen pflegt sich die Basis mancher gehobener Ansprüche der Nachfrage erst dann zu verbreitern, wenn es nicht mehr nur um die Deckung des lebensnotwendig unverzichtbaren Bedarfs geht.

5 SCHWÄCHEN UND BEHINDERUNGEN DES FACHHANDELS

Als Hauptschwäche erscheint in den Ländern mit keinem an einen Befähigungsnachweis geknüpften Zugang zur selbständigen berufsmäßigen Handelstätigkeit das Vorhandensein schwacher, *nicht ausgebildeter* und auch nicht für die zu erfüllenden Funktionen sonderlich eingenommener "*Auch-Kaufleute*". Von Arbeitslosigkeit betroffen oder anderer Arbeit in abhängiger Stellung, der Anordnungen von Vorgesetzten überdrüssig, versuchen bei freiem Zutritt zum selbständigen Erwerb im Handel nicht wenige, in diesem zurecht zu kommen. Ferner hat bisher die pessimistische Einschätzung der Zukunftsaussichten der kleineren Handelsbetriebe die Rekrutierung der Nachwuchskräfte beeinträchtigt. Unzureichende Eignung für den Beruf eines genügend tüchtigen selbständigen Einzelhändlers ist aber mit "trial and error" und nachträglicher Unterweisung nicht zu überbrücken. Die Folge müssen geringes Leistungsvermögen und mangelhafte Bedienung der Kunden sein, die leicht das Ansehen des ganzen Berufsstandes in Mitleidenschaft ziehen.

Eine wesensbedingte Schwäche zieht, wie für das gesamte Gewerbe, die im Vergleich mit den Großunternehmen in der Rechtsform juristischer Personen meistens *begrenztere Existenzdauer* der selbständigen, aber kleineren des Einzelhandels nach sich. Häufig besteht ja lange Ungewißheit darüber, ob der Nachwuchs in der Familie oder im engeren Freundeskreis die Nachfolge in der Geschäftsführung übernehmen wird. Deshalb und wegen der oft verhältnismäßig geringen Ertragskraft der Betriebe gelingt es zumeist nicht, eine stärkere Eigenkapitalbasis zu schaffen und in den Augen der Banken in größerem Umfang kreditfähig zu werden. Das schlägt sich in Schmälerungen des geschäftlichen Handlungsspielraums nieder, und zwar um so mehr, je entschiedener der Einzelhandelskaufmann keine Einbußen seiner Unabhängigkeit hinnehmen will. Zwar kann er im Normalfall ohne große Mühe den Lieferantenkredit in Anspruch nehmen, aber gerade dieser ist mit Gefahren des Verlustes der Selbständigkeit verbunden.

Weitere Beeinträchtigungen der geschäftlichen Effizienz resultieren nicht selten aus *zwiespältiger Haltung zu den Möglichkeiten und Erfordernissen der Kooperation* mit unter ähnlichen Bedingungen tätigen Berufskollegen. Konkrete Erfahrungen geben zu erkennen, daß zwar akute Bedrohung die selbständigen Einzelhändler zu engen Zusammenschlüssen zu bewegen vermag, nach Abwendung der größten und unmittelbaren Gefährdungen aber manche der Versuchung erliegen, im Alltag vom Zusammenwirken mit anderen ohne fortgesetzten eigenen Einsatz im wesentlichen nur noch profitieren zu wollen. Bekannt sind auch die häufigen Schwierigkeiten örtlicher, zumal städtischer Vereinigungen, alle im Quartier oder an einzelnen Straßenzügen ansässigen Kaufleute für Gemeinschaftsaktionen zu gewinnen.

Es liegt auf der Hand, daß sich *öffentliche Unterschätzung* der Bedeutung bzw. der Leistungen des gewerblichen und des Fachhandels auf diese behindernd auswirken muß. Die Betriebe können deshalb mit ihren Angeboten nicht in dem Maße, das ihnen gebühren würde, auf ihren Märkten zum Zuge kommen. Wie bereits angedeutet, sind jedoch die Hauptanstrengungen, das Image zu verbessern, von den Fachhändlern selbst zu erbringen.

Nachhaltige Beeinträchtigungen des Leistungsvermögens sind sodann *unlauterer Wettbewerb* und durch *Marktübermacht* von Großunternehmen oder koordiniert handelnder Lieferanten verursachte oder ermöglichte Benachteiligungen des gewerblichen Einzelhandels in seinen Warenbezügen zu verschulden imstande. Die meisten westeuropäischen Länder möchten diese Diskriminierungs-Praktiken unterdrücken. Doch hält es offenbar schwer, diese Konkurrenzauswüchse stets als solche zu identifizieren und alle Hintertüren des Geschäftsgebarens zu versperren, sich dem Zugriff der Gerichtsbarkeit oder auch nur der obrigkeitlichen Aufsicht zu entziehen.

Die Klagen über die immer schwerer werdenden *Belastungen mit Steuern, Sozialabgaben und administrativen Auflagen* können sich heute auf Befunde genauerer Untersuchungen stützen. Dabei haben die Kleinunternehmen Grund, sich über besonders drückende Verpflichtungen, die sie im Wettbewerb mit den Großen behindern, zu beschweren (Hamer 1982; Hunkeler 1985). In diesem Zusammenhang wirft der Argwohn, daß die öffentliche Hand die Großbetriebe in der Bemessung der Steuern begünstige, Fragen für politisch auszutragende Meinungsstreite auf.

Nicht zuletzt haben schon *Stadtverwaltungen* gewerblichen Handelsunternehmen durch zu wenig umsichtiges Verlegen von Straßenzügen und die Entwertung vordem guter Geschäftsstandorte im Zuge einseitiger Tendenzen zur Strukturierung von Stadtvierteln schweren Schaden zugefügt. So wurde eine Zeitlang die "saubere" Trennung des Wohnens und des Wirtschaftens angestrebt, bis man gewahrte, daß dies die Bewohner der Viertel von günstigen benachbarten Versorgungsmöglichkeiten entblößte und zu Zusammenballungen des Verkehrs auf den Hauptstraßen mit gleichzeitiger Entleerung der übrigen führte. – Ernste Probleme gibt in den zivilisatorisch hochentwickelten Ländern und Gebieten, und dies zum guten Teil von der freien Marktwirtschaft, aber doch auch vom Eifer des modernen Wohlfahrtsstaates zum Ausbau der Sozialversicherung her, die rapide Verteuerung der verkehrsgünstigen städtischen Liegenschaften auf. Streng nach marktwirtschaftlichen Gesichtspunkten und Maßstäben beurteilt, lassen sich allerdings die Schwierigkeiten des gewerblichen Einzelhandels, dieser Verteuerung zu folgen, ebenfalls als eine seiner Schwächen deuten. Doch könnte es u.E. auch sein, daß das Spiel der freien Marktkräfte, um durchwegs im Sinne der besten Ressourcenallokation zu wirken, ähnlich wie etwa in den ökologischen Gegebenheiten, der Neutralisation der Effekte offenkundig ungünstiger Umstände und menschlicher Imperfektionen bedarf.

6 VORAUSSICHTLICHE ENTWICKLUNGEN

Die Wirtschaft ist in den zivilisatorisch fortgeschrittenen Ländern mitsamt ihren gesellschaftlichen Grundlagen derzeit in einem tiefgreifenden Wandel begriffen. Das muß ebenfalls die Zukunftsaussichten für den gewerblichen bzw. den Facheinzelhandel nachhaltig beeinflussen. Wir können in diesem Abriß die *Hauptrichtungen des Wandels* nur in aller Kürze markieren.

Die Statistik verzeichnet Abschwächungen des Wachstums der angestammten *Gesamtbevölkerung* und soweit auch der Zahl der Verbraucher. Dank der Verlängerung der Lebenserwartung steigt der Anteil der Personen im vorgerückten Alter. In vorausgegangenen Hochkonjunkturen wurden Lücken im Arbeitskräfteangebot durch die Heranziehung von Leuten aus dem Ausland ausgefüllt. Die Gegenwart steht nun aber weitherum im Zeichen eines neuen industriellen Umbruchs. Die moderne Mikroelektronik verhilft vielerorts zu Arbeitskräfte erübrigender Produktion. Zuerst unter dem Druck einer Wirtschaftskrise und daraufhin durch die technische Revolution dazu gedrängt, haben bereits zahlreiche Industrien ihre Belegschaften abgebaut, und andere sind es noch zu tun im Begriffe. Die Folge davon ist in manchen Ländern eine andauernde Massenarbeitslosigkeit mit den entsprechenden Verdienstausfällen. Die finanzielle Unterstützung der Arbeitslosen überträgt sich iherseits über die Steuerbelastungen in Schmälerungen der Kaufkraft vorab mittelständischer Bevölkerungskreise. Einige Hoffnung auf allmähliche Entlastung setzt man auf das Arbeitskräfte-Absorptionsvermögen des expandierenden "tertiären Sektors" und der regeren Neugründung von kleineren Unternehmen.

Kennzeichnend ist weiter die starke Verlagerung der Bevölkerung *vom Land in die Städte* und in deren Nähe geworden. Zwar verlieren in jüngerer Zeit die größeren Städte ihrerseits an Bewohnern; diese ziehen aber nur in deren noch halbwegs ländliche Umgebung. Diese Verlagerung bewirkt eine starke Hinwendung zu städtischer Lebensart, mit fast völliger Aufgabe der Selbstversorgung.

Die geografische und berufliche *Umstrukturierung* der Bevölkerung resultiert weitgehend aus den umwälzenden Verkehrserleichterungen. Die Menschen von heute sind größtenteils freizügig geworden, was ihnen viel mehr persönliche Begegnungen und Bekanntschaften, dies aber um den Preis der Auflockerung der angestammten Verbundenheiten in der Familie, in der Nachbarschaft und in der Region, einträgt. Der starke tägliche Pendlerverkehr ändert vor allem die Einkaufs- und Konsumgewohnheiten.

Die *Massenmedien* verstärken noch diese Effekte. Nicht wenige Werbekampagnen von Markenartikelherstellern haben sich immer wieder des Vorwurfs zu erwehren, daß sie die Konsumenten zu "manipulieren" suchten. Die fortschreitend stärkere internationale Arbeitsteilung verhilft zu ständigen Erweiterungen und damit durchaus zu Bereicherungen der allgemeinen Güterversorgung: Als Kehrseite davon verringert sich die Vielfalt der einheimischen Wirtschaft; mitunter muß auch das Risiko unzureichender Belieferung in Kauf genommen werden. Ferner gehen vom Weltmarkt zwangsläufig Anstöße auf die Konjunkturlagen im eigenen Lande aus.

Im ganzen lassen sich vom Wandel weiteres Wachsen der Volkswirtschaften und entsprechend weitere *Steigerung des Wohlstands* erwarten. Beide werden aber ebenfalls in Zukunft ein Bekenntnis zur Leistungsgesellschaft verlangen. Dagegen regen sich nun allerdings, durch Schäden an der natürlichen Umwelt bedingt, zunehmend Widerstände. Hinweise auf "schleichendes Unbehagen" und Worte wie "Arbeitsstreß" machen die Runde. Vor allem ermahnen bereits rasch um sich greifende Umweltschäden – die Gewässerverschmutzung und Luftvergiftung, das Waldsterben, die Zersiedelung bisher noch nicht überbauter Räume – zu baldigen Verhaltenskorrekturen.

Nicht nur die Nutzbarmachung der Atomspaltung für die Energiegewinnung wirft zunehmend schwierigere Probleme auf. Auch die *Abfallberge des Wohlstandskonsums* bereiten immer größere Schwierigkeiten. Da die Menschheit tatsächlich eben doch auf gegebene "Grenzen des Wachstums" stößt, wird nach der Hinwendung zu neuen Wertskalen und nach "alternativer Wirtschaft" gerufen. Viele stellen das bisher weitherum befolgte Prinzip in Frage, daß die gewünschte Lebensqualität nach wie vor hohen Leistungseinsatz verlange und jedermann für sich das Höchstmaß an materiellem Gewinn erstreben müsse. Das postulierte qualitative Wachstum erheische weniger angespanntes Verhalten.

Was werden die *Folgen dieser Entwicklung* für den Fachhandel sein? Beim allgemein hohen Stellenwert des materiellen Wohlstandes ist auf lange Sicht wohl eher mit einer Verstärkung entsprechender Wünsche als mit ihrer Einschränkung zu rechnen, selbst wenn die heute angemeldeten Vorbehalte dazu einige Korrekturen zeitigen sollten. Das Postulat, daß fortan mehr qualitatives als quantitatives Wachstum anzustreben sei, schließt die Erwartung nicht aus, noch besser versorgt und betreut zu werden. Dabei geht es nicht nur um die stoffliche Beschaffenheit der Güter an sich, sondern fortschreitend mehr auch um deren Abstimmung auf die gerade zu deckenden Bedarfe und persönlichen Anliegen ihrer Individualität bewußt werdender Einzelpersonen und kleinerer Gruppen. Zunehmend mehr Verbraucher geben sich mit den Massenangeboten nicht länger zufrieden, sondern verlangen differenzierte, häufig individualisierte Leistungen (Wyss 1986, Braune-Krickau

1987). Ein Teilaspekt davon ist, daß die Anonymisierung so vieler zwischenmenschlicher Beziehungen es für manche Verbraucher bedeutungsvoll werden läßt, bei ihrer Bedarfsdeckung unmittelbar vom kundigen Fachhändler oder zum mindesten unter dessen Führung bedient zu werden.

Um diese Ansprüche zu erfüllen, *reicht lediglich routinemäßige händlerische Betätigung nicht mehr aus*. In diesem Zusammenhang kann es als fraglich erscheinen, ob Experimente von Großfilialunternehmen, formell selbständige, aber auf sie bei der Beschaffung angewiesene und auf die Verkaufspreise der Filialen verpflichtete kleine Handelsbetriebe an sich zu binden, bei deren gedrückten Handelsspannen auf Dauer gelingen können. Dafür eröffnen sich für tüchtige und initiative Kaufleute nach wie vor bedeutende Möglichkeiten. Das trifft ebenfalls, wenn auch wegen der geringeren Wachstumswahrscheinlichkeiten für die Gesamtnachfrage nach Lebensmitteln wohl etwas begrenzt, für das gepflegte Feinkostgeschäft und – durchaus beachtlich – für die konsequent nur frische und gewählte Ware anbietenden Obst- und Gemüsehändler zu. Ähnliches gilt für die bedarfsgruppenorientierten Mode-, Mutterschafts-, Herrenausstattungsgeschäfte und manche Boutiquen.

In "*jungen*" Branchen bestehen für gewiegte Einzelhändler weiterhin große Chancen, sich mit Waren gehobenen Standards, mit reicher Auswahl, mit sorgfältiger Beratung der Kunden und damit, für sie nach den Anschaffungen immer noch "da zu sein", sich von den Konkurrenten positiv abzuheben. Unter anderem bietet sich die Gelegenheit, die Beobachtung "Auch die jungen Leute haben Geld" zu ihrem Vorteil auszuwerten. Allerdings dürften Familien mit kleinen Kindern mehrheitlich vorerst einen geringen finanziellen Spielraum haben. Deshalb sollte der Fachhandel zur Deckung der Nachfrage einfacheren Anspruchsniveaus darauf halten, diesen Familien mit preisgünstigen Sonderangeboten – insoweit bewahren die Preisaktionen ihren Sinn – an die Hand zu gehen. Zur Befriedigung der Versorgungswünsche vieler über 40 bis 50 Jahre alten Personen, häufig mit Sonderansprüchen, sind in erster Linie die Fachhandels- und Spezial"geschäfte" berufen.

Für alle diese Betriebe bzw. Unternehmen wurde bereits vermerkt, daß, wenn sich die funktionale Wesensbestimmung des "Gewerbes" als realistisch erweist, die flexiblere Festlegung der *Ladenöffnungszeiten* ihre Wettbewerbsfähigkeit erheblich stärken könnte. In instrumentaler Hinsicht verheißt jetzt die Mikroelektronik Entlastungen von administrativen Arbeiten, die auch den Inhabern kleiner Unternehmen gestatten, sich mehr des Marketings anzunehmen.

Der Wandel in der geografischen Verteilung der Bevölkerung zieht die Notwendigkeit nach sich, *Betriebsstandorte* mit genügend großen oder mit potentiellen Kunden ausreichend dicht besiedelten Einzugsgebieten zu wählen. Die Gemischtwarenhandlungen im Dorf und die Fachgeschäfte für den täglichen Bedarf werden nur noch selten expandieren können; sie verfügen aber wenigstens über Möglichkeiten zu einer Angebotsgestaltung, durch die sie sich ihre Kundschaft sichern, zum Teil bereits an das Einkaufen in größeren Entfernungen bei Massenvermittlern gewöhnte zurückgewinnen können. In den Zentren und an den Haupt-Straßenzügen der Großstädte können sich angesichts der massiven Verteuerung der Liegenschaften und damit der Platz- und Raumkosten auf die Länge zumeist nur noch Fachhandels- und Spezialgeschäftsbetriebe gehobenen Angebotsniveaus halten. Dagegen verhilft die Abwanderung von Familien mit höherem Einkommen aus diesen Städten in die Umgebung und in kleinere Städte mit besserer Wohnqualität anpassungsfähigen und aktiven Fachhändlern zu neuen Erfolgsaussichten. An diesen Standorten dürfte eine bessere Ausstattung mit gewerblich ausgerichteten selbständigen Kaufleuten realisierbar sein.

Seit Jahren stellt die Betriebswirtschaftslehre fest, daß das *Gewinnstreben* meistens nicht der stärkste Antrieb zu unternehmerischer Aktivität bilde, und in der Tat gibt es gerade im Gewerbe seit jeher Betriebsinhaber, die sich aus ihrer Engagiertheit für ihren Beruf und aus ihrer sozialen Stellung heraus mit einem niedrigeren Einkommen begnügen, als sie mit ihren Fähigkeiten auswärts erzielen könnten. Bedenkt man, daß dies ebenfalls wirtschaftliche Effizienz, zumal in sozialwirtschaftlicher Beziehung, bedeuten kann, so liegt die Folgerung nahe, auch dem selbständigen Einzelhandel nach wie vor Erfolgsaussichten zuzusprechen.

Um abschließend auf die dem Beitrag zugrunde liegende Frage zurückzukommen: Die volkswirtschaftliche wie die allgemein gesellschaftliche Entwicklung verläuft in Richtungen, die zwar für schwache Vertreter des selbständigen Einzelhandels keine ausreichenden Grundlagen für eine gedeihliche Existenz bewahrt. Dagegen dürften einsatzfreudige kaufmännische Führungskräfte mit gut ausgebildetem Nachwuchs, die sich sowohl in ihrer Branche als auch in Grenzbereichen dazu auskennen, weiterhin bedeutende Felder für eine lohnende Betätigung im Dienste optimaler Bedarfsdeckung finden.

LITERATUR

Braune-Krickau, M.: Anspruchsvoll und in Eile, der Konsument in den USA. Lebensstil statt Massenkonsum. In: dynamik im handel, März 1987, Heft 3, S. 28-30

Draheim, G.: Die Genossenschaft als Unternehmungstyp, Göttingen 1952, S. 16

Forschungsstelle für den Handel (Hrsg.): Funktion und Bedeutung mobiler Verkaufsstellen im Lebensmittelhandel in der Bundesrepublik Deutschland – Wirtschaftspolitische, volkswirtschaftliche und versorgungspolitische Aspekte, Berlin 1983

Forschungsstelle für den Handel (Hrsg.): Die Versorgung der Bevölkerung mit Einzelhandelsleistungen des täglichen Bedarfs in der Bundesrepublik Deutschland nach Haushaltstypen, Berlin 1985

Gutenberg, E.: Grundlagen der Betriebswirtschaft, Band 2, Der Absatz, 2. Aufl., Berlin 1955

Gutersohn, A.: Das Gewerbe in der freien Marktwirtschaft, Band 1, 2. Aufl., Berlin und St. Gallen 1977

Gutersohn, A.: Zur Belastbarkeit der gewerblichen Unternehmen mit gesetzlichen Vorschriften, administrativen Auflagen und mit Abgaben. In: Kemmetmüller, W.; Sertl, W. (Hrsg.), Der Klein- und Mittelbetrieb (Festgabe für E. Hruschka), Wien 1981, S. 27-50

Gutersohn, A.: Das Gewerbe in der Zeit des Umbruchs. In: Pleitner, H.J.; Sertl, W. (Hrsg.), Führung kleiner und mittlerer Unternehmen (Festgabe für K. Laub), Göttingen 1984, S. 9-28

Hamer, E.: Bürokratische Überwälzung auf die Wirtschaft, Analyse und Therapie. In: Dickermann, D.; König, W.; Wittinger, G.W. (Hrsg.), Bürokratie-Überwälzung, Regensburg 1982, S.15-26

Hunkeler, U.: Zur Belastung der Kleinbetriebe durch staatliche Regelungen. Untersuchung der administrativen Auflagen in der Schweiz, Bamberg 1985

Kroeber-Riel, W.: Konsumentenverhalten, 3. wesentlich erneuerte und erweiterte Auflage, München 1984

Scanlan, Th.J.: Die Selbständigkeit als Berufslaufbahn (aus dem Englischen übersetzt). In: Internationales Gewerbearchiv, 28 (1980), Heft 1, S. 10-20

Schenk, H.-O.: Alternativer Handel – Begriff, Befunde, Bibliografie, im Manuskript gedruckt, Duisburg 1986

Schumpeter, J.: Theorie der wirtschaftlichen Entwicklung, Leipzig 1912

Trommsdorff, V.: Konsumentenverhalten, Stuttgart 1988 (im Druck)

Wyss, M.: New Marketing, Adligenschwil (Schweiz) 1986

Veränderungen im Konsumentenverhalten und im Wettbewerb

Marketingstrategische Konsequenzen für den Einzelhandel

Volker Trommsdorff, Berlin

Der Beitrag untersucht in Ergänzung zu einer früheren Analyse über die Einflüsse des Wertewandels auf das Handelsmarketing (Trommsdorff in HANDELSFORSCHUNG 1986) zielgruppenspezifische, informationsbedingte und technologische Ursachen für die Handelsdynamik und leitet mögliche strategische Konsequenzen aus diesen Entwicklungen ab.

1 ZUR BEDEUTUNG DES THEMAS

Die Zeiten der Konsumzuwächse wie Ende der siebziger Jahre sind vorbei. Die meisten Märkte sind weitgehend gesättigt, der Ersatzbedarf hält sich in Grenzen, auch wegen der kaum noch sinnvoll zu steigernden Qualitätsstandards. Erhebliche Wachtumstendenzen gibt es nur noch in einzelnen Produktbereichen, die sich allmählich zum gesellschaftlichen Standard entwickeln. Der harte Wettbewerb wird noch durch das hohe Preisbewußtsein der Konsumenten gefördert.

Eine Begleiterscheinung der schwierigen Wettbewerbssituation war und ist die Konzentration, auf der Handelsstufe noch stärker als auf der Herstellerstufe. Beispielsweise liegt Schätzungen zufolge die jährliche Schwundrate der Facheinzelhändler für Unterhaltungs- und Haushaltselektronik bei etwa 10 %, d.h. bei einer Halbierung alle sechs Jahre. Auffallend ist neben der schlichten Konzentration auch eine zunehmende Diversifizierung: Kaufhof, Hertie und co op stiegen in Schuhhandelsunternehmen ein, co op und Tengelmann in Baumärkte, Asko/ Schaper verstärkt in den Möbelhandel usw.

Das alles führt horizontal zu Veränderungen, die für den selbständigen Facheinzelhandel nichts Gutes bedeuten. Vertikal hat sich die Machtverteilung über Jahrzehnte hinweg allmählich von der Herstellerseite zur Handelsseite verschoben, aber nicht zugunsten des Fachhandels, sondern zugunsten der Großbetriebe. Die vertikalen Machtverschiebungen zwischen Hersteller und Handel sind im großen und ganzen abgeflaut. Eine gewisse Dynamik wird es allerdings immer geben, zum Beispiel holen neue Vertriebssysteme der Industrie einerseits und Kooperationen des Handels andererseits hier und da Terrain zurück.

Handelsforschung 1988
Hrsg. Volker Trommsdorff

Die Existenzbedrohung der Fachgeschäfte beeinträchtigt indirekt auch die relative Machtposition der Industrie gegenüber dem Handel, denn jedes Schrumpfen beim Facheinzelhandel stärkt die großen Handelsunternehmen und deren Verhandlungsmacht. Die Kooperationen der Fachhändler stabilisieren den Wettbewerb zugunsten der Industrie. Sie richten sich jedenfalls nicht gegen die Industrie. Sie fallen im Sinne einer Überlebensstrategie für den Mittelstand nicht unter das Kartellverbot, weil sie den Wettbewerb nicht beschränken, sondern wahren helfen.

Der Industrie kommt die zunehmende Globalisierung der Märkte stärker zugute als dem Einzelhandel. Das gilt allerdings auch für die Risikoseite dieser Tendenz. Die Kostenvorteile von globalem Marketing liegen nun einmal stärker bei der Produktion als bei der Distribution. Auf der anderen Seite muß durchaus gesehen werden: Die Industrie leidet stärker als der Handel unter fernöstlichen Wettbewerbseinbrüchen und dem schwachen Dollar.

Die großen Handelsunternehmen begegnen der Kooperationsstrategie wiederum durch eigene Strategien, z.B.

- durch Rückwärtsintegration, d.h. Hersteller-Akquisition,

- durch weitere Runden auf der trading-up-Spirale,

- jüngst sogar in Form einer Kooperation mit den Gewerkschaften durch eine raffinierte Strategie, die vom Facheinzelhandel als gegen ihn gerichtet bisher kaum erkannt wurde: Die gemeinsame Bekämpfung der Liberalisierung des Ladenschlußgesetzes, die den Facheinzelhandel einer der wichtigsten Wettbewerbschancen beraubt.

Trotz allem befinden wir uns, was die Machtverteilung im Markt betrifft, zwar im Fluß, aber nicht gerade im Sturzbach. Es gibt durchaus gesunde kooperative vertikale Verhältnisse. Haben wir Ruhe vor dem Sturm? Was sagt das Barometer? Frühwarnbereiche, die man unbedingt beobachten muß, sind *erstens* Änderungen der Zielgruppen, besonders Änderungen der Werthaltungen und der demographischen Entwicklung, *zweitens* technologische Änderungen, sowohl Produktinnovationen wie auch Prozeßinnovationen. Es geht besonders um die Produktinnovation in den technisch orientierten Branchen sowie um die Prozeßinnovation im Handelsmarketing, vor allem hervorgerufen durch Neuerungen der Kommunikations- und Informationstechnik.

2 ZUM ZIELGRUPPENWANDEL

Änderungen des Konsumentenverhaltens auf der Grundlage der Wertedynamik hat der Autor an dieser Stelle vor zwei Jahren erörtert (HANDELSFORSCHUNG 1986, S. 3 - 16). Inzwischen sind folgende neue Tendenzen dazugekommen: Die Bevölkerungsdynamik, damit die Zielgruppendynamik, bewirkt besonders in Deutschland starke Marktveränderungen, wie die folgende Grafik zeigt.

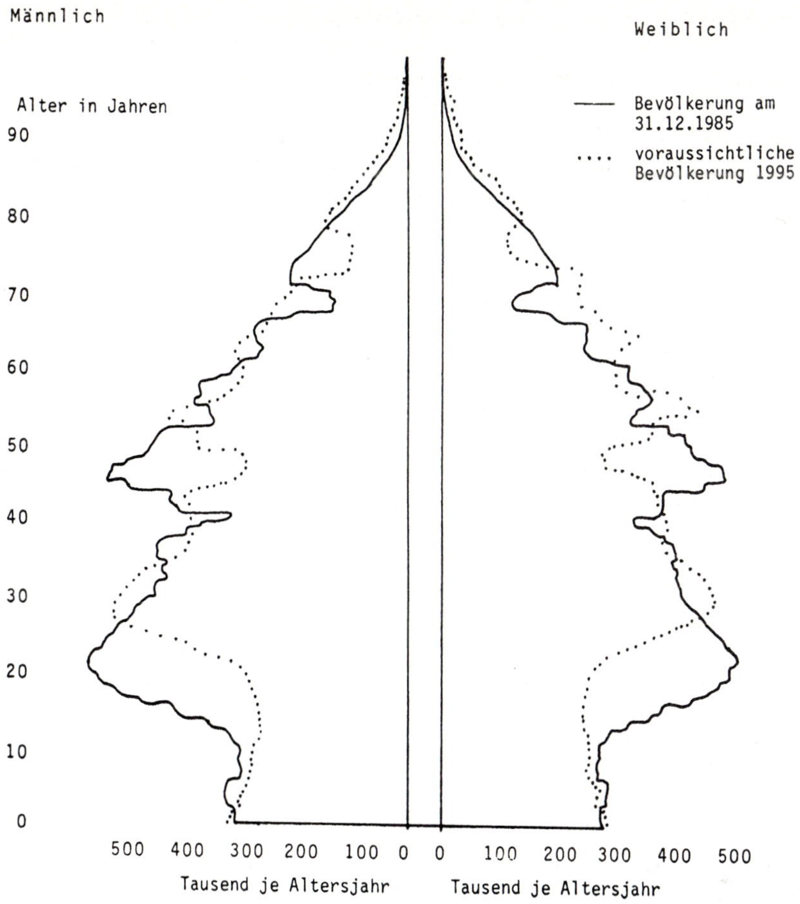

Abbildung: Altersaufbau der Bevölkerung in der Bundesrepublik Deutschland
Quelle: Stat. Bundesamt Wiesbaden

Die Abweichungen zwischen der aktuellen (durchgezogenen) und der für 1995 prognostizierten (gepunkteten) Kurve stellen Wachstum und Schrumpfung von altersspezifischen Marktsegmenten dar. Die Bevölkerungskurve hat Echowellen mit Generationen-Länge: Zur Zeit gibt es einen sekundären Babyboom. Trotzdem reproduziert sich jede Generation nur noch zu zwei Dritteln. Es gibt also starke Einbrüche und neue Chancen, teilweise unmittelbar zielgruppenrelevant. Jedenfalls relativiert die demographische Veränderung absehbar jeden Wertewandel.

Kombinierte Lebensstil- und Demographiestudien wie die von Dr. Höfner & Partner (1987) können auch gezielt die besonders attraktiven Zielgruppen definieren. Die zitierte Studie beruht auf den Entwicklungen von 1985 bis 2015 in ganz Westeuropa. Die interessanten Segmente sind danach:

"Perspektivensucher"	(anspruchsvolle 45-60er) Wachstum von 8 auf 10 Mio
"Nachkarrieristen"	(55-64er wohlhabende Ruheständler) von 6 auf 7 Mio
"Jugendliche 60er"	(aktive, anspruchsvolle, gutsituierte Senioren) von 5,3 auf 7,2 Mio

Aber auch bei altersunabhängigen sowie bei den jüngeren Zielgruppen gibt es interessante Entwicklungen:

- Das Trendsetter-, Konsumpioniersegment von 14-60 Jahren wächst von 20 % auf 25 %;

- Ausländer nehmen andere Entwicklungen als Inländer, z.B. mehr Video anstelle von Fernsehen;

- der zur Zeit die Universitäten belastende Studentenberg wird ein kommendes Segment der "Haushaltsgründer" mit zusätzlichen 36 Mrd. DM Kaufkraft.

Die Notwendigkeit steigt, sich auf zahlenmäßig und kaufkraftmäßig wachsende Segmente einzustellen. Das gilt auch im Sinne des Aufbaus eines zielgruppengerechten Image. Dafür braucht man einen Vorlauf von mehreren Jahren.

3 ZUM INFORMATIONSWANDEL

Auf gesättigten und technisch höchst entwickelten Produktmärkten hat die Werbung immer weniger Chancen, mit Sachinformation zu arbeiten. Die Neigung der Verbraucher, sich sachlich zu informieren, nimmt ab. Der Hauptgrund ist die Überfülle an Information: Nach Kroeber-Riel (1987) werden gewichtet 98,4 % der Informationen in den Leitmedien (Zeitung, Zeitschrift, Funk, Fernsehen) umsonst produziert.

Konsumenten kennen sich auf den meisten Märkten gut aus und können nur noch über Schlüsselmerkmale wie Markennamen sowie vor allem über Bilder und Emotionen wirksam angesprochen werden. Es gibt einen Informationswandel vom Text zum Bild. Er ist auch auf den gestiegenen Einfluß von TV und Video auf die Lerngeschichte zurückzuführen. Dazu hier einige Aussagen und Erkenntnisse:

- Die Zeitbelastung wird, vor allem bei gehobenen Konsumenten immer bedeutender im Vergleich zur finanziellen Belastung. Der Weg muß vom Informationsdickicht zum Informationsradar führen, d.h. es kommt nicht mehr auf die Menge, sondern auf die Qualität und die Aufbereitung (Selektion) der Information an.

- Es wird eine Entwicklung einfacher Informations- und Entscheidungshilfesysteme (Decision Support Systems) für Konsumenten geben. Menütechnik und Tutorials bei bildschirmgeführter Information werden auch für Marketingzwecke im Fachhandel kommen

- anstelle von unglaubwürdiger Werbung,
- anstelle von unverständlichen Gebrauchsanleitungen.

- Die mediale Erreichbarkeit der Zielgruppen wandelt und differenziert sich. Zur Zeit gibt es in Deutschland rund 500 000 absolute Analphabeten und rund 3 Mio "relative Analphabeten", das sind Leute, denen es sehr schwer fällt, einen zusammenhängenden Text zu lesen. In Zukunft wird man analog von Computer-Analphabeten sprechen, wenn man Zielgruppen nicht über EDV-Medien erreichen kann.

- Zunehmende Bedeutung haben die Bildanteile im Rahmen der Konsumenteninformation. Design, Prestige, Ästhetik als Werbeargumente können grundsätzlich nicht verbal vermittelt werden.

Insgesamt findet eine Entwicklung von der Informationsbelastung zum Informationskomfort und Informationserlebnis statt. Jeder weiß, wie unterhaltsam und wie langweilig Informationen sein können. Der Handel sollte sein Augenmerk noch mehr darauf richten, die für den Erfolg wichtigen Informationen unterhaltsam zu gestalten.

Der Fachhandel muß erkennen, daß Informationen nicht Nebensache ist, sondern im Rahmen des pre- und after sales service immer mehr zur anspruchsvollen Hauptsache wird.

4 ZUM TECHNOLOGISCHEN WANDEL

Zur Zeit werden die Produkte entwickelt und getestet, die in den 90er Jahren auf den Markt kommen. Wir befinden uns in der Frühphase einer Basisinnovationswelle, wie sie angeblich alle 50 Jahre einmal stattfindet:

- Verfahrenstechnik und Biotechnologie
- neue Werkstoffe
- Mikroelektronik, Informatik
- Optik, Lasertechnik
- Logistik
- Kommunikationstechnik und künstliche Intelligenz

sind Innovationen, die auf alle Lebensbereiche und Märkte wesentlich stärker wirken als der unmittelbare Wertewandel. Die technologischen Entwicklungen beeinflussen die Werte selbst:

Zum Beispiel werden sich die Konsumkriterien weiter von Hard- zu Softwarekriterien verschieben. Die Wirkungen auf den Konsum sind kaum abzusehen. Die klassischen Marktgrenzen werden aufgehoben, z.B. schon beim Foto- und Videomarkt im Zusammenhang mit den Camcordern. Funk, TV und Unterhaltungselektronik sind in Zukunft mehr als Teile eines ganzen Medienkonzepts zu sehen, denn als einzelne Unterhaltungsvermittler.

Die in naher Zukunft erwarteten Neuerungen gehören nicht zum Typ der Basisinnovationen. In mittlerer Zukunft ist allerdings eine große Zahl von Folgeinnovationen bzw. Anwenderentwicklungen in der Mikroelektronik zu erwarten. Dabei spielt die Software die größte Rolle, z.B. portable PCs (laptops) mit laiengerechter Software für die breite Anwendung für Schule, Küche und Haushalt.

Große Veränderungen erwarten wir im elektronischen Marketing:

- Infomercials durch Cabelshop
- Videokataloge (mit Instore-Anwendungen)
- on-the-air-shopping über Kabel-TV
- elektronische Prospekte für PCs
- Videonetzverkauf auf der Hersteller-Handelsstufe
- Bildplatten-Kundenberatung.

Folgende Konsequenzen für das Verhalten der Zielgruppen sind wahrscheinlich:

- Systematische Informationssuche über Datenbanken
- schnelle Marktübersicht
- elektronisches Einkaufen ohne Hemmschwellen
- stärkere Differenzierung zwischen preisbestimmtem und qualitätsbestimmtem Kaufen
- stärkere Differenzierung zwischen rationalen und emotionalen Käufen
- stärkere Marktsegmentierung in Spezialsegmente
- Machtverschiebung zum Kunden durch Computerstützung.

Wahrscheinlich wird ähnlich der Innovation "Telefon" nach einem zögerlichen Beginn die "volle Wucht der Veränderung" (Tietz) noch kommen:

- Warenpräsentation über Bildplatte
- Ablösung des klassischen Ladens
- Stärkung des Versandhandels.

Jedenfalls sind erhebliche Turbulenzen zu erwarten. Man kann gar nicht genug Fantasie entwickeln, um sich den Einkauf um die Jahrtausendwende vorzustellen. Es besteht aber ein Engpaß bei der Qualifikation im Handel, die aufgezeigten Tendenzen umzusetzen.

5 STRATEGISCHE KONSEQUENZEN

Strategisches Marketing stellt professionelle Ansprüche. Strategische Wettbewerbsprobleme der Facheinzelhändler lassen sich professionell in der Kooperation lösen. Z.B. kann ein einzelner keine gezielte Marketingstrategie bei Umbrüchen der Branchen und Märkte entwickeln. Wie sollte wohl ein einzelner Facheinzelhändler auf die Chancen und Risiken eines Umbruchs in der Branche reagieren? Welcher kleine Einzelhändler könnte sich die fachmännische Entwicklung eines wirksamen Image und einer Unternehmenspersönlichkeit (corporate identity) leisten?

Die Industrie sollte bedenken, wie groß die Opportunitätskosten für den Fall sind, daß sie auf dem Wege des Franchising oder im Direktvertrieb diese Leistungen selbst übernehmen müßte. Darüber hinaus gibt es auch Rückwirkungen vom Ladenimage auf das Herstellerimage (Imagetransfer vom Umfeld auf Marken). Mit der Bedeutung der Kooperation wächst auch der Wettbewerbsdruck unter den Kooperationen. Die meisten betreiben relativ ähnliche Wettbewerbsstrategien gegen die großflächigen Betriebsformen. Zumindest setzen sie auf vergleichbare Geschäftstypenkonzepte und normieren dadurch die Marksegmente. Dagegen stehen differenzierte Profilierungschancen:

Die allgemeine Tendenz zur Polarisierung, d.h. Anspruchsdifferenzierung, bedeutet nicht unbedingt nur eine Anspruchssteigerung. Sie bedeutet eine Zunahme von Billig- und zugleich auch Hochpreisangeboten und eine Schrumpfung des mittleren Segments. Diese Polarisierung erfolgt in der Regel nicht "unter einem Dach", sondern erfordert Spezialisierungen. Hierin besteht eine beträchtliche Chance für den Fachhandel. Die Tendenz zur weitergehenden Erlebnisorientierung innerhalb des oberen Anspruchssektors steht im Einklang mit weiter abnehmender Preisbedeutung für den Fall besonders hoher Qualitäts- und Funktionsstandards. Dem Handel wird bei der Erlebnisorientierung des Herstellermarketing zunehmend die Hauptaufgabe zufallen, von der Ladengestaltung bis ins Verkaufsgespräch.

Zu alledem ist die Weiterqualifikation des Fachhandelspersonals erforderlich. Die erforderlichen Maßnahmen sind regelrechte Investitionen in die Überlebensfähigkeit der Unternehmen.

Literatur

Höfner, K.: Fünf neue einkommensstarke Verbraucherzielgruppen in Westeuropa - Konsequenzen aus dem Altersstruktur- und Wertewandel für das Zielgruppenmarketing, München 1987

Kroeber-Riel, W.: Informationsüberlastung durch Massenmedien und Werbung. In: Die Betreibswirtschaft 47 (1987), S. 257 - 264

Tietz, B.: Optionen bis 2030, Stuttgart 1986

Trommsdorff, V.: Konsumentenverhalten, Stuttgart 1988 (i.Dr.)

Neue Fertigungstechnologien und Handel
Eine transaktionskostentheoretische Analyse

Arno Brandt, Hannover

Die bundesdeutsche Industrie ist im Begriff, einen grundlegenden Wandel der fertigungstechnologischen Basis herbeizuführen. Durch die Ausschöpfung der Potentiale der Mikroelektronik werden Prozeßinnovationen ermöglicht, die das bislang vorherrschende System starrer Massenproduktion in Frage stellen. Die Herstellung differenzierter und individualisierter Produkte erfordert allerdings Anpassungsleistungen des Distributionssystems, die der Autor im Rahmen eines transaktionskostentheoretischen Ansatzes diskutiert. Auszugehen ist danach von einer wachsenden Integration zwischen Produktions- und Distributionssystem, die die Entwicklungsmöglichkeiten des institutionellen Handels begrenzt.

1 EINLEITUNG

Der traditionelle Konflikt zwischen dem produktionswirtschaftlichen Ziel der Produktivitätssteigerung und dem absatzwirtschaftlichen Ziel einer möglichst kundennahen Anpassung der Produkte am Markt scheint sich aufzulösen. Durch die Ausschöpfung der Potentiale der Mikroelektronik werden Prozeßinnovationen ermöglicht, die das bislang vorherrschende System starrer Massenproduktion in Frage stellen. Neue, flexiblere Produktionstechnologien eröffnen den Korridor für die Herstellung einer differenzierten, individuelle Kundenwünsche berücksichtigenden Produktpalette. Schwankungen der Nachfrageseite können durch die Anpassungsflexibilität der Systeme zumindest teilweise aufgefangen werden. Mit den neuen Technologien und ihren produktpolitischen Chancen ergeben sich aber auch Probleme hinsichtlich der Organisation der Absatzwege, die im Rahmen der nachfolgenden Überlegungen näher beleuchtet werden sollen. Dabei geht es sowohl um den Einfluß auf die Handelsquote als auch um strukturelle Auswirkungen auf das Gefüge der Handelsinstitutionen (Groß- bzw. Einzelhandel, Betriebsformen).

2 CHANCENPOTENTIAL DER NEUEN FERTIGUNGSTECHNOLOGIEN

Nicht wenige Wirtschafts- und Sozialwissenschaftler gehen davon aus, daß sich die westdeutsche Industrie an einem Wendepunkt ihrer Entwicklung befindet (vgl.

Handelsforschung 1988
Hrsg. Volker Trommsdorff

Kern/Schumann 1988, S. 300; Lutz 1984; Piore/Sabel 1985). Der Wandel in den Markt- und Produktionsbedingungen befördert das Aufkommen von Konzepten, die mehr sind als die Verlängerung oder Aktualisierung bisheriger Entwicklungslinien. "Die komparativen Vorteile der westdeutschen Industrie werden in ein Produktionskonzept umgeformt, welches auf den Bruch mit der Philosophie des Massenprodukts hinausläuft. Der Marktaspekt der neuen Strategien ist durch Produktinnovation gekennzeichnet, durch einen Wechsel hin zu Produkten von höherer Qualität und großer Vielfalt, zu individualisierten High-Tech-Produkten" (Kern/ Schumann 1988, S. 301). Systeme "flexibler Automatisierung", die eine Kompatibilität von hoher Produktivität und Klein-bzw. Einzelfertigung zulassen, gelten dabei als Schlüsseltechnologien, die im folgenden näher charakterisiert und in Hinblick auf die mit ihnen verbundenen Marktwirkungen diskutiert werden sollen.

2.1 Neue Fertigungstechnologien

Im folgenden kann es nicht darum gehen, alle Systeme "flexibler Fertigung", die das Bild der neuen Fabrik prägen, im einzelnen vorzustellen. Ich beschränke mich daher auf eine kurze Charakterisierung der technologischen Grundlinien.

Vom Konzept her bedeutet CIM (Computer Integrated Manufacturing) einerseits die Automatisierung manueller Tätigkeiten durch Einsatz von Rechnern und andererseits die Integration von Systemen in ein aufgabenorientiertes Gesamtsystem, das die Kompatibilität aller Funktionen sicherstellt, eine gemeinsame Informationsbasis schafft und in dem alle Funktionen auf dasselbe Ziel ausgerichtet sind (vgl. Jorissen/Kämpfer/Schulte 1986, S. 112). Die Komponenten dieser neuen Fabrikkonzeption sind u.a. Rechner, Steuerungs- und Sensortechniken, flexible Fertigungssysteme, Meßgeräte und Transportsysteme. Durch aufgabenangepaßte Kombinationen entstehen Subsysteme wie Computer Aided Design (CAD), Produktionsplanungs- und -steuerungssysteme (PPS) und Computer Aided Manufacturing (CAM) (vgl. Jorissen u.a. 1986, S. 15 ff.; Bullinger/ Traut 1986, S. 4; Wagner 1986, S. 455 ff.).

Am Beispiel der Automobilindustrie haben Kern/Schumann die Quintessenz der produktionspolitischen Zielsetzungen, die mit den neuen Systemen "flexibler Automatisierung" verknüpft werden, folgendermaßen zusammengefaßt: "Das neue Rationalisierungs-Paradigma heißt: Effizienz durch Flexibilität. Die Maschinen müssen sich mit geringstem Aufwand für neue (...) Teile umrüsten lassen (Änderungsflexibilität), besser noch: unterschiedliche Varianten, um nicht zu sagen Modelle, in möglichst chaotischer Folge bearbeiten (Fertigungsflexibilität), einen hohen Mechanisierungsgrad auch bei kleineren Stückzahlen zulassen und auch bei einem Typenwechsel wiederverwendbar sein" (Kern/Schumann 1984, S. 43 f.).

Eine Verallgemeinerung dieser in aller Kürze skizzierten fertigungstechnischen Tendenzen läßt sich neben der Automobilindustrie bereits heute auch in anderen Zweigen des Konsumgütersektors erkennen, wie z.B. bei den Herstellern von Elektrokleingeräten, Möbeln und Küchentechnik (vgl. o.V. 1988, S. 40 ff.). Ob sich allerdings der Trend zur Individualisierung der Produktlinien bei langlebigen Gebrauchsgütern durchzusetzen vermag, hängt entscheidend von der weiteren Entwicklung der Marktbedingungen und von den Wettbewerbsstrategien der Hersteller ab.

2.2 Marktwirkungen der flexiblen Automatisierung

Die technischen Möglichkeiten flexibler Automatisierung lassen sich zunächst auf die Wettbewerbsstrategien der herstellenden Unternehmen beziehen. Nach Porter sind dabei die Strategien der Kostenführerschaft, der Differenzierung und der Konzentration in Betracht zu ziehen (vgl. Porter 1984, S. 62 ff.). Wildemann hat anhand der kritischen Erfolgsfaktoren der jeweiligen Wettbewerbsstrategien die Einsatzmöglichkeiten der neuen Technologien diskutiert (Wildemann 1988, S. 120 f.). Aus seinen Ausführungen leite ich ab, daß die produktpolitischen Chancenpotentiale einer mit der Philosophie des Massenprodukts brechenden Produktionskonzeption vor allem dort liegen, wo sie mit Differenzierungs- und Konzentrationsstrategien einhergehen. Diese Wettbewerbsstrategien dürften sich aber gerade für bundesdeutsche Hersteller angesichts einer zunehmenden Weltmarktkonkurrenz als dominant erweisen, weil sich nur so die komparativen Vorteile des Standorts Bundesrepublik nutzen lassen. Im Rahmen dieser beiden Strategien ermöglichen die neuen Produktionskonzepte

- eine schnellere Anpassung an Kundenwünsche, kundenspezifische Produktinnovationen bis hin zur elektronischen Maßkonfektion (vgl. Bruhn 1987, S. 24),

- die Realisierung einer Qualitätspolitik, die komplexen Anforderungen an die Produkte Rechnung trägt (vgl. Thole 1986, S.431 ff.),

- und darüber hinaus durch die Flexibilisierung der Produktionsabläufe ein höheres Anpassungspotential bei Konjunkturschwankungen (vgl. Kern/Schumann 1984, S. 44).

In der nachfolgenden Analyse wird für die weitere Diffusion der flexiblen Fertigungstechnologien von der Annahme ausgegangen, daß sich zum einen die Diffusion der neuen Technologien von der Investitionsgüterindustrie über relevante Bereiche der langlebige Gebrauchsgüter herstellenden Konsumgüterindustrie erstrecken wird und damit zum anderen der Anteil der individualisierten und komplexeren Produkte im Konsumgüterbündel der privaten Haushalte künftig sukzessive erhöhen wird.

3 HANDELSÖKONOMISCHE ÜBERLEGUNGEN ZU DEN AUSWIRKUNGEN DER NEUEN FERTIGUNGSTECHNOLOGIEN AUF DEN HANDEL

Die Entwicklung zu flexiblen Fertigungstechnologien mit ihren Chancenpotentialen für die Produktpolitik soll im folgenden in Hinblick auf ihre distributionspolitischen Konsequenzen untersucht werden. Das Argumentationsmuster bezieht sich dabei auf das theoretische Fundament der neuen Institutionenökonomie. Im Mittelpunkt dieser Diskussion steht die Transaktionskostentheorie, die danach fragt, unter welchen Bedingungen hierarchische Koordinationsformen (Anweisungsmechanismus) oder marktliche Koordinationsformen (Preismechanismus) von Transaktionen effizient organisiert werden (vgl. Williamson 1981; ders. 1985 und Williamson/Ouchi 1983).

3.1 Grundelemente der Transaktionskostentheorie

Transaktionen treten ins Blickfeld, "when a good or service is transferred across a technologically separable interface. One stage of activity terminates and another begins" (Williamson 1985, S. 1). Ausgehend von Williamsons Transaktionsbegriff soll dann von Transaktionskosten gesprochen werden, wenn sie bei der Bewältigung ökonomischer Friktionen auftreten: Transaktionskosten sind "costs of running the economic system" (Arrow, zitiert nach Williamson 1985, S. 18). Sofern dabei Eigentumsrechte berührt werden, müssen spezifische Kosten zur Herstellung und Sicherstellung expliziter und impliziter (stillschweigend, durch entsprechendes Handeln anerkannter) Verträge aufgewendet werden (vgl. Weise 1981, S. 113). Nach Picot (vgl. Picot 1982, S.270; ders. 1986, S. 3) sind zunächst die folgenden Transaktionskostenarten einzubeziehen:

- Anbahnungskosten
- Vereinbarungskosten
- Kontrollkosten
- Anpassungskosten

Diese Unterscheidung orientiert sich an den Phasen einer Transaktion. In Erweiterung dieser begrifflichen Einteilung sollen in enger Anlehnung an Williamsons Definition einer Transaktion als weitere Transaktionskostenarten im folgenden

- Transportkosten
- Lagerhaltungskosten

berücksichtigt werden (vgl. Williamson 1985, S. 223).

Eine zentrale Fragestellung der Transaktionskostentheorie ist, unter welchen Bedingungen Transaktionen unternehmensintern (Hierarchie) oder -extern (Markt) effizient koordiniert werden. Bei friktionsfreien Märkten gilt im Verständnis Williamsons eine externe Durchführung von Transaktionen aufgrund der starken Anreizstrukturen des Marktes und der arbeitsteilungsbedingten Spezialisierungsvorteile als prinzipiell effizienter (vgl. Williamson 1985, S. 90; vgl. auch Anderson/ Coughlan 1987, S. 72).

Die Effizienzvorteile marktlicher Koordinierung setzen allerdings einen funktionierenden Wettbewerb sowohl in der Ausgangssituation einer Transaktion (ex ante competition) als auch nach Abschluß der Transaktion (ex post competition) voraus. Die Crux der Argumentation Williamsons ist nun, daß eine kompetitive Wettbewerbssituation in der Ausgangslage durch spezifische Charakteristika der Transaktion in ein Verhältnis des bilateralen Monopols umschlagen kann. Diesen Vorgang bezeichnet Williamson als "fundamentale Transformation" (vgl. Williamson

1985, S. 61). Unter Effizienzgesichtspunkten kann sich dabei die Substitution des Preismechanismus durch den Anweisungsmechanismus als überlegen erweisen. Der in der Natur der Transaktion begründete Wechsel der Konkurrenzbeziehung zu einem Verhältnis des bilateralen Monopols bewirkt die Effizienz hierarchischer Koordination und damit Prozesse vertikaler Integration. Dieser Vorgang hat – wie im weiteren Gang der Untersuchung gezeigt werden soll – Folgen für die Organisation von Distributionswegen.

Transaktionskosten können grundsätzlich bei allen Marktpartnern anfallen. Insofern kann unterschieden werden zwischen Transaktionskosten der Produzenten, der Händler und der Konsumenten. In der in dieser Untersuchung verwendeten weiten Fassung des Transaktionskostenbegriffs spielen handelsspezifische Produktionskosten (Kosten der Umpackung, Warenveränderung etc.) nur noch eine untergeordnete Rolle bei distributionspolitischen Entscheidungen. Diese Kosten finden daher im weiteren Gang der Analyse keine Berücksichtigung.

3.2 Transaktionskostentheoretische Reinterpretation der Handelsfunktionen

Nach der Lehre der Handelsfunktionen wird die ökonomische Legitimation des Handels damit begründet, daß der Händler als Vermittler gesamtwirtschaftlicher Spannungen zwischen den beiden Marktstufen Produktion und Verwendung auftritt und aufgrund seiner Spezialisierungsleistungen eine gegenüber alternativen Institutionen effizientere Ausgestaltung des Spannungsausgleichs sicherstellt (vgl. Oberparleiter 1930, S. 11 ff.; Hansen 1976, S. 18 ff; Klein-Blenkers/Reisen 1985, S. 581 ff.; Gümbel 1985, S. 168; kritisch dazu Tietz 1985, S.15). Diese Effizienzleistung des Handels ist allerdings an Voraussetzungen gebunden, die von der Funktionslehre nicht hinreichend spezifiziert werden. Zu einer Erklärung für die Ein- bzw. Ausschaltung von Handelsbetrieben bedarf es m.E. daher zusätzlich der Transaktionskostentheorie.

Um die aus der Funktionenlehre bekannten Leistungsströme zwischen den Marktstufen einer transaktionskostentheoretischen Interpretation zugänglich zu machen, werden diesen die mit ihnen korrespondierenden Transaktionskostenarten zugeordnet. Aus Vereinfachungsgründen sollen dabei lediglich die Vermittlungsfunktionen des Waren- und Kommunikationsstromes einbezogen werden. In dieser Darstellung wird die Existenz und Verallgemeinerung industrieller Massenproduktion (Standardisierung bzw. Entspezifizierung) vorausgesetzt.

1. Die Funktion der Vermittlung des Warenstromes

- *Funktion der quantitativen Warenumgruppierung*

  Wenn Produktionsmenge und Bedarf der individuellen Nachfrager auseinanderfallen (Abwesenheit flexibler Auftragsproduktion), entstehen Abstimmungsprobleme, die eine Inanspruchnahme von Ressourcen verursachen (vgl. Picot 1986, S. 7). Durch Aufteilung der produzierten Menge in bedarfsgerechte Quanten können insbesondere Anbahnungs- und Vereinbarungskosten im Verlauf der vertraglichen Bewältigung der Transaktion eingespart werden. Durch Spezialisierung auf das bedarfsgerechte Angebot kann sich Handel etablieren und in seiner ökonomischen Existenz behaupten.

- *Funktion der qualitativen Warenumgruppierung*

  Die Heterogenität der im Verbund nachgefragten Erzeugnisarten bietet den Herstellern keine Vorteile eines Produktionsverbundes (vgl. Picot 1986, S. 8). Da die Erzeugnisse also von unterschiedlichen Produzenten bereitgestellt werden müssen, entstehen für die Nachfrager, die an substitutiven und additiven Kaufmöglichkeiten interessiert sind, Anbahnungs- und Transportkosten. Durch die Kombination bedarfsgerechter Quanten im Handel werden auf der Nachfrageseite Transaktionskostenersparnisse erzielt (vgl. auch Gümbel 1985, S. 169). Zu vergleichbaren Ergebnissen gelangen wir, wenn die Kundendienstfunktion des Handels einbezogen wird (Einsparung von Kontroll- und Anpassungskosten).

- *Funktion der Raumüberbrückung*

  Hier geht es um Einsparungsmöglichkeiten im Bereich der Transportkosten. Spezialisierungsvorteile ergeben sich vor allem aus dem "Baligh/Richartz-Effekt". "Hierbei geht es um die logische Tatsache, daß durch Einschaltung einer zentralen Stelle zwischen zwei Gruppen mit m bzw. n Mitgliedern, die untereinander Kontakt aufnehmen wollen wollen, die Zahl der notwendigen Verbindungen wesentlich reduziert werden kann" (Picot 1985, S. 6).

- *Funktion des zeitlichen Ausgleichs*

  Die Notwendigkeit, nachfragegerechte Quanten bis zum Bedarfszeitpunkt zur Verfügung zu stellen, eröffnet Spezialisierungsvorteile für Vermittlungsinstitutionen, die Lagerhaltungskostenersparnisse sicherstellen.

2. *Die Funktion der Vermittlung des Kommunikationsstromes*

- *Funktion der Angebots- und Nachfrageermittlung*

  Ein erheblicher Kommunikationsbedarf bezieht sich auf die Erkundung der Präferenzen der Nachfrager und der ihnen entsprechenden Anbieterstrukturen. Hier ergeben sich vor allem Möglichkeiten zur Einsparung von Anbahnungskosten. Bei hohen Opportunitätskosten der Informationsverarbeitung und oftmals prohibitiv hohen Kosten der direkten Kommunikation zwischen Produzenten und individuellen Nachfragern vermag der Handel aufgrund des kontaktreduzierenden "Baligh/Richartz-Effekts" als Informationszentrale zu fungieren (vgl. Picot 1986, S. 7; Gümbel 1985, S. 169).

- *Funktion der Angebots- und Nachfragelenkung*

  Die Existenz des Handels als Informationszentrale ermöglicht ihm in bestimmten Bereichen Vorteile bei der Wahrnehmung von Werbeaufgaben (Reduzierung von Anbahnungskosten). Informationsasymmetrien zwischen

Anbietern und Verwendern verursachen Vertrauensprobleme, die die Einschaltung des Handels als "unabhängige" Vermittlungsinstitution begünstigen.

Nachdem mit der transaktionskostentheoretischen Reinterpretation von Handelsfunktionen aufgezeigt wurde, welche Kostenarten durch die Rationalisierungsleistungen des Handels bei der Bewältigung von Distributionsaufgaben angesprochen werden, soll im nächsten Analyseschritt untersucht werden, welche Determinanten auf die jeweiligen Transaktionskostenarten wirken.

3.3 Transaktionskostenrelevante Determinanten

Bei der Bestimmung der transaktionskostenrelevanten Determinanten wird im folgenden an die Überlegungen Williamsons angeknüpft (vgl. Williamson 1985, S. 43 ff.).

1. *Intrapersonelle Determinanten*

- *Begrenzte Rationalität*

  Die Individuen verhalten sich ihrer Intention nach rational, stoßen dabei aber offenkundig an physiologische und psychologische Grenzen (begrenzte Informationsaufnahme- und -verarbeitungskapazität) (vgl. Williamson 1985, S.45).

- *Strategisches Verhalten*

  Hierunter versteht Williamson die Bereitschaft zum bewußten Regelverstoß als eine Handlungsmöglichkeit der Individuen (vgl. Williamson 1985, S. 45 f.; Williamson/Ouchi 1983, S. 17). Strategisches Verhalten "ist insbesondere bei nachträglichen Konkretisierungen oder Anpassungen des Vertrages zu erwarten, etwa durch Verheimlichen von Präferenzen, durch Zurückhalten oder Verzerren von Informationen" (Schumann 1987, S. 214; vgl. auch John 1984, S. 278 f.).

2. *Leistungs- und umweltbezogene Determinanten*

- *Spezifität*

  "Eine Leistungsnachfrage, die nur auf die ganz spezifischen Wünsche eines Leistungsverwenders zugeschnitten, also in wesentlichen Merkmalen nicht standardisiert ist, ist prädestiniert für den Direktvertrieb" (Picot 1986, S. 5). Prohibitiv hohe Anbahnungs- und Vereinbarungskosten konstituieren bei zunehmender Leistungsspezifität ein bilaterales Marktseitenverhältnis, das Spezialisierungsvorteile des Handels aufhebt. Darüber hinaus resultieren aus der Leistungsspezifität besondere, idiosynkratische Anforderungen an die Qualifikation derjenigen Personen, die mit der Distribution der Leistungen befaßt sind. Spezialisiertes Wissen und spezialisierte Fähigkeiten, die durch besondere Trainingsprogramme oder durch entsprechende Erfahrungen (learning by doing) erworben werden, ermöglichen den Distributionsagenten strategisches Verhalten und verursachen damit Kontrollkosten (vgl. Schumann 1987, S. 214; Jacquemin 1986, S. 123). Vergleichbare Ergebnisse stellen sich ein, wenn spezifische Investitionen in geeignete Distributionstechnologien erforderlich sind. Händler begeben sich z.B. in Abhängigkeitspositionen, sofern sie transaktionsspezifische Investitionen tätigen, die nach Auflösung der Transaktionsbeziehung nicht auf andere Verwendungszwecke transferierbar sind. Die mit diesen Investitionen verbundenen Kosten stellen "sunk costs" dar (vgl. Heide/John 1988, S. 22). Umgekehrt führen transferierbare transaktionsspezifische Investitionen zu Machtpositionen der Händler gegenüber den Herstellern, soweit letztere nicht ohne größere Zeitverzögerungen auf alternative Distributeure überwechseln können.

- *Unsicherheit*

Unsicherheit resultiert aus der Unvorhersehbarkeit von bestimmten Umweltereignissen und aus Problemen der Leistungsbewertung, d.h. wenn Leistung nicht hinreichend durch individuell zurechenbare Outputeinheiten gemessen werden kann oder die Qualitätseigenschaften einer Leistung erst nach ihrem Erwerb erkennbar ist. Akerlof hat diesen Zusammenhang als Informationsasymmetrie zwischen Marktpartnern umschrieben (vgl. Akerlof 1970, S. 488 ff.). Nach Williamson verändert Unsicherheit erst in Verbindung mit Leistungsspezifität die vertraglichen Beziehungen (vgl. Williamson 1985, S. 79; Anderson/Weitz 1986, S. 11). Ohne Leistungsspezifität wäre eine marktliche Koordination hinreichend, um entsprechende Anpassungen bei unvorhergesehenen Ereignissen vorzunehmen (vgl. Anderson 1985, S.239)

- *Häufigkeit*

Einerseits reduzieren sich Anbahnungs- und Vereinbarungskosten in dem Maße, wie sich Routinen für bestimmte Transaktionen herausbilden. Andererseits steigt aber auch die Kontakthäufigkeit, die durch alternative Organisationsformen der Leistungsströme reduziert werden kann. Bei relativ hoher Standardisierung und Vergleichbarkeit der Leistungen steigen die Transaktionskosten mit jeder weiteren Leistungseinheit geometrisch an, während sie bei Einschaltung von Vermittlungsinstitutionen nur proportional anwachsen (Baligh/Richartz-Effekt). Weiterhin können Kontroll- und Anpassungskosten stärker reduziert werden, wenn die Häufigkeit der Transaktionsvorgänge hinreichend groß ist: "The cost of specialized governance structures will easier to recover for large transactions of recurring kind" (Williamson 1985, S.60).

Da die produktpolitische Quintessenz der neuen Technologien in einem erheblich gesteigerten Maß als Leistungsspezifität zusammengefaßt werden kann, wird diese Determinante im Mittelpunkt der weiteren Analyse stehen.

3.4 Auswirkungen der neuen Fertigungstechnologien auf den Handel

Die zunehmende Flexibilität gegenüber den Anforderungen der Nachfrageseite (Produktspezifität) und die gewachsenen Möglichkeiten zur Produktion komplexer Güter (Beratungs-/Servicespezifität) können unter dem Gesichtspunkt der *Leistungsspezifität* zusammengefaßt werden. Im Rahmen dieser Untersuchung soll der Einfluß der ansteigenden Leistungsspezifität auf die Einschaltquote des Handels, die Stellung des Großhandels im Distributionskanal und die Entwicklung (Dynamik) der Handelsbetriebsformen analysiert werden.

3.4.1 Niveaueffekt zunehmender Leistungsspezifität

Ohne Leistungsspezifität wäre die Einschaltung des Handels gegenüber Formen der vertikalen Integration aus der Herstellerperspektive grundsätzlich überlegen. Hinter dieser Hypothese verbirgt sich die durchaus plausible Annahme, daß die starken Anreizstrukturen des Marktes gegenüber internen Kontrollmechanismen ein höheres Maß an Effizienz sicherstellen. In dem Maße aber, wie die Leistungsspezifität zunimmt, verschiebt sich die Balance zugunsten einer internen Koordinierung der Distribution. Dieser Zusammenhang soll anhand eines heuristischen Modells verdeutlicht werden, das in seinem Grundmuster auf Williamson zurückgeht (vgl. Williamson 1985, S. 90 ff.; ders. 1986, S. 189 ff.). Um die Effizienzwirkungen unter Berücksichtigung unterschiedlicher ökonomischer Effekte modelltheoretisch zu betrachten, werden die angesprochenen Transaktionskostenarten in zwei Gruppen aufgeteilt:

- *Transaktionskosten vom Typ A*

  Hierunter werden die Vereinbarungs-, Kontroll- und Anpassungskosten zusammengefaßt. Ihr gemeinsamer Nenner ist ihre Nähe zum Problem des strategischen Verhaltens. Je schärfer sich das Problem des strategischen Verhaltens durch eine lückenhafte Spezifizierung von Verträgen stellt, um so größer ist die Höhe dieser Transaktionskostenarten zu veranschlagen. Dieser Sachverhalt stellt sich um so schärfer, je mehr externe Effekte bei der Distribution einer Leistung wirksam werden (vgl. Williamson 1985, S. 112): Zusätzliche Kontrollkosten entstehen z.B. dann, wenn mangelhafte Serviceleistungen eines Händlers auf das Image einer Marke abstrahlen (Irradiationseffekt) und damit auch die Verkaufschancen anderer Händler negativ beeinflussen.

- *Transaktionskosten vom Typ B*

  Hierzu zählen die Anbahnungs-, Transport- und Lagerkosten. Der gemeinsame Nenner dieser Kosten ist, daß bei ihnen der bereits angeführte Baligh/Richartz-Effekt und/oder "economies of scale" und "economies of scope" und damit Rationalisierungsvorteile wirksam werden. "Durch Zusammenfassung des Angebots mehrerer Hersteller kann der Zwischenhändler mit Hilfe des größeren Volumens mehr Funktionen ausüben, als nur mit dem Volumen eines Herstellers" (Lambin 1987, S. 271). In distributionswirtschaftlicher Hinsicht sind dabei "economies of scope" wesentlich bedeutsamer als "economies of scale": "Economies of scale are probably less relevant to a decision to integrate forward into distribution than are economies of scope" (Williamson 1985, S. 112).

Die Variablen des Transaktionskostenmodells lauten:

P(A): Transaktionskosten vom Typ A des Direktvertriebs

I(A) : herstellerseitige Transaktionskosten vom Typ A des indirekten Vertriebs

H(A) : Transaktionskosten vom Typ A des Handels

$G = P(A) - [I(A) + H(A)]$

P(B) : Transaktionskosten vom Typ B des Direktvertriebs

I(B) : herstellerseitige Transaktionskosten vom Typ B des indirekten Vertriebs

H(B) : Transaktionskosten vom Typ B des Handels

$C = P(B) - [I(B) + H(B)]$

$Y = G + C$

l: Grad der Leistungsspezifität

TK = Transaktionskosten

Als weitere Annahmen gelten:

- die Transaktionskosten der Konsumenten bleiben konstant;
- die herstellerseitigen Transaktionskosten des indirekten Vertriebs bleiben konstant.

Für das Verständnis des Modells (siehe *Abbildung*) ist es zunächst erforderlich, den Standpunkt eines Herstellers einzunehmen. Der Verlauf der G-Funktion läßt sich dann wie folgt sinnvoll ökonomisch interpretieren: Bei einem vollständig standardisierten Massengut ($l = 0$) entstehen nur geringe Kontroll- und Anpassungsprobleme, komplizierte vertragliche Regelungen sind nicht erforderlich. Die Aufrechterhaltung einer hierarchischen Organisation wäre unangemessen. Eine marktliche Organisation der Distribution ermöglicht in diesem Fall eine effiziente Kostenkontrolle. Sukzessive positive Veränderungen in der Leistungsspezifität führen zu bilateralen Abhängigkeiten. Externalitäten erwachsen aus der Servicespezifität der Leistungen und verschärfen damit das Kontrollproblem. Zusätzlich treten Zurechenbarkeitsprobleme in der Leistungsbewertung auf (vgl. Anderson/Weitz 1986, S. 11) Unter diesen Voraussetzungen wird die Anpassungsfähigkeit marktlicher Organisationsformen beeinträchtigt. Die Kontroll- und Anweisungsmechanismen einer internen Organisation gewinnen an Bedeutung. Bei Überschreiten des

Indifferenzpunktes ('l) ist bei alleiniger Betrachtung der Transaktionskosten vom Typ A die Ausschaltung des Handels effizient.

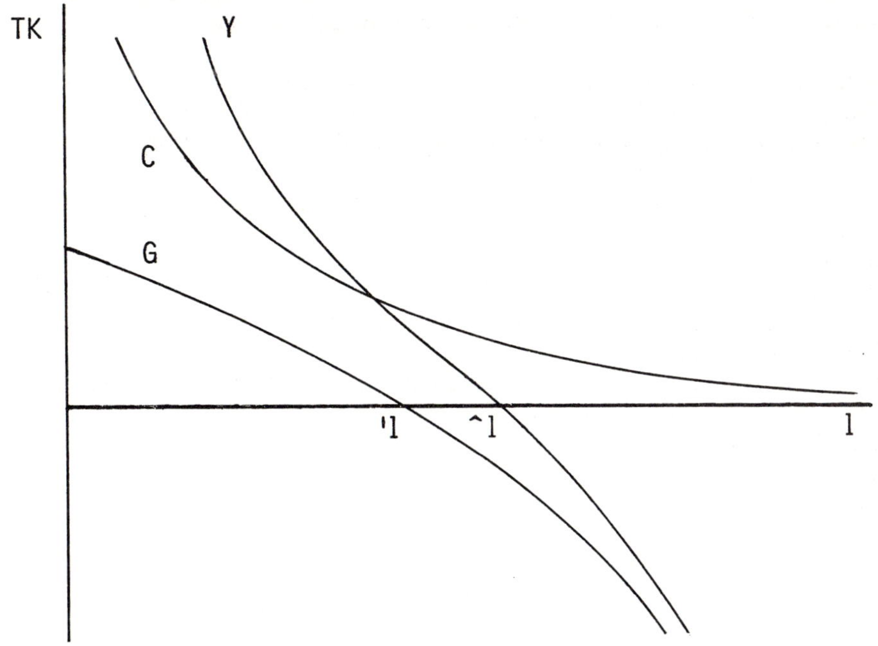

Abbildung: Vorwärtsintegration bei Leistungsspezifität

Bei interner Organisation sind die Transaktionskosten vom Typ B für standardisierte Leistungen prohibitiv hoch. Hier macht sich insbesondere der Baligh/Richartz-Effekt geltend, "economies of scale"; in weit stärkerem Maße aber "economies of scope" führen bei der Einschaltung des Handels zu Kostendegressionen und verstärken damit die Tendenz zur externen Organisation der Distribution. Die Kostendifferenz (C) verringert sich mit ansteigendem Niveau der Leistungsspezifität, weil die Distributionsprobleme komplexer werden. Die steigenden Kommunikationsanforderungen wirken sich auf die Anbahnungskosten aus. Die Kostenfunktion bleibt aber positiv, weil die angesprochenen ökonomischen Effekte weiterhin wirksam bleiben. Nur bei sehr hoher Spezifität (Unikatprodukt) können diese Vorteile kaum noch realisiert werden. C strebt daher asymptotisch gegen Null. Eine interne Organisation der Distribution kann in diesem Bereich ohne Nachteile erfolgen.

Bei einer Ökonomisierung der Transaktionskosten müssen sowohl G als auch C einbezogen werden. Die Addition beider Kostenkurven ergibt Y = (G + C). Der Indifferenzpunkt (^l) liegt bei Y = O und damit rechts von 'l. Die angeführten ökonomischen Effekte begünstigen daher die Einschaltung des Handels über eine größere Bandbreite der Leistungsspezifität. Der Niveaueffekt zunehmender Leistungsspezifität hat aber auch unter Berücksichtigung der Transaktionskosten vom Typ B eine negative Wirkung auf die Einschaltquote des Handels.

3.4.2 Struktureffekte zunehmender Leistungsspezifität

Im folgenden sollen Strukturwirkungen zunehmender Leistungsspezifität auf den Großhandel sowie die Betriebsformen des Einzelhandels diskutiert werden.

Die Frage, welche Auswirkungen eine steigende Leistungsspezifität auf die Stellung des Großhandels im Distributionskanal ausüben wird, läßt sich relativ einfach beantworten. Mit zunehmendem Kundenzuschnitt steigen die Anforderungen an die Informationsaufnahme-, -verarbeitungs- und -weiterleitungskapazität des Großhandels. Sickerverluste beim Durchfluß komplexer und spezifischer Informationen bleiben unvermeidlich. Fraglich ist zudem, ob der Großhandel bereit ist, angesichts der resultierenden Abhängigkeitsprobleme überhaupt transaktionsspezifische Investitionen in größerem Maße vorzunehmen, um den Informationsfluß zu verbessern. Darüber hinaus werden sich in dem Maße, wie die Heterogenität der Erzeugnisse wächst, Verbundwirkungen (economies of scope) schwieriger realisieren lassen. Je differenzierter die Produkte werden, um so größer werden die Transport- und Lagerhaltungsprobleme.

Aus diesen Gründen werden vermutlich beide Marktparteien kaum an einer Austauschbeziehung in Hinblick auf die mit einer hohen Leistungsspezifität verbundenen Produkte interessiert sein. Vor dem Hintergrund der Prämisse, daß der Anteil leistungsspezifischer Produkte im Warenkorb der Konsumenten künftig erheblich gesteigert werden kann, ist sukzessive von einem Bedeutungsverlust des Großhandels im Distributionskanal auszugehen.

Um den Einfluß einer zunehmenden Leistungsspezifität auf die Dynamik der Betriebsformen im Einzelhandel näher zu diskutieren, soll die Analyse zunächst auf die Betriebsformen Fachgeschäft, Warenhaus und Verbrauchermarkt beschränkt werden (vgl. Weinberg 1987, S.222).

Betriebsformen des Einzelhandels repräsentieren bestimmte Merkmalskombinationen, die wiederum eine Vielzahl von Merkmalsausprägungen zulassen. Der Grundgedanke ist hier, daß sich die eine Betriebsform konstituierenden Merkmale bzw. deren Ausprägungen deshalb am Markt durchsetzen, weil sie Transaktionskostenersparnisse ermöglichen. Dabei ist allerdings eine Einbeziehung der Transaktionskosten auf der Konsumentenseite unerläßlich. Ökonomisch betrachtet erweist sich eine einzelne Betriebsform dann als effizient, wenn die Summe der Transaktionskosten des indirekten Vertriebs, der betriebsformenspezifischen Handelsinstitution und der Konsumenten kleiner (im Grenzfall nicht höher) ist als bei der Wahl einer alternativen Betriebsform. Wenn sich trotzdem dauerhaft ein ganzes Spektrum von unterschiedlichen Betriebsformen durchgesetzt hat, können aus transaktionskostentheoretischen Überlegungen folgende Gründe geltend gemacht werden:

- Es gibt verschiedene Betriebsformen, die an unterschiedlichen Transaktionskosteneinsparungsmöglichkeiten ansetzen, aber jeweils im Ergebnis die gleiche Effizienzleistung erbringen;

- bestimmte Betriebsformen eignen sich nicht für bestimmte Produkte;

- es gibt verschiedene Gruppen von Konsumenten, die aufgrund von Alternativkostenüberlegungen (bezogen auf Einkommens- und Zeitverwendungsmöglichkeiten) bestimmte mit der Betriebsform verbundene konsumentenseitige Transaktionskosten unterschiedlich in Kauf nehmen;

- aufgrund unterschiedlicher Präferenzen der Konsumenten werden bestimmte Transaktionskosten nicht als Aufwand wahrgenommen (z.B. Erlebniskonsum).

Fachgeschäfte sind bei einer beschleunigten Verbreitung leistungsspezifischer Produkte prädestinierterweise angesprochen, weil sie einerseits die mit Leistungsspezifität korrespondierenden Speciality-Goods führen und andererseits eine hohe Beratungs- und Serviceintensität aufweisen. Die Kompetenz der Fachgeschäfte zur Vermittlung komplizierter und breitgefächerter Produkt- und Sortimentsfunktionen führt zur Reduzierung konsumentenseitiger Anbahnungskosten. Die Beachtung der Produktqualität im Rahmen der Sortimentierung und die ausgewiesene Bereitschaft zur Übernahme von fallweisen Wartungsaufgaben ermöglicht Einsparungen im Bereich der Anpassungskosten. Das bereits vorhandene Erfahrungswissen mit komplexen und differenzierten Produkten verschafft die notwendige Anpassungsflexibilität gegenüber den distributionspolitischen Anforderungen, die ihnen aus den Chancenpotentialen der neuen Fertigungstechnologien auf der Herstellerseite erwachsen. Für Fachgeschäfte ergeben sich daher neue Entwicklungschancen am Markt, die ihre Position in der Konkurrenz zu anderen Handelsbetriebsformen eher stabilisieren dürften. Eine Profilierung im Bereich der Produkte mit kundenspezifischem Zuschnitt wird dabei nur denkbar sein, wenn eine Konzentration in den Sortimentsdimensionen vorgenommen wird. Wenn sie sich strategisch auf den mit hoher Leistungsspezifität verbundenen Trend zugunsten des Direktvertriebs einstellen wollen, werden sie allerdings weitere transaktionsspezifische Investitionen in Kauf zu nehmen haben, woraus eine stärkere Abhängigkeit zu einzelnen Herstellerbetrieben erwachsen kann.

Die konstitutiven Merkmale der *Verbrauchermärkte* lassen es kaum zu, daß sie an den neuen Produktlinien partizipieren. Verbrauchermärkte erzielen ihren preispolitischen Spielraum einerseits durch die Ausschöpfung von Verbund- und Mengeneffekten im Rahmen des Einkaufs, des Transports, der Lagerhaltung und der Sortimentierung. Andererseits werden spezifische Transaktionskosten (z.B. Anbahnungskosten) durch den weitgehenden Verzicht auf Beratungs- und Nachkauf-Serviceleistungen auf den Konsumenten überwälzt. Bei einer Profilierungsstrategie, die auf eine agressive Preispolitik abstellt, werden sie im Non-Food-Bereich auch weiterhin eine Konzentration auf standardisierte Massenprodukte verfolgen. Eine Teilhabe an der Expansion leistungsspezifischer Konsumgüter wird den Verbrauchermärkten bestenfalls partiell möglich sein, indem sie eine Trittbrettfahrerrolle gegenüber konkurrierenden Betriebsformen, insbesondere gegenüber den Fachgeschäften, einnehmen. Wenn sich die Prämisse, daß leistungsspezifische Produkte künftig einen größeren Platz im Konsumgüterbündel der privaten Haushalte einnehmen, als richtig erweisen sollte, werden die Expansionspotentiale der Verbrauchermärkte traditioneller Prägung eher kritisch zu beurteilen sein. Eine angemessene strategische Reaktion könnte darin bestehen, daß über das "shop in the shop-Prinzip" spezielle Einheiten geschaffen werden, die den Leistungsanforderungen der neuen Produkte gerecht werden.

Warenhäuser nehmen im Vergleich zu den beiden bislang diskutierten Betriebsformen einen mittleren Platz ein. Transaktionskostenspezifische Vorteile erlangen Warenhäuser vor allem durch die Realisierung von Verbundwirkungen auf der Beschaffungs- und Absatzseite im Rahmen der Distribution standardisierter Massenprodukte. Unentschieden zwischen einer Strategie der Sortiments- und Preisprofilierung sind sie – verschärft durch andere Faktoren wie z.B. Parkplatzknappheit – in den letzten Jahren in eine erhebliche Krise geraten. Um verlorengegangenes Terrain zurückzugewinnen, "haben die Warenhäuser in jüngster Zeit im Rahmen eines 'Trading up' neue Sortiments- und Präsentationsformen entwickelt, die das Einkaufen zum Erlebnis und das Warenhaus selbst zur Erlebnisbühne machen sollen" (Weinberg 1987, S. 223). Eine Partizipation am Absatz leistungsspezifischer Produkte erscheint nur denkbar, wenn der bisherige "Trading up"-Prozeß und vor allem der Ausbau des "shop in the shop-Prinzips" fortgesetzt wird. Dabei sind vor allem zwei Voraussetzungen geltend zu machen: Zum einen werden transaktionsspezifische Investitionen in die Ausbildung des Verkaufpersonals unausweichlich bleiben und zum anderen müßte eine verstärkte Investition im Bereich des Nachkaufservice erfolgen. Ob Warenhäuser die resultierenden Abhängigkeitsprobleme in Kauf nehmen werden, hängt nicht zuletzt davon ab, ob sie ihre Krise tatsächlich überwinden können und ihnen damit ein größerer Verhandlungsspielraum gegenüber den Herstellern eröffnet wird.

Für die Dynamik der Betriebsformen kann zusammenfassend festgehalten werden, daß unter den in dieser Analyse zugrunde gelegten Prämissen eher eine positive Entwicklung für die Betriebsform Fachgeschäft zu erwarten ist. Eine Annäherung der Fachgeschäfte an die Betriebsform Spezialgeschäft ist in diesem Zusammenhang durchaus denkbar. Ein negativer Struktureffekt ist dagegen für die Betriebsform Verbrauchermarkt zu erwarten, der allerdings durch alternative Profilierungsstrategien zu Lasten der im engeren Umfeld von Verbrauchermärkten konkurrierenden Betriebsformen auch überkompensiert werden kann. Für Warenhäuser ist demgegenüber eine Tendenzaussage nur schwer möglich. Befürchtet werden muß einerseits, daß sie zwischen den sich über den Preis profilierenden Verbrauchermärkten, den sich weiter spezialisierenden Fachgeschäften und einer Zunahme des Direktvertriebs der Hersteller keine eigenen Profilierungsmöglichkeiten finden. Andererseits könnte sich durch die vorgezeichneten Polarisierung ein Raum für einen mittleren Pfad im Bereich standardisierter Qualitätsprodukte öffnen.

3.4.3 Vertragliche Zwischenformen: das Beispiel Franchising

Die weiter oben (Abschnitt 3.4.1) ausgeführten Überlegungen, die zu dem Ergebnis führten, daß Direktvertriebssysteme zu Lasten einer Einschaltung des Handels an Bedeutung gewinnen, sollen abschließend durch die Einbeziehung sogenannter vertraglicher Zwischenformen (relational contracting) relativiert werden (vgl. Williamson 1985, S. 71). Dabei soll examplarisch auf das Franchise-System eingegangen werden.

Bei Franchising handelt es sich um ein "quasi unternehmenseigenes" System, das auf der Vergabe von Konzessionen basiert, durch die Franchise-Nehmern gegen ein "Eintrittsgeld" und später umsatzabhängiges Entgelt unter bestimmten Auflagen das Recht eingeräumt wird, unter dem einheitlichen geschützten Zeichen ein eingeführtes Waren- und Dienstleistungssortiment in einem bestimmten Gebiet exklusiv anzubieten " (vgl. Weinberg 1987, S. 218).

Das Franchise-System bietet sich bei zunehmender Leistungsspezifität insofern an, als nicht alle Entscheidungssituationen für klare "make or buy"-Optionen charakteristisch sind (Anderson/ Weitz 1986, S. 13). In der Grauzone, wo weder die Entscheidung für autonome Absatzmittler noch die Entscheidung für eine Vorwärtsintegration als eindeutig überlegen angesehen werden kann, bietet Franchising als vertragliche Zwischenform einen Ausweg. Nach Anderson/Weitz hat dieses System "some of the authority and supervision of the make option but the separate ownership of the buy option" (Anderson/Weitz 1986, S. 13 f.). Indem der Franchise-Geber den Franchise-Nehmer einerseits zwingt, transaktionsspezifische Investitionen vorzunehmen und sich andererseits die Auflösung des Franchise-Vertrages vorbehält, vermag er sich gegen strategisches Verhalten des Franchise-Nehmers zu schützen, das beim Franchise-System zu negativen externen Effekten führen kann (vgl. Wiliamson 1985, S. 180 ff.). Eine vergleichbare Funktion wird durch Wertprogrammierung (Corporate Identity) erreicht, die auf den freiwilligen Verzicht auf strategisches Verhalten abstellt. Über die Sicherung von Weisungsbefugnissen werden darüber hinaus Probleme der Leistungsbewertung reduziert.

Wenn auf diese Weise Kontrollkosten minimiert werden, können die im Franchise-System enthaltenen Marktkomponenten (Eigentumsrecht an der Vertriebsstätte, umsatzabhängige Entlohnung) im Sinne einer effizienten Sicherstellung des Vertriebs wirksam werden.

Vor diesem Hintergrund bietet sich Franchising vor allem deshalb für den Vertrieb leistungsspezifischer Produkte an, weil es i.d.R. mit einem schmalen Sortiment arbeitet und daher Spezialisierungsleistungen bei der Weitergabe der komplexen Informationen erbracht werden können. Der bereits aus Kontrollmotiven des Franchise-Gebers resultierende Zwang zu transaktionsspezifischen Investitionen ermöglicht die Implementierung herstellernaher Kommunikationstechnologien und die Herausbildung produktnaher Beratungs- und Servicequalifikationen.

3.5 Probleme der empirischen Überprüfung

Meine analytischen Überlegungen beziehen sich auf die möglichen Auswirkungen der neuen Fertigungstechnologien auf die Organisation der Absatzwege. Damit wird im Kern die Beziehung zwischen einer exogenen und einer endogenen Variablen diskutiert. Bei einer empirischen Überprüfung wäre hingegen ein wesentlich er-weiterter Kranz exogener Variablen einzubeziehen, was jedoch den Rahmen mei-nes theoretischen Ansatzes sprengen würde. Hinzukommt, daß sich meine Aussa-gen weitgehend auf zukünftige Entwicklungen im Produktions- und Distributions-bereich beziehen, die sich aktuell nur in Keimformen beobachten lassen. In diesem Zusammenhang soll daher lediglich auf einige mit meinen theoretischen Ergebnissen kompatible Aussagen von Szenarien und "weichen" Prognosen verwiesen werden. So werden die Wachstunmsaussichten des Handels in den nächsten Jahrzehn-ten gemeinhin skeptisch beurteilt. Prognos sagt für den Handel bei einer insgesamt günstigen gesamtwirtschaftlichen Wachstumskonstellation bis zum Jahre 2010 un-terdurchschnittliche Wachstumsraten voraus (vgl. Prognos 1986, S.45). Tietz geht im Rahmen seiner bis zum Jahre 2030 reichenden Szenarien, die allerdings stark von einer demographischen Komponente geprägt sind, sowohl für den Groß- als auch für den Einzelhandel von einem Bedeutungsrückgang aus (vgl. Tietz 1986, S. 441 ff.). Vergleichbar skeptische Prognosen, die allerdings von einer geringeren Reichweite ausgehen, liegen vom IFO-Institut vor (vgl. Täger, 1986).

4 SCHLUSSBEMERKUNGEN

Die bisherigen Überlegungen haben gezeigt, daß mit einer weiteren Diffusion der neuen Produktionstechnologien der Zwang zu einer engeren Kooperation zwischen Hersteller und Handel zunehmen wird. Der Trend zu einer höheren Leistungsspezifität erhöht die Wahrscheinlichkeit einer stärkeren vertikalen Integration zwischen dem Produktions- und Distributionssystem. Die Umgehung des Großhandels bei der Gestaltung von Absatzwegen wird ebenso gefördert wie eine stärkere Einschaltung von Fach- und Spezialgeschäften. Die wachsenden Kooperationsnotwendigkeiten können sich dabei auch in einer verstärkten Anwendung vertraglicher Zwischenformen wie z.B. des Franchise-Systems niederschlagen. Strukturelle Veränderungen in der Organisation des Distributionssystem und der Formenwandel der institutionellen Ausprägungen des Handels lassen sich damit auf transaktionskostentheoretischer Basis aus Verschiebungen im Bereich der distributionspolitischen Leistungsanforderungen im Gefolge eines technologischen Wandels im Produktionssystem erklären.

Die im Rahmen der Analyse getroffenen Aussagen zur Entwicklung der Absatzwege würden allerdings mißverstanden werden, wenn sie im Sinne einer Prognose interpretiert werden würden. Die alleinige Beschränkung auf Transaktionskostenüberlegungen und das Ausblenden so wesentlicher Einflußfaktoren wie der Entwicklung der Informations- und Kommunikationstechnologien oder des Trends zu einer Ausweitung der disponiblen Zeit der privaten Haushalte schränken den Erklärungsanspruch der Untersuchung ein. Die Fruchtbarkeit des transaktionskostentheoretischen Ansatzes zur Analyse distributions- bzw. handelsökonomischer Problemstellungen sollte m.E. Anlaß sein, weitere Anstrengungen zu unternehmen, um zu einer empirisch gehaltvollen Theorie vorzudringen.

LITERATUR

Akerlof, G.A.: The Markets for "Lemons": Quality Uncertainty and the Market Mechanism. In: Quarterly Journal of Economics, Vol.84, (August 1970), S. 488 - 500

Anderson, E.: The salesperson as outside agent or employee: a transaction cost analysis In: Marketing Science, Vol.4 (1985), No.4 , S. 234 - 254

Anderson, E.; Coughlan, A.T.: International market entry and expansion via independent or integrated channels of distribution. In: Journal of Marketing, Vol.51 (1987), No.1, S.71 - 82

Anderson, E.; Weitz, B.A.: Make or buy decisions: vertical integration and marketing productivity. In: Sloan Management Review, Vol.27 (Spring 1986), S. 3 - 19

Bruhn, M.: Produktpolitik im Spannungsfeld zwischen Technologie und Ökologie. In: Schwarz, Chr. u.a. (Hrsg.), Marketing 2000 – Perspektiven zwischen Theorie und Praxis, Wiesbaden 1987, S.15 - 33

Bullinger, H.-J.; Traut, L. (1986): Die Fabrik der Zukunft. In: FB/IE, Jg.35 (1986), Heft 1 , S. 4 - 12

Gümbel, R.: Handel, Markt und Ökonomik, Wiesbaden 1985

Hansen, U.: Absatz- und Beschaffungsmarketing des Einzelhandels, Bd.1, Göttingen 1976

Heide, J.B.; John, G.: The role of dependence balancing in safeguarding transaction-specific assets in conventional channels. In: Journal of Marketing, Vol.52 (1988), No.1, S. 21 - 35

Jacquemin, A.: Industrieökonomik – Strategie und Effizienz des modernen Unternehmens, Frankfurt a.M., New York 1986

John, G.: An empirical investigation of some antecedents of opportunism in a marketing channel. In: Journal of Marketing Research, Vol.21 (August 1984), S. 278 - 289

Jorissen, H.D.; Kämpfer, S.; Schulte, H.J.: Die neue Fabrik – Chance und Risiko industrieller Automatisierung, Düsseldorf 1986

Kern, H.; Schumann, M.: Das Ende der Arbeitsteilung? – Rationalisierung in der industriellen Produktion, München 1984

Kern, H.; Schumann, M.: Kontinuitätsbrüche, verschobene Problemlagen, gewandelte Orientierungen – Herausforderungen an die Gesellschaftspolitik der 90er Jahre, Teil 1. In: Neue Gesellschaft – Frankfurter Hefte, Jg.35 (1988), Heft 4, S. 300 - 308

Klein-Blenkers, F.; Reisen, M.: Grundlagen der Distributionswirtschaft. In: WISU, Jg.14 (1985), Heft 12 , S.581 - 587

Lambin, J.J.: Grundlagen und Methoden strategischen Marketings, Hamburg 1987

Lutz, B.: Der kurze Traum immerwährender Prosperität, Frankfurt a.M./New York 1984

Oberparleiter, K.: Funktionen und Risikenlehre des Warenhandels, Berlin, Wien 1930

o.V.: Den Roboter im Rücken – Prozeßinnovation im Marketing. In: Absatzwirtschaft, Jg.31 (1988), Heft 4 , S. 40 - 45

Picot, A.: Transaktionskostenansatz in der Organisationstheorie: Stand der Diskussion und Aussagewert. In: Die Betriebswirtschaft, Jg.42 (1982), Heft 2 , S.269 - 284

Picot, A.: Transaktionskosten im Handel. Zur Notwendigkeit einer flexiblen Strukturentwicklung in der Distribution. In: Betriebsberater, Jg.42. (1986), Beilage 13 zu Heft 27, S. 1 - 16

Piore, M. J.; Sabel, Ch. F.: Das Ende der Massenproduktion – Studie über die Requalifizierung der Arbeit und die Rückkehr der Ökonomie in die Gesellschaft, Berlin 1985

Porter, M.E.: Wettbewerbsstrategie, Frankfurt a.M./New York 1984)

Prognos: Die Bundesrepublik Deutschland 1990/2000/2010 (prognos-report nr. 12), Stuttgart 1986

Schumann, J.: Die Unternehmung als ökonomische Institution. In: WISU, Jg.16 (1987), H.4, S.212 - 218

Täger, U. Ch.: Struktur und Entwicklung des Handels in der Bundesrepublik Deutschland aus der Sicht der empirischen Handels- und Wirtschaftsforschung" (unveröffentlichtes Manuskript anläßlich eines Vortrages am Fachbereich Wirtschaftswissenschaften der Universität Hannover), München 1986

Thole, P.: Entwicklungstendenzen bei flexiblen Fertigungssystemen. In: ZwF, Jg.81 (1986), Heft 8, S.431-434

Tietz, B.: Der Handelsbetrieb, München 1985

Tietz, B.: Optionen bis 2030, Stuttgart 1986

Wagner, F.J.: Einflüsse von CIM auf Produktion und Materialbeschaffung. In: ZwF, Jg.81 (1986), Heft 9, S.455-459

Weise, P.: Neue Mikroökonomie, 2. Auflage, Würzburg, Wien 1981

Weinberg, G.-M.: Distribution. In: Geisbüsch, H.-G. u.a. (Hrsg.), Marketing – Ein Handbuch, Landsberg a. Lech 1987, S. 213 - 240

Wildemann, H.: Erfolgspotentialaufbau durch neue Produkionstechnologien. In: Simon, H. (Hrsg.), Wettbewerbsvorteile und Wettbewerbsfähigkeit, Stuttgart 1988, S. 116 - 128

Williamson, O.E.: The economics of organization: The transaction cost approach. In: American Journal of Sociology, Vol. 87 (1981), No.3, S.548 - 577

Williamson, O.E.: The Economic Institutions of Capitalism. Firms, Markets and Relational Contracting, New York, London 1985

Williamson, O.E.; Ouchi, W.G.: The markets and hierarchies programme of research: origins, implications, prospects. In Francis, J.; Turk, J.; Willman, P. (ed.), Power, efficiency and institutions – a critical appraisal of the 'markets and hierarchies' paradigm, London 1983, S. 13 - 34

Williamson, O.E.: The economics of governance: framework and implications. In: Langlois, R.N. (ed.)., Economics as a process – Essays in the New Institutional Economics, Cambridge et al. 1986, S. 171 - 202

Handelsbetriebe und Produkthaftung
Eine betriebswirtschaftliche Bestandsaufnahme nach Inkrafttreten des neuen Produkthaftungsgesetzes

Dirk Standop, Osnabrück

Die Haftung des Herstellers und/oder Händlers für Schäden, die dem Konsumenten aus Produktfehlern entstehen, ist unter dem Leitgedanken des Verbraucherschutzes seit mehr als 20 Jahren Zug um Zug verschärft worden. Letzter Schritt der Entwicklung ist das 1988 verabschiedete Produkthaftungsgesetz. Der folgende Beitrag stellt die rechtlichen Grundlagen des handelsbetrieblichen Risikos aus Produkthaftung dar und untersucht Möglichkeiten einer wirksamen Risikoabwehr.

1 EINFÜHRUNG

Produkthaftung meint generell das Einstehenmüssen für Schäden, die dem Konsumenten aus fehlerhaften Produkten entstehen, und wird im Einzelfall durch Vertragsrecht, durch Deliktsrecht gem. §§ 823 ff. BGB und/oder durch Sondervorschriften, z.B. gem. Arzneimittelgesetz, begründet (Kullmann/Pfister 1980; Brendl 1980; Schmidt-Salzer 1986; Taschner 1986). Soweit als Anspruchsgegner des Geschädigten der Hersteller des Produktes in Frage kommt, hat sich neben "Produkthaftung" auch die Bezeichnung "Produzentenhaftung" eingebürgert. Neben dem Produzenten können indessen auch Handelsbetriebe in die Haftung genommen werden. Im folgenden wird allein auf die handelsbetriebliche Produkthaftung abgestellt. Im Mittelpunkt stehen dabei zwei Fragen: Worin besteht für Handelsbetriebe das Risiko, aus Produkthaftung in Anspruch genommen zu werden? Diese Frage betrifft die rechtlichen Grundlagen des handelsbetrieblichen Produkthaftungsrisikos und wird im zweiten Abschnitt diskutiert. Die Frage, welche Möglichkeiten den betroffenen Handelsbetrieben zur Abwehr von Produkthaftungsrisiken zur Verfügung stehen, ist Gegenstand des dritten Abschnitts. Dabei betrifft die Diskussion durchweg die Haftung der Unternehmen, nicht die persönliche Haftung des einzelnen Verkäufers, Lageristen, Qualitätskontrolleurs etc.; ebenso bleibt die strafrechtliche Seite der Produkthaftung außer Betracht.

Die praktische Bedeutung der Fragen wird durch die aktuelle Rechtsentwicklung nachdrücklich unterstrichen. Die Europäische Gemeinschaft hat zum Zweck der Rechtsharmonisierung 1985 eine Richtlinie erlassen, deren wesentliche Bestim-

Handelsforschung 1988
Hrsg. Volker Trommsdorff

mungen bis 1988 in nationales Recht zu übersetzen waren und den grundsätzlichen Übergang zu einer verschuldensunabhängigen Produkthaftung markieren. Für die Bundesrepublik folgte so das "Gesetz über die Haftung für fehlerhafte Produkte" (Produkthaftungsgesetz, ProdHaftG), dessen Inkrafttreten in diesem Jahr den Anlaß dazu gibt, den aufgezeigten Fragen im Zuge einer betriebswirtschaftlichen Bestandsaufnahme nachzugehen.

Das Produkthaftungsgesetz ersetzt nun keineswegs die bestehenden Rechtsgrundlagen des Bürgerlichen Gesetzbuchs, sondern gilt dazu parallel. Zu einer Konkurrenz von Ansprüchen geschädigter Konsumenten gegen Handelsbetriebe wird es indessen nur in jenen besonderen Fällen kommen, in denen das im Grundsatz auf Hersteller zielende Gesetz ausnahmsweise auf Handelsbetriebe anzuwenden ist. Im übrigen bleibt es für eine Anspruchsbegründung gegenüber dem Handel bei den BGB-Bestimmungen. Dementsprechend werden im folgenden in *Abbildung 1* die allgemeine handelsbetriebliche Produkthaftung nach BGB und die spezielle handelsbetriebliche Produkthaftung nach dem Produkthaftungsgesetz unterschieden. Dabei bleiben branchenbezogene Spezialvorschriften wie z.B. das Arzneimittelgesetz unberücksichtigt (vgl. dazu etwa Kullmann/Pfister 1980, Kz. 3800).

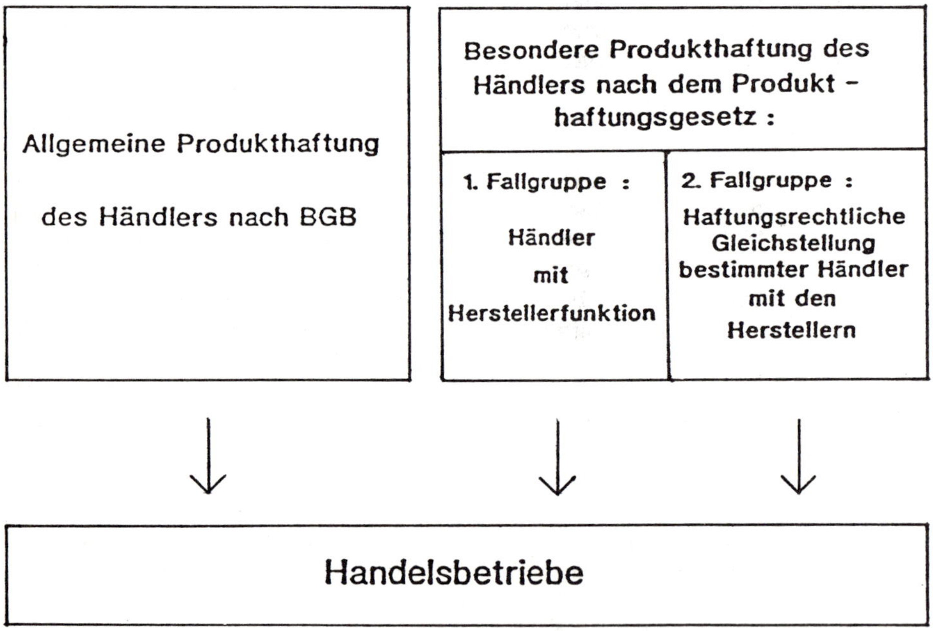

Abbildung 1: **Rechtliche Grundlagen des handelsbetrieblichen Risikos aus Produkthaftung**

2 RECHTLICHE GRUNDLAGEN DES HANDELSBETRIEBLICHEN RISIKOS AUS PRODUKTHAFTUNG

2.1 Die allgemeine Produkthaftung des Händlers nach dem Bürgerlichen Gesetzbuch

Die Produkthaftung ist bislang vorwiegend entweder vertrags- oder deliktsrechtlich begründet worden. Dabei kommt der Vertragshaftung unter Einschluß der Haftung wegen Fehlens zugesicherter Eigenschaften (§§ 463, 651 BGB) und der Haftung wegen positiver Vertragsverletzung für den Handelsbetrieb nur geringe praktische Bedeutung zu (Kullmann 1987, S.2). Aus dem Fehlen zugesicherter Eigenschaften folgen zum einen selten Körper- oder Sachschäden. Zum anderen kommt eine Haftung aus positiver Vertragsverletzung für den Händler deswegen in der Regel nicht in Frage, weil er ohne besonderen Anlaß nicht zu einer Prüfung des Produkts auf Konstruktions- und Fabrikationsfehler verpflichtet ist.

Die deliktsrechtliche Produkthaftung wird im BGB durch § 823 Abs. 1 (schuldhafte Verletzung ausschließlicher Rechte), § 823 Abs. 2 (Verstoß gegen ein Schutzgesetz), § 826 (Verstoß gegen die guten Sitten) und § 831 (Fehlverhalten eines sogenannten Verrichtungsgehilfen) begründet. Von diesen Anspruchsgrundlagen hat die erste in Produkthaftungsprozessen die größte Bedeutung und soll im folgenden ausschließlich betrachtet werden.

Ein auf § 823 Abs. 1 BGB gestützter Schadensersatzanspruch setzt generell voraus, daß die Rechtsverletzung widerrechtlich erfolgt: Die zur Haftung herangezogene Unternehmung muß eine Verkehrssicherungs- bzw. Gefahrabwendungspflicht schuldhaft verletzen und damit einen Produktfehler verursachen, der seinerseits den Schaden herbeiführt. Den Inhalt der Verkehrssicherungspflicht haben Rechtsprechung und Rechtslehre sehr anschaulich durch Fehlerkataloge ausgefüllt, nach denen sich Konstruktions-, Fabrikations-, Instruktions- und Produktbeobachtungsfehler unterscheiden lassen. Konstruktion und Fabrikation der Produkte fallen in der Regel in die alleinige Zuständigkeit des Herstellers, dessen Pflichtverletzungen sich der Händler deshalb nicht zurechnen zu lassen braucht. Die sachgerechte Instruktion in Form etwa von Warnungen am Produkt, von sicherheitsdienlicher Massenwerbung, von schriftlicher Gebrauchsanweisung und persönlicher Verkaufs- und Verwendungsberatung einerseits sowie die Produktbeobachtung andererseits sind daneben aber im Grundsatz auch als Händlerpflichten zu denken. Dabei umfaßt die Pflicht zur Produktbeobachtung die Überwachung der Produkte im praktischen Einsatz beim Kunden nebst gegebenenfalls erforderlichen zusätzlichen Schutzmaßnahmen bis hin zum Produktrückruf.

Der Umfang der Verkehrssicherungspflicht richtet sich sowohl im Bereich der Warenherstellung als auch der Warenverteilung im Grundsatz nach Zumutbarkeit und objektiver Erforderlichkeit (so Kullmann/Pfister, Kz. 1520, S. 18ff.). Für den Handelsbereich haben Rechtsprechung und Rechtslehre erste Ansätze einer Betriebstypologie entwickelt, die an den Zusammenhang zwischen Handelsstufen und Hersteller im Absatzkanal anknüpfen und je nach Typ unterschiedliche Sicherungspflichten zuzuordnen erlauben sollen (vgl. Kullmann/Pfister, Kz. 1524;

Kossmann 1984). Nach der Typologie werden "unabhängige Vertriebshändler", "rechtlich selbständige, mit dem Hersteller aber dennoch eng verbundene Vertriebsgesellschaften", und sogenannte "Quasi-Hersteller" unterschieden. Hinzu kommt dann noch der Betriebstyp des Importeurs.

Der Typ des "unabhängigen Vertriebshändlers" wird in der Literatur nicht im Detail gekennzeichnet; insbesondere bleibt jene Intensität der Bindungen im Absatzkanal offen, bei der noch von Unabhängigkeit der Handelsstufe zu sprechen wäre (s. Gesichtspunkte bei Ahlert 1981). Dieser Vertriebshändler hat grundsätzlich andere Sorgfaltspflichten als ein Hersteller; so wird man ihm ohne weiteres keine Konstruktions- und Fabrikationsverantwortung für das verkaufte Produkt anlasten können. Einige Autoren gehen noch weiter und verneinen im Grundsatz eigene Sorgfalts- und insbesondere Prüfungspflichten des Händlers (vgl. etwa Erman-Weitnauer 1981, § 459 Rdnr. 15) u.a. mit der Begründung, daß es doch gerade fehlende Inspektionsmöglichkeiten seien, die zur Entwicklung der Produzentenhaftung beigetragen hätten (s. Kossmann 1984, S. 1665). Daraus wäre umgekehrt zu schließen, daß dem Händler dort durchaus spezifische Sicherungspflichten erwachsen, wo für deren Wahrung angemessene oder gar gute Möglichkeiten bestünden.

So sieht die Literatur (s. Kossmann 1984, S. 1665) für den Händler als spezifische Obliegenheit die Sorgfaltspflicht der sachgemäßen Lagerung, der richtigen Beratung der Kunden, der Nichtverwechslung von Produkten und des sorgfältigen Transports vor. Generell wird man hier von "einer Pflicht zum ordnungsgemäßen Weitervertrieb der von einem Dritten hergestellten Produkte" (Schmidt-Salzer 1986, Einl. Rdnr. 106) sprechen können. Nicht-Erfüllung der Pflicht hätte entsprechend einen "Vertriebsfehler" zur Folge.

Im einzelnen wird man hier mit Kullmann/Pfister (Kz. 1524) zumindest drei Pflichtenarten für den Händler unterscheiden müssen, nämlich zum ersten die erwähnten Untersuchungspflichten, die in der bisherigen Diskussion am meisten Aufmerksamkeit gefunden haben, zum zweiten die Instruktionspflichten und zum dritten heterogene Verhaltenspflichten, die sich weder unter Instruktion noch Prüfung der Ware subsumieren lassen, z.B. die zweckmäßige Lagerung einschlägiger Produkte, die Beachtung von Abnehmerbeschränkungen (etwa im Fall des Verkaufs von Alkohol) etc. Gerade den zweitgenannten Instruktionspflichten des Handels müßte unter dem Gesichtspunkt, was möglich und wirksam ist, eine besondere Bedeutung zukommen. So ist bekannt, daß Konsumenten weit wirksamer durch persönliche Beratung als durch anonyme Massenkommunikation anzusprechen sind.

In welchem Umfang dem Handel die erwähnten Pflichten entstehen, ist fraglos aus den Umständen des Einzelfalls heraus zu würdigen. So sieht die Literatur eine Untersuchungspflicht des Händlers dann als gegeben an, wenn hierfür Anlaß bestehe (so Kullmann/Pfister, Kz. 1524; vgl. auch den "Vertrauensgrundsatz" Kz. 2014, S.9). In diesem Fall muß er sachdienliche Maßnahmen treffen und gegebenenfalls sogar eine Produktelimination vornehmen. Besondere Untersuchungspflichten folgen für besonders gefährliche Produkte, bei begrenzter Haltbarkeit oder bei vertraglicher Übernahme spezieller Verkehrssicherungspflichten vom Hersteller sowie dann, wenn gemäß der Verkehrsauffassung vom Verkäufer etwa von

Kraftfahrzeugen weitergehende Maßnahmen erwartet werden. Über die Verkehrsauffassung schließlich ließen sich im Grundsatz auch besondere Instruktionspflichten begründen, jedoch ist die Literatur hier ausgesprochen zurückhaltend. Angeführt werden die Pflicht, die richtige Gebrauchsanweisung auszuhändigen bzw. bei persönlicher Präsentation der Ware die Pflicht zur adäquaten Unterrichtung des Käufers über eine gefahrlose Produktverwendung. Dabei kann und muß sich der Händler auf sein Gegenüber besonders einstellen: Je nach dem Kenntnisstand des Kunden folgen andere Instruktionspflichten. Darüber hinaus wären Unterschiede in den Instruktionspflichten je nach herausgestellter Sachkunde des Handelsbetriebs, je nach dessen Spezialisierung, Betriebsgröße und Marktbedeutung plausibel; diese Gesichtspunkte werden in der Literatur indessen bislang allenfalls herangezogen, um unterschiedliche Prüfungspflichten zu begründen.

Die Händlerhaftung einer rechtlich verselbständigten, mit dem Hersteller aber dennoch eng verbundenen Vertriebsgesellschaft bzw. eines Vertragshändlers geht nach vorliegender Rechtsprechung im Grundsatz nicht weiter als die Haftung des "selbständigen Vertriebshändlers", allerdings können sich im Einzelfall aus der Konzernzugehörigkeit oder dem besonderen Vertragsverhältnis zum Hersteller weitergehende Kenntnisse und Verpflichtungen zur Prüfung der Ware und zur Instruktion des Kunden ergeben.

Der Handelsbetriebstyp des "Quasi-Herstellers" deckt im einzelnen drei recht unterschiedliche Sachverhalte ab, nämlich zum einen die Lizenznahme über ein Warenzeichen, zum anderen die Programmerweiterung eines Herstellers durch den Vertrieb zugekaufter Handelsware und zum dritten den Verkauf durch Händler über eigene Handelsmarken. Die Haftung des Quasi-Herstellers wird im Schrifttum unterschiedlich beurteilt. Die Ansicht, ein als Händler bekanntes Unternehmen wolle und werde allein durch Etablierung von Handelsmarken beim Kunden den Anschein eigener Herstellung erwecken und müsse deshalb haftungsrechtlich entsprechend behandelt werden, ist lebensfremd. Der BGH hat bislang den Quasi-Hersteller auch haftungsrechtlich zwischen dem unabhängigen Händler einerseits und dem Hersteller andererseits eingeordnet (s. Schmidt-Salzer 1986, Einl. Rdnr. 108f.) und besondere Gefahrabwendungspflichten nur in den folgenden Fällen bejaht: Zum ersten aus Gründen des Vertrauensschutzes, wenn die besondere Markierung des Händlers besondere Sicherheitserwartungen weckt und sonst übliche Vorsichtsmaßnahmen entbehrlich erscheinen läßt, zum zweiten bei Einschaltung in den Konstruktions- und Herstellungsvorgang, zum dritten aus der Erwartung weitergehender Instruktionen und zum vierten schließlich im Produktbeobachtungsbereich aus der genauen Kenntnis des Kunden.

Der Händlertyp des Importeurs wird vom Schrifttum und von der Rechtsprechung im Grundsatz wie der eingangs beschriebene Vertriebshändler gesehen (Kullmann/Pfister 1980, Kz. 1524, S. 12ff.; Schmidt-Salzer 1986, Einl. Rdnr. 107). Besondere Gefahrabwendungspflichten folgen einerseits aus den Schwierigkeiten des inländischen Geschädigten, an den ausländischen Hersteller heranzukommen; dabei ist andererseits aber zu beachten, daß der Importeur von Konstruktion und Fabrikation des Produkts einen größeren Abstand und deshalb darauf weniger Einfluß hat als im Fall einer inländischen Herstellung.

2.2 Die spezielle Händlerhaftung nach dem Produkthaftungsgesetz

Hauptsächliches Kennzeichen des 1988 in Kraft getretenen Produkthaftungsgesetzes ist der Übergang zu einer verschuldensunabhängigen Haftung. Der Übergang läßt sich am Beispiel zufallsbedingter Fabrikationsfehler (sog. "Ausreißer") besonders anschaulich aufzeigen: Bei traditioneller Produkthaftung gem. § 823 Abs. 1 BGB steht dem Hersteller zur Abwehr des Haftungsanspruchs stets die Möglichkeit offen, die Zufälligkeit des Fehlers und damit das Fehlen eines Herstellerverschuldens nachzuweisen. Bei verschuldensunabhängiger Haftung ist dieser Weg verstellt, und der Hersteller haftet auch für die Schäden, die von Ausreißern herrühren. Die Haftung gilt generell für Körper- und Sachschäden, die von Produktfehlern verursacht sind. Dabei liegt ein Fehler dann vor, wenn das Produkt "berechtigten Sicherheitserwartungen" nicht entspricht (so § 3 Abs. 1 ProdHaftG).

Mit dem Übergang zur verschuldensunabhängigen Haftung erscheint es nur folgerichtig, wenn der Haftende nicht länger auf die sorgfältige Auswahl vorgelagerter Leistungsstufen verweisen kann, sondern für die Qualität dieser Teilprodukte so haftet, als ob er selbst die Leistungen unmittelbar erbracht hätte. Diese "Pflichtenkanalisierung" (Schmidt-Salzer 1986, Einl. Rdnr. 172) hätte im Fall des Handels eine weitgehende haftungsrechtliche Gleichstellung mit dem Hersteller zur Folge, die vom Gesetzgeber nicht intendiert ist und deshalb eine scharfe begriffliche Abgrenzung erforderlich macht. In diesem Sinne ist Taschner zuzustimmen, der feststellt, daß Händler von der EG-Richtlinie im Grundsatz nicht erfaßt werden: "Die Haftung für den durch einen Produktfehler verursachten Schaden knüpft an die Herstellung, nicht an den Vertrieb an" (Taschner 1986, Art. 3 Rdnr. 18). Diesem Grundsatz entspricht es, wenn jene Handelsbetriebe, die neben den Vertriebsaufgaben auch beachtliche Herstellerfunktionen wahrnehmen, auch als Hersteller behandelt werden. Diese Händler machen in Abbildung 1 die erste Fallgruppe der Handelsbetriebe aus, die dem Produkthaftungsgesetz unterliegen. Daneben bilden jene Handelsbetriebe eine zweite Fallgruppe, die mangels ausgeübter Herstellerfunktionen zweifellos Händler sind, aber vom Gesetz haftungsrechtlich den Herstellern gleichgestellt werden. Handelsbetriebe beider Fallgruppen unterliegen der verschuldensunabhängigen Haftung wie ein Hersteller; insbesondere erfolgt anders als im Fall der Verschuldenshaftung keine Beschränkung auf Vertriebsfehler.

Die Zuordnung des Handelsbetriebs zur ersten Fallgruppe erfolgt nach Art und Umfang der ausgeübten Herstellertätigkeiten. Die Frage, bei welchen Tätigkeiten jenseits der traditionellen Handelsfunktionen (s. Barth 1988) der Händler als Endhersteller im Sinne des § 4 Abs. 1 Satz 1 ProdHaftG einzuordnen ist, betrifft, wie Schmidt-Salzer im einzelnen aufzeigt, einen "Bereich fließender Übergänge", deren Erörterung bislang allein einzelfallbezogen und beispielhaft erfolgt (so Schmidt-Salzer 1986, Art. 3 Rdnr. 16ff.). Die Einzelfälle umfassen vor allem Endmontagetätigkeiten, make-ready-Service, Produktkomplettierungen, Ausstattung mit Zusatzteilen, Abfülltätigkeiten und Mischungsvorgänge. Man wird hier der Literatur im grundsätzlichen Vorgehen, nämlich dem Vergleich der Tätigkeiten mit den üblichen Funktionen des Handels, zustimmen müssen: Der Händler, der ausschließlich vorgefertigte Teile zum selbstentworfenen und vertriebenen Endprodukt zusammenbaut oder aus fremdbezogenem Extrakt unter Hinzufügung von Wasser, Zucker etc. ein Erfrischungsgetränk mischt, nimmt deutlich Herstelleraufgaben

gaben wahr und ist deshalb als Hersteller zu behandeln. Andererseits kann ein Handelsbetrieb im Fall der Auslieferungsarbeiten bei brandneuen Kraftfahrzeugen, bei der Montage eines Einzelteils (z.B. Skibindung) und etwa im Fall des Abfüllens aus großen Chargen in haushaltsübliche Portionen nicht durch Ausübung von Handelsfunktionen haftungsrechtlich zum Hersteller werden. Allerdings ist die betriebswirtschaftliche Lehre von den Handelsfunktionen keineswegs bereits in jenem Entwicklungsstadium, das eine zweifelsfreie Klassifikation in jedem Einzelfall erlauben würde.

Die zweite Fallgruppe von Handelsbetrieben, die vom Produkthaftungsgesetz betroffen werden, enthält jene Unternehmen, die mangels ausgeübter Herstellerfunktionen zweifellos Händler sind, aber vom Gesetz haftungsrechtlich den Herstellern gleichgestellt werden. Die Gruppe enthält zunächst die Händler anonymer Produkte, die dem geschädigten Konsumenten den Lieferanten nicht nachweisen können und mangels Regreß selbst als dessen Endpunkt, also als Hersteller, betrachtet werden (§ 4 Abs. 3 ProdHaftG); dem Fall kommt z.B. bei Vermengung gleichartiger Massengüter unterschiedlicher Hersteller besondere Bedeutung zu. Die Gruppe enthält vor allem aber die Fälle des Warenimporteurs aus Nicht-EG-Ländern und des Quasi-Herstellers.

Dabei ist besonders der Fall des Quasi-Herstellers kontrovers diskutiert worden, also jener Person, die sich durch Namen, Warenzeichen oder andere Erkennungszeichen auf dem Produkt als Hersteller ausgibt (so § 4 Abs. 1 Satz 2 ProdHaftG). Ganz offensichtlich möchte sich nicht jeder Verkäufer, der sein Erkennungszeichen am Produkt anbringt, damit als Hersteller ausgeben. Die Verknüpfung von Absichten und Aktionen im Gesetzestext ist keineswegs schlüssig und begründet so ein Auslegungsproblem, das etwa Schmidt-Salzer für Versand- und Kaufhäuser durch Orientierung an der Entstehungsgeschichte der EG-Richtlinie löst (Art. 3, Rdnr. 138): Die "Erläuterungen" zur Version von 1976 betrachten den Fall der Handelsmarken ausdrücklich als Beispiel für eine Quasi-Herstellerhaftung. Damit gilt die Verwendung eigener Warenzeichen per se als ein Sich-Ausgeben als Hersteller; es kommt folglich nicht darauf an, ob der Verbraucher diese Identifikation tatsächlich vornimmt. Die Lösung steht auch mit der Begründung des Gesetzentwurfs in Einklang, die das Bundesjustizministerium am 12.3.1987 zum Produkthaftungsgesetz vorgelegt hat. In der Begründung heißt es zum § 4, daß im Begriff des Quasi-Herstellers "in erster Linie diejenigen Unternehmen erfaßt werden, die, wie z.B. Versandhäuser und Handelsketten, Produkte des Massenbedarfs von nach außen nicht in Erscheinung tretenden Herstellern produzieren lassen und unter eigenem Namen vertreiben".

Die Diskussion erscheint indessen noch keineswegs abgeschlossen. Immerhin könnte die Handelsmarke nicht unbedingt, wie offenbar vom Gesetzgeber vermutet, als Imitation einer Herstellermarke ausgestaltet sein, sondern unmißverständlich deutlich machen, daß der Händler lediglich eine besondere Qualitätsgarantie abzugeben wünscht, aber keineswegs damit den Anschein des Herstellers erwekken möchte. Eine solche Interpretation wird auch durch die erwähnte Gesetzesbegründung gedeckt, die zur Fallgruppe der Versandhäuser und Handelsketten ergänzt, daß es weiterhin auf die Absicht, sich als Hersteller auszugeben, ankomme und das Anbringen z.B. einer Handelsmarke, die nur auf den Vertrieb hinweise, nicht genüge. Kommt es also darauf an, daß die Mehrzahl der Handelskunden weiß, daß das Versandhaus XY keine eigene Herstellung der Elektrogroßgeräte vornimmt? Andererseits ließe sich entgegenhalten, der Händler erwecke beim Kunden den Eindruck, der Hersteller sei beim Verkauf durch ihn eben nicht wichtig, weil es auf den Händler ankomme, der mit seinem Ruf für die Qualität der Ware einstehe. Diese Argumentation dürfte nicht selten dem Selbstverständnis des Handels entsprechen; sie führt allerdings unabhängig davon, ob der Händler sich als Hersteller ausgeben möchte oder nicht, zur haftungsrechtlichen Klassifikation als Quasi-Hersteller und damit zur Ausweitung des Haftungsrisikos. Man beachte, daß sich der Quasi-Hersteller damit nicht allein die Vorgänge in vorgeschalteten Unternehmen zurechnen lassen muß, sondern auch verschuldensunabhängig für eigene Vertriebsfehler haftet.

Gleiches gilt gemäß § 4 Abs. 2 ProdHaftG im Grundsatz für den Warenimporteur aus Nicht-EG-Ländern.

2.3 Haftungsanstieg durch das Produkthaftungsgesetz

Die Frage, ob sich durch das Produkthaftungsgesetz insgesamt ein Übergang zu den vielfach beschriebenen "amerikanischen Verhältnissen" vollzieht, wird inzwischen nahezu einmütig verneint (vgl. etwa Schmidt-Salzer, Einl. Rdnr. 192ff.). Vielmehr herrscht zu Recht die Meinung vor, das Gesetz schreibe wichtige Grundzüge der bislang vom Bundesgerichtshof entwickelten Rechtsprechung fest. Speziell im Hinblick auf die betroffenen Handelsbetriebe sind indessen beträchtliche "qualitative Risikoerweiterungen" (Schmidt-Salzer) festzustellen gewesen, deren quantitative Seite zur Zeit noch nicht abgeschätzt werden kann. Für den quantitativen Anstieg des Haftungsrisikos wird es sehr darauf ankommen, in welchem Umfang sich Anspruchshaltung und Verwendungssorgfalt der Verbraucher verändern und welche Auswirkungen das Wissen um verbesserte Rechtsansprüche und Durchsetzungsmöglichkeiten haben wird.

3 HANDELSBETRIEBLICHE MASSNAHMEN ANGESICHTS BETRÄCHTLICHER RISIKEN AUS PRODUKTHAFTUNG

3.1 Grundsätzliche Überlegungen

Den Ausgangspunkt möglicher Maßnahmen in Reaktion auf Risiken aus Produkthaftung bildet die Erfassung des Status-Quo in der Form einer qualitativen und quantitativen Risikoanalyse. Ziel der Risikoanalyse ist es, für gegebene Aktivitäten des Handelsbetriebs eine Prognose des möglichen Schadensanfalls beim Konsumenten und des daraus ggf. resultierenden Haftungsumfanges des Händlers zu erstellen, um daraus geeignete Vorsorgemaßnahmen abzuleiten (vgl. Schilling/Jörissen 1988, S. 318f.).

Dabei kann sich die Prognose am Vorgehen der Haftpflichtversicherer orientieren, die sich bei Erstellung individueller Angebote durchaus zu Schätzungen aufgrund von Check-Listen und Branchenerfahrungswerten in der Lage sehen. In der Regel wird die Erstellung einer stetigen Verteilung dem verfügbaren Informationsstand nicht entsprechen, und man wird sich mit Dreiecksverteilungen für den besten, schlechtesten und wahrscheinlichsten Fall begnügen müssen. Die geforderte Prognose kann sich auch so im Einzelfall noch überaus schwierig gestalten, da typischerweise bei beträchtlichem Schadensumfang außerordentlich kleine Wahrscheinlichkeiten nahe der Schwelle zuverlässiger Wahrnehmbarkeit abzuschätzen und zu vergleichen sind. Die Entwicklung der gewünschten Wahrscheinlichkeitsverteilungen wird u.U. wesentlich erleichtert, wenn die im Gesamtergebnis zu beurteilenden Aktivitäten nach Art eines Fehlerbaums in kleinere Einheiten zerlegt und aus dann zuverlässigeren Teilprognosen über Simulationsverfahren ("statistische Risikoanalyse") abgeschätzt werden.

Die Risikoanalyse deckt den Handlungsbedarf des Handelsbetriebes auf und berührt dabei grundsätzliche Fragen, z.B. die Frage der defensiven oder offensiven Grundhaltung, mit der die Unternehmenspolitik im Hinblick auf die Produktsicherheit betrieben werden kann. Dabei steht im Fall der defensiven Grundhaltung die Begrenzung der Haftungsrisiken und die exakte Beachtung technischer und rechtlicher Normen im Vordergrund; Sicherheitsüberlegungen bilden eine Nebenbedingung. Bei offensiverer Grundhaltung läßt sich Produktsicherheit als Verkaufsargument auch jenseits technischer und rechtlicher Normen, als Segmentierungsmerkmal und als Gegenstand entsprechender Produktdifferenzierungen einsetzen. In beiden Fällen werden u.U. Fragen aufgeworfen, die über eine ausschließlich wirtschaftliche Bewertung hinausgehen. Sind in Fragen der Produktsicherheit, etwa zur Frage eines Rückrufs, rein ökonomische Zweck-Mittel-Kalküle überhaupt ethisch vertretbar? Rangieren Maßnahmen zur Reduktion von Schadensrisiken unabhängig von ihrem Preis stets vor jenen Maßnahmen, mit denen der Handelsbetrieb für sich die Folgen des Schadensanfalls abzufangen sucht?

Unabhängig von der im Einzelfall vorherrschenden Grundhaltung wird der Dokumentation der handelsbetrieblichen Aktivitäten im Rahmen der Risikoabwehr überragende Bedeutung zukommen. Die Dokumentation umfaßt dabei zum einen den lückenlosen Herkunftsnachweis der Waren, um jederzeit den Regreß auf den Zulieferer zu ermöglichen. Die Dokumentation umfaßt zum anderen die Kundenstatistik, Vertriebswege und generell die Beobachtung der Produktverwendung beim Kunden. Wie anders sollte der Händler zur Vermeidung von Verstößen gegen "berechtigte Sicherheitserwartungen" des Kunden (so ausdrücklich der Fehlerbegriff des Produkthaftungsgesetzes) beitragen können? Die Dokumentation ist weiterhin für die einzelnen Vorsorgemaßnahmen bedeutsam. Gemäß *Abbildung 2* sind hier Vorsorgen für den Fall des Schadensanfalls und Vorsorgen zur Schadensvermeidung gegenüberzustellen.

3.2 Handelsbetriebliche Vorsorgemaßnahmen für den Fall des Schadensanfalls

Die Dokumentation ist zunächst bereits Voraussetzung einer erfolgreichen prozessualen Anspruchsabwehr, in der Tatbestandsvoraussetzungen, Entlastungsmöglichkeiten und denkbare Einwände zu prüfen sind. Soweit der Handelsbetrieb im konkreten Fall die Möglichkeit einer Produkthaftung auf sich zukommen sieht, ist die

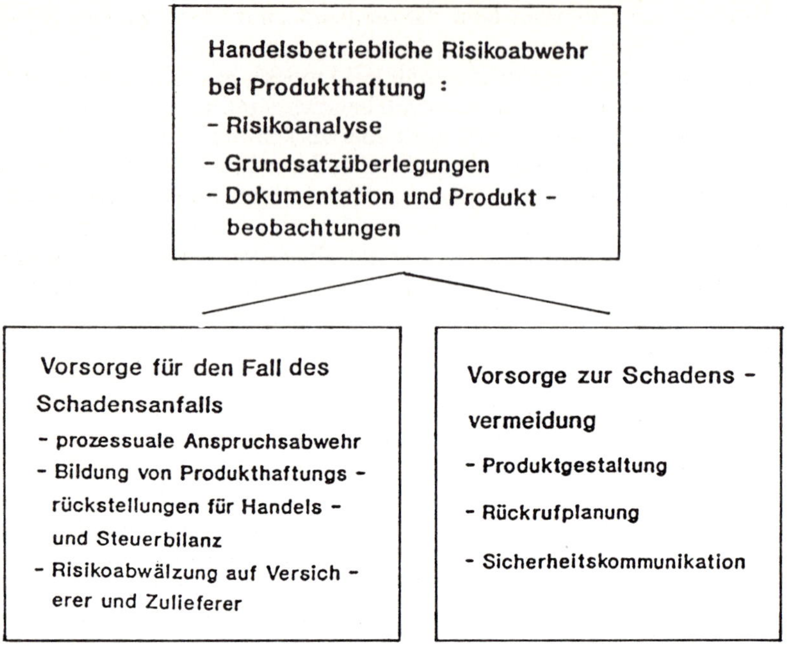

Abbildung 2: Handelsbetriebliche Sicherungsstrategien angesichts von Produkthaftungsrisiken

Bildung finanzieller Vorsorge sowie von Produkthaftungsrückstellungen innerhalb der Handels- und Steuerbilanz zu prüfen. Voraussetzung einer zulässigen Begründung ist wiederum eine intensive Dokumentation der Warenherkunft und Distribution. Gerade der Herkunftsnachweis ist im Fall einer üblichen Vermischung von Massengütern unterschiedlicher Lieferungen nötig, um den Lieferanten stets identifizieren und den Regreß ermöglichen zu können; ggf. wird der Händler eigene Seriennummern auf dem Produkt anbringen müssen, um im Streitfall Quelle und Bezugszeitpunkt feststellen zu können.

Weitere Vorsorgen betreffen die Risikoüberwälzung, im einzelnen zum einen den Abschluß von Produkthaftpflichtversicherungen und zum anderen die Vertragsgestaltung mit den Lieferanten zum Zweck, den jederzeitigen Regreß zu ermöglichen. Soweit der Handel auf Grund seiner Nachfragemacht zu einer solchen Haftungsfreistellung in der Lage ist, ist eine Reduktion des Angebots an Handelsmarken nicht zu erwarten. Die Vereinbarung einer Haftungsfreistellung ist vor allem für den Importeur aus Nicht-EG-Ländern bedeutsam und betrifft jene Haftung, die der Importeur gemäß Produkthaftungsgesetz in Vertretung des Herstellers für dessen Verantwortung für eine ordnungsgemäße Konstruktion und Produktion übernehmen muß; die spezifischen Vertriebsaufgaben des Importeurs wie z.B. Lagerung, adäquate Instruktion über die Eigenarten des Produkts etc. bleiben außerhalb der Freistellung.

3.3 Handelsbetriebliche Vorsorgemaßnahmen zur Schadensvermeidung

Die direkte Einflußnahme auf den Schadensanfall ist dem einkaufsstarken Handelsbetrieb nicht selten durch eine sicherheitsdienliche Gestaltung von Produktkern und Produktperipherie möglich. Einschlägige Maßnahmen sind z.B. eigene Produktentwicklungen, Leistungs- und Gestaltungsvorgaben aufgrund der besseren Kenntnis der Kundenwünsche, intensivere Qualitätskontrollen schon beim Hersteller, Setzung höherer Maßstäbe bei der Lieferantenauswahl etc., aber auch das Angebot geeigneter Zusatzteile und die Sicherheitswartung durch den eigenen technischen Kundendienst des Handels. Gerade diesem technischen Kundendienst wird bei sicherheitsrelevanten Produkten nicht selten die Rolle einer Frühwarninstitution zukommen, die auch für Rückruffälle große Bedeutung hat. Wegen des engen Kontakts zum Kunden sind Handelsbetriebe ggf. weit besser als Hersteller zu einer effizienteren Rückrufaktion in der Lage. Man wird deshalb in Zukunft erwarten dürfen, daß nicht nur Großbetriebe des Handels auf entsprechende Aktionen in Form von Schubladenplanungen vorbereitet sind.

Der intensive Kontakt zum Verbraucher begründet auch die besondere Eignung des Handels für die Sicherheitskommunikation als dem zweiten Maßnahmenbündel der Schadensreduktion. Ziel ist die sicherheitsdienliche Steuerung des Kauf- und Verwendungsverhaltens von Konsumenten durch persönliche Beratung, Werbung, Warenpräsentation etc. Dabei ist zum einen an die Zurücknahme von Werbeaussagen zu denken, die sonst Fehlverhalten von Konsumenten anregen könnten, zum anderen an die persönliche Einflußnahme zugunsten des Kaufs von Produkten mit speziellen Sicherungseigenschaften bzw. zugunsten einer besonderen individuellen Verwendungssorgfalt, die den Kauf 'eingebauter Sicherheit' dann erübrigen mag. Die bisherigen wissenschaftlichen Untersuchungen bestätigen die Praxiserfahrungen, nach denen die Effizienz der persönlichen Beratung durch den Handel im Kaufzeitpunkt allen schriftlichen Warnungen am Produkt und in Gebrauchsanweisungen weit überlegen ist (s. Staelin 1980). Die Eignung kommunikativer Maßnahmen ist zum Kaufzeitpunkt besonders groß, und hier ist die Beratung durch den Handel gefordert.

4 ZUSAMMENFASSUNG UND AUSBLICK

Zusammenfassend bleibt festzustellen, daß den von der Produkthaftung betroffenen Handelsbetrieben ein Instrumentarium zur Verfügung steht, das größere Negativfolgen für die Distributionslandschaft nicht erwarten läßt (vgl. auch von Werder 1988). Herrscht hinsichtlich der Grundlinien der handelsbetrieblichen Produkthaftung seitens der betroffenen Unternehmen auch Zuversicht und Gelassenheit, bleiben doch zahlreiche Einzelprobleme noch offen. So wird man auch heute noch der Ansicht zustimmen müssen, nach der hinsichtlich der Produkthaftung des Handels "die meisten Fragen nicht abgeklärt sind, sondern noch einer Vertiefung bedürfen" (so Kossmann 1984, S. 1667). Aus Sicht der betriebswirtschaftlichen Forschung im Bereich der Warendistribution erscheint insbesondere die relative Einheitlichkeit, in der ganz unterschiedlichen Handelsbetrieben, z.B. traditionellen Fachgeschäften und Fachmärkten einerseits und SB-Warenhäusern andererseits, Pflichten zugeordnet werden, suspekt. Die Gleichbehandlung wird den Intentionen und praktischen Möglichkeiten der Sicherung nicht gerecht und berücksichtigt nicht die von der Forschung entwickelte feingesponnene Betriebstypologie der Handelsformen (vgl. Müller-Hagedorn 1984; Tietz 1985).

Für den Ökonomen, dem die zentrale Rolle des Handels für den Absatz von Konsumgütern vertraut ist, bleibt zudem erstaunlich, daß Rechtsprechung und juristisches Schrifttum immer noch dazu neigen, den Handelsbetrieb auf seine bloße Verteilerfunktion zu reduzieren. Dieses Bild wird der Wirklichkeit der Warendistribution seit längerem nicht mehr gerecht und sollte einer differenzierteren Sicht der Machtverteilung im Absatzkanal weichen. Von bloßer Warenverteilung kann in den Fällen, in denen der Handel den Absatzkanal dominiert, nicht gesprochen werden; entsprechend mutet der haftungsrechtliche Pflichtenkatalog eines bloßen Verteilers seltsam archaisch an und wäre durch einen Katalog zu ersetzen, in dem sowohl Untersuchungspflichten als auch vor allem Pflichten zur selektiven Kaufberatung und Instruktion größere Bedeutung hätten. Wer anders als der Händler beim persönlichen Verkauf wäre eher in der Lage, dem jeweiligen Kunden aus der Menge der Produkte mit unterschiedlichen Graden der Produktsicherheit jene Variante zu empfehlen, die der individuellen Risikowahrnehmung, Vorsorgebereitschaft und geplanten Produktverwendung am besten entspricht? Eine größere Verantwortung des Handels wäre auch in jenen Fällen plausibel, in denen Hersteller den Absatzkanal beherrschen und dem Handel aufgrund ihrer Dominanz, aber auch wegen dessen größerer Effizienz ihre besonderen Sicherungspflichten übertragen. Die Fähigkeit von Handelsbetrieben, Sicherungsaufgaben in Lagerung, Warenpräsentation, Instruktion und Wartung nachzukommen, würde dabei stärker als bisher für die Hersteller zu einem bedeutsamen Kriterium des selektiven Vertriebs werden. In welchem Umfang sich der Handel gegen die Zuordnung größerer Verantwortlichkeit zur Wehr setzen kann und wird, erscheint zur Zeit als eine völlig offene Frage.

Insgesamt herrscht hinsichtlich der zukünftigen Effekte des Produkthaftungsrechts trotz einschlägiger wohlfahrtsökonomischer Analysen zur Produktsicherheit (so Adams 1987) große Unsicherheit. Die Unsicherheit äußert sich auch darin, daß die dem Gesetz zugrunde liegende EG-Richtlinie bereits für 1993 und 1995 die erneute Diskussion von Grundsatzfragen (z.B. Entwicklungsrisiken, Haftungshöchstgrenzen) samt möglicher Novellierung der nationalen Gesetze vorsieht.

Literatur

Adams, M.: Produkthaftung, Wohltat oder Plage. In: Betriebs-Berater, Beilage 20/1987 zu Heft 3/1987

Ahlert, D.: Absatzkanalstrategien des Konsumgüterherstellers auf der Grundlage vertraglicher Vertriebssysteme mit dem Handel. In: Ahlert, D. (Hrsg.), Vertragliche Vertriebssysteme zwischen Industrie und Handel, Wiesbaden 1981, S. 43-98

Ahlert, D.: Rechtliche Grundlagen des Marketing, Stuttgart 1988

Barth, K.: Betriebswirtschaftslehre des Handels, Wiesbaden 1988

Brendl, E. (Hrsg.): Produkt- und Produzentenhaftung, Loseblatt-Sammlung, Freiburg i.Br. 1980

Bundesministerium der Justiz: Begründung zu dem Gesetz über die Haftung für fehlerhafte Produkte (Produkthaftungsgesetz), Stand: 12.3.1987. Abgedruckt in: Sonderheft Produkthaftpflicht International, Karlsruhe 1987, S. 94-119

Erman, W.; Weitnauer, H.: Handkommentar zum Bürgerlichen Gesetzbuch, 7. Aufl., Münster 1981

Kossmann, H.: Der Handel im System der Produkthaftpflicht. In: Neue Juristische Wochenschrift (1984), S. 1664-1667

Kullmann, H.J.: Höchstrichterliche Rechtsprechung zur Produzentenhaftung unter besonderer Berücksichtigung der durch die EG-Produkthaftungsrichtlinie 1985 eingetretenen Änderungen, Köln 1987

Kullmann, H.J.; Pfister, B. (Hrsg.): Produzentenhaftung, Loseblatt-Sammlung, Berlin 1980

Müller-Hagedorn, L.: Handelsmarketing, Stuttgart 1984

Schilling, H.; Jörissen, H.: Das Produkthaftpflichtrisiko. In: Die Betriebswirtschaft 48 (1988), S. 311-329

Schmidt-Salzer, J.: Kommentar EG-Richtlinie Produkthaftung, Bd. 1: Deutschland, Heidelberg 1986

Staelin, R.: Appliance Performance Labeling and Point-of-Purchase-Information.: The Results of Three Experiments. In: Morris, L.A.; Mazis, M.B.; Barofsky, I. (Hrsg.), Banbury Report 6: Product Labeling and Health Risks, Cold Spring Harbor 1980, S. 55-77

Taschner, H.: Produkthaftung, München 1986

Tietz, B.: Der Handelsbetrieb, München 1985

Von Werder, A.: Produkthaftungsmanagement US-amerikanischer Großunternehmen. In: Zeitschrift für Betriebswirtschaft, Herbst 1988

Informationsgrundlagen für die Handelsbetriebsführung

Integrierte Warenwirtschaftssysteme im Handel

Volker Trommsdorff; Helge Fielitz; Steffen Hormuth, Berlin

Im folgenden Beitrag werden Möglichkeiten des Einsatzes integrierter Warenwirtschaftssysteme im Handel und ihre Einordnung in das Handelsmanagement dargestellt. Weiterhin werden die technischen und organisatorischen Voraussetzungen aufgezeigt. Der strategische und operative Nutzen wird den Kosten für den Anwender gegenübergestellt.

1 PROBLEMSTELLUNG UND BEGRIFFSBESTIMMUNG

Die jüngsten *Entwicklungstendenzen im Handel* machen ein Umdenken in weiten Bereichen erforderlich:

- verschärfter Wettbewerb
- schneller Wechsel der Konsumentenwünsche
- breiteres Betriebstypenspektrum
- steigender Sortimentsumfang
- Expansion der Verkaufsflächen
- erhöhte Energiekosten im Transport- und Lagerbereich.

Konsequenzen sind Umsatzeinbußen im Groß- und Einzelhandel. Der betriebswirtschaftliche Gewinn entwickelt sich im Facheinzelhandel teilweise negativ. Aufgrund dieser Entwicklungen sind leistungsfähige Informations- und Steuerungssysteme im Kernbereich des Handelsbetriebs, der Warenwirtschaft, von mindestens derselben Bedeutung wie entsprechende Systeme in der Industrie (Produktionsplanungssysteme PPS, Computer Integrated Manufacturing CIM).

Das nachstehende Schema (nach Ebert 1986, S. 68) verdeutlicht die Stellung des Warenwirtschaftssystems im Handelsbetrieb und grenzt es vom Beschaffungs- und Absatzmarketing ab (siehe *Abbildung 1*).

Die Warenwirtschaft erfüllt zusammen mit dem Beschaffungs- und Absatzmarketing sowie dem physischen Warenprozeßsystem (Logistik) die Handelsfunktionen (vgl. Tietz 1985, S. 12 ff.) Im Gegensatz zum Marketing ist die Warenwirtschaft auf die Ware und nicht auf den Kunden gerichtet; sie bezieht sich auf ein gegebenes

Handelsforschung 1988
Hrsg. Volker Trommsdorff

Sortiment. Die Sortimentspolitik ist nicht mehr Gegenstand des IWWS, kann aber durch seine Datenbasis gestützt werden.

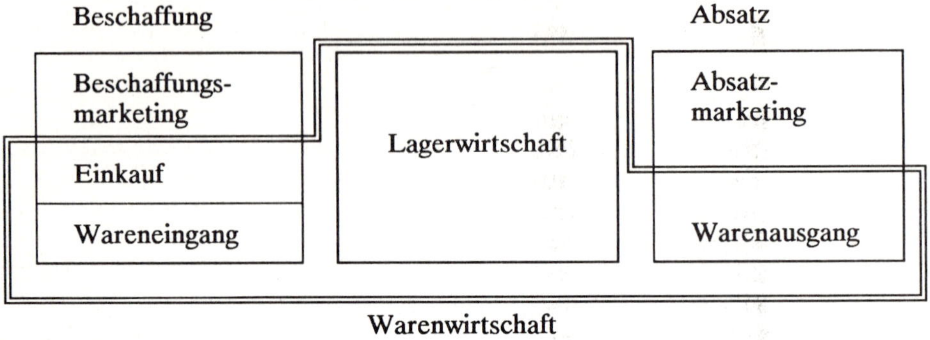

Abbildung 1: Stellung des WWS im Handelsbetrieb

Ein Warenwirtschaftssystem (WWS) ist definiert als Gesamtheit der die Waren betreffenden Informations- und Entscheidungsprozesse im Handelsunternehmen. Integrierte Warenwirtschaftssysteme (IWWS) sind kommunikationstechnologisch und datenverarbeitungstechnisch voll verknüpfte WWS. Idealerweise sind sie redundanzfrei, d.h. jede Information ist nur einmal vorhanden, und kein menschlicher Arbeitsvorgang (z.B. Dateneingabe oder Entscheidung) kommt mehrfach vor. Die Teilsysteme sind horizontal und vertikal integriert. Sie besitzen Schnittstellen zu anderen Handelsbetriebsbereichen sowie zur Umwelt. Sie erlauben eine dezentralisierte Datenverarbeitung. Dabei werden die Marktpartner (Kunden, Lieferanten) einbezogen.

IWWS sind geschlossene WWS, d.h. *alle* Bereiche der Warenwirtschaft sind EDV-gestützt und miteinander verbunden. Dagegen ist bei offenen Systemen der Eingriff des Menschen an bestimmten Schnittstellen der Warenwirtschaft noch erforderlich, z.B. das Übertragen von Preisen. Allerdings sind IWWS im Sinne der Systemtheorie nicht geschlossen, da Beziehungen mit der Umwelt bestehen.

Die Ziele von IWWS lassen sich aus dem unternehmerischen Zielsystem ableiten (siehe *Abbildung 2*).

Die Ziele von IWWS sind primär kostenwirtschaftliche Ziele, während die umsatzwirtschaftlichen Ziele indirekt beeinflußt werden, z.B. kommt der gesamtsortimentsbezogenen Präsenz (verfügbare nachgefragte Menge : gesamte nachgefragte Menge) bei der Umsatzzielsetzung Bedeutung zu. Da sich Präsenz hier auf das ganze geführte Sortiment bezieht, sind Sortimentslücken zwischen dem vom Kunden erwarteten und dem geführten Sortiment kein Problem des IWWS, sondern des Marketing. Entscheidende Einflußgrößen, die über das IWWS gesteuert werden können, liegen auf der Kostenseite. Dabei hat die Lagerumschlagsgeschwindigkeit besondere Bedeutung (vgl. West 1987, S. 26).

Die wichtigste Vorbedingung für die Kostensteuerung mit IWWS ist die Versorgung mit relevanten mengen- und wertmäßigen Wareninformationen, die durch die Erfassung des Warenflusses gewonnen werden. Zur Informationsversorgung gehört auch die Bereitstellung von betriebswirtschaftlichen Kennzahlen, die auch nicht-warenbezogene Informationen enthalten, aber ebenfalls innerhalb des IWWS gewonnen werden (vgl. Schiffel 1984, S. 67).

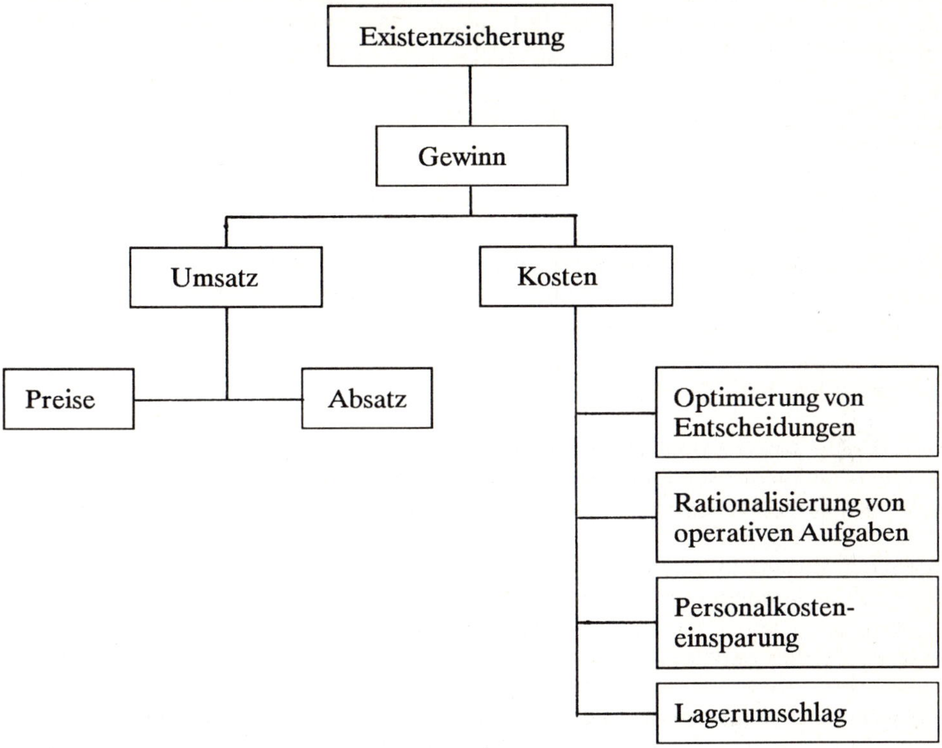

Abbildung 2: Ziele von IWWS

2 KONZEPT UND STRUKTUREN INTEGRIERTER WARENWIRTSCHAFTSSYSTEME (IWWS)

Voraussetzung eines leistungsfähigen IWWS sind die *technologischen* Komponenten. Hervorzuheben sind Innovationen in den Bereichen

- (mobile) Datenerfassung,
- Datenverarbeitungssysteme,
- Zwei-Wege-Kommunikationsmedien und
- Datenübertragungsnetze.

Entscheidend für die Konzeption des IWWS ist aber nicht die Hardware, sondern die Software, insbesondere das Datenverarbeitungs- und -verknüpfungskonzept, die warenwirtschaftlichen Grundmodule und die Verknüpfungsmodule.

2.1 Datenverarbeitungs- und -verknüpfungskonzept

Das Datenverarbeitungs- und -verknüpfungskonzept (vgl. Kirchner/Zentes 1984, S. 19 ff.) richtet die einzelnen Module strukturell aus. Es stellt damit den EDV-strategischen Oberbau eines IWWS dar. Generell legt es die Eingabe-, Verarbeitungs- und Ausgabemodalitäten fest (Mason/Mayer 1980). Nach Böcker (1981, S. 196) ist bei der Abfassung des Konzepts zu entscheiden,

- welche Informationen bereitzustellen sind,
- welchen Aggregationsgrad und welchen zeitlichen Bezug die Informationen aufweisen sollen,
- welche Menge an Informationen zu bestimmten Zeitpunkten zur Verfügung gestellt werden sollen,
- welchen Quellen die Informationen zu entnehmen sind und
- in welcher Form die Informationen dem Entscheidungsträger zur Verfügung gestellt werden sollen.

Damit ist die Nutzung des EDV-Systems als

- Berichts- und Abfragesystem, als
- Entscheidungsunterstützungssystem und in Zukunft auch als
- Expertensystem (vgl. Zentes/Hilgers 1986, S. 96 ff.)

möglich. Grundvoraussetzung für jegliche Nutzung ist jedoch die Sicherstellung der horizontalen und vertikalen Integration.

Die *horizontale Ingetration* zielt auf die Verknüpfung der Daten und Dateien innerhalb einer Entscheidungsebene. Sie bezieht sich damit hauptsächlich auf die Wareneingangs-, Lagerwirtschafts-, Warenausgangs- und Einkaufsmodule. Sichergestellt wird sie durch moderne Datenbanksysteme, bei denen die Dateien nur einmal erfaßt und gespeichert werden (weitgehende Redundanzfreiheit), und zwar anwendungsneutral (vgl. Schiffel 1984, S. 27).

Bei der *vertikalen Integration* geht es um die Verdichtung der Daten entsprechend der durch die jeweilige Entscheidungsebene gegebenen Anforderungen. Sie bezieht sich damit in erster Linie auf das Marketing- und Managementinformationsmodul. Die vertikale Integration ist nach zwei Alternativkriterien zu kennzeichnen und kann dann mit folgender Matrix beschrieben werden (siehe *Abbildung 3*).

Bei der kumulativen (hierarchischen) Verdichtung sind die Verdichtungsebene und die Klasseneinteilung festzulegen, wobei Saldierungeffekte vermieden werden müssen (vgl. Ebert 1986, S. 165 f.). Bei der selektiven Verdichtung werden die Datenelemente, die vorgegebene Kriterien erfüllen, aus dem Datenbestand herausgefiltert ("Exception Reporting"). Bei der Fixierung der Schwellenwerte für die Filterung muß darauf geachtet werden, daß einerseits das Datenvolumen verringert wird, andererseits aber wichtige Signale nicht übersehen werden (vgl. Kirchner/Zentes 1984, S. 42).

		Vollständigkeit	
		Ja (Kumulation)	Nein (Selektion)
Indexbildung	statistisch		
	betriebswirtschaftlich		

Abbildung 3: Kriterien der vertikalen Integration

Die statistische Verdichtung erfolgt formal anhand von Standard-Statistiken, z.B. arithmetischen Mitteln. Die Probleme dabei liegen im üblichen Rahmen der beschreibenden Statistik. Bei der betriebswirtschaftlichen Verdichtung werden die Informationen eines Datenbestandes in inhaltlich bestimmten Kennzahlen ausgedrückt. Die Problematik liegt hier in der Festlegung aussagekräftiger Kennzahlen und in deren sinnvoller Interpretation.

2.2 Module

Die Subsysteme eines IWWS werden als Module bezeichnet. Sie sollen möglichst abgeschlossen sein, also starke Innenbeziehungen bei schwachen Außenbeziehungen aufweisen. Die Module werden mit allgemeinen Kategorien wie Reduktion, Verschachtelung, Intensität und Zentralisation beschrieben, so daß sie unabhängig von Betriebsformen, -größen und Handelsstufen usw. gelten (vgl. Ebert 1986, S. 97 ff.). Die Module werden mit dem oben beschriebenen Datenverarbeitungs- und -verknüpfungskonzept aufeinander abgestimmt.

Aus der Vielfalt der in der Literatur verwendeten Betrachtungsweisen und Begriffe kristallisieren sich folgende *IWWS-Module* heraus:

- Wareneingangsmodul,
- Lagerwirtschaftsmodul,
- Warenausgangsmodul,
- Einkaufsmodul und
- Marketing- und Managementinformationsmodul.

Das *Wareneingangsmodul* umfaßt die

- Antransportsteuerung und Tourenverwaltung,
- die Wareneingangserfassung und -kontrolle sowie die
- Warenauszeichnung.

Zur Wareneingangserfassung und -kontrolle gehört der Abgleich zur Bestellung nach Menge, Qualität und Liefertermin entsprechend den Prüfungsvorschriften, die die Qualitätskontrolle ausgearbeitet hat. Weiterhin ist dazu die Rechnungskontrolle in sachlicher, preislicher (inklusive Konditionen) und rechnerischer Hinsicht zu zählen. Wegen ihrer Komplexität, ihrer guten Strukturierbarkeit und ihres Wiederholungscharakters bietet sich die Wareneingangserfassung und -kontrolle besonders für die EDV-Unterstützung an.

Die Warenauszeichnung wird bereits im Hinblick auf die Lagerwirtschaft und den Warenausgang durchgeführt. Um die Zahl der Informationsfelder auf dem Etikett zu reduzieren, werden Identnummern verwendet. Als Codierungsverfahren haben sich die OCR-A/B-Schriften und der Strich-Code (EAN, UPC) durchgesetzt, die von Mensch und Maschine gelesen werden können.

Zum *Lagerwirtschaftsmodul* gehören die Funktionen

- innerbetrieblicher Transport und Transportplanung,
- Warenmanipulation,
- Lagerung und Umlagerung,
- Lagerplatzverwaltung,
- Lagerbestandsführung,
- Lagerhaltung und
- Lager- und Standortplanung (innerbetrieblich).

Das *Warenausgangsmodul* besteht aus den Submodulen

- Kommissionierung und Kommissionierplanung,
- Warenausgangserfassung und -kontrolle,
- Auftragsbearbeitung,
- Verpackung,
- Versandabwicklung bzw. Auslieferung und
- Tourenverwaltung.

Die Ausgestaltung des Warenausgangsmoduls hängt sehr vom einzelnen Betrieb ab. So führt bei der Warenausgangserfassung und -kontrolle der Lieferhandel einen Abgleich von zusammengestellter Sendung, Lieferschein und Auftrag durch. Im Selbstbedienungs- und Bedienungshandel kann die Verkaufsdatenerfassung mittels Datenkassen erfolgen, wobei je nach Codierungsform bei der Warenauszeichnung unterschiedliche Lesegeräte wie z. B. Lesestifte (Selbstbedienungs-Scanner), mobile Scanner (für Strich-Codes) und Lesepistolen (für OCR-Schrift) zu verwenden sind.

Das *Einkaufsmodul* besteht aus

- Angebotsverwaltung,
- Distributionsoptimierung,
- Disposition und
- Bestellwesen.

Die Disposition mit den Aufgabenbereichen Führung von Artikeldateien, mengenmäßige Absatzprognosen, Ermittlung der Bestellzeitpunkte und -mengen sowie Limitkontrolle bildet das wichtigste Submodul. Bei der Ermittlung der Bestellzeitpunkte und -mengen sind lediglich EDV-gestützte Bestellvorschlagssysteme wegen ihrer flexibleren Handhabung im allgemeinen vorteilhafter als automatische Bestellsysteme.

Im *Marketing- und Managementinformationsmodul* sind Daten aus den vier vorangegangenen Moduln sowie aus anderen Handelsbetriebsbereichen (Marketing, Finanzwirtschaft u. a.) durch das Datenverarbeitungs- und -verknüpfungskonzept aufbereitet. Kirchner/Zentes (1984, S. 34 ff.) unterscheiden dabei

- warenorientierte,
- kassenorientierte,
- kundenorientierte und
- verkäuferorientierte

Informationen. Sowohl für Marketing-Mix-Entscheidungen als auch für das Controlling sind durch diese Differenzierung adäquate Informationskategorien vorgezeichnet.

2.3 Schnittstellen

IWWS sind, systemanalytisch betrachtet, offene Systeme. Die Einbindung in das Umsystem erfolgt im wesentlichen über drei "Integrationsmoduln" (Schnittstellen). Die EDV- und Telekommunikationstechnologien ermöglichen Ankoppelung an

- Lieferanten,
- Marktforschungsinstitute und
- sonstiger Marktpartner.

Durch die Anbindung des IWWS der Lieferanten bzw. Hersteller können ein papierloser Liefer- und Rechnungsverbund und eine papierlose Bestellübermittlung realisiert werden (vgl. Kirchner/Zentes 1984, S. 51). Als technische Lösungen kommen der Datenträgeraustausch und die Datenfernübertragung in Frage.

Zur Selektion, Verdichtung und Analyse der Marktdaten kann ein Marktforschungsinstitut "angekoppelt" werden (vgl. Wachter 1988). Die auszuwertenden artikelgenauen Verkaufsdaten (Scannerdaten) und ggf. Kundendaten werden über Schnittstellen am Warenausgangs-bzw. Marketing- und Management-Informationsmodul an das Marktforschungsinstitut übergeben. Möglich sind damit z.B. die von Milde (1987) angesprochenen Analysen über die relative Wirkung der Instrumente Preis, Werbung und Plazierung.

Bei den sonstigen Marktpartnern ist über ähnliche Schnittstellenlösungen an die Integration von Kunden, Kooperationspartnern, Systemlieferanten und Transportunternehmen in das IWWS zu denken.

3 EINFLUSSFAKTOREN AUF DIE GESTALTUNG VON IWWS

Die betriebswirtschaftlichen und warenbedingten Einflußfaktoren bestimmen sowohl den Umfang des IWWS als auch seine konkrete Gestaltung, indem sie

- die Wahl der Erfassungsmedien,
- die Gestaltung der Konfiguration,
- die Festlegung des Verarbeitungsmodus und
- die Datenübertragungs- und Zugriffssysteme

beeinflussen (vgl. Sova/Pieper 1985, S. 56 f.)

Unter den zahlreichen betriebswirtschaftlichen Determinanten werden als besonders entscheidend

- die Betriebsgröße,
- die Betriebsform,
- die Betriebsart und
- die Warenart

behandelt.

3.1 Betriebsgröße

Die Betriebsgröße zeigt die betriebliche Kapazität an. Es gibt jedoch keinen Maßstab, in dem sich die Kapazität ausdrücken läßt. Man ist auf Hilfskriterien angewiesen. Schiffel (1984, S. 82) nennt dazu quantitative (Umsatz, Verkaufsfläche, Personaleinsatz und Betriebsmitteleinsatz) sowie qualitative Kriterien, darunter besonders das Ausmaß der Bereichstrennung (nach Einkauf, Verkauf, Personal, Rechnungswesen usw.), und den Grad der Aufteilung von Führungsverantwortung.

Unabhängig davon, mit welchen Kriterien die Betriebsgröße ausgedrückt wird, läßt sich ein Zusammenhang zwischen Betriebsgröße und Einsatz von IWWS erkennen. Größere Betriebe besitzen einen höheren Technisierungsgrad als Klein- und Mittelbetriebe. Bei diesen fallen weniger Daten an, der Finanzierungsspielraum ist geringer, man hat keine EDV-Fachleute und ist weniger bereit, den Betrieb umzustellen.

Allgemein werden IWWS mit der Zeit auch für Klein- und Mittelbetriebe attraktiver. Das Kosten/Nutzen-Verhältnis wird günstiger (technologische Verbesserung, Preisverfall der Hardware um jährlich ca. 20 % (vgl. Althoff 1986). Das Angebot eines IWWS muß aber, wenn es für Klein- und Mittelbetriebe attraktiv sein soll, deren Besonderheiten berücksichtigen. Neben Schulungs-, Beratungs- und Unterstützungsmaßnahmen geht es auch um die Ausgestaltung des IWWS. Die Software wird tatsächlich immer anwendungsfreundlicher und branchenspezifischer (vgl. Wölk 1987; Schiffel 1984, S. 95 f.). Hinzu kommt, daß der Staat die Beratung über die Einführung und Nutzung der EDV betriebsgrößenabhängig mit bis zu 75 % der Kosten (höchstens aber mit 680 DM pro Tag) fördert. Auch die kostenlose, probeweise Überlassung der EDV-Anlage durch den Anbieter trägt zur Akzeptanz in Klein- und Mittelbetrieben bei. So geht der Trend in der für die wirtschaftliche Nutzung von IWWS notwendigen Betriebsgröße folgerichtig nach unten.

3.2 Betriebsform

Bei den Handelsbetriebsformen sind für die IWWS-Betrachtung vor allem der Handelsbetrieb mit einer Verkaufsstelle und der Handelsbetrieb mit mehreren Geschäften (Filialist) zu unterscheiden. Die weiteren Ausführungen gelten wegen der größeren Relevanz von IWWS für Filialisten sowie für Verbundgruppen, bei denen Ein-Betriebsunternehmen eine betriebliche Teilfunktion kooperativ wahrnehmen, ohne die rechtliche und ökonomische Selbständigkeit zu verlieren (vgl. Schminke 1981, S. 4), da sie die gleichen EDV-technischen Vorteile nutzen können wie Filialisten.

Die Organisationstypen und die damit verbundenen Kommunikationsstrukturen bei Filialisten beeinflussen die Gestaltung des IWWS. Die dezentrale Organisation, die zentrale Organisation und die Mischform sind zu unterscheiden. Bei der dezentralen Organisation besitzt jede Filiale ihr eigenes IWWS, während bei der zentralen Organisation in den Filialen nur die Bewegungsdaten (Warenein- und -ausgangdaten) erfaßt werden und die Zentrale die Verarbeitung der Daten sowie alle weiteren Aufgaben des IWWS wahrnimmt.

3.3 Betriebsart

Aus dem Blickwinkel des EDV-Einsatzes ist eine Unterteilung der Handelbetriebe nach Betriebsart und nach Warenfluß und dem damit verbundenen Datenfluß sinnvoll (vgl. Sova/Piper 1985, S. 50 ff.). In bezug auf den Warenfluß gibt es Betriebsarten, bei denen die Ware anhand von Angeboten, Katalogen u.ä. bestellt, vom Personal des Betriebes kommissioniert, fakturiert und bis zur Bezahlung kreditiert wird. Zu dieser Betriebsart sind der allgemeine Großhandel (Bedienungs- und Liefergroßhandel) und der Versandhandel zu rechnen. Von Planung und Statistik abgesehen, haben IWWS in diesen Betrieben insbesondere die artikelweise Bestandsführung, die Erstellung der Lieferpapiere, die Steuerung der Kommissionierung und Auslieferung und die Fakturierung wahrzunehmen.

Die zeit- und fachgerechte Erfüllung dieser Aufgaben verlangt meistens eine Rechenanlage mit großer Speicherkapazität. Der Kauf auf Rechnung bzw. Kreditverkauf bietet bei diesen Betriebsarten zudem die Möglichkeit, zusammen mit den gespeicherten Daten der Kundenkartei neben den warenorientierten auch aussagefähige kundenorientierte Informationen zu gewinnen. In einer ersten Stufe können demographische und geographische Kundenmerkmale ausgewertet werden. Diese können dann mit Verkaufsvorgängen in Beziehung gesetzt werden, z.B. für die Erfolgskontrolle des Prospektversandes, die Analyse des Käuferverhaltens im Hinblick auf demographische Merkmale und die Ermittlung des Kundeneinzugsgebietes. Diese Informationen sind zwar aussagefähiger als beim anonymen Barkauf, andererseits können aber psychographische Merkmale wie Nutzenerwartungen, Einstellungen und Bedürfnisse so nicht einbezogen werden.

Im Cash & Carry- (Selbstbedienungs-) Großhandel, Selbstbedienungseinzelhandel (Supermärkte, SB-Warenhäuser u.a.) und Bedienungseinzelhandel wird die Ware direkt durch den Kunden ausgewählt, sofort bezahlt und mitgenommen. Bei diesen Betrieben sind nicht alle der oben genannten Aufgaben eines IWWS erforderlich. Zum Beispiel entfällt die Erstellung der Lieferpapiere und die Steuerung der Kommissionierung und Auslieferung. Andererseits gibt es in diesen Betrieben spezielle DV-Einrichtungen zur rationelleren Warenausgangserfassung und -kontrolle wie z.B. Datenkassen. Eine Kundenanalyse ist bei diesen Betrieben nur mit Kundenkarten oder, bei Verwendung von Kreditkarten, durch Abrufen der Kundendaten aus der Finanzwirtschaft möglich. Nach Sova/Piper (1985, S. 51) sind bei dieser Betriebsart kleinere Rechenanlagen als beim Bedienungs- bzw. Liefergroßhandel und Versandhandel ausreichend.

3.4 Warenart

IWWS beziehen sich primär auf die Erfassung ökonomischer Produktmerkmale (Auftragsmenge, Einstands- und Verkaufspreis usw.) und sekundär auf die physische Beschaffenheit der Waren. Darüber hinaus nennt Schiffel (1984, S. 9 ff.) Kriterien, die auf die Gestaltung von IWWS Einfluß haben:

- Mengeneinheit
- offene/verpackte Ware,
- Volumen
- Wert und
- sonstige Merkmale.

Diese Merkmale führen weg von der IWWS-Universallösung hin zu einer großen branchenspezifischen Vielfalt der Ausgestaltung von IWWS.

4 KOSTEN EINES IWWS

4.1 Einmalige Kosten

Die Kosten für die Hardware und Betriebssoftware hängen von der gewählten Konfiguration ab. Für eine Grundausstattung mit Zentraleinheit einschließlich Betriebssoftware, Bildschirm, Speicher und Drucker, die für Betriebe mit 1 Mio. DM Jahresumsatz ausreichend sein kann, sind etwa 15.000 DM zu veranschlagen (vgl. Fontaine 1986, S. 140).

Während die Betriebssoftware mit zur Grundkonfiguration gehört, ist die Anwendungssoftware ein selbständiger Kostenfaktor und je nach Ausschöpfung des Angebots unterschiedlich hoch. Nach Schulte (1981, S. 163) liegen zwei Drittel der Softwarepakete zwischen 10.000 - 50.000 DM. Inzwischen sind die Preise aber gefallen. Fontaine (1986, S. 134 ff.) nennt 15.000 DM für ein Ein-Platz-System ohne Filialverwaltung, aber mit Organisation für automatische Etikettenlesung. Je nach (Branchen-) Angebot bestehen erhebliche Bandbreiten, wobei nur das Basismodul, mit dem man allein meist wenig anfagen kann (bestenfalls kann es z.B. ein wareneingangsorientiertes Programm enthalten), einheitlich für 4.000 - 6.000 DM angeboten wird.

Zusätzlich zu den genannten Kosten fallen noch Kosten für Informationsgewinnung, Planung, Umbauten und Büromöbel, Umorganisation und Anpassung sowie Schulungsmaßnahmen in unterschiedlichem Maße an. Im weiteren Sinne können auch die Erstfassungen der Stammdaten zu den Kostenfaktoren gezählt werden (vgl. Kirchner/Zentes, 1984, S. 66 f.; Fontaine 1986, S. 131 f.).

4.2 Laufend anfallende Kosten

Zu den laufend anfallenden Sachkosten zählen z.B. Druckpapier, Etiketten, DV-gerechte Formulare, Disketten und der Stromverbrauch. Für den Facheinzelhandel geht Fontaine (1986, S. 141) von Durchschnittskosten dieser Art in Höhe von 150,- DM pro Monat aus.

Die Kosten für die Software-Pflege und Hardware-Wartung können mit rund 1 % pro Monat vom Kaufpreis angesetzt werden, unabhängig davon, ob sie kontinuierlich wie beim Wartungsvertrag oder fallweise bei Störungen anfallen. Bei den oben erwähnten Leasingverträgen sind die Pflege- und Wartungskosten in den Leasingraten enthalten. Werden Schulungen bzw. Weiterbildungen durchgeführt, müssen auch diese Kosten berücksichtigt werden. Schließlich sollten Kommunikationskosten mit dem Anbieter beachtet werden (vgl. Fontaine 1986, S. 134).

Personalkosten und Kapitalzinskosten sind anzusetzen, soweit sie spezifisch für das IWWS sind. Wird im Rahmen der Lieferantenintegration der SEDAS-Daten-Service genutzt, so fallen (neben einmaligen Implementierungskosten) 0,20 DM für jede Bestellung und 0,01 DM für jede Positions- bzw. Textzeile an.

5 NUTZEN INTEGRIERTER IWWS

5.1 Operativer Nutzen

Der Hauptnutzen liegt allgemein in der Kostensenkung, speziell in der besseren Wareneingangskontrolle durch den automatischen Bestellabruf. Reklamationsfristen können so besser eingehalten werden. Kirchner/Zentes (1984, S. 22 f.) und Ebert (1986, S. 125) weisen auf enorme Einsparungsmöglichkeiten im Bereich der Rechnungs- und Konditionenkontrolle hin. So zeigten Untersuchungen von McKinsey, daß in Einzelhandelsbetrieben rund 15 % der eingehenden Rechnungen falsch (meist überhöht) ausgestellt waren. Auch die Behandlung von Retouren wird vereinfacht.

Der Nutzen für die Lagerwirtschaft ergibt sich aus einer genaueren und besseren Lagerbestandführung und -disposition. Dies führt zu

- geringerem Lagerbestand bzw. höherem Lagerumschlag (und damit wieder höherer Verkaufs- bzw. Lieferbereitschaft),
- weniger Schwund bzw. Inventurdifferenzen,
- geringerem Veralterungs- bzw. Verderbsrisiko sowie
- besserer Nutzung des Lagerraums und höherer Effizienz der Lagerprozesse.

Damit wird eine geringere Kapitalbindung verwirklicht.

Neben der besseren Auftrags- und Versandabwicklung, die für den Groß- und Einzelhandel spezifisch sind, ergibt sich vor allem eine rationellere Warenausgangserfassung und -kontrolle, insbesondere für den Einzelhandel und für Cash & Carry-Betriebe.

Mit IWWS und der genaueren Bestellplanung, -steuerung und -überwachung ist eine

- bessere Bestelldisposition,
- schnellere und sichere Bestellabwicklung (besonders bei der Integration von Lieferanten) und damit
- schnellere Warenbeschaffung

möglich. Die Vorteile resultieren aus einer besseren Nutzung der Einkaufschancen in Verbindung mit einer verbesserten Lieferantenauswahl innerhalb des Sortiments, geringerem administrativen Aufwand und größerer Fehlerfreiheit bei der Bestellabwicklung sowie einer verbesserten Koordination mit anderen Unternehmensbereichen, insbesondere der Lagerhaltung. Der Zielkonflikt zwischen minimalen Lagerkosten und hoher Verkaufsbereitschaft wird verringert.

5.2 Strategischer Nutzen

Der über das Periodenergebnis hinausreichende Nutzen ergibt sich in erster Linie aus der Verbesserung der Wettbewerbsposition durch adäquate Nutzung der Informationen des Marketing- und Managementinformationsmoduls. Im einzelnen werden dabei:

- eine bessere Sortimentssteuerung und -politik,
- ein gezielterer Einsatz sonstiger absatzpolitischer Maßnahmen,
- eine verbesserte Personal- und Kasseneinsatzplanung,
- eine Deckungsbeitrags- und Spannungsoptimierung und
- eine schnelle Aufdeckung von Inventurdifferenzen

ermöglicht. Daneben ist eine Verbesserung des Images durch bessere Qualität der meisten Handelsfunktionen nicht zu übersehen.

LITERATUR

Althoff, T.: Innovation als Antwort auf neue Herausforderungen. In: BAG Nachrichten, 10 (1986), S. 4-5

Anselstetter, R.: Betriebswirtschaftliche Nutzeffekte der Datenverarbeitung, 2. Aufl., Berlin u.a. 1986

Böcker, F.: Größenbedingte Vor- und Nachteile in der Informationswirtschaft. In: Treis, B. (Hrsg.), Der mittelständische Einzelhandel im Wettbewerb, München 1981, S. 187-209

Ebert, K.: Warenwirtschaftssysteme und Warenwirtschafts-Controlling, Diss., Frankfurt/Main u.a. 1986

Fontaine, J.: Computer-gestützte Warenwirtschaft im Facheinzelhandel, Köln 1986

Kirchner, J.D.; Zentes, J.: Führen mit Warenwirtschaftssystemen, Düsseldorf u.a. 1984

Mason, B.; Mayer, M.: Retail Merchandise Information Systems for the 1980's. In: Journal of Retailing, 1 (1980), S. 35-40

Milde, H.: Der unkontrollierten Datenflut Schach bieten. In: Lebensmittel Praxis, 11 (1987), S. 24-29

Schiffel, J.: Warenwirtschaftssysteme in Einzelhandel, Diss., Augsburg 1984

Schminke, L.: Die Informationspolitik von Handelsbetrieben. Eine Analyse des Informationswesens von Handelsbetrieben in kooperativen Gruppen unter besonderer Berücksichtigung des Bereiches Warenwirtschaft, Diss., Göttingen 1981

Schulte, K.; Steckenborn, I.; Blasberg, L.: Systeme der Warenwirtschaft im Handel. Eine Einführung für Mittelbetriebe, Köln 1981

Sova, O.; Piper, J.: Computergestütze Warenwirtschaft im Handel, Köln 1985

Tietz, B.: Der Handelsbetrieb: Grundlagen der Unternehmenspolitik, München 1985

Wachter, T.: Geschlossene Warenwirtschaftssysteme im Handel. In: Thexis, 1 (1988), S. 68-73

West, R.: Gesetzmäßigkeiten von Warenwirtschaftssystemen. In: BAG (Hrsg.), Warenwirtschaft - Schicksal des Einzelhändlers, Köln 1987, S. 23-72

Wölk, A.: Auswirkungen von Warenwirtschaftssystemen. In: Mitteilungen aus der Forschungsstelle für den Handel Berlin, 1 (1987), S. 1-3

Zentes, J.; Hilgers, B.: Verbesserung der Entscheidungsqualität im Handel durch Expertensysteme. In: Trommsdorff, V. (Hrsg.), Handelsforschung 1986, Heidelberg 1986, S. 89-104

DPR: Direkte-Produkt-Rentabilität
Neue Praxis der Direktkostenrechnung im Handel

Christian Behrends, Fulda

Die betriebswirtschaftlichen Erkenntnisse, die sich mit dem in der Praxis der Absatzwirtschaft derzeit intensiv diskutierten "DPR-Modell" verbinden, sind keineswegs grundlegend neu, im Gegenteil, viel klassisches Gedankengut zur Kostenrechnung im Handel wird jetzt von der Praxis aufgegriffen und dabei anwendungsbezogen aktualisiert und modifiziert – aufgrund betrieblicher Notwendigkeiten einerseits und datentechnischer Realisierungsmöglichkeiten andererseits.

Auch die Unvermeidbarkeit methodischer Kompromisse, erzwungen durch betriebliche Ziele und Grenzen der "Machbarkeit" in der Praxis, stehen dabei zur Diskussion, Aspekte, die dem Verfasser, der sich als Lehrender an einer Fachhochschule der Aufgabe des Wissens-Transfers aus dem Hochschulbereich in die betriebliche Praxis besonders verpflichtet fühlt, einen Beitrag zur Thematik der Direkten-Produkt-Rentabilität sinnvoll erscheinen lassen.

1 NEUE TECHNOLOGIEN ALS KATALYSATOR BETRIEBSWIRTSCHAFTLICHER VERFAHRENSTECHNIKEN

Nicht selten sind neue, gegenüber dem bisherigen Standard leistungsfähigere Technologien erforderlich, um gar nicht so neuen betriebswirtschaftlichen Verfahrenstechniken auf sowohl effiziente als auch wirtschaftliche Weise Eingang in die betriebliche Praxis zu verschaffen. Diese These bestätigte sich einmal mehr bei der Einführung sog. "Warenwirtschaftssysteme" in die Praxis des Einzelhandels. Man versteht darunter entsprechend einer Definition des Arbeitskreises "Warenwirtschaft" beim Kölner Institut für Selbstbedienung und Warenwirtschaft (ISB) "ganzheitlich zu betrachtende Verfahren zur rationellen Erfassung und Verarbeitung von Warenbewegungsdaten in Menge und Wert und daraus resultierende Informations- und Kommunikationssysteme zur Überwachung und Steuerung des Warenflusses" (Behrends 1988b, S.340).

Im "geschlossenen" Warenwirtschaftssystem werden alle Bewegungs- und Bestandsdaten der Waren eines Handelsunternehmens vom Eingang bis zum Aus-

Handelsforschung 1988
Hrsg. Volker Trommsdorff

gang wert- und mengenmäßig erfaßt und zu Informationen für die Analyse, Kontrolle und Steuerung der Warenbewegungen und -bestände aufbereitet.

Unbedingte Voraussetzung für ein wirklich geschlossenes Warenwirtschaftssystem, das *alle* Warenströme in der notwendigen Detaillierung und mit der erforderlichen Aktualität einbegreift, ist ihre *artikelgenaue* Erfassung.

Das dieser Forderung bis vor wenigen Jahren entgegenstehende Problem einer aktuellen artikelgenauen *Abverkaufs*-Erfassung an den Kassenplätzen ist heute durch die Scannertechnologie in Verbindung mit dem Preis- und Text-Abruf-Verfahren zumindest prinzipiell gelöst.

Die Tatsache, daß derzeit in der Bundesrepublik mehr als 1 500 Märkte mit solchen Systemen ausgestattet sind, macht die zunehmende Durchsetzung der neuen Technologie und der dadurch realisierbaren Warenwirtschaftssysteme erkennbar.

Sowohl artikelgenaue als auch sinnvoll verdichtete Informationen über Umfang und Struktur der verschiedenen Umsatz- und Umschlagprozesse im Handelsbetrieb machen gegenwärtig den Inhalt des Warenwirtschaftssystems aus, stehen für die Fundierung und Kontrolle sortimentspolitischer und logistischer Entscheidungen zur Verfügung – ein beachtlicher Fortschritt für die Handelsbetriebsführung, ermöglicht durch den Einsatz einer neuen Technologie!

Ein ähnlicher Schritt wird gegenwärtig wiederum in der handelsbetrieblichen Praxis vollzogen. Will man nämlich die Warenwirtschaft nicht allein umsatz-, sondern auch ertragsorientiert steuern, was angesichts des scharfen Wettbewerbs und des stetig zunehmenden Kostendrucks unabdingbar sein dürfte, sind diese Informationen allein nicht ausreichend. Man benötigt ergänzend Daten über die "Ertragskraft" der verschiedenen Artikel und Sortimentsgruppierungen.

Folgerichtig führte in der Praxis der Weg zunächst weg vom reinen "Umsatz-" hin zum sog. "Spannendenken", d. h. der Ausrichtung vieler Entscheidungen an der Spanne, der Differenz von Endverbraucherabgabe- und Einstandspreisen.

Heute ist man sich im Handel – aber auch bei den mit ihm in Lieferbeziehungen stehenden Herstellern – darüber im klaren, daß diese sog."Brutto"-Spanne eine ergebnissteuernde Funktion für warenwirtschaftliche Entscheidungen nicht in befriedigender Weise übernehmen kann, weil sie die ergebnisbeeinflussenden Kosten des Betriebes vernachlässigt.

Diese Aufgabe soll jedoch nach Auffassung zahlreicher namhafter Unternehmen in Handel und Industrie künftig der sog. "Direkten-Produkt-Rentabilität" (DPR) zukommen, einer bis auf den einzelnen Artikel zugreifenden Ergebniskategorie, die sich als Deckungsbeitrag nach dem mit *Abbildung* 1 veranschaulichten Schema errechnet (Behrends 1988a, S.7).

Netto-Verkaufspreis	= um Mehrwertsteuer sowie alle Nachlässe und Erlösschmälerungen reduzierter Endverbraucherabgabepreis
abzüglich	
Netto-Netto-Einkaufspreis	= um alle Rabatte, WKZ und sonstige Vergütungen bereinigter Einkaufspreis
abzüglich	
Direkte Produkt-Kosten DPK	= direkt zurechenbare Handelskosten
ergibt	
Direkte Produkt-Rentabilität DPR	= Deckungsbeitrag zur Abdekkung der nichtzurechenbaren Kosten und des Gewinns

Abbildung 1: Rechenschema der DPR-Rechnung

Auch der Einsatz des für die Berechnung dieser Größe von der Unternehmensberatungs-Gesellschaft McKinsey mit Förderung durch das amerikanische Food-Marketing-Institute (FMI) entwickelten sog. "DPP-Modells" und seiner von einer Arbeitsgruppe des Instituts für Selbstbedienung und Warenwirtschaft (ISB) erarbeiteten deutschen Variante, des ISB-DPR-Modells, erfordert eine neue Technologie.

Das Modell arbeitet auf einem Personal-Computer mit der Standard-Software LOTUS 1-2-3. Für die Massenverarbeitung der Daten vieler Artikel ist darüber hinaus die Hilfe eines Datenbanksystems unabdingbar (ISB 1988, S.4).

Die strikte Bindung der praktischen Nutzung auch dieses Instrumentes an eine neue leistungsfähige Technologie für die Datenerfassung und Datenverarbeitung wird erkennbar, wenn man sich vor Augen führt, daß ein prinzipiell gleichartiges Vorläufer-System von McKinsey bereits in den 60er Jahren entwickelt wurde, auch in der Bundesrepublik zur Verfügung stand (ISB 1964), in der Handelspraxis jedoch nicht eingesetzt wurde, weil mit der seinerzeit verfügbaren Hardware diese Aufgaben nicht wirtschaftlich zu bewältigen waren. Heute jedoch sind die technischen Einsatzvoraussetzungen zumindest prinzipiell erfüllt, und man ist daher in der Praxis dabei, das neue nachstehend zu erläuternde System der Direktkostenrechnung zu installieren und zu nutzen.

Neuere Umfragen zeigen, daß immerhin bereits 18 % der befragten Einzelhandelsunternehmen das DPR-Modell einsetzen und daß sich dieser Prozentsatz der Anwender bis 1993 auf nahezu 100 % steigern wird (Touche-Ross 1988, S. 1).

2 BESTIMMUNGSFAKTOREN DER DIREKTEN-PRODUKT-RENTABILITÄT

Die Direkte-Produkt-Rentabilität (DPR) eines Artikels errechnet sich – wie oben bereits erkennbar wurde –, indem von dem um Mehrwertsteuer, etwaige Nachlässe und Erlösschmälerungen bereinigten Verkaufspreis nacheinander der Netto-Netto-Einkaufspreis sowie die Direkten-Produkt-Kosten (DPK) abgezogen werden.

Unmittelbar bestimmt wird diese Größe demnach von den folgenden Faktoren:

- Netto-Netto-Einkaufspreis

  Dabei handelt es sich um eine von der Preis- und Konditionenpolitik der Hersteller bestimmte, weitgehend "manipulationsfähige" und intransparente Kategorie, die durch Markt- und Machtgegebenheiten geprägt wird.

- Endverbraucher-Abgabepreis

  Auch dies ist eine "manipulationsfähige", betriebsindividuelle Größe, die von der durch lokale, regionale und nationale Wettbewerbsgegebenheiten geprägten Preis- und Aktionspolitik des Handels bestimmt wird.

- Direkte-Produkt-Kosten

  Sie sind das Ergebnis des struktur- und prozeßbedingten Faktoreinsatzes auf der Großverteiler- und Endverteilerstufe des Handels.

Auf dem Hintergrund dieser spezifischen Eigenheiten der Determinanten der Direkten-Produkt-Rentabilität sind für das Verständnis der nachfolgend beschriebenen Inhalte und Arbeitsweise des DPR-Modells zwei Feststellungen von grundlegender Bedeutung:

Erstens: Die in die Berechnung der Direkten-Produkt-Rentabilität (DPR) einfließenden Daten sind dem einzelnen Handelsbetrieb auch bisher durchaus verfügbar – mit Ausnahme der Direkten-Produkt-Kosten!

Zweitens: Das DPR-Modell ist von seinen Initiatoren nicht allein auf einzelbetriebliche Belange im Handel hin entwickelt worden, sondern auch für die überbetriebliche Nutzung im zwischenbetrieblichen Vergleich von Handelsbetrieben und die Kommunikation mit den Herstellern (Schneider 1986).

Die Gründe dafür liegen auf der Hand, denn auch die Produzenten sind verständlicherweise an der Direkten-Produkt-Rentabilität ihrer Artikel interessiert, werden sie doch von den Urteilen der Handelsbetriebe über ihre Produkte und den daraus folgenden Entscheidungen, im Extremfall beispielsweise der Forderung nach günstigeren Konditionen oder gar der Auslistung, unmittelbar betroffen.

Nun ist unverkennbar, daß produkt- und programmpolitische, aber auch distributionspolitische und logistische Entscheidungen der Hersteller von Einfluß sind auf die in den Handelsbetrieben anfallenden Kosten. Man denke nur an die Bedeutung der Verpackungsart und -form oder an die Fixierung von Gebindegrößen, Bestell- und Verladeeinheiten.

Die Hersteller sind daher sowohl im eigenen als auch im Interesse ihrer Handelspartner bestrebt, über von ihnen beeinflußbare Kostenkategorien auf die Direkten-Produkt-Kosten und damit auf die Direkte-Produkt-Rentabilität ihrer Erzeugnisse im Handel Einfluß zu nehmen.

Das aber setzt die Kenntnis der Kostenkategorien, der Kostenabhängigkeiten sowie der Abläufe und Abgrenzungen der kostenverursachenden Funktionsabläufe im Handel voraus. Aus diesem Grunde hat man sich entschlossen, das DPR-Modell prinzipiell durchschaubar, vergleichbar und damit kommunikationsfähig zu machen.

Dabei erwiesen sich naheliegenderweise die Kosten als die Komponente des Modells, die – im Unterschied zu den anderen, auf politische Entscheidungen der Marktpartner zurückgehenden Einflußfaktoren – am ehesten einer als Voraussetzung der überbetrieblichen Kommunikation erforderlichen formalen Standardisierung zugänglich ist.

Man hat daher insbesondere die Direkte-Produkt-Kosten-Rechnung als Bestandteil des DPR-Modells in eine standardisierte Form gebracht, was sich in einheitlichen Abgrenzungs-, Erfassungs- und Berechnungsmodalitäten der Kostenkategorien niederschlägt.

Die Konsequenz aus diesen Überlegungen zeigt sich einerseits darin, daß im Mittelpunkt des als methodischer Standardisierungsansatz zu wertenden ISB-DPR-Modells die Direkten-Produkt-Kosten stehen. Zum anderen arbeiten in den Arbeitsgremien des ISB Fachleute aus Handels- und Industrieunternehmen gemeinsam an praktikablen Problemlösungen.

Als Ergebnis dieses Bemühens wurde zum Jahresanfang 1988 den mitwirkenden Unternehmen die Version 1.0 des ISB-DPR-Modells zum Test zur Verfügung gestellt.

3 METHODISCHE GRUNDLAGEN DER DIREKTEN-PRODUKT-KOSTEN-RECHNUNG

Bereits in seinem grundlegenden Aufsatz "Zur Frage der Kostenrechnung in Handelsbetrieben" stellt Paul Nowak fest, daß "im Handelsbetrieb die Gemeinkosten stark in den Vordergrund (treten) und unter diesen wiederum die Fixkosten. Ist deren Zurechnung auf Kostenstellen und Kostenträger bereits in der industriellen Kostenrechnung mit gewissen Schwierigkeiten verbunden, so wird das Problem einer hinreichenden Genauigkeit in der Kostenrechnung des Handels geradezu unlösbar" (Nowak 1961, S. 626).

Hier wird die Kernfrage der Kostenrechnung in Handelsbetrieben angesprochen, und Nowak deutet bereits die Fragwürdigkeit der naheliegenden logischen Konsequenz aus dieser Problematik an, die darin liegen würde, "auf die Zurechnung der Gemeinkosten – insbesondere der Fixkosten – überhaupt zu verzichten, sofern dadurch die Erfüllung der Aufgaben und Zwecke der Kostenrechnung im Handelsbetrieb nicht gefährdet würde" (Nowak 1961, ebenda).

Zu diesen Aufgaben zählt er "die Betriebskontrolle und Betriebsanleitung einerseits sowie die Sortimentsgestaltung und Preisermittlung andererseits" und anerkennt dabei die Bedeutung einer klaren "Auskunft durch eine leistungsfähige Kostenrechnung". Diese Bedeutung ist mit Sicherheit angesichts des "Wandels in der Aufgabenstellung der Kosten- und Leistungsrechnung von Dokumentationsaufgaben zu Kontroll- und Entscheidungsaufgaben" in den letzten Jahren noch gestiegen (Nowak 1961, ebenda).

So verwundert kaum die in der Praxis zunehmend verbreitete Auffassung, daß Resignation vor der anspruchsvollen Aufgabe von vornherein, der generelle Verzicht auf den Versuch, auch Fix- bzw. Bereitschaftskosten den einzelnen Artikeln und Warengruppen zuzurechnen, angesichts des Gewichts dieser Kosten für das betriebliche Ergebnis nicht in Frage kommen kann. Vielmehr wird versucht, kostentheoretisch akzeptable und dabei in der Betriebspraxis auch realisierbare Lösungen für das Problem einer möglichst weitgehenden artikelgenauen Kostenzurechnung zu erarbeiten.

Wer sich nicht als "reiner" Theoretiker allein dem Streben nach Erkenntnis ohne Rücksicht auf ihre praktische Nutzbarkeit verpflichtet fühlt, die Betriebswirtschaftslehre also – wie der Verfasser – mehr als pragmatische "Kunstlehre" denn als reine Wissenschaft versteht, wird sich einer solchen Aufgabenstellung nicht verschließen können und bereit sein, unter dem Aspekt der Nutzanwendung für die betriebliche Praxis methodische Kompromisse zu schließen und dabei auch "Unschärfe-Relationen" in Kauf zu nehmen.

Die genannte Aufgabenstellung konzentriert sich auf die Frage, ob und wie auch die vom Leistungsumfang unabhängigen Bereitschaftskosten, die letztlich sogar anfallen, wenn gar keine Umsatzleistung erbracht wird, mit einem Anspruch auf Verursachungsgerechtigkeit Sortimentsbereichen, Warengruppen und letztlich sogar einzelnen Artikeln zugerechnet werden können.

Die Antwort auf diese Frage ist für die Möglichkeit der Ermittlung Direkter-Produkt-Kosten in Handelsbetrieben von außerordentlicher Bedeutung, weil sich für diese "in den letzten Jahrzehnten das Gewicht der Fixkostenlast erheblich erhöht" hat (Jaspert 1984, S. 89). Der zunehmende Flächenbedarf für umfangreichere Sortimente und damit verbundene größere Warenbestände findet hier ebenso seinen Niederschlag wie der verstärkte Einsatz technischer Helfer im Gefolge der Rationalisierung im Handel.

Die Problemstellung wurde für das DPR-Modell mit einer Interpretation der Kausalität im Sinne einer "causa finalis" pragmatisch gelöst. Im Sinne des Verursachungsprinzips als Zweck-Folge-Zusammenhang wird als Ursache der Kostenentstehung nicht der Vorgang der Leistungs*erstellung* selbst angesehen, sondern die Tatsache, daß zum Zwecke der Leistungserstellung Produktionsfaktoren bzw. deren Werte eingesetzt werden (Vormbaum 1977, S. 18).

Ergänzend kann man auch so argumentieren, daß gerade im Handelsbetrieb "die Funktionsausübung nicht nur in den getätigten Umsatzakten, sondern ebenfalls in der Betriebs- (oder Umsatz-)bereitschaft (besteht). Fast allen Distributionsfunktionen ist dieses Bereitschaftsmoment eigen, das zu den betriebswirtschaftlich wichtigen Bereitschaftskosten (fixe Kosten oder Kostenbestandteile) führt" (Meyer 1958, S. 661).

"Indirekt lassen sich die durch die Unteilbarkeit der Kostengüter veranlaßten Wirkungen (= das Auftreten von Fixkosten! C.B.) auf die Funktionsausübung zurückführen, da die Funktionserfüllung den Einsatz der Kostengüter bestimmt" (Meyer 1957, S. 248).

In diesem Sinne können also Leistungsbereitschaftskosten als durch die betrieblichen Leistungen insgesamt verursacht gelten und ihnen zugerechnet werden. Allerdings besteht zwischen diesen Kosten und der einzelnen Leistungseinheit kein direkter Zusammenhang, sondern ein Zusammenhang liegt nur insoweit vor, als den gesamten Fixkosten einer Periode die Gesamtmenge der in dieser Periode erstellten Leistungen gegenübersteht.

Für bestimmte Fragestellungen an die Kostenrechnung erscheint es jedoch notwendig und zulässig, die Fixkosten je Leistungseinheit direkt im Wege der Durchschnittsbildung zu ermitteln.

Der sich hierbei ergebende Kostenbetrag je Einheit darf allerdings nicht als der Betrag angesehen werden, den die betreffende Leistungseinheit im strengen Sinne ursächlich bewirkt hat; er ist nichts anderes als eine statistisch bestimmte Durchschnittsgröße, deren Berechnung durch den bestehenden Zweck-Folge-Zusammenhang begründet ist (Vormbaum 1977, S.18 f.).

Konkret läßt sich der auf der Basis einer Zweck-Folge-Relation beruhende Weg der Kostenzurechnung auf das einzelne Stück eines Artikels als Kostenträger beispielhaft wie folgt darstellen:

Die Entscheidung eines Handelsbetriebes, einen bestimmten Artikel in seinem Sortiment zu führen, hat unabdingbar beispielsweise eine bestimmte, in ihrer Höhe unter verschiedenen Aspekten zu fixierende Bevorratungsmenge und damit auch den für ihre Lagerung und Präsentation erforderlichen Lagerraum sowie die entsprechende Präsentationsfläche im Warenträger – besser: die damit verbundenen Kosten – zur Folge. Diese Kosten werden im Wege der Durchschnittsbildung jedem einzelnen diese Funktionen – hier Lagerung und Präsentation – in Anspruch nehmenden Stück des Artikels zugerechnet.

Analog läßt sich dieser Zurechnungsvorgang für die anderen weiter unten beschriebenen im DPR-Modell erfaßten Kosten betrieblicher Gliedprozesse darstellen.

Die Tatsache, daß die kostenverursachende Leistungsbereitschaft des Lagers oder der Warenträger in einem Supermarkt beispielsweise auch für andere Artikel genutzt werden könnte, denen dann in der geschilderten Weise die anteiligen Kosten zuzurechnen wären, dürfte sich kaum störend auswirken. So wie ein Unternehmen nämlich generell seine Kapazitäten, im Beispiel die Leistungsbereitschaft des Lagers oder Warenträgers, dem einen oder anderen Verwendungszweck widmen kann, hier dem Artikel A oder B, lassen sich dann folgerichtig auch die mit dieser Kapazität oder Leistungsbereitschaft verbundenen Kosten auf den einen oder anderen Artikel "umlenken" (Falkenroth 1949, S. 557).

Erfaßt werden auf die geschilderte Weise im DPR-Modell sowohl variable als auch fixe Kosten, maßgeblich für ihre Zurechenbarkeit ist eine direkte Verbindung mit einem der verschiedenen warenbezogenen betrieblichen Gliedprozesse. Werden die Kosten unmittelbar durch einen solchen Prozeß hervorgerufen – gleichgültig ob durch seine effektive Abwicklung oder durch die Leistungsbereitschaft für diesen Prozeß –, so gelten sie als den diesen Prozeß durchlaufenden Artikeln zurechenbar und werden entsprechend verrechnet.

Als Leistungseinheiten und Kostenträger werden für die Zwecke der Ermittlung der Direkten-Produkt-Rentabilität die Einzelstücke eines Artikels angesehen. Für diese wiederum sehr pragmatische Betrachtungsweise sprechen zwei Erwägungen:

Zum einen die Tatsache, daß sich den gleichen Einheiten außer den Kosten relativ problemlos auch entsprechende Erlöse verursachungsgerecht zurechnen lassen, *zum anderen,* daß für die mit den oben genannten Zielen erforderliche Kommunikation zwischen Handels- und Herstellerbetrieben die Ware als "Regiefaktor" (Buddeberg) einvernehmlich und eindeutig sowohl als Kosten- als auch als Leistungsträger angesehen werden kann, was für manche andere in der Theorie als Kostenträger für den Handel vorgeschlagenen Kategorien kaum gelten dürfte.

4 DIE ARBEITSWEISE DER DIREKTEN-PRODUKT-KOSTEN-RECHNUNG

4.1 Der Dateninput des DPR-Modells

Das Programm des DPR-Modells (siehe *Abbildung 2*) verknüpft für die Errechnung der Direkten-Produkt-Kosten und der Direkten-Produkt-Rentabilität einzelner Artikel bestimmte exakt definierte produktspezifische Daten mit sog. "Handelsbasis-Daten", d.h. auf der Zentral- und Einzelhandels-Stufe eines Handelsbetriebes erfaßte Produktivitäts- und Kostenfaktoren (Dammann-Heublein 1988, S. 18 ff.).

Die *produktspezifischen Daten* umfassen Informationen zur Produktidentifikation und -beschreibung, die physischen Abmessungen, Abpackungs- und Palettierungsinformationen sowie die Codierung der Art und des Umfanges der von dem jeweiligen Artikel im Handelsunternehmen zu durchlaufenden Gliedprozesse. Letztlich handelt es sich dabei um alle artikelspezifisch kostenverursachenden Faktoren, da-

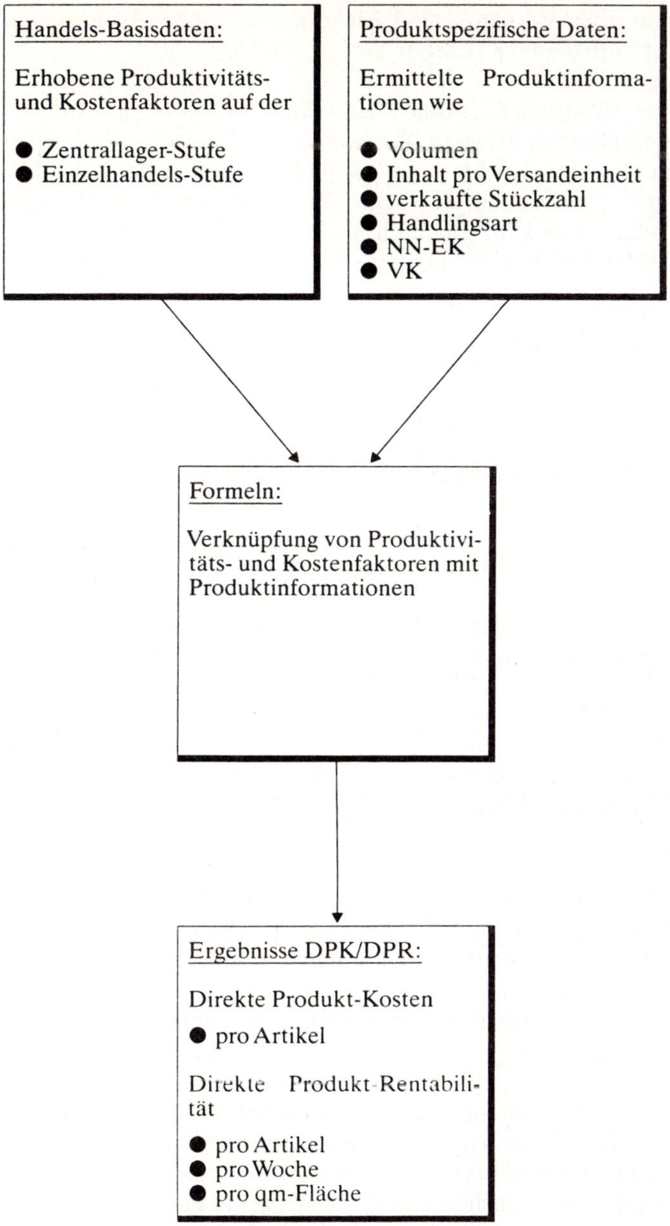

Abbildung 2: DPR-Modellkomponenten

zu kommen Informationen über Verkaufs- und Einkaufspreise und -konditionen sowie Lieferungs- und Verkaufsmengen (Escher 1988, S. 34 ff.).

Für die Ermittlung der sog. "*Handels-Basisdaten*" sind die verschiedenen warenbezogenen Gliedprozesse detailliert zu erfassen. Für die Spezifizierung der einzelnen Artikeln zuzurechnenden Kosten verzichtet man nämlich auf den in der betrieblichen Praxis kaum erfolgversprechenden Versuch, den Gesamtkostenblock einer Großverteiler-Zentrale oder eines Einzelhandelsmarktes global in zurechenbare (= überwiegend variable) und nicht-zurechenbare (= überwiegend fixe) Kosten aufzuspalten.

Bei der Ermittlung der Direkten-Produkt-Kosten geht man vielmehr wiederum sehr pragmatisch vor, indem man sukzessive bestimmte durch konkret abzugrenzende und zu erfassende warenbezogene betriebliche Gliedprozesse hervorgerufene Kosten aus dem Gesamtkostenblock herauslöst und sie dann den von diesen Prozeßabläufen berührten Artikeln anteilig zuordnet.

4.2 Die Erfassung warenbezogener Gliedprozesse

Zu diesem Zweck ist zunächst die nicht einfache Aufgabe zu lösen, das "Mengengerüst" der Kosten möglichst präzise zu erfassen, um anschließend durch Multiplikation mit den "Faktorpreisen", d. h. mit Lohnstundensätzen, Quadratmetermietpreisen und ähnlichen Geldfaktoren, die monetären Kosten zu ermitteln.

Das Mengengerüst der Kosten konkretisiert sich für diese Gliedprozesse in meßbaren Größen wie Minuten und Sekunden, Meter und Quadratmeter, Stück, Volumen, Kilogramm u.ä.

Um es zu erfassen, sind in den Zentralen und Märkten umfangreiche Zeitmessungen und Arbeitsablaufstudien, Flächen-, Volumen- und Kontaktstreckenvermessungen und ähnliche Erhebungen erforderlich (Dammann-Heublein 1988).

In der Praxis hat sich dabei eine Unterscheidung ergeben zwischen folgenden Kategorien:

1. Waren*bereichs*-spezifische Produktivitäten mit genereller Geltung für einen ganzen Warenbereich, z.B. für das Trockensortiment das Entladen von Paletten oder Rollcontainern vom LKW bzw. ihr Transport ans Regal. Innerhalb des Warenbereichs sind hierbei für verschiedene Warengruppen und Artikel keine kostendifferenzierenden Unterschiedlichkeiten festzustellen, wohl aber gegenüber anderen Warenbereichen, wie z.B. den Frischwaren.

2. Waren*gruppen*-spezifische Produktivitäten mit genereller Geltung für die gesamte Warengruppe, so z.B. für Getränke die Stapelplacierung, das Leergut-handling oder die Pfandabrechnung. Innerhalb der Warengruppe sind keine Differenzierungen der Produktivitäten und damit der Kosten dieser Gliedprozesse für verschiedene Artikel festzustellen.

3. Schließlich gibt es *artikel*-spezifische Daten mit Kostenrelevanz, so die Kontaktstrecke im Regal, die Umsatzmenge, den Lagerbestand und die Lagerdauer, die Bestellmenge und Bestellhäufigkeit u.ä. In Abhängigkeit von der artikelspezifschen Ausprägung dieser Kostenbestimmungsgrößen errechnen sich unterschiedliche Kostenbelastungen für die einzelnen Artikel.

Die Direkten-Produkt-Kosten für einen Artikel insgesamt ergeben sich aus der Zusammenfassung dieser drei Komponenten für von ihm durchlaufene Gliedprozesse. *Abbildung 3* zeigt den im DPR-Modell formelmäßig fixierten Zusammenhang als Blockdiagramm für das Beispiel der Raum- und Einrichtungskosten pro Verbraucherpackung (VP) eines Artikels für den Prozeß der Regalplacierung (vgl. zur Programmlogik des DPR-Modells: Bennighoff 1988 sowie zur Veranschaulichung als Beispiel Abbildung 3).

Auf der Großverteiler-Stufe werden auf die beschriebene Weise die Kosten der Disposition, der Warenannahme, des Ein- und Umlagerns, des Kommissionierens, des Transports und des Leerguthandlings erfaßt.

Entsprechend wird auf der Einzelhandelsstufe mit den Kosten der Funktionen: Disposition, Warenannahme, Lagerhandling, Transport ans Regal, Öffnen der Kolli und Auspreisen, Warenplacierung, Wegräumen von Packmaterial und Warenträgern, Kassieren, Leerguthandling und Pfandabrechnung verfahren.

Bei der Erhebung der dafür erforderlichen Daten muß unbedingt von allen das DPR-Modell anwendenden Betrieben eine einheitliche Vorgehensweise sichergestellt sein, um die Vergleichbarkeit und statistische Aufbereitung zu ermöglichen.

Zu diesem Zweck werden in einem vom ISB zur Verfügung gestellten Anwenderhandbuch die genannten warenbezogenen Gliedprozesse exakt beschrieben und abgegrenzt sowie die anzuwendenden Erhebungstechniken erläutert.

4.3 Die Berechnung der Direkten-Produkt-Kosten

Mit Hilfe der für die "DPR-Feldarbeit" vereinheitlichten Verfahren werden in den Handelsbetrieben durch die Beobachtung der betrieblichen Gliedprozesse reale und ergänzend aus dem Rechnungswesen monetäre Größen ermittelt, um die durch die warenbezogenen Prozesse verursachten Kosten berechnen zu können.

In die monetären Faktoren fließen dabei nur die funktionsspezifischen direkten Kosten der jeweiligen Funktionsstellen ein, die Stellen-Einzelkosten. Auf die Einbeziehung von Stellen-Gemeinkosten, "Umlagekosten" für allgemeine und Hilfskostenstellen wird verzichtet.

Konkret heißt das, daß im Rahmen der Direkten-Produkt-Kosten-Rechnung nur die direkten Kosten der Arbeitsplätze einer Funktionsstelle, d.h. Personalkosten, Raumkosten sowie Geräte- und Einrichtungskosten verrechnet, nicht aber als Umlagen auch die Kosten der Geschäftsleitung, ihres Sekretariats oder der Buchhaltung einzelnen Artikeln "angelastet" werden (siehe *Abbildung 4*).

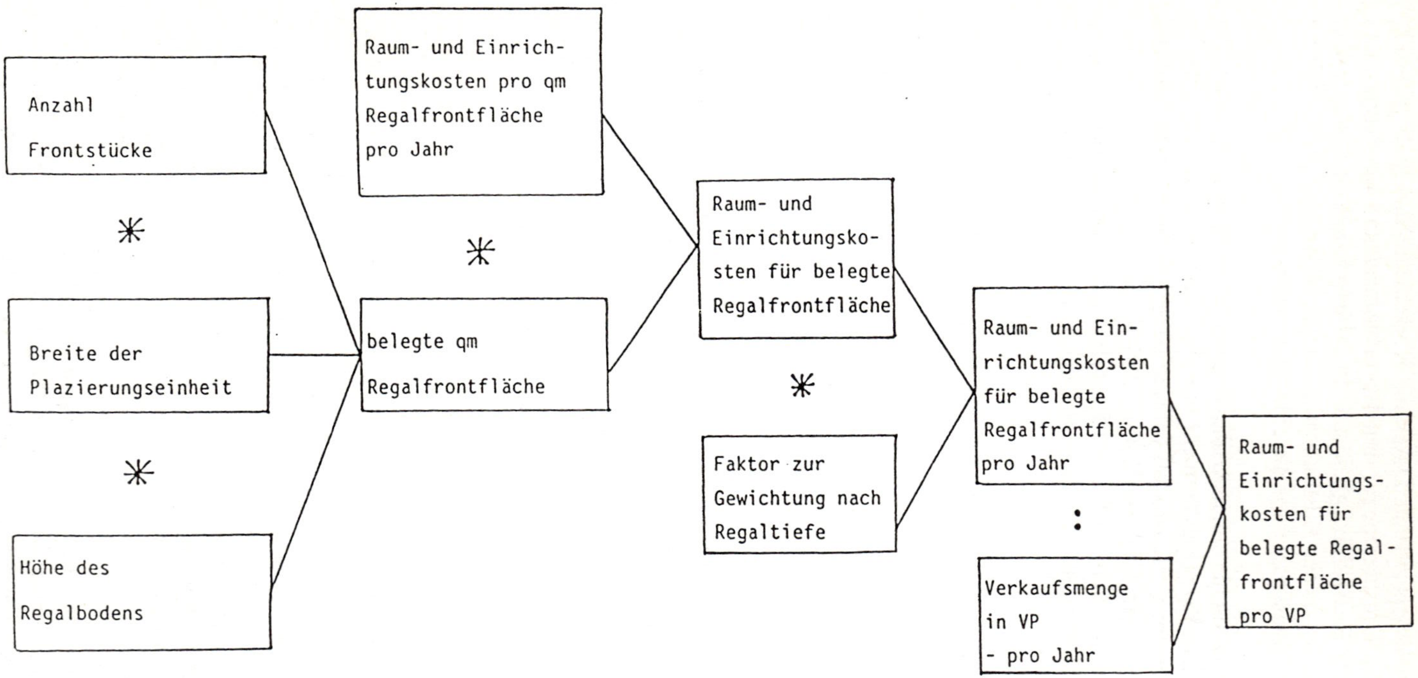

Abbildung 3: DPK-EH: Raum- und Einrichtungskosten für Placierung im Regal

Kostenarten		Berücksichtigung in den Tätigkeitsbereichen	
		Zentrallager-Stufe	Einzelhandels-Stufe
Personalkosten:	für die unmittelbar mit der Ware beschäftigten Personen einschl. aller Nebenkosten wie Sozialabgaben, Prämien, Urlaubs- und Weihnachtsgelder sowie Lohnfortzahlungen im Krankheitsfalle	● Disposition ● Warenannahme ● Einlagern – Umlagern ● Kommissionieren ● Transport ● Leerguthandling	● Disposition ● Warenannahme ● Ein-/Auslagern ● Transport zum Regal ● Öffnen – Auspreisen ● Plazieren ● Wegräumen Packmaterial ● Kassieren ● Leerguthandling
Raumkosten:	für die jeweils beanspruchte Fläche	● Disposition ● Warenannahme ● Lagerhandling: Einlagern, Umlagern Kommissionieren ● Leerguthandling	● Plazierung ● Leerguthandling
Gerätekosten:	für die jeweils verwendeten Geräte wie z.B. PC, Bildschirm, Fahrzeuge, Maschinen, Betriebsstoffe	● Disposition ● Warenannahme ● Einlagern/Umlagern ● Kommissionieren ● Transport ● Leerguthandling	● Disposition ● Öffnen – Auspreisen ● Kassieren ● Leerguthandling
Einrichtungskosten:	für die jeweilige Ausstattung wie z.B. Regale, Möbel etc.	● Disposition ● Warenannahme ● Lagerhandling: Hochregal, Kleinmengenregal	● Einlagern – Auslagern ● Plazieren ● Kassieren

Abbildung 4: Kostenarten in bestimmten Tätigkeitsbereichen

Leistungsbereitschaft läßt sich nur selten in kleinsten Einheiten schaffen, in der Regel entsteht durch eine Investition oder die Einstellung eines Mitarbeiters ein größeres Leistungspotential – und damit verbunden ein bestimmtes Kostenvolumen, Leistungsbereitschaftskosten, beide bezogen auf eine bestimmte Zeiteinheit.

Eine Investition bzw. der Abschluß eines Miet- oder Arbeitsvertrages erfolgen zu dem Zweck, Leistungsbereitschaft zu schaffen und zu nutzen, und zwar letzteres möglichst in vollem Umfang. Der Aufwand der mit der Leistungsbereitschaft verbundenen Kosten erfolgt also zu diesem Zweck, allerdings mit Unsicherheit darüber, in welchem Umfang die Leistungsbereitschaft auch für effektive Leistung genutzt werden kann.

Die mit der geschaffenen Leistungsbereitschaft verbundenen Kosten können grundsätzlich im Sinne des oben erläuterten Zweck-Folge-Zusammenhanges verursachungsgerecht dem Leistungsvolumen, das durch die Leistungsbereitschaft realisierbar wurde, zugerechnet werden, denn zu dem Zweck, dieses Leistungsvolumen zu ermöglichen, z.B. eine bestimmmte Warenmenge zu präsentieren, wurden sie aufgewandt. Sie können als für und durch dieses Leistungsvolumen verursacht gelten.

Wird aber das mögliche Leistungsvolumen nicht in vollem Umfange erbracht, wird das Leistungspotential des Hochregallagers, der Tiefkühltruhe oder einer Verkäuferin nicht voll genutzt, kann man die tatsächlich erbrachte Leistung, die effektiv umgeschlagene Palettenzahl, die tatsächlich verkauften Tiefkühlartikel oder den wirklich getätigten Fleischumsatz, nicht mit den Kosten des gesamten möglichen Leistungspotentials belasten. Die nicht genutzten Kapazitäten wurden noch auf keinen bestimmten Zweck "gelenkt", den man als kostenverursachend ansehen könnte.

Dieser Erkenntnis folgt das DPR-Modell, indem es die "Nutzkosten-Verrechnung" realisiert, die Verrechnung nur der Kosten effektiv genutzter Kapazitäten oder Leistungspotentiale. So werden beispielsweise Personalkosten nur über effektiv für die genannten warenbezogenen Gliedprozesse in Anspruch genommene Zeiten oder Raumkosten nur über tatsächlich genutzte Palettenplätze im Lager bzw. Kontaktstrecken im Laden in die Direkten-Produkt-Kosten verrechnet.

Auf diese Weise werden die effektiv die verschiedenen Funktionsstellen eines Handelsbetriebes auf der Zentral- und Einzelhandelsebene durchlaufenden Artikel nicht mit den fixen Kosten nicht genutzter Leistungsbereitschaft, den "Leerkosten", belastet.

4.4 Das Problem des "Restkostenblocks"

Das DPR-Modell konzentriert sich in der dargestellten Weise auf die im Sinne eines Zweck-Folge-Zusammenhanges den einzelnen Artikeln des Sortiments zurechenbaren Kosten und beläßt alle anderen in einem sog. "Restkosten-Block", der dementsprechend alle nicht als Direkte-Produkt-Kosten verrechneten variablen und fixen Kosten umfaßt. Dabei handelt es sich um folgende Kategorien:

1. die gesamten Kosten aller betrieblichen Funktionsbereiche, die nicht unmittelbar vom dispositiven oder physischen Durchlauf der Warenströme berührt sind, d.h. die "allgemeinen" und Hilfskostenstellen auf der Zentral- und Einzelhandelsebene, wie z.B. die Personalverwaltung, das Rechnungswesen usw.;

2. die gesamten Kosten aller zwar in dieser Weise in den Warendurchlauf, aber außerhalb der bisher vom DPR-System erfaßten Sortimentsbereiche eingeschalteten Kosten- und Leistungsstellen. Das gilt im gegenwärtigen Entwicklungsstadium des DPR-Modells für alle Bereiche außerhalb des Trockensortiments. Ist einmal das Gesamtsortiment in die DPR-Berechnungen einbezogen, entfällt dieser Teil des Restkostenblocks;

3. aufgrund von Mängeln in der "DPR-gemäßen" Ausgestaltung des betrieblichen Rechnungswesens, z.B. in der Kostenarten- und -stellenrechnung, oder methodischen Schwierigkeiten bei der Datenerfassung oder der Zurechnungstechnik gegenwärtig noch nicht einbezogene Kosten warenbezogen tätiger Funktionsstellen;

4. die Leerkosten aller warenbezogen tätigen Funktionsstellen.

Der Restkostenblock wird mit der Einbeziehung weiterer Warenbereiche, so der Frischwaren und der Non-Food-Warengruppen, der erfassungs- und rechnungstechnischen Perfektionierung des DPR-Modells sowie einer Verbesserung der Kostenrechnungs-Organisation im Handelsbetrieb stetig schrumpfen, allerdings niemals den Stand "Null" erreichen, da die Direkte-Produkt-Kostenrechnung ihrer Natur nach eine Teilkosten-, die DPR-Rechnung eine Deckungsbeitragsrechnung darstellt.

Stellt man auf dem Hintergrund dieser Feststellung in der Praxis die Frage, ob "der Deckungsbeitrag einen Aussagewert darstellt, der zur kurzfristigen Einflußnahme und als Steuerungsinstrument wirkungsvoll dienen kann", lautet die Antwort: "Unter der Voraussetzung, daß die direkt zurechenbaren Kosten einen entscheidenden Teil der Gesamtkosten darstellen" (Nagel 1975, S. 21). Damit ist der Nutzen des DPR-Modells für die Handelspraxis an die Frage nach dem in die DPR-Rechnung einzubeziehenden Anteil an den gesamten Handelskosten geknüpft.

Für ihre hypothetische Beantwortung mag die Kostenstruktur eines Supermarktes herangezogen werden mit 500 m^2 Verkaufsfläche und einem Umsatz, der sich fast zu gleichen Teilen auf Frischwaren und Trockensortiment verteilt (Oehme 1988, S. 27):

- Kosten für die Frischwarengruppen: 52,5 % der Gesamtkosten des Marktes,

- Kosten für das Trockensortiment: 24,7 % der Gesamtkosten des Marktes,

- Kosten des Verwaltungsbereichs: 22,8 % der Gesamtkosten des Marktes.

Interpretiert man – cum grano salis – die Kosten des Verwaltungsbereichs als Restkostenblock, wird erkennbar, daß über das DPR-Modell vielleicht einmal ca. 70 % - 80 % der Gesamtkosten eines Supermarktes verrechnet werden können.

Diese Zahl macht deutlich, daß dem Restkostenblock für ein Handelsunternehmen erhebliche Bedeutung zukommen kann, was in der Praxis bereits heute direkt in den Konflikt zwischen der "reinen Lehre" der DPR-Rechnung und pragmatischen Aspekten der Handelsbetriebsführung führt.

Der Theoretiker wird zweifelsfrei feststellen, daß eine Verteilung der Restkosten auf die Artikel des Sortiments mit dem Anspruch auf irgendeine Rechtfertigung durch das Verursachungsprinzip nicht möglich ist.

Der Praktiker dagegen wird angesichts des Volumens des Restkostenblocks nach Verfahren suchen, auch die Restkosten weiter zu verrechnen, und zwar aufgrund folgender Erwägungen:

Mit dem Ziel der Substanzerhaltung ist es unbedingt erforderlich, die Preissetzung aller Artikel des Sortiments und die Umsatzstruktur so zu steuern, daß der Gesamtumsatz die Gesamtkosten, also auch die Restkosten im Sinne der DPR-Rechnung, mindestens voll abdeckt.

Zur Kostendeckung sollten möglichst viele Artikel beitragen, gleichgültig welche Kosten sie direkt selbst hervorgerufen haben. Ob das für den einzelnen Artikel jedoch jeweils möglich ist, entscheidet letztlich der Markt, der über die durchsetzbaren Preise befindet.

Die Vollkostendeckung ist also Aufgabe der Preispolitik, nicht der Kostenrechnung. Die Preispolitik aber wird von Mitarbeitern "gemacht", sie setzen die Preise und brauchen für diese Arbeit sinnvolle Orientierungshilfen. Das sind beispielsweise die Preise früherer Perioden, auch die Preise der Konkurrenz, dazu die eigenen Einstandspreise der Waren und schließlich wohl auch die Kosten des eigenen Unternehmens, die gedeckt werden müssen.

Die Forderung nach Kostendeckung durch einzelne Artikel erscheint unmittelbar plausibel für die Direkten-Produkt-Kosten, die durch den jeweiligen Artikel direkt verursacht wurden – obwohl sie in absoluter Strenge auch dafür nicht aufrechterhalten werden kann, weil im Wege der Kompensationskalkulation durchaus bei einem Artikel auf die Deckung der Direkten-Produkt-Kosten verzichtet werden kann, wenn andere Artikel entsprechend hohe Überschüsse über "ihre" Direkten-Produkt-Kosten und den Einstandspreis, also eine hohe Direkte-Produkt-Rentabilität erwirtschaften.

Für die betriebliche Praxis besteht aber nichtsdestoweniger die Notwendigkeit, den Mitarbeitern eine Orientierungshilfe dafür an die Hand zu geben, welchen Beitrag ein Artikel – über die Summe aus Einstandspreis und Direkten-Produkt-Kosten hinausgehend – erbringen sollte, um für das Unternehmen insgesamt die Deckung aller Kosten, die sog. "Vollkostendeckung" sicherzustellen.

Fehlt ein solches Hilfsmittel, liegt die Gefahr nahe, sich im harten Preiskampf mit den Konkurrenten zu eng an der Summe aus Einstandspreis und Direkten-Produkt-Kosten als Preisuntergrenze zu orientieren und dabei die Vollkostendeckung und Gewinnerzielung zu verfehlen.

4.5 Über DPR hinaus? – Zur Lösung des "Restkostenproblems"

Solche Überlegungen führen den Handelspraktiker fast zwangsläufig zu Formen der Vollkostenrechnung, Versuchen also, auch den Restkostenblock anteilig einzelnen Artikeln zuzuordnen, einmal als Kalkulationshilfe, zum anderen als Kontrollinstrument, um feststellen zu können, ob ein Artikel "seine Aufgabe" im kalkulatorischen Gesamtzusammenhang erfüllt hat.

Den Anwendern des DPR-Modells stellt sich also voraussichtlich die Aufgabe, einen Modus der Restkosten-Verrechnung zu finden, der es einem Handelsbetrieb ermöglicht, sein Kalkulationsverhalten im erläuterten Sinne zu steuern und zu kontrollieren, ohne dabei gleichzeitig die erstrebten Vorzüge einer standardisierten Direktkosten-Rechnung für überbetriebliche Vergleiche und die Kommunikation mit den Herstellern preiszugeben.

Es geht dabei letztlich um den Versuch, der Direkten-Produkt-Rentabilität, die als Deckungsbeitrag von einem Artikel zur Deckung der Restkosten und des Gewinns erbracht wird, quasi "unter dem Strich" der DPR-Rechnung ein Soll, eine "Restkosten-Deckungsauflage" gegenüberzustellen.

Diesen Bestrebungen dürfte ein Verfahren der Restkosten-Verrechnung am besten entsprechen, das die relative Bewertung und Rangfolge der einzelnen Artikel aus den Ergebnissen der "reinen" DPR-Rechnung unverändert beibehält, dabei aber die Restkosten einbezieht.

Diese Bedingung wäre im Grundsatz erfüllt, wenn man die Restkosten auf die einzelnen Artikel entweder in Relation der auf sie entfallenden Direkten-Produkt-Kosten oder aber im Verhältnis ihrer Direkten-Produkt-Rentabilitäten, in Relation der von ihnen erzielten Deckungsbeiträge also, verteilen würde.

Letztere Vorgehensweise entspräche dem sog. "Tragfähigkeitsprinzip" für die Kostenzurechnung, dem Grundsatz, einzelnen Artikeln Kosten nicht nach dem Ausmaß ihrer Verursachung, sondern in Abschätzung der "Erstattungsbereitschaft" des Marktes über die Preise anzulasten.

Eine hohe Direkte-Produkt-Rentabilität eines Artikels kann als Indiz für eine hohe Erstattungsbereitschaft gedeutet werden, stellt sie sich doch als hohe positive Differenz dar zwischen dem am Markt realisierten Verkaufspreis und der Summe aus Netto-Netto-Einstandspreis und Direkten-Produkt-Kosten.

Es läge also nahe, solchen Artikeln – quasi als durch ihre Wertschätzung im Markt ermöglichte "Auflage" – einen entsprechend hohen Anteil an den Restkosten zuzuordnen.

Trotzdem ist die Direkte-Produkt-Rentabilität für die Praxis als Verrechnungsmaßstab für die Restkosten kaum geeignet, weil sie nicht nur von in standardisierter Weise erfaßbaren, struktur- und prozeßbedingten Produktivitäten und Faktoreinsätzen in den Handelsbetrieben bestimmt wird, sondern auch von den Ergebnissen der Konditionenpolitik der Hersteller und der Preispolitik des Handels, somit raschen Schwankungen, evtl. sogar der "Manipulation" ausgesetzt sein kann.

Sucht man nach einem weitgehend objektivierbaren Maßstab für die Verteilung der Restkosten auf die einzelnen Artikel des Sortiments, der auch den oben genannten Zwecken und Bedingungen genügt, so erscheint letztlich am besten die Methode geeignet, die Restkosten auf die einzelnen Artikel in Relation der auf sie entfallenden Direkten-Produkt-Kosten zu verteilen.

Von diesem Verfahren geht – gewissermaßen als Rechtfertigung für den methodischen "Fehltritt" der Aufgabe des Verursachungsprinzip – eine positive Wirkung aus, die den weniger prinzipien- als zielgerichtet denkenden Praktikern begrüßenswert erscheinen wird:

Das Streben nach Senkung der Direkten-Produkt-Kosten wird noch verstärkt, weil – bei sonst unveränderten Bedingungen – eine Senkung der Direkten-Produkt-Kosten eines Artikels proportional dazu auch die anteilig von ihm zu tragenden Restkosten reduziert und damit seine Direkte-Produkt-Rentabilität verbessert!

Literatur

Behrends, Chr.: Hält das DPP-Modell, was es verspricht? In: Lebensmittelzeitung, Nr. 7, 1987, S. 73 ff.

Behrends, Chr.: Betriebswirtschaftliche Grundlagen des ISB-DPR-Modells. In: DPR '88 – Direkte Produkt-Rentabilität, ISB-Verlag, Köln 1988a, S. 6-17

Behrends, Chr.: Vom umsatzbezogenen zum ergebnisorientierten Warenwirtschaftssystem. In: Markenartikel, Heft 7, 1988b, S. 340-343

Benninghoff, J.: Leistungsumfang und Programmlogik des DPR-Modells am Beispiel einer Formel. In: DPR '88 – Direkte Produkt-Rentabilität, ISB-Verlag, Köln 1988, S. 46 - 51

Dammann-Heublein, H.: Produktivitäts- und Kostenfaktoren im DPR-Modell. In: DPR '88 – Direkte Produkt-Rentabilität, ISB-Verlag, Köln 1988, S. 18 - 28

Escher, Th.: Produktspezifische Eingaben und Ergebnisse im DPR-Modell. In: DPR '88 – Direkte Produkt-Rentabilität, ISB-Verlag, Köln 1988, S. 34 - 45

Falkenroth, G.: Zur Auswirkung der fixen Kosten in der betriebswirtschaftlichen Praxis. In: Zeitschrift für handelswissenschaftliche Forschung, N.F. 1 (1949), Heft 12, S. 556 - 572

Hallier, B.: Sich ins Regal hineinrechnen. In: Absatzwirtschaft, Nr. 10, 1987, S. 38 ff.

Hambuch, P.: Weichen gestellt? – Direkte Produkt-Rentabilität. In: Absatzwirtschaft, Nr. 12, 1987, S. 42 - 44

Institut für Selbstbedienung (Hrsg.): Optimale Betriebsführung mit Hilfe des Direkten Produkt-Gewinns, im Original herausgegeben von der National Association of Food Chains 1964, dtsch. Übersetzung hrsg. vom ISB, Köln 1964

Institut für Selbstbedienung (ISB): DPR heißt Direkte Produkt-Rentabilität. In: DPR '88 – Direkte Produkt-Rentabilität, ISB-Verlag, Köln 1988, S. 4

Jaspert, F.: Zur Bedeutung der Fixkostendeckungsrechnung für Handelsbetriebe. In: Mitteilungen des Instituts für Handelsforschung, 36 (1984), Nr. 7, S. 85 - 89

Meyer, G.: Der funktionsgemäße Preis als Instrument einer Ökonomisierung der Distribution. In: Zeitschrift für handelswissenschaftliche Forschung, N. F. 9 (1957), S. 248

Meyer, G.: Der funktionsgemäße Preis. In: Mitteilungen des Instituts für Handelsforschung, 58 (1958), S. 661-663

Nagel, E.: Kurzfristige Erfolgsrechnung – Deckungsbeitragsrechnung. In: Dynamik im Handel, Heft 8, 1975, S. 20

Nowak, P.: Zur Frage der Kostenrechnung in Handelsbetrieben. In: Zeitschrift für handelswissenschaftliche Forschung, N.F. 13 (1961), S. 624-640

Oehme, W.: Die Führung vertriebsform-heterogener Sortimente nach dem Profit-Center-Konzept, Thexis, 5 (1988), Nr. 1, S. 20-29

Touche-Ross & Co.: Studie 1987 zu DPR und Regal-Optimierung, unveröff. Manuskript, Frankfurt 1988

Vormbaum, H.: Kalkulationsarten und Kalkulationsverfahren, 4. Auflage, Stuttgart 1977

Warlop, M.: DPR: eine Alternative zur Handelsspanne, dtsch. Übersetzung aus dem Belgischen von Bruno Reiferscheid, Coorganisation (1987), S. 34-39

Ausgewählte methodische Ansätze der Kundenforschung zur Sanierung erodierter Einkaufszentren

Bernd Falk, Bad Urach

Einkaufszentren sind auf vielfältige Weise von Erosion bedroht, sei es durch den vergleichsweise geringen Lebenszyklus der Sortimente, der Einzelhandelsbetriebe bzw. Einzelhandelsbetriebstypen, oder auch das Entstehen neuerer, modernerer Einkaufszentren im Einzugsgebiet. Nicht zuletzt sei auch der baulich-technische Verschleiß erwähnt, der zu einem Attraktivitätsverlust eines Einkaufszentrums führen kann. Die permanente Dynamik des Handels erfordert ein ständiges Reagieren auf Veränderungen im Marktgebiet. Rechtzeitige und richtige Entscheidungen des Center-Managements setzen aber eine entsprechende Informationsbasis voraus, die u.a. besonders auch durch eine ständige Kundenforschung gewährleistet wird.

1 DIE KUNDENFORSCHUNG ALS TEILBEREICH DER MARKTFORSCHUNG

Berücksichtigt die Marktforschung im Rahmen ihrer Ermittlungs und Analysetätigkeit die vielfältigen, auf den Beschaffungs- und Absatzmarkt einwirkenden ökonomischen und außerökonomischen Einflußgrößen, so konzentriert sich die Kundenforschung auf einen Teilbereich hiervon. Ihr Wesen besteht im weiteren Sinne in der Gewinnung und Analyse von Informationen über die effektiven und potentiellen Kunden eines Betriebes.

Die Durchführung von Analysen im Bereich der Kundenforschung in Einkaufszentren erfordert die inhaltliche Kennzeichnung der Begriffe Kunde, Besucher, Verbraucher und Haushalt.

Der Haushalt als "die Einheit der auf Sicherung der gemeinsamen Bedarfsdeckung einer Menschengruppe gerichteten Verfügungen" (Egner 1956, S. 66) kann dann als Forschungsgegenstand angesehen werden, wenn Informationen über die potentiellen Kunden im Einzugsgebiet gewonnen werden sollen. Will man demgegenüber Informationen über die effektiven Kunden eines Betriebes eruieren und analysieren, so können Struktur, Verhalten und Meinung der Kunden, die tatsächlich den Betrieb aufsuchen, als Gegenstand der Forschungstätigkeit angesehen

Handelsforschung 1988
Hrsg. Volker Trommsdorff
© Physica-Verlag Heidelberg
und Forschungsstelle für den
Handel Berlin (FfH)e.V. 1988

werden. Hiermit ist zugleich auf die Kundenforschung im engeren Sinne hingewiesen, auf die sich die folgenden Ausführungen konzentrieren.

Als weitere begriffliche Abgrenzung sind die Kunden von den Verbrauchern zu unterscheiden. Als Verbraucher eines standort-gebundenen Betriebes (z.B. eines Shopping-Centers) können diejenigen Personen angesehen werden, die im Einzugsgebiet dieses Gewerbezentrums ansässig oder tätig sind (z.B. Einpendler) und für den Kauf und/oder die Nachfrage nach Dienstleistungen in Frage kommen bzw. durch ein oder mehrere Gruppenmitglieder versorgt werden, die ihrerseits als Kunden auftreten.

Die Abgrenzung zwischen Kunden und Besuchern eines Shopping-Centers erweist sich unter methodischen Aspekten als problematisch. Jede das Gewerbezentrum aufsuchende Person kann als Besucher bezeichnet werden. Von geringen Ausnahmen abgesehen dürfte jeder Besucher auch als Verbraucher im oben definierten Sinne und somit als potentieller Kunde, nicht aber als tatsächlicher Kunde angesehen werden. Umgekehrt jedoch ist jeder Kunde als Besucher des Zentrums zu bezeichnen, soweit er die Ware nicht ausschließlich telefonisch bestellt und ausgeliefert erhält.

Die im Rahmen der Kundenforschung mit Hilfe primärstatistischer Erhebungen gewonnenen Informationen berücksichtigen nicht die Struktur, das Verhalten und die Meinungen des einzelnen Kunden, sondern der Gesamtheit aller Kunden. Die typischen Eigenschaften der gesamten Kundschaft sind das Objekt der Kundenforschung. Unter Berücksichtigung der vorgenommenen Abgrenzungen kann die Kundenforschung nunmehr wie folgt definiert werden:

Kundenforschung ist die systematisch und methodisch gesicherte Form der Ermittlung und Analyse von Informationen im Sinne von zweckorientiertem Wissen über Struktur, Verhalten und Meinungen der Kundengesamtheit auf einem räumlich begrenzten Markt und bezogen auf einen bestimmten Zeitraum, die dem Entscheidungsträger als Basis für seine marktabhängigen Entscheidungen dienen.

2 KENNZEICHNUNG UND ENTWICKLUNG DER EINKAUFSZENTREN

2.1 Kennzeichnung

Als wesentliches Unterscheidungskriterium zwischen dem Einkaufszentrum und dem Shopping-Center ist die Trennung zwischen "gewachsenen", traditionellen Einkaufszentren und geplanten, "künstlichen" Shopping-Centern anzusehen (Berekoven 1973, S. 255-286). Im Gegensatz zu den gewachsenen Innenstadt- und Stadtteilzentren handelt es sich also bei der Angebotsform Shopping-Center/ Einkaufszentrum um eine als Einheit geplante, errichtete, verwaltete und betriebene Konzentration von Einzelhandels- und sonstigen Dienstleistungsbetrieben, also um eine "künstliche", räumlich konzentrierte Einrichtung kooperativ tätiger Gewerbetreibender.

2.2 Entwicklung der Einkaufszentren

Von den derzeit bestehenden rd. 850 Einkaufszentren unterschiedlichen Typs und verschiedener Größenordnung in der Bundesrepublik Deutschland haben lediglich 88 den Charakter eines sogenannten regionalen Shopping-Centers (ab 15 000 m^2 Geschäftsfläche). In den nächsten Jahren wird ihre Zahl aufgrund der im Entwicklungs- oder Realisierungsstadium befindlichen Objekte um jährlich nur noch etwa zwei bis drei Center ansteigen, nachdem Anfang bis Mitte der 70er Jahre noch eine boomartige Entwicklung zu verzeichnen war (siehe *Tabelle*).

Entsprechend werden auch die Geschäftsflächen, die gegenwärtig einen Bestand von ca. 6 Millionen Quadratmetern für alle Einkaufszentrentypen erreicht haben, nur noch relativ leicht steigen. Der Marktanteil aller Einkaufszentren am Gesamtumsatz des Einzelhandels in der Bundesrepublik Deutschland dürfte gegenwärtig bei gut 10 % liegen.

3 ORGANISATORISCHE STRUKTURIERUNG VON EINKAUFSZENTREN

Die Organisationsstruktur eines Shopping-Centers weist im Gegensatz zu anderen Institutionen des Handels Besonderheiten auf, deren Merkmale zunächst – auch im Hinblick auf die Kundenforschung – zu verdeutlichen sind.

Um eine effiziente Verwaltungs- und Managementtätigkeit in einem Shopping-Center ausüben zu können, werden einerseits die erforderlichen Gesellschaften als Basis für die Funktionswahrnehmung und andererseits die entsprechenden Verträge als rechtliche Voraussetzung zur Durchsetzbarkeit der notwendigen Verwaltungs- und Managementmaßnahmen benötigt.

3.1 Eigentümergesellschaft

Die Funktion der Eigentümergesellschaft besteht nicht in der Wahrnehmung von Managementaufgaben für den Gesamt-Komplex, sondern konzentriert sich auf das Inkasso der Mieten, die Abwicklung des mit der Immobilie zusammenhängenden Zahlungsverkehrs, das Ausführen von Objekt-Reparaturen, das Zahlen der Zinsen und Tilgungsraten sowie die Wahrnehmung von Bauherrenfunktionen z.B. im Rahmen von Objektumbauten und Center-Erweiterungen.

Da bauliche Veränderungen und Verbesserungen eines Einkaufszentrums im Rahmen der Sanierung vorzunehmen sind, sind insbesondere die Eigentümer bei den entsprechenden Entscheidungen gefordert. Schwierigkeiten können hierbei auftauchen, wenn beispielsweise bei geschlossenen Fonds keine Mehrheit zur Durchsetzung der notwendigen Maßnahmen gefunden werden kann. Auch bei Errichtung von Einkaufszentren in Teileigentum erweist sich die Verfolgung der gemeinsamen Sanierungsbemühungen aufgrund der oft unterschiedlichen Interessen der Einzel-Eigentümer als äußerst problematisch.

Tabelle: Entwicklung der regionalen Shopping-Center 1964 bis 1988 in der Bundesrepublik Deutschland

Jahr	Bestand	Geschäftsfläche m^2	Durchschnittliche Geschäftsfläche je Center in m^2
1964	3	170 500	56 833
1965	3	170 500	56 833
1966	5	222 500	44 500
1967	6	270 500	45 083
1968	8	322 079	40 260
1969	11	417 766	37 979
1970	15	625 999	41 733
1971	21	807 073	38 432
1972	26	1 018 757	37 732
1973	37	1 334 500	35 118
1974	44	1 601 706	35 593
1975	47	1 654 706	34 473
1976	49	1 697 706	33 954
1977	56	1 874 106	32 879
1978	58	1 929 506	33 267
1979	61	2 023 506	33 866
1980	69	2 175 506	31 044
1981	72	2 241 781	30 665
1982	72	2 263 848	31 442
1983	77	2 380 848	30 920
1984	80	2 446 848	30 586
1985	82	2 496 848	30 449
1986	84	2 533 848	30 165
1987	85	2 549 848	29 998
1988	88	2 602 848	29 578
1989[1)]	91	2 687 848	29 536

[1)] voraussichtliche Eröffnung 1989

Quelle: Institut für Gewerbezentren, Bad Urach, Mai 1988

3.2 Mietervereinigung/Werbegemeinschaft

Als zweite Institution betrieblicher Willensbildung sind die in den Einkaufszentren gebildeten Mietervereinigungen bzw. Werbegemeinschaften anzusehen. Im Gegensatz zu einem Gemeinschaftsunternehmen, dessen Organisation mit vollen Unternehmerfunktionen ausgestattet ist, entspricht die Mietervereinigung/Werbegemeinschaft einer sogenannten Funktionsgemeinschaft zur Wahrnehmung unternehmerischer Teilaufgaben z.B. Werbung, Public Relations, Kundenforschung usw.

Aus dem gemeinsamen Interesse der Mieter heraus, einen möglichst großen Anteil an Kaufkraft in dem Einkaufszentrum zu binden, werden die Aufgaben der Mietervereinigung definiert. Um diese Vereinigung auch bei einer großen Mieterzahl effizient arbeiten zu lassen, wird die Aufgabenwahrnehmung häufig auf den Vorstand der Mietervereinigung und einen daraus gebildeten Werbebeirat konzentriert. Er legt beispielsweise die Grundlinien der Werbepolitik, aber auch die Durchführung als erforderlich angesehener Kundenforschungsmaßnahmen fest.

3.3 Center-Betriebe

Der im Shopping-Center tätige, individuelle Gewerbetreibende kann als dritte Institution betrieblicher Willensbildung angesehen werden. Seine rechtliche Selbständigkeit bleibt durch sein Engagement im Center erhalten. Neben seiner (möglichen) Mitarbeit im Rahmen der Mieter- bzw. Werbegemeinschaft zeichnet der einzelne Mieter auch vor allem für die individuelle Kundenforschung seines eigenen Betriebes verantwortlich.

3.4 Center-Management

Die Eigentümergesellschaft sowie auch der einzelne Center-Betrieb kann nur indirekt auf die Management-Funktionen einwirken. Diese werden im wesentlichen von der Verwaltungs- bzw. Managementgesellschaft wahrgenommen. Dem Center-Management obliegt die kaufmännischwirtschaftliche Verwaltung (z.B. allgemeine Betreuung der Mieter, Kontaktaufnahme zu säumigen Mietern, Rechnungs- und Vertragskontrolle, Erstellung von Wirtschaftsplänen usw.), die Gesamtüberwachung von Hausverwaltung und Haustechnik sowie die Steuerung der wirtschaftlichen Entwicklung. Im Rahmen dieser Tätigkeit benötigt insbesondere das Center-Management permanent Informationen über die Kunden, das Kundenverhalten und Veränderungen im Einzugsgebiet, um möglichen Verschleißerscheinungen sofort und gezielt entgegenwirken zu können.

4 EROSION IN EINKAUFSZENTREN

Jedes Produkt und jedes Individuum unterliegt einem Alterungsprozeß und verfügt über einen bestimmten Lebenszyklus. Das Wort Erosion ist aus dem Gebiet der Geologie bekannt und bedeutet Aushöhlung, genauer "Zerstörungsarbeit des fließenden Wassers, im erweiterten Sinne auch des Windes und des Eises" (Der Große Duden, Band 5, 1971, S. 198).

Im Einzelhandel bedeutet Store Erosion den Verschleiß aller den Betrieb ausmachenden Komponenten, hervorgerufen durch den Warendurchfluß und aller damit verbundenen Leistungen (Berger 1977, S. 5). Store Erosion ist ein zeitraumbezogenes Phänomen und kann deshalb nur durch die Analyse der Entwicklung eines bestimmten Zeitraumes erkannt und definiert werden. Alle Einzelhandelsgeschäfte, aber auch Betriebsformen, unterliegen einer Entwicklung in der Zeit, die sowohl positiv als auch negativ sein kann. Ein stagnierender oder negativer Verlauf der Umsatzkurve muß seine Ursachen allgemein in Verschleißerscheinungen haben.

Es ist nun zu differenzieren zwischen dem Verschleiß des Shopping-Centers als Gesamteinheit und der Entwicklung der einzelnen Geschäfte innerhalb des Verbundes. Die Entwicklung der einzelnen Geschäfte in einem Shopping-Center kann sehr unterschiedlich verlaufen. Die Summe aller Betriebe der Agglomeration bestimmt die Attraktivität des Centers. Die Ursachen-Analyse für Verschleißerscheinungen muß beim einzelnen Geschäft ansetzen, zumal Erosionen einzelner Betriebe auf die Gesamtheit abstrahlen und so die negativen Auswirkungen überproportional verstärken.

Alle Leistungskomponenten eines Shopping-Centers unterliegen der Veränderung in der Zeit. Entwickeln sich einzelne Komponenten unbefriedigend, d.h. negativ, so können sie die Ursachen für Verschleißerscheinungen sein (Berger 1982, S. 172).

4.1 Physische Erosion

Die baulich bedingte Erosion eines Einkaufszentrums kann als "normaler" Abnutzungsprozeß betrachtet werden. Sowohl das Gebäude wie auch die technischen Einrichtungen sind hiervon betroffen.

4.2 Erosion durch innovative Konkurrenzeinrichtungen

Durch die Errichtung gleichartiger, aber modernerer und nutzungsgerechterer Einrichtungen wird die "normale" Erosion beschleunigt. Auch das Entstehen attraktiverer und größerer Objekte im Einzugsbereich hat in der Regel einen "außergewöhnlichen" Verschleiß des bestehenden Einkaufszentrums zur Folge.

4.3 Erosion der Sortimente und Betriebstypen

Im Warenbereich wirken neue Entwicklungen von Sortimenten dergestalt, daß bestehende Sortimentskonzeptionen veralten, wenn sie Konsumentenvorstellungen nicht mehr entsprechen bzw. diesen nicht angepaßt werden. Auch die Warenpräsentationen in den verschiedenen Geschäften unterliegen Veränderungen. So entstanden aus dem traditionellen Lebensmittelgeschäft beispielsweise die Supermärkte und die Lebensmittel-Discounter. Die Veränderung der Betriebstypen und Sortimentskonzeptionen ist insbesondere auch im Zusammenhang mit der Umstellung von Bedienung auf Selbstbedienung zu sehen.

4.4 Erosion im personellen Bereich

Trotz Aus- und Weiterbildung sind Erosionserscheinungen auch im personellen Bereich anzutreffen, sofern die Ausbildung der Mitarbeiter hinter den aktuellen Erfordernissen zurückbleibt und diese nicht permanent motiviert werden. Aber auch die Managementebene kann einem gewissen Verschleiß unterworfen sein. Dies ist z.B. bei starker Expansion oder zunehmendem Wettbewerbsdruck der Fall.

5 AUSGEWÄHLTE METHODISCHE ANSÄTZE DER KUNDENFORSCHUNG ZUR SANIERUNG ERODIERTER EINKAUFSZENTREN

5.1 Informationsbedürfnis

Unter einer Vielzahl von das Marktgebiet betreffenden Informationen benötigen die Entscheidungsträger im Shopping-Center vor allem auch Informationen über die Kunden des Einkaufszentrums sowie über Verbraucher im Einzugsgebiet.

Da die Qualität unternehmerischer Entscheidungen von der Güte verfügbarer Informationen abhängt (Meffert 1968, S. 18), sollten sich die Entscheidungsträger des Shopping-Centers um einen verbesserten Informationsstand bemühen.

Das Informationsbedürfnis der Entscheidungsträger resultiert aus dem Grad unvollkommener Informationen. Mit Hilfe der im Rahmen der Kundenforschung gewonnenen Informationen soll einerseits das Risiko bei Fehlentscheidungen reduziert werden, was einer Verbesserung der Entscheidungen entspricht. Andererseits ermöglichen erst die gewonnenen Informationen eine rationale Selektion bei Entscheidungsalternativen.

Dies gilt sowohl für die konstitutiven Entscheidungen des Zentren-Unternehmers während der Planungs- und Errichtungsphase des Shopping-Centers als auch für die zentren-politischen Entscheidungen des Center-Unternehmens und der Gewerbetreibenden nach Inbetriebnahme des Centers.

Kann die Kundenforschung während der Entwicklungsphase als integraler Forschungsbereich der Marktforschung im Rahmen der Markt- und Standort-Analysen angesehen werden, so bildet sie nach Inbetriebnahme des Centers den zentralen Forschungsbereich.

Bei den folgenden Erörterungen konzentrieren wir uns auf die aus dem Informationsbedürfnis der Entscheidungsträger sich ergebenden Fragen der Informationsgewinnung; denn es kann bereits jetzt gesagt werden, daß ohne Kenntnis entsprechender Methoden und Techniken zur Gewinnung von Informationen über Struktur, Verhalten und Meinungen der Kunden eines Shopping-Centers, abgesicherte Entscheidungen nicht möglich sind.

5.2 Bedeutung der Kundenforschung

Die folgenden Ausführungen über die methodischen Ansätze und empirischen Ergebnisse der Kundenforschung verstehen diesen Teilbereich der Marktforschung als die

- systematisch und methodisch gesicherte Form zur Ermittlung und Analyse von Informationen im Sinne von zweckorientiertem Wissen

- über Struktur, Verhalten und Meinungen der Kundengesamtheit sowie der möglichen Kunden (Nichtkunden),

- die sich auf einen räumlich begrenzten Markt (dem potentiellen Einzugsgebiet des Shopping-Centers) sowie

- auf einen bestimmten Zeitraum bezieht und

- den Institutionen betrieblicher Willensbildung im Shopping-Center (Zentrenunternehmer, Gewerbetreibender, Mieter-/Werbevereinigung) als Basis für ihre marktabhängigen Entscheidungen dient.

Bevor mit der Darstellung methodischer Ansätze begonnen wird, soll einleitend auf die Bedeutung und Notwendigkeit der Kundenforschung für erodierte oder von Erosion bedrohte Einkaufszentren eingegangen werden.

Da sich Struktur, Verhalten und Meinungen der Kunden bzw. Besucher im Zeitablauf verändern können, sind einmal erhobene Ergebnisse durch erneute, regelmäßig durchzuführende Untersuchungen zu aktualisieren. Negative Entwicklungen lassen sich so vergleichsweise frühzeitig erkennen, so daß die erforderlichen Maßnahmen rechtzeitig eingeleitet werden können.

Die Untersuchungen sollen sich nicht auf die Erhebung fundamentaler Daten beschränken (z.B. Ermittlung des Einzugsgebietes), sondern darüber hinaus versuchen, im Rahmen von Image- oder Meinungsstudien die Einstellung der Kunden zu dem Shopping-Center zu ermitteln und im Rahmen der Motivforschung die Gründe für die Wahl eines bestimmten Shopping-Centers durch den Kunden zu eruieren bzw. seine Ablehnung gegenüber diesem Zentrum festzustellen. Weiterhin ist im Rahmen von Kundenstruktur-Analysen das typische Profil der Kunden dieses Shopping-Centers zu erforschen.

Durch die Gewinnung dieser qualitativen Informationen im Rahmen der Kundenforschung läßt sich beispielsweise die beginnende Erosion des Center-Image oder die Veränderung der Kundenstruktur feststellen, so daß eine gezielte Image-Pflege oder eine genaue Zielgruppenansprache möglich wird.

Die zunehmende Konkurrenz, aber auch die Erkenntnis der Entscheidungsträger, mit Hilfe von Kundenforschungs-Ergebnissen abgesichertere Entscheidungen treffen zu können, dürften für die zunehmende Bedeutung der Forschungsaktivitäten relevant sein.

5.3 Bereiche der Kundenforschung im Shopping-Center

Die in einem Shopping-Center im Rahmen der Kundenforschung durchzuführenden Erhebungen konzentrieren sich primär auf den Einsatz verschiedener Verfahren und Techniken der Beobachtungs- und Befragungsmethode. Speziell bei der Sanierung erodierter Einkaufszentren erscheint es jedoch von Bedeutung, nicht nur diejenigen Kunden und Besucher zu analysieren, die das Shopping-Center tatsächlich aufsuchen, sondern auch den potentiellen Kundenkreis im Einzugsgebiet zu berücksichtigen. Erfahrungsgemäß sehen ehemalige Kunden oder Nicht-Kunden aus der Distanz das Einkaufszentrum wesentlich kritischer als die tatsächlichen Besucher und Kunden.

5.3.1 Methodische Ansätze bei Kundenfrequenz- und Kundenstrom-Analysen

Die Gewinnung von Informationen über die Kundenfrequenz und die Kundenströme eines Shopping-Centers konzentriert sich auf die Erfassung quantitativer Merkmale. Da das "Verhalten der Marktsubjekte" als Gegenstand der Erhebung anzusehen ist, ohne daß eine verbale Aussage erforderlich wird (Behrens 1959, S. 65), kann die Beobachtungsmethode der Befragungsmethode vorgezogen werden.

Bei der Anlage und Durchführung von Kundenfrequenz- und Kundenstrom-Analysen sind verschiedene methodische Besonderheiten zu berücksichtigen.

Im Rahmen der Verfahrenswahl besteht die Möglichkeit, mit einer Vielzahl technischer Hilfsmittel wie Handstückzähler, elektrische Zählgeräte, fotoelektrische Zählgeräte, Trittkontaktmatten etc. zu arbeiten. Dem Vorteil des geringen Personaleinsatzes stehen als Nachteile fehlerbehaftete und begrenzt aussagefähige Werte gegenüber. Der Einsatz von Fernseh- oder Videokameras an ausgewählten Zielquerschnitten ist großflächig aufgrund der aufwendigen Auswertung nicht zu empfehlen.

In der Praxis wird häufig noch der konventionellen Strichlisten-Methode der Vorzug gegeben, da ohne zusätzlichen Personalaufwand ergänzende Merkmale über das Kundenverhalten gewonnen werden können.

Der Umfang und die Qualität der Informationen wird primär auch durch die begrenzte Belastbarkeit der eingesetzten Beobachter bestimmt. Bei erstmaligen Analysen orientiert man sich hierbei an dem voraussichtlichen Verkehrsaufkommen, um die Belastung des Beobachters in vertretbarem Umfang zu halten.

Bei der Durchführung von Kundenfrequenz- und Kundenstrom-Analysen wird es sich in der Regel um Teilerhebungen handeln, die einen Repräsentationsschluß von dieser Stichprobe auf das Ganze erlauben. Verzerrende Einflüsse (z.B. Ferienzeiten, Sonderverkäufe etc.) sind zu vermeiden. Eine Erhebungsperiode sollte sich jedoch mindestens über den Zeitraum einer vollen Woche erstrecken. Dadurch können die Frequenzschwankungen ermittelt werden. Hierbei ist eine weitgehend neutrale Erhebungswoche für die Durchführung zu bestimmen.

Zur Reduzierung der Erhebungskosten ohne gleichzeitigen Verzicht auf aussagefähige Informationen können bei grundsätzlicher Kenntnis der Kurvenverläufe über das Personenverkehrsaufkommen kürzere Stichprobenzählverfahren im Rahmen des Multi-Moment-Verfahrens durchgeführt werden.

Zur Ermittlung sinnvoll verwertbarer Informationen über die Kundenfrequenz und die Kundenströme ist auch die Bestimmung geeigneter Zählquerschnitte (Beobachtungspositionen) zu untersuchen. Je nach Zielsetzung werden die Ein- und Ausgänge des Centergebäudes, aber auch bestimmte Standorte innerhalb der Mall besetzt. Da Einkaufszentren eine relativ große Zahl von Eingängen aufweisen, sind derartige, über eine Woche durchgeführte Erhebungen mit erheblichen Kosten verbunden. Unter Berücksichtigung wirtschaftlicher Aspekte können schwachfrequentierte Eingänge in Wiederholungs-Analysen unberücksichtigt bleiben bzw. im Multi-Moment-Verfahren berücksichtigt werden.

Kann die Bestimmung geeigneter Zählquerschnitte an den Ein- und Ausgängen als weitgehend unproblematisch angesehen werden, so bereitet die Festlegung geeigneter Beobachtungspositionen auf der Center-Mall Schwierigkeiten. Weil es entscheidend darauf ankommt, wie sich der Personenstrom auf die einzelnen Abschnitte der Ladenstraße(n) verteilt, sind die Zählstandorte so zu währen, daß die Meßergebnisse der einzelnen Abschnitte der Malls miteinander verglichen werden können. Die unterschiedliche bauliche Konzeption der Shopping-Center gestattet hier keine allgemeinen Aussagen. Allerdings ist generell zu sagen, daß die Anordnung der Zählquerschnitte so vorzunehmen ist, daß die Besucher auf ihrem Weg durch das Center lückenlos erfaßt werden.

5.3.2 Anwendungsmöglichkeiten der Kundenfrequenzmessung im Rahmen der Sanierung

Kundenfrequenz-Ergebnisse gehören zu den aussagefähigsten Werten, um die Leistungsfähigkeit und Attraktivitätswirkung von Shopping-Centers zu beurteilen. Allerdings ist das Fußgängerverkehrsaufkommen nur ein Indikator zur Beurteilung der individuellen Attraktivitätswirkung.

Bei einem permanent rückläufigen Verlauf der Frequenzzahlen innerhalb mehrerer Erhebungen läßt sich schließen, daß die Attraktivitätswirkung rückläufig ist. Durch das Erkennen schwachfrequentierter Mallbereiche oder Eingänge kann der Center-Manager gezielt auf eine Attraktivitätserhöhung dieser Bereiche hinwirken, sei es durch Ansiedlung attraktiverer Betriebe und/oder Magnetbetriebe, durch bauliche Veränderungen, Werbeaktionen etc. Gegebenenfalls können schwach genutzte Eingänge oder Mallbereiche in vermietbare Fläche umgewandelt werden oder aber die Eingänge gestalterisch aufgewertet werden. Bei schwacher Frequentierung ganzer Malls (z.B. im Untergeschoß oder im Obergeschoß) sind möglicherweise bessere Verkehrsanbindungen für den Fußgänger zu schaffen, oder es ist die Transparenz zwischen den einzelnen Geschossen zu erhöhen.

5.3.3 Besucher-/Passanten-/Haushaltsbefragungen

Im Rahmen der Kundenforschung stellt die (mündliche) Befragung der Besucher des Einkaufszentrums einen wesentlichen Beitrag zur Analyse der Attraktivität dar. Wichtig erscheint aber auch, nicht nur die definitiven Besucher des Objektes zu befragen, sondern auch die potentiellen Kunden im Einzugsbereich. Hierbei können auch relativ gut Vergleiche gezogen werden zwischen den Verhaltensweisen der Besucher des Einkaufs-zentrums und zwischen denjenigen der potentiellen Kunden.

Bei zentraler innerstädtischer Lage des Einkaufszentrums können alternativ zu Haushaltsbefragungen auch Passantenbefragungen im zentralen Geschäftsbereich (Fußgängerzone) der Stadt durchgeführt werden. Befindet sich das Zentrum dagegen in stadtperipherer Lage oder auf der grünen Wiese, sind (schriftliche) Haushaltsbefragungen im Einzugsgebiet sowie Passantenbefragungen in den Konkurrenzzentren erforderlich.

Wie bei den Frequenzmessungen sind Befragungen ebenfalls über eine volle, möglichst neutrale Erhebungswoche durchzuführen. Der Stichprobenumfang der im Rahmen der Zufallsauswahl ausgesuchten Personen sollte für die Beurteilung regionaler Einkaufszentren nicht unter 1 000 Personen liegen.

Obwohl die mündliche Befragung mit vergleichsweise hohen Kosten verbunden ist, wird diese aus einer Reihe von Gründen in der Praxis gegenüber der schriftlichen Befragung bevorzugt. Probleme bei der schriftlichen Befragung ergeben sich vor allem aus der Beschaffung der Adressen, der geringen Rücklaufquote, des langen Bearbeitungszeitraums sowie der Repräsentanz der Stichproben. Bei der mündlichen Befragung wird eine repräsentative Stichprobe dadurch erleichtert, daß geschulte Interviewer in der Regel die erbetenen Interviews gewährt bekommen. Durch Beobachtungen kann der Interviewer darüber hinaus zusätzliche Informationen vermitteln, sofern diese schriftlich festgehalten werden. Auch weniger schreibgewandte Auskunftspersonen und solche mit einem niedrigeren Bildungsniveau können zu Antworten veranlaßt werden. Unklarheiten lassen sich mündlich erläutern. Durch Spontanantworten lassen sich insbesondere auch Einstellungen gegenüber dem Meinungsgegenstand aufdecken.

5.3.4 Anwendungsmöglichkeiten der Besucher-/Passanten-/Haushaltsbefragung im Rahmen der Sanierung

Mittels der Befragungen im Objekt bzw. im Einzugsbereich des Einkaufszentrums lassen sich zunächst Veränderungen der Kundenstruktur sowie des Einzugsgebietes erkennen. Stellt man beispielsweise eine erhebliche Verjüngung der Altersstruktur fest, so wird man sich sowohl in seiner Werbepolitik wie auch in der Ansiedlung neuer Betriebe hieran orientieren. Eine Veränderung des Einzugsbereiches bietet Ansätze für gezielte Werbemaßnahmen in den schwächer werdenden Teilen des Einzugsgebietes. Mittels der qualitativen Fragen lassen sich auch die

Einstellungen der Kunden zum Einkaufszentrum, das Image, Schwachstellen oder mögliche Geschmacksveränderungen der Kunden (z.B. im Hinblick auf neue Warensortimente, Betriebsformen etc.) ermitteln. Beispielsweise kann durch eine derartige Erhebung aufgedeckt werden, daß die Inneneinrichtung des Einkaufszentrums nicht mehr den aktuellen Anforderungen entspricht und erneuert werden muß, wenn weitere Kundenabwanderungen verhindert werden sollen.

Auch Lücken innerhalb des Angebotes sowie starke und schwache Anbieter innerhalb des Zentrums werden hierdurch herausgefiltert und geben dem Management die Möglichkeit, entsprechende Maßnahmen zu ergreifen. Dies gilt auch bei der Ermittlung des Objekt-Image für den Fall, daß hier negative Ansätze wie schlechtes Preis- oder Qualitäts-Image erkennbar werden.

5.3.5 Kundenlauf-Analysen

Kundenlauf-Analysen können die im Rahmen von Kundenfrequenz-Analysen gewonnenen Informationen sinnvoll ergänzen. Im Gegensatz zu den bisher dargestellten Möglichkeiten der Kundenforschung im Einkaufszentrum gestattet diese Variante der Beobachtungsmethode neben der Erfassung der Kundenstruktur und den zu Protokoll gegebenen Meinungen und Verhaltensweisen auch die Darstellung des tatsächlichen Kundenverhaltens während des Besuches.

Die Ergebnisse der Kundenlauf-Analysen erlauben u.a. Aussagen über die durchschnittliche Aufenthaltsdauer im Einkaufszentrum sowie in den einzelnen Handels- und sonstigen Dienstleistungsbetrieben, den Umfang von Einzel- bzw. Gruppenbesuchen sowie die Anzahl, Art und Reihenfolge der aufgesuchten Betriebe sowie der jeweils in Anspruch genommenen Leistungen. Gleichzeitig können der Umfang der Kaufabschlüsse (Kaufbeträge), der Umfang nicht getätigter Käufe, die Gebäudeeingangs- und Gebäudeausgangs-Frequenz sowie das benutzte Verkehrsmittel beim Verlassen des Gewerbezentrums ermittelt werden.

Für die Durchführung von Kundenlauf-Analysen im Shopping-Center sind verschiedene methodische Aspekte zu berücksichtigen. Die bei der Durchführung von Kundenlauf-Analysen gewünschten Daten über die Merkmale und Verhaltensweisen der Kunden werden direkt erhoben und aufgezeichnet. Da das Shopping-Center als natürliches Umfeld der Beobachtung angesehen werden kann, handelt es sich hierbei um eine sogenannte Feldbeobachtung (Schreiber 1966, S. 119). Auch handelt es sich um eine kontrollierte Beobachtung in dem Sinne, daß es den Beobachtern nicht freigestellt ist, über die Beobachtungsgesichtspunkte frei entscheiden zu können (Scheuch 1958, S. 197). Im Gegensatz zu den im Shopping-Center durchgeführten Kundenfrequenz-Analysen, bei denen die Beobachter für Kunden und Besucher sichtbar auftreten, ist die Kundenlauf-Analyse als biotische Beobachtung ausgestaltet. Die Zielpersonen werden also bei ihrem Weg durch das Einkaufszentrum vom Betreten bis zum Verlassen von den Beobachtern "verfolgt", ohne daß diese dies bemerken sollen. Der Vorteil dieser Beobachtung kann im Vergleich zu anderen Verfahren im unbeeinflußten Verhalten der Zielpersonen während des Center-Aufenthaltes gesehen werden. Verzerrende Einflüsse, die sich bei nicht biotischen Beobachtungen ergeben können, werden hierdurch eliminiert (Schreiber 1966, S. 118). Verzerrende Ergebnisse werden sich vor allem dann einstellen, wenn sich die aktiv teilnehmende Haltung des Beobachters auf das Verhalten der Beobachteten auswirkt (z.B. durch das Verkaufsgespräch). Auch die Auswahl der zu beobachtenden Personen bei der Kundenlauf-Analyse beruht auf dem Zufallsprinzip. Für den Umfang der Stichproben bieten die Kundenfrequenzmessungen eine gute Basis, da die Gesamtzahl der Besucher innerhalb eines bestimmten Zeitraumes als Grundgesamtheit angenommen werden kann. Für den Beobachter ergibt sich vor allem die Schwierigkeit, die Erhebungskriterien vollständig und korrekt, aber auch für die Beobachteten nicht erkennbar aufzuzeichnen. Im Rahmen der Erhebungstechnik sind auch die physischen und psychischen Grenzen der Belastbarkeit der eingesetzten Beobachter zu berücksichtigen.

5.3.6 Aussagefähigkeit von Informationen aus Kundenlauf-Analysen

Die verhältnismäßig lange Aufenthaltsdauer im Einkaufszentrum läßt auf eine relativ hohe Attraktivität dieses Gewerbezentrentyps auf Kunden und Besucher schließen. Rückläufige Aufenthaltsdauern weisen so auf einen Rückgang des Attraktionsgrades hin. Die Leitbetriebe in Gestalt der Kauf-/Warenhäuser und der SB-Warenhäuser können im Vergleich zu anderen Handels- und Dienstleistungsbetrieben als überragende Kundenmagneten angesehen werden. Aus dieser Erkenntnis resultiert die Tatsache, Magnetbetriebe so zu plazieren, daß auf dem Weg dahin möglichst viele andere Center-Betriebe passiert werden müssen. Da die überwiegende Mehrheit der Kunden während eines Besuches die Leistungen mehrerer Centerbetriebe in Anspruch nimmt, kann die Bedeutung des Einkaufszentrums als multi-funktionales Gebilde gesehen werden. Auch wird hierdurch der Wunsch der Nachfrager deutlich, die Bedarfsdeckung im Rahmen des "one stop shopping" durchzuführen. Diese Informationen bieten die Möglichkeit, gezielte Werbeaussagen zu machen, können aber auch im Hinblick auf die Verbesserung der Angebotsstruktur im Shopping-Center sowie auf eventell erforderliche Dienstleistungen berücksichtigt werden. Dies gilt insbesondere auch dann, wenn beispielsweise festgestellt werden sollte, daß es sich bei dem Einkaufszentrum um eine Einkaufsstätte handelt, die bevorzugt von Familien aufgesucht wird.

Informationen über die Kundenweg im Center, die Bevorzugung bestimmter Mallabschnitte sowie die Benutzung bestimmter Gebäudeein- und -ausgänge bieten Ansätze, schlecht frequentierte Eingänge attraktiver zu gestalten und benachteiligte Mallabschnitte durch die Etablierung beispielsweise von Magnetbetrieben oder durch eine Angebotsbündelung aufzuwerten.

5.3.7 Verkehrs- und Park-Analysen

Im Rahmen der Kundenforschung kommt der Untersuchung der Verkehrsstruktur im Einzugsgebiet sowie von Park-Analysen auf dem Parkplatz des Einkaufszentrums ebenfalls besondere Bedeutung zu. Aufgrund des begrenzten Umfanges dieses Beitrages soll hierauf jedoch nicht näher eingegangen werden. Es ist jedoch darauf hinzuweisen, daß es mit Hilfe von Verkehrs-Analysen möglich ist, Belastungsprofile angrenzender Straßen zu erstellen und zu analysieren, um mit diesen Erfahrungen den an- und abfließenden Individual- und öffentlichen Verkehr störungsfrei zu gestalten. Im Rahmen der Parkflächen-Analyse können ebenfalls solche Belastungsprofile erstellt werden, um beispiels-weise mögliche Anpassungen der Parkkapazität an das Verkehrsvolumen vorzunehmen und somit auch die Anziehungskraft des Zentrums zu steigern.

LITERATUR

Aravantinos, A.J.: Großstädtische Einkaufszentren – Der Einfluß des Verkehrs auf die Struktur und Funktion der Zentren, Essen 1963

Atteslander, P.: Methoden der empirischen Sozialforschung, Berlin 1969

Batzer, E.; Greipl, E.; Laumer, H.: Einkaufszentren/Shopping-Center. In: Marketing-Lexikon, München 1971, S. 72 f.

Behrens, K.Chr.: Marktforschung, Wiesbaden 1959

Berekoven, L.; Eckert, W.; Wimmer, F.: Gewachsene Einkaufszentren und Shopping-Center – ein Konkurrenzvergleich. In: Falk, B. (Hrsg.), Shopping-Center-Handbuch, München 1973, S. 255 ff.

Berger, S.: Ladenverschleiß (Store Erosion), Göttingen 1977

Berger, S.: Verschleißerscheinungen im Shopping-Center. In: Falk, B. (Hrsg.), Einkaufszentren, Landsberg a.L. 1982, S. 169 ff.

Buddeberg, H.: Einzelhandelsbetrieb. In: v. Beckerath, E. (Hrsg.), Handwörterbuch der Sozialwissenschaften, Bd. 3, Stuttgart 1961, S. 100 ff.

Egner, E.: Haushalt. In: v. Beckerath, E. (Hrsg.), Handwörterbuch der Sozialwissenschaften, Stuttgart-Tübingen-Göttingen 1956, Bd. 5, S. 66

Falk, B.: Einkaufszentren, Landsberg a.L.1982

Falk, B.: Shopping-Center-Handbuch, München 1973

Falk, B.; Wolf, J.: Handelsbetriebslehre, 7. Aufl., Landsberg a.L. 1986

Falk, B..: Die Werbung im Handel. In: Trauth, P. (Hrsg.), Werbeleiter Handbuch, München 1973, S. 172 ff.

Falk, B..: Marktforschung für Dienstleistungsbetriebe. In: Management Enzyklopädie, Band 7, München 1973, S. 568 ff.

Falk, B..: Zentren des Einkaufs im Einzelhandel. In: Management Enzyklopädie, Band 6, München 1972, S. 765 ff.

Falk, B..: Beobachtungsmethoden in der Marktforschung. In: Marketing Enzyklopädie, Band 1, München 1974, S. 231 ff.

Greipl, E.: Einkaufszentren in der Bundesrepublik Deutschland – Bedeutung sowie Grundlagen und Methoden ihrer ökonomischen Planung, Diss. München 1972

Hüttner, M.: Grundzüge der Marktforschung, Wiesbaden 1965

Jaeck, H.J.: Marketing und Regional Science – Umrisse einer feldtheoretischen Raumkonzeption im Rahmen der Standorttheorie und der regionalen Absatzlehre für urbane Einzelhandelsagglomerationen, Berlin 1972

Mayntz, R.; Holm, K.; Hübner, P.: Einführung in die Methoden der empirischen Sozialforschung, Köln und Opladen 1969

Meffert, H.: Betriebswirtschaftliche Kosteninformationen, Wiesbaden 1968

Melcher, P.: Servicepolitik im Shopping-Center. In: Falk, B. (Hrsg.), Shopping-Center-Handbuch, München 1973, S. 241 ff.

Oberparleiter, K.: Funktionen und Risiken des Warenhandels, 2. Aufl., Wiesbaden 1955

Pawlik, W.: Erfahrungen in der Entwicklung und Realisierung regionaler Shopping-Center in der Bundesrepublik Deutschland. In: Falk, B. (Hrsg.), Shopping-Center-Handbuch, München 1973, S. 157 ff.

Petermann, G.: Marktstellung und Marktverhalten des Verbrauchers, Wiesbaden 1963

Petermann, G.: Der Wandel der Betriebsformen im Einzelhandel der Vereinigten Staaten von Amerika. In: Behrens, K.Chr. (Hrsg.), Wandel im Handel, Wiesbaden 1966, S. 148

Predtetschenski, W.M.; Milinski, A.I.: Personenströme in Gebäuden – Berechnungsme-thoden für die Projektierung, Berlin 1971

Raidt, H.: Kunden vor der Tür – Ergebnisse einer Untersuchung über die Straßenpassanten als mögliche Kunden des Einzelhandels, Heft 36 der Schriften zur Berufs- und Betriebsförderung im Einzelhandel, Köln 1962

Scheuch, E.K.: Methoden. In: König, R. (Hrsg.), Soziologie, Frankfurt 1958

Schreiber, K.: Kaufverhalten der Verbraucher, Wiesbaden 1965

Schreiber, K.: Marktforschung, Berlin und Frankfurt/M. 1966

Seyffert, R.: Wirtschaftslehre des Handels, 3. Aufl., Köln und Opladen 1957

Soldner, H.: Die City als Einkaufszentrum im Wandel von Wirtschaft und Gesellschaft, Diss. Universität Erlangen-Nürnberg, Betriebswirtschaftliche Schriften, Heft 27, Berlin 1968

Tietz, B.: Bildung- und Verwendung von Typen in der Betriebswirtschaftslehre, Köln und Opladen 1960

Tietz, B.: Die Standort- und Geschäftsflächenplanung im Einzelhandel, Schriftenreihe des Gottlieb-Duttweiler-Instituts No. 42, Rüschlikon-Zürich 1969

Urban Land Institute (ULI) (Hrsg.): The Community Builders Handbook, 8. Aufl., Washington 1968

Vielberth, J.: Verkehrs- und Parkfragen bei Einkaufszentren. In: Falk, B. (Hrsg.), Shopping-Center-Handbuch, München 1973, S. 83 ff.

Gebündelte Markenpräsentation im Textil–Einzelhandel
Zielsetzungen und Wirkungen

Hermann Diller, Hamburg

Der Beitrag behandelt ein Problem aus dem Bereich des sog. innerbetrieblichen Standortes. Besonders im Textil-Einzelhandel stellt sich hier das Problem, ob die verschiedenen Artikel einer Marke artikel- oder markenspezifisch gebündelt im Laden präsentiert werden sollen. Neben marketingtheoretischen Argumenten wird dabei auch auf die Ergebnisse eines Experimentes im Textil-Einzelhandel zurückgegriffen.

1 KONZEPTIONELLE CHARAKTERISTIKA DER GEBÜNDELTEN MARKENPRÄSENTATION

1.1 Begriffliche Abgrenzung

Unter gebündelter Markenpräsentation verstehen wir die räumlich konzentrierte Zusammenfassung verschiedener Artikel ein und desselben Markenprogramms innerhalb des Ladens. Statt einer nach Artikeln (z.B. Jacken, Hosen, Anzüge etc.) dezentralisierten Warenpräsentation wird hier also zu einer zentralisierten Warendarbietung gegriffen. Auf diese Weise entsteht innerhalb des Ladens eine Art Shop in the Shop für eine oder mehrere bestimmte Marken.

Nicht zwangsläufig, aber unterstützend kann dieser Marken-Shop durch dekorative Elemente und Faszinationspunkte unterstrichen und optisch hervorgehoben werden. Auf diese Weise entsteht ein eigener Themenbereich innerhalb des Geschäftes, der von der Ausstrahlung der Marke und den mit ihr verbundenen Erlebniswelten geprägt wird.

1.2 Markenbündelung als Element des Erlebnis-Konzeptes

Das Erlebniskonzept ist ein gerade im Textil-Einzelhandel in den letzten Jahren stark in den Vordergrund getretenes Marketing-Konzept, bei dem es darum geht, die Kunden durch emotionale Stimulierung und visuell anregende Warenpräsentation zu faszinieren. Insbesondere mit Hilfe der Instrumente der Ladengestaltung

Handelsforschung 1988
Hrsg. Volker Trommsdorff

sollen die herkömmlichen handelsbetrieblichen Leistungen damit durch ein im Zusatznutzenbereich liegendes Leistungsversprechen angereichert werden. Von ausschlaggebender Bedeutung ist es dabei, daß die Ausformung dieses Leistungsversprechens unter einem geschlossenen Leitbild (z.B. Avantgarde, Lässigkeit, Sportlichkeit, Nonkonformismus etc.) erfolgt und als geschlossenes Marketing-Mix, d.h. in Abstimmung mit den übrigen handelspolitischen Instrumenten ausgestaltet wird (vgl. Weinberg 1986; Diller/Kusterer 1986; Bost 1987). Auf der Kundenseite soll eine solche erlebnisbetonte Einkaufsstättengestaltung den Einkaufsspaß erhöhen, ja den Einkauf zu einer Art Freizeitbeschäftigung machen, bei dem Lebensgestaltung, Selbstfindung und Konsum ineinanderfließen. Im Grunde wird damit ein Konzept verfolgt, das die industriellen Hersteller von Markenartikeln schon seit über 30 Jahren mit großem Erfolg anwenden. Empirische Untersuchungen in den letzten Jahren haben gezeigt, daß mit einem erlebnisbetonten Marketingkonzept gerade im Textil-Einzelhandel betriebswirtschaftliche Erfolge erzielbar sind und sich damit ein Ausweg aus dem profillosen Preis- und Sortimentswettbewerb auftut (vgl. Patt 1987; Diller/Beba 1988).

Wichtige Ziele des Erlebniskonzeptes sind die Erhöhung der Attraktivität des Ladens beim Kunden, der Profilierung des Geschäftes gegenüber Mitwettbewerbern, die Erzeugung von Kauflust und Impulskäufen sowie die Stimulierung zu Verbundkäufen, bei denen mehrere – oft aufeinander abgestimmte – Artikel gleichzeitig erworben werden. Eine gebündelte Markenpräsentation kann zur Erreichung dieser Ziele u.U. erheblich beitragen. Denn einmal kann der Handel am Markenimage, das die Hersteller durch entsprechende Werbung aufgebaut haben, partizipieren, wenn es ihm gelingt, die in der Markenwerbung angesprochenen emotionalen Nutzenversprechen (z.B. Exklusivität, Prestige, Jugendlichkeit, Professionalität, Sportlichkeit, aktives Leben etc.) zu visualisieren und damit lebendig zu machen. Umgekehrt profitiert der Hersteller davon, daß sein in der Werbung aufgebautes Markenbild dem Verbraucher am PoS wieder entgegentritt und es damit verkaufswirksam macht.

Bekleidung eignet sich für die Realisation eines solchen Konzeptes besonders gut, weil die Ware von entsprechend gekleideten Puppen in imageadäquater Umgebung und einer darauf ebenfalls zugeschnittenen Atmosphäre präsentiert werden kann, so daß jene Wunschwelt entsteht, in welcher die jeweilige Zielgruppe ihren gewünschten Life-Style wiedererkennt. Dadurch werden jene Identifikationspotentiale und Sympathie geschaffen, die für die Profilierung und Akzeptanz eines Geschäftes von so großer Bedeutung sind.

Die Präsentation verschiedener Artikel einer Markenlinie, also z.B. eines Jacketts zusammen mit einem Hemd und einer Krawatte, hat darüber hinaus oft genug den Effekt, daß der Verbraucher erkennt, wie gut die verschiedenen Produkte und Accessoires zueinander passen, also seine Phantasie unterstützen. Dadurch werden Verbundkäufe induziert, die Zusatzumsätze und entsprechende Deckungsbeiträge schaffen.

Nicht unterschätzt werden darf auch der Effekt, daß die in aller Regel hochwertigen Markenwaren wegen ihrer Zusatznutzenausstrahlung die Preisbereitschaft erhöhen und in manchen Fällen auch Hochpreislagen erst ermöglichen.

Daß sich die geschilderten Wirkungen des Erlebniskonzeptes bei einer gebündelten Markenpräsentation besser entfalten können als bei einer ungebündelten, liegt auf der Hand: Die Marke wird massiv hervorgehoben und kann dekorativ unterstützt sowie in ihrem Nutzenversprechen visualisiert werden.

1.3 Markenbündelung als Element des Fachgeschäft-Konzeptes

Aber auch dann, wenn eine Textil-Einzelhandlung nicht in erster Linie erlebnisbezogenes Marketing betreiben will, sondern am herkömmlichen Fachgeschäft-Konzept festhält, bietet die gebündelte Markenpräsentation einige Vorteile: So vermittelt eine solche Präsentation u.U. bei dem Kunden den Eindruck eines gut sortimentierten und fachkompetenten Anbieters. Insbesondere dann, wenn eine Einzelhandlung mehrere Marken gebündelt präsentiert, kann Kompetenz in Sortimentsbreite und -tiefe signalisiert werden.

Ferner setzen ganz bestimmte, insbesondere segmentspezifische, höherwertige oder sportiv ausgerichtete Markenlinien, wie z.B. italienische Designer-Marken oder Spezialmarken für kleine Körpergrößen, das Geschäft in die Lage, das Sortiment zu profilieren, Marktnischen zu besetzen oder höhere Preislagen zu erschließen.

Schließlich ist es unter Zielgruppen-Gesichtspunkten für das Fachgeschäft besonders wichtig, die marken- und qualitätsbewußten Kunden anzusprechen, für die der Preis nicht das wichtigste Entscheidungskriterium beim Einkauf darstellt. Auch dies kann durch eine massive Markenpräsentation besser erreicht werden. Im Hinblick auf die Zielgruppenabgrenzung ist ferner bedeutsam, daß vor allem unter den jungen Verbrauchern eine Renaissance des Markenbewußtseins im Gange ist. Will man diese Zielgruppe möglichst frühzeitig an ein Geschäft binden, ist es erforderlich, die Markenkompetenz auch präsentationstechnisch zu visualisieren.

1.4 Markenbündelung als Element der vertikalen Marketingstrategie der Industrie

Auch und gerade im Textilsektor sind in den vergangenen Jahren Marksättigungserscheinungen sichtbar geworden. Mehr denn je erweist sich dieser Markt als Käufermarkt, wo zudem immer weniger Einzelhandelsunternehmen in den Absatzkanal eingeschaltet sind, sei es wegen der Konzentration im Bekleidungshandel oder der Spezialisierung einzelner Geschäfte auf bestimmte Sortimentsbereiche.

Ein weiteres Charakteristikum der Situation auf der Handelsstufe des Bekleidungsmarktes ist die zunehmende Professionalität im Einkauf und im Marketing, die ebenfalls dazu beiträgt, daß die Hersteller von Bekleidung immer stärker darum kämpfen müssen, ihre Stellung im Handel zu behaupten bzw. neue Positionen aufzubauen.

Weitsichtige Hersteller entwickeln deshalb sog. vertikale Marketingprogramme, bei denen es darum geht, die in den Absatz eingeschalteten Absatzmittler durch möglichst attraktive Problemlösungsangebote, Service und ein zielgerichtetes Beziehungsmanagement an sich zu binden (vgl. z.B. Tietz/Mathieu 1979; Diller/Kusterer 1988). Zusätzlich zum horizontalen Wettbewerb mit anderen Herstellern wird mit diesen vertikalen Konzepten eine zusätzliche Wettbewerbsfront eröffnet, die den "Flaschenhals" Handel überwinden und die Marktposition im Handel verbessern soll.

Wie bei jedem Marketingkonzept muß auch im vertikalen Marketing das Denken vom Kunden und seinen Problemen ausgehen. Die wichtigsten Probleme im Textil-Einzelhandel liegen dabei in der Profilierung im Wettbewerb mit anderen Geschäften und in der Bewältigung der vielfachen Managementprobleme, deren effektive Lösung angesichts der zunehmenden Professionalität im Handel zu einer Überlebensfrage wird.

Hier bietet sich der Industrie insbesondere gegenüber dem mittelständischem Handel die Möglichkeit, Know-how zu transferieren und Goodwill aufzubauen, indem dem Handel entsprechende Problemlösungen angeboten werden. Daß ein solches Programm nicht nur altruistisch ausgerichtet ist, sondern auch den Interessen der Hersteller Rechnung tragen kann, liegt auf der Hand: Unter Umständen lassen sich nämlich auf diesem Wege Marktpositionen beim Handel festigen, der eigene Einfluß auf die Warenpräsentation erhöhen und die Geschäftsbeziehungen ausweiten.

Weil gerade das Know-how über Ladengestaltung im mittelständischen Textil-Einzelhandel häufig fehlt, bietet es sich an, individuelle Ladengestaltungskonzepte, etwa auf Baukastenbasis, für den Einzelhandel zu entwickeln, womit beiden Seiten geholfen wird: Der Handel erhält ein professionell gestaltetes Konzept, der Hersteller eine optimal gestylte Abssatzstelle. Darüber hinaus verbessert sich durch die gebündelte Markenpräsentation die optische Präsenz der Marke im Laden, so daß u.U. auch eine bessere horizontale Wettbewerbsposition erreicht werden kann.

Viele der heute beobachtbaren Marken-Shop-Konzepte entsprechen weniger einer solchen "Hilfe zur Selbsthilfe" im Handel, sondern entspringen eher der Marktführerposition bestimmter Hersteller, die dem Handel ihre eigenen Konzepte aufoktroyieren, statt mit ihnen kooperativ zusammenzuarbeiten und Synergiepotentiale zu erschließen. Deshalb bieten sich gerade für jene Unternehmen neue Chancen, deren Marken noch keine Spitzenstellung erreicht haben, indem ein kooperatives Marketing unter Zuhilfenahme des Instruments gebündelter Markenpräsentation betrieben wird.

1.5 Risiken der gebündelten Markenpräsentation

Andererseits beinhaltet das Konzept einer gebündelten Markenpräsentation aber auch einige, u.E. allerdings nicht gravierende Risiken. So ist zunächst zu berücksichtigen, daß ein Teil der Kunden nach wie vor für einen gezielten Bedarf einkauft und diesbezüglich möglichst einfach und schnell einen umfassenden Überblick über das entsprechende Angebot im Geschäft gewinnen will. Sind nun die einzelnen Artikel einer Artikelgruppe (z.B. Anzüge) durch eine Verteilung auf Marken-Shops im Laden verteilt, so ist der Überblick schwieriger und unbequemer zu gewinnen. Allerdings kann hier gut geschultes Personal für einen gewissen Ausgleich der Intransparenz sorgen. Voraussetzung dafür ist es, daß die Verkaufskräfte jederzeit vollständig darüber informiert sind, welche Artikel noch vorrätig und in welchem Teilbereich des Ladens präsent sind.

Ein u.U. schwerwiegenderes Risiko ist die Gefahr, daß durch die Dominanz einzelner Marken das unternehmensindividuelle Erscheinungsbild des Einzelhandelsbetriebes verloren geht. Einzelne Einzelhandelsunternehmen verwenden deshalb ausschließlich unternehmenseigene Warenträger und Displays, auch wenn von Herstellerseite entsprechend attraktive Angebote gemacht werden. Insbesondere, wenn mehrere Marken gleichzeitig in Form einer gebündelten Präsentation gefördert werden sollen, ist nämlich in der Tat zu befürchten, daß die Sortiments-, Preis- und Design- sowie die Zusatznutzenelemente der verschiedenen Marken nicht zueinander passen und ein unstimmiges Ladenbild sowohl im visuellen wie im übertragenen Sinne ergeben.

Weiterhin ist in bestimmten Fällen nicht auszuschließen, daß durch die gebündelte Markenpräsentation insbesondere dann, wenn sie einen großen Anteil der Ladenfläche auf sich vereint, eine gewisse Abhängigkeit von bestimmten Herstellern in modischer und wirtschaftlicher Hinsicht entsteht, die unerwünscht sein kann.

Schließlich ist auch nicht zu übersehen, daß bei einer weiteren Verbreitung des Marken-Shop-Konzeptes Uniformität im Handel erzeugt wird, die dem grundsätzlichen Profilierungsstreben dann entgegenläuft.

Angesichts dieser Situation erschien es uns reizvoll, die Wirkungen einer gebündelten Markenpräsentation im Bekleidungshandel einmal empirisch zu überprüfen. Eine solche Überprüfung ist zumindest im Hinblick auf die kurzfristigen Wirkungsdimensionen durchaus möglich, wenn es gelingt, Störfaktoren auf diese Wirkungsdimensionen durch ein Simultan- oder Sukzessiv-Experiment auszuschalten.

2 EIN EXPERIMENT ZUR KONTROLLIERTEN MESSUNG DER WIRKUNGEN GEBÜNDELTER MARKENPRÄSENTATION

2.1 Untersuchungsanlage

Im vorliegenden Fall wurde ein Sukzessiv-Experiment zur Wirkungsüberprüfung eingesetzt, bei dem ohne Kontrollgeschäft in einer Woche eine ungebündelte und in der darauf folgenden Woche eine gebündelte Markenpräsentation realisiert wurde und in Abhängigkeit davon bestimmte Wirkungsindikatoren im Wege der Beobachtung und Befragung erhoben wurden.

Das Experiment war Teil einer umfassenderen Studie zur erlebnisbetonten Ladengestaltung im Textil-Einzelhandel (vgl. Diller/Beba 1988). Auf ein Kontrollgeschäft konnte verzichtet werden, weil kaum zeitbedingte Einflüsse auf die Erhebungsindikatoren zu befürchten waren. Darüber hinaus gelingt es gerade im Textileinzelhandel nur schwer, voll vergleichbare Sortimente in verschiedenen Geschäften zu finden.

Wir beschränkten unsere Untersuchungen deshalb auf ein Testgeschäft, nämlich eine Filiale eines großen Bekleidungseinzelhandels-Unternehmens, die in einem Einkaufszentrum in Hamburg angesiedelt ist. Die Filiale war im Stile eines herkömmlichen Fachgeschäftes konzipiert und führte sowohl Damen- als auch Herrenbekleidung mittleren bis gehobenen Genres. Unsere Untersuchungen beschränkten sich allerdings auf den HAKA-Bereich.

Für die Interpretation der Untersuchungsergebnisse ist wichtig, daß die Ladengestaltung wenig Wert auf Erlebnisausstrahlung legte und von der sehr "füllig" präsentierten Ware mit vielen Rundständern und doppelter Hängung an den Wänden dominiert wurde. Die wöchentliche Quadratmeterleistung ist mit ca. 150 DM ebenso wie die Personalleistung relativ hoch. Das Verkaufspersonal geht dabei unmittelbar auf den Kunden zu und versucht, ihn aktiv zu beraten.

Zur Überprüfung der gebündelten Markenpräsentation wurden im November 1987 die Artikel aus dem Markenprogramm der Firmen Boss und Daniel Hechter auf einer insgesamt 80 m^2 großen Fläche zentralisiert dargeboten, während dasselbe Programm in der vorhergegangenen Kontrollwoche dezentralisiert, also artikelspezifisch eingeordnet war. Die Warenpräsentation erfolgte teilweise frontal, teilweise in Seitenhängung auf gesonderten Präsentern. Da unser Unternehmen stark auf ein firmenspezifisches Erscheinungsbild achtet, wurden ausschließlich ladeneigene Displays verwendet und keinerlei zusätzliche Dekorationsobjekte in die Markenpräsentation eingefügt. Auch hier sollte also im wesentlichen die Ware und nicht ein bestimmter Zusatznutzen visuell dominieren. Insgesamt wurde mit dieser Konzeption zwar ein deutlich sichtbarer Sortimentsschwerpunkt, aber kein Faszinationspunkt innerhalb des Ladens im Sinne des Erlebnis-Konzeptes geschaffen (siehe *Abbildung*).

Die Messungen zur Überprüfung der Wirkungen der gebündelten Warenpräsentationen erfolgten im Wege der Beobachtung des Kundenverhaltens im Geschäft, der Befragung von insgesamt 191 Kunden in beiden Erhebungsperioden über die Anmutung des Ladens und die Kenntnis verschiedener Bekleidungsmarken sowie im Wege der Erhebung von Daten über den Abverkauf. Insgesamt konnten damit folgende Testgrößen definiert werden, an denen die Wirkung der gebündelten Markenpräsentation überprüft wurde:

1) Ladenanmutung

a) Generelles Urteil über die Ladenatmosphäre
b) Gestütztes Urteil (Anmutungsprofil)
c) Frei genannte Vor- und Nachteile des Ladens
d) Subjektiv empfundene Markenkompetenz des Ladens

2) Markenbewußtsein
a) Ungestützte Kenntnis der Testmarken
b) Gestützte Kenntnis der Testmarken
c) Bedeutung der Marke beim Einkauf

3) Einkaufsverhalten im Laden
a) Verweildauer im Geschäft
b) Lauflänge im Geschäft
c) Anzahl der Produktkontakte pro Kunde
d) Anzahl der Anproben pro Kunde
e) Käuferquote

4) Betriebswirtschaftliche Ergebnisgrößen
a) Umsatz der Testmarken
b) Umsatzquote der Testmarken

Abbildung: Gebündelte Markenpräsentation der Marken BOSS und daniel hechter

Da nicht auszuschließen war, daß sich die Kundschaft in der Test-Woche von jener in der Kontrollperiode unterscheidet, wurden zusätzlich verschiedene Kundenmerkmale erfragt und daraufhin überprüft, ob sie in den beiden Vergleichsperioden gleich ausfallen. Keine statistisch signifikanten Unterschiede ergaben sich hier im Einzugsgebiet, in der Besuchshäufigkeit der Kunden, deren Einkaufsstättenwahlmotiven sowie im Modebewußtsein. Lediglich beim Einkommen ergab sich ein signifikanter Unterschied, weil in der Testperiode, also bei gebündelter Markenpräsentation, 58,3 % der befragten Kunden über ein Haushaltsnettoeinkommen unter 3.000 DM verfügten, während dies in der Kontrollperiode nur 39,7 % der Kunden waren. Weil beide Testmarken, Boss und Daniel Hechter, im Hochpreissektor angesiedelt sind, ist dies als ein gewisses Hindernis für die Entfaltung der Wirkung gebündelter Markenpräsentation zu interpretieren. Da sich ansonsten jedoch keine Unterschiede in den Einstellungen und Verhaltensweisen der Kunden zeigten, kann davon ausgegangen werden, daß Test- und Kontrollperiode voll miteinander vergleichbar sind. Spezifische Aktivitäten der Konkurrenz, welche die Testergebnisse stören könnten, wurden nicht festgestellt. Auch das Verhalten der Verkäufer war in beiden Perioden gleich: Bei jeweils 38 % der beobachteten Kunden kam es zu einem mehr oder minder langen Verkaufsgespräch. Auf eine spezielle Werbung für die Testmarken wurde verzichtet, weil es uns in erster Linie auf die Präsentations- und nicht auf die Werbewirkung ankam.

2.2 Untersuchungsergebnisse

2.2.1 Wirkungen gebündelter Markenpräsentation auf die Ladenanmutung

Da immerhin 20 % der HAKA-Verkaufsfläche für die Testmarken verwendet wurden, konnte durchaus plausibel vermutet werden, daß dadurch auch die Ladenanmutung des Testgeschäftes beeinflußt wurde. Wir erwarteten dabei eine positive Wirkung, weil eine gebündelte Warenpräsentation – wie oben dargelegt – Markenerlebnisse wach werden läßt und damit emotional positiv besetzte Wahrnehmungen wecken kann. Allerding ist zu berücksichtigen, daß die Warenpräsentation im vorliegenden Fall relativ erlebnisarm, d.h. ohne spezielle Dekorationsstücke oder Faszinationspunkte, erfolgte.

Eine erste Testgröße ergab sich aus den Antworten zu der Frage: "Mal ganz allgemein gefragt, wie würden Sie die Einkaufsatmosphäre in diesem Geschäft auf dieser Skala beurteilen?" (Es wurde eine Flächenskala vorgelegt, die von 1 bis 5 reichte und deren höchster Wert die beste Beurteilung repräsentierte). Die Testwerte in der Periode mit und ohne gebündelter Markenpräsentation sind mit 3,4 vs. 3,6 nicht signifikant verschieden (siehe *Tabelle 1*).

Erfaßt man spezifische Aspekte der Ladenatmosphäre durch Vorgabe bestimmter Gegensatzpaare ("Anmutungsprofil"; vgl. Tabelle1), so zeigen sich zwar ebenfalls keine gravierenden Einstufungsunterschiede, im einen oder anderen Punkt jedoch durchaus hypothesengerechte Differenzen. So wurde oben (vgl. 1.5) vermutet, daß die gebündelte Warenpräsentation zu einer geringeren Übersichtlichkeit führt. Die schlechteren Werte bei den Anmutungsitems "angenehm – unangenehm", "wohlig – hektisch" und "klar – verwirrend" zeigen, daß hier die ungebündelte Präsentation tatsächlich besser abschneidet. Andererseits erscheint der Laden bei gebündelter Markenpräsentation leicht anregender, insbesondere aber "gehobener" (vgl. Item "aufwendig – einfach" und "exklusiv – alltäglich"). Dies wird jedoch durch einen etwas ungünstigeren Eindruck beim modischen Erscheinungsbild (Item "modisch – nicht zeitgemäß" und "jugendlich – altmodisch") erkauft. Insgesamt ist die von unserem Testgeschäft gewählte Dekorationsform damit offenkundig nicht optimal. Es deuten sich zwar Wirkungen in der vermuteten Richtung an, sie sind jedoch nicht stark genug, um Einkaufs- und Markenerlebnisse wach werden zu lassen, welche das Geschäftsimage insgesamt positiv prägen.

Tabelle 1: Ladenanmutung bei gebündelter und ungebündelter Markenpräsentation

Testgröße	ungebündelte Präsentation	gebündelte Präsentation
Allgemeine Ladenanmutung (∅) (Skala von 1 bis 5)	3,6	3,4
Wiederbesuchsabsicht ("bestimmt")	91,0 %	94,2 %
Anmutungsprofil (∅-Werte) (Skala von 1 bis 9)		
- lebendig (9) - müde (1)	5,32	5,33
- anregend (9) - monoton (1)	5,31	5,44
- angenehm (9) - unangenehm (1)	6,51	6,29
- wohlig (9) - hektisch (1)	6,86	6,46 +
- modisch (9) - nicht zeitgemäß (1)	6,86	6,22 + +
- abwechslungsreich (9) - langweilig (1)	5,50	5,46
- jugendlich (9) - altmodisch (1)	5,42	5,18
- ungezwungen (9) - steif (1)	6,09	5,75
- aufwendig (9) - einfach (1)	4,58	4,80
- elegant (9) - schlicht (1)	5,49	5,32
- exklusiv (9) - alltäglich (1)	4,82	5,03
- klar (9) - verwirrend (1)	6,71	6,52
positive (negative) Auffälligkeiten (freie Nennung)		
- Ladengestaltung	5,1 % (9,0 %)	7,2 % (4,3 %)
- Sortiment	44,9 % (10,3 %)	49,3 % (4,3 %)
Markenkompetenz des Ladens (Skala von 1 bis 5; 5 = sehr hoch)	3,57	3,83 +

\+ = mit 10 % Irrtumswahrscheinlichkeit signifikanter Unterschied
\+ + = mit 1 % Irrtumswahrscheinlichkeit signifikanter Unterschied

Andererseits zeigen die höheren Durchschnittswerte bei der Skala für die subjektiv empfundene Markenkompetenz des Ladens (3,83 vs. 3,57) und die höhere Quote jener Kunden, die auf die Frage, was positiv aufgefallen sei, das Sortiment nannten, daß die in Abschnitt 1.2 postulierte Wirkung auf das Fachgeschäfts-Image und die Markenkompetenz tatsächlich auch schon in der moderaten Gestaltungsform unseres Experimentes wirksam wird.

2.2.2 Einkaufsverhalten im Laden

Hinsichtlich des Einkaufsverhaltens im Laden wurden fünf Indikatoren, nämlich die Verweildauer im Laden, die Lauflänge pro Kunde, die Anzahl der Produktkontakte und der Anproben sowie der Anteil der Käufer an den Kunden beobachtet.

Hinsichtlich der Verweildauer wie der Lauflänge ergeben sich, wie *Tabelle 2* auch zahlenmäßig verdeutlicht, keine signifikanten Unterschiede. Die Testwerte deuten im Gegenteil sogar etwas schlechtere Ergebnisse an. Allerdings sind diese Unterschiede in keiner Weise statistisch signifikant.

Tabelle 2: Einkaufsverhalten im Laden bei gebündelter und ungebündelter Markenpräsentation

Testgröße	ungebündelte Präsentation	gebündelte Präsentation
Ø Verweildauer im Geschäft in Minuten	11,3	8,5
Ø Kundenlauflänge HAKA in m	41,5	37,8
Ø Anzahl Produktkontakte pro Kunde	1,4	1,4
Ø Anzahl Anproben pro Kunde	0,51	0,53
Anteil der Käufer an allen Kunden	39,6 %	36,5 %

Auch hinsichtlich der Produktkontakte und der durchschnittlichen Anzahl anprobierter Kleidungsstücke pro Kunde fallen die Werte bei gebündelter Markenpräsentation nicht besser aus als bei ungebündelter. Dabei ist zu berücksichtigen, daß sich diese Werte auf das gesamte Sortiment des Ladens und nicht nur auf die getesteten Marken beziehen.

Schließlich fällt auch der Käuferanteil an der Kundschaft mit 36,5 % in der Testperiode sogar leicht schlechter aus als in der Kontrollperiode. Insgesamt kann in der vorliegenden Form die gebündelte Markenpräsentation das Einkaufsverhalten im Geschäft also nicht positiv beeinflussen. Auch dies interpretieren wir als eine Folge fehlender Originalität und Kreativität bei der Markendekoration und -präsentation. Einen "Kundenmagneten" konnte man in der gefundenen Dekorationsform jedenfalls nicht schaffen.

2.2.3 Markenbewußtsein

Die Überprüfung verschiedener Indikatoren des Markenbewußtseins dürfte insbesondere für die Hersteller von Interesse sein. Wie in Abschnitt 1.3 dargelegt wurde, versuchen sie nämlich, durch eine gebündelte Markenpräsentation zu höherer

Präsenz am PoS und damit verbunden zu einer intensiveren Verankerung ihrer Marken im Bewußtsein der Verbraucher zu gelangen.

Die in *Tabelle 3* zusammengefaßten Ergebnisse belegen dabei, daß diese Ziele selbst bei einer dekorativ wenig aufwendigen Bündelung verschiedener Artikel einer Markenlinie durchaus erreichbar sind. Überraschend ist dabei, daß dies für relativ unbekannte Marken, wie z.B. Daniel Hechter, genauso, ja noch stärker gilt als für bekannte Marken.

Tabelle 3: Markenbewußtsein bei gebündelter und ungebündelter Markenpräsentation

Testgröße	ungebündelte Präsentation	gebündelte Präsentation
Markenkenntnis ungestützt		
- Boss	70,5 %	97,2 %
- Daniel Hechter	9,0 %	14,5 %
Markenkenntnis gestützt		
- Boss	96,2 %	97,1 %
- Daniel Hechter	61,5 %	50,0 %
Umfang der Markenkenntnis (∅ Zahl genannter Marken bei ungestützter Befragung)	1,04	1,37
Bedeutung der Marke beim Bekleidungskauf (∅ Skalenwert, Skala von 1 bis 5; 5 = sehr wichtig)	2,7	2,6

So steigt die ungestützte Markenkenntnis von Boss bei gebündelter Präsentation von 70,5 auf 97,2 % und jene von Daniel Hechter von 9,0 auf 14,5 %. Allerdings steigen die gestützten Werte (dabei wird den Probanden eine Liste mit Marken vorgelegt und danach gefragt, welche sie davon kennen) nicht im gleichen Maße. Der hohe Bekanntheitsgrad von Boss läßt dies gut erklärbar erscheinen. Unerklärbar bleibt dagegen der Abfall bei Daniel Hechter um über 10 %-Punkte.

Interessant ist, daß bei gebündelter Markenpräsentation nicht nur die beiden Testmarken Boss und Daniel Hechter häufiger ungestützt genannt werden, sondern auch andere Marken aus dem Gedächtnis der Befragten auftauchen. Die durchschnittliche Zahl der genannten Marken beträgt dann 1,37 gegenüber 1,04 bei ungebündelter Markenpräsentation. Hier scheint ein Generalisierungseffekt wirksam zu werden, welcher der Markenpolitik im Textileinzelhandel zusätzliche Bedeutung verleiht.

Daß die dargelegten Effekte nicht etwa auf unterschiedliche Kundenstrukturen in der Test- und Kontrollperiode zurückzuführen sind, belegen die praktisch identischen Werte für die erfragte Bedeutung der Marke beim Bekleidungskauf (vgl. Tabelle 3). Wie bereits erläutert, waren jedoch in der Testperiode einkommensschwächere Kunden im Laden, so daß die positive Entwicklung der ungestützten Markenkenntnis (auf sie kommt es an!) um so höher zu bewerten ist.

2.2.4 Betriebswirtschaftliches Ergebnis

Auch wenn manche der von einer gebündelten Markenpräsentation ausgehenden Wirkungen erst langfristig durchschlagen können, scheint es doch interessant, auch bereits die kurzfristigen ökonomischen Konsequenzen einer solchen Präsentationstechnik zu überprüfen. Die Ergebnisse eines solchen Versuches im Rahmen unseres Experimentes sind in *Tabelle 4* zusammengefaßt. Aus Gründen der Vertraulichkeit mußten dabei einige Daten in Index-Werte transformiert werden. Auch in dieser Form wird jedoch sichtbar, daß die gebündelte Markenpräsentation durchaus Umsatzerfolge zeitigt. Entscheidend sind dabei die Nettoveränderungen, die sich ergeben, wenn man den Rückgang des Gesamtumsatzes in der Kontrollperiode um 15,5 % berücksichtigt. Netto weist der Umsatz von Boss eine Steigerung von 19,8 %, jener von Daniel Hechter wegen der niedrigeren Ausgangsbasis sogar um 50,4 % auf! Die absoluten Werte für die Wochenumsätze dieser beiden Marken liegen dabei im fünfstelligen Bereich. Substitutionseffekte zu Lasten anderer Sortimentsbereiche aufgrund der erhöhten Abverkäufe in Boss- und Daniel-Hechter-Artikeln konnten nicht festgestellt werden. Der niedrigere Gesamtumsatz des Ladens in der Periode ohne gebündelte Markenpräsentation ist vielmehr auf exogene Größen zurückzuführen. Wegen der relativ kurzen Erhebungsperiode erbringt eine artikelgruppenspezifische Aufgliederung der Markenumsätze keine prozentual sinnvoll interpretierbaren Daten. Wir verzichten deshalb hier auf die Darstellung der entsprechenden Befunde.

Tabelle 4: Betriebswirtschaftliche Erfolgsgrößen bei gebündelter und ungebündelter Markenpräsentation

Testgröße	ungebündelte Präsentation	gebündelte Präsentation
Ø Einkaufsbetrag (DM)	91,08	44,05 +
Umsatzveränderungen		
- Gesamtumsatz Laden (brutto)	100 %	84,5 %
- Gesamtumsatz Boss (brutto)	100 %	101,3 %
- Gesamtumsatz Boss (netto)	100 %	119,8 %
- Umsatzanteil Boss	8 %	10,0 %
- Gesamtumsatz Daniel Hechter (brutto)	100 %	127,1 %
- Gesamtumsatz Daniel Hechter (netto)	100 %	150,4 %
- Umsatzanteil Daniel Hechter	2 %	3,0 %

+ = mit 10 % Irrtumswahrscheinlichkeit signifikanter Unterschied

Insgesamt kann das betriebswirtschaftliche Ergebnis durchaus befriedigen, wenngleich sich der Umsatzanteil am Gesamtumsatz nicht sehr verschoben hat. Immerhin erscheint es als belegt, daß selbst bei einer optisch zurückhaltenden Präsentation Umsatzerfolge erzielbar sind. Sie dürften vermutlich noch erheblich steigerbar sein, wenn die Imagewelt der jeweiligen Marke besser visualisiert wird, als dies in unserem Fall geschah.

3 ZUSAMMENFASSUNG

Sowohl unsere theoretischen Überlegungen als auch unser empirisches Fallbeispiel haben gezeigt, daß die Markenbündelung im Bereich des Textileinzelhandels ein sehr erwägenswertes Präsentationskonzept darstellt. Wenngleich im vorliegenden Fall insbesondere die Anmutungsqualität des Ladens noch nicht befriedigen kann, so glauben wir doch, daß grundsätzlich sichtbar wurde, in welche Richtung eine gebündelte Markenpräsentation wirkt: Sie verstärkt die Markenkompetenz des Geschäftes und hebt das Markenbewußtsein bei den Kunden. Dies schlägt sich auch in den Umsatzerfolgen und bei entsprechend höherer Spanne auch in den Deckungsbeiträgen nieder.

Späteren Studien muß der Beleg für unsere Vermutung vorbehalten bleiben, daß eine dekorationsintensivere Markenpräsentation noch höhere Erfolge zeitigt. Nach dem Motto "Klotzen statt Kleckern" wäre dazu mit den Mitteln der Ladengestaltung und des visual merchandising ein Ambiente zu schaffen, das dem Image der Markenwelt entspricht. Die Markenhersteller sind u.E. aufgerufen, an solchen Konzepten für ihre Handelspartner zu arbeiten, ohne deren eigene Profilierungsinteressen aus dem Auge zu verlieren. Handelsfirmen kann dagegen empfohlen werden, zumindest den Versuch zu wagen, einzelne oder mehrere Marken in gebündelter Form zu präsentieren.

LITERATUR

Bost, E.: Ladenatmosphäre und Konsumentenverhalten, Heidelberg 1987

Diller, H.; Beba, W.: Erlebnisorientierte Ladengestaltung im Bekleidungseinzelhandel - Eine empirische Studie, Arbeitspapier Nr. 21, Institut für Marketing, UniBw Hamburg, Hamburg 1988

Diller, H.; Kusterer, M.: Erlebnisbetonte Ladengestaltung im Einzelhandel - Eine empirische Studie. In: Trommsdorff, V. (Hrsg.), Handelsforschung 1986, Heidelberg 1986, S. 109-123

Patt, P.-J.: Strategische Erfolgsfaktoren im Einzelhandel, Frankfurt 1987

Tietz, B.; Mathieu, G.: Kontraktmarketing als Kooperationsmodell, Köln u. a. 1979

Weinberg, P.: Erlebnisorientierte Einkaufsstättengestaltung im Einzelhandel. In: Marketing-ZFP, 8. Jg. 1986, Heft 2, S. 97-102

Die Entwicklung eines abteilungsspezifischen Anspruchsprofils als Grundlage handelsbetrieblicher Marketingplanung

Klaus Barth und Hans-Joachim Theis, Marburg

Die für Großbetriebe des Einzelhandels häufig gebotene marktstrategische Feinsteuerung nach dem Shop-in-the-Shop-Prinzip läßt es geboten erscheinen, der Positionierung im Markt abteilungsspezifisch Rechnung zu tragen. Bislang liegen jedoch keine empirischen Untersuchungen darüber vor, welche differenten Anforderungen der Konsument beim Kauf der Warengruppen in den unterschiedlichen Abteilungen stellt. Die vorliegende Untersuchung will diese Informationslücke schließen und unterrichtet über die Distributionsansprüche, welche die Konsumenten in sechzehn Hauptwarengruppen stellen. Damit wird nicht nur die Grundlage für eine leistungsfähige Imageanalyse geschaffen, sondern auch ein Fundament von Informationen, um die aus der Marketing-Philosophie folgende Marktspezialisierung durchzusetzen.

1 DIE MARKTSITUATION DER WARENHÄUSER IN DER BUNDESREPUBLIK DEUTSCHLAND

Die seit vielen Jahren beklagte Krise der Warenhäuser hat immer wieder im Kreise der Experten die Frage aufgeworfen, welche Management-Fehler wohl begangen wurden. Tatsächlich ist die ehemals starke Wettbewerbsposition der Warenhäuser seit geraumer Zeit durch die Konkurrenz der großflächigen Verbrauchermärkte und SB-Warenhäuser deutlich unterminiert worden. Die damit einhergehende Verschiebung von Marktanteilen hat mittlerweile eine dramatische Entwicklung genommen. Der Marktanteil, der von 3 % (1949) auf etwa 11 % (1974) klettern konnte, liegt derzeit bei ca. 6 %.

Viele Autoren haben sich zwischenzeitlich auf die Suche nach Managementfehlern der Warenhäuser begeben. Allgemein wird beklagt, daß trotz Trading up und Shop-in-the-Shop-Prinzip die Profilierungsschwierigkeiten im Markt nicht behoben und die Verwässerung des Images nicht gestoppt werden konnten. Dabei zeigen die Hinweise, der Slogan "Alles unter einem Dach" sei heute als unverwechselbares Leistungsversprechen alleine nicht mehr tragfähig, zwar in die richtige Richtung, die eigentlichen Schwächen einer unscharfen Marktpositionierung wurden jedoch nur unvollständig identifiziert.

Handelsforschung 1988
Hrsg. Volker Trommsdorff

Es ist sicherlich falsch gewesen, die Marktphilosophie des Trading up durch Abbau des Bedienungspersonals zu flankieren, wobei der Vorwurf zutrifft, durch ein allzu naives Kostenmanagement sei die gewählte Strategie der differenzierten Marktbearbeitung unterlaufen worden. Andererseits wurde jedoch überhaupt nicht gesehen, daß jede Abteilung im Sinne des gewählten Fachhandelskonzeptes gezielt im Wettbewerbsumfeld zu positionieren gewesen wäre. Damit wäre statt der fehlsamen Strategie der Marktstandardisierung einer eigentlich erwünschten Marktdifferenzierung der Weg geebnet worden.

Statt sich mit den spezifischen Wünschen der Konsumenten auseinanderzusetzen, wurde Kompetenz in allen Warenbereichen ohne Rücksicht auf das tatsächliche Meinungsbild zum Warenhaus bei den Kunden verkündet. Die Folge davon kann als Kluft zwischen Kompetenz und Image diagnostiziert werden.

Um eine solche Distanz abzubauen, sollten die Warenhäuser in der Lage sein, ihre Marktbearbeitungsprogramme so zu planen, daß sie in besonderer Weise den Distributionsansprüchen der Konsumenten abteilungsspezifisch Rechnung tragen und sich dabei erfolgreich im Sinne einer Multisegmentstrategie von den Wettbewerbern abheben.

2 DIE ANSPRUCHSANALYSE ALS INSTRUMENT MARKTORIENTIERTER UNTERNEHMUNGSFÜHRUNG IM HANDEL

Um diese Zielsetzung zu erreichen, benötigt der Entscheidungsträger Aufklärung darüber, warum die Konsumenten die gewünschten Leistungen z.B. in der Einkaufsstätte A und nicht in der Einkaufsstätte B nachfragen; denn oberstes Ziel der absatzpolitischen Bemühungen des Einzelhandelsbetriebes muß es sein, einen möglichst großen Teil der für ihn relevanten Nachfrage in seinem Einzugsgebiet auf die eigene Einkaufsstätte zu lenken (Barth 1984, S. 81).

Da der Konsument seine Einkaufsstättenwahl nicht aufgrund objektiver Merkmale der angebotenen Leistungen, sondern aufgrund seiner subjektiven Vorstellungen bzw. seiner Meinungen über die zur Wahl stehenden Einkaufsstätten trifft (Beeskow 1983, S. 624), kann die bloße objektiv-analytische Untersuchung, welche Einkaufsstätten für den Konsumenten bedürfnisgerechte Leistungen anbieten, kaum erklären, warum der Konsument eine bestimmte Einkaufsstätte präferiert.

Eine aus der Sicht des sog. verständigen Verbrauchers vorgenommene Untersuchung ist insbesondere deswegen nutzlos, weil zwischen den subjektiven Vorstellungen des Konsumenten über die konkurrierenden Einkaufsstätten und den dort objektiv angebotenen Leistungen erhebliche Diskrepanzen bestehen können. Diese Diskrepanz zwischen Realität und subjektiver Erlebniswelt begründet die Relevanz der Imageanalyse und weist ihr eine hohe Bedeutung im Rahmen der Planung von Marktbearbeitungsprogrammen zu (Dichtl/Schobert 1979, S. 37).

2.1 Methodische Ansatzpunkte und Anwendungsstand in der handelsbetrieblichen Praxis

Konfrontiert man den Informationsbedarf einer zunehmend datengestützt abzusichernden Strategieplanung im Handel mit wissenschaftlichen Arbeiten zur psychologischen Marktforschung, so ist nicht zu verkennen, daß sich die Wissenschaft vorrangig mit Meßproblemen produktbezogener Sachverhalte auseinandergesetzt hat oder Betriebstypen des Einzelhandels im Vordergrund stehen, die lediglich Waren aus einer Branche anbieten.

Die methodische Problematik der Bestimmung der Ansprüche gegenüber Großbetriebstypen des Einzelhandels (z.B. Warenhäusern), die nicht nur mit anderen Großbetrieben (z.B. Verbrauchermärkten), sondern mit Blick auf die einzelnen Warengattungen auch mit dem Fachhandel im Wettbewerb stehen, wurde dagegen weitgehend vernachlässigt.

In Beiträgen handelsorientierter Schriften mit vornehmlich praxisorientierter Autorenschaft findet man eine Fülle von Maßnahmen, die im Sinne eines qualitativen Wachstums des Einzelhandels zu einer Ertragsverbesserung auf bestehenden Verkaufsflächen führen sollen. Die erstrebte Verbesserung der Ertragssituation kann aber auf Dauer nur dann erreicht werden, wenn diesen Aktionen eine systematische, datengestützte Marktbearbeitungsstrategie zugrunde gelegt wird, die auf der warengruppenbezogenen unterschiedlichen Motivationsstruktur der Konsumenten aufbaut.

Damit wird der Aspekt des warengruppenbezogenen Bedarfsanspruches, welcher von den einzelnen Abteilungen gedeckt wird, betont; denn es besteht die begründete Vermutung, daß es die warengruppenbezogene Motivstruktur des Konsumenten ist, welche dieser bei warengruppenspezifischem Bedarf zur Grundlage seines Einkaufsstättenwahlverhaltens macht (Arnold et al. 1987, S. 666). Es liegt folglich nahe zu untersuchen, welche grundsätzlichen Ansprüche (und in welcher Intensität) der Konsument überhaupt an eine Einkaufsstätte bzw. an die einzelnen Abteilungen einer Einkaufsstätte stellt. Aus diesem Katalog abteilungsspezifischer Konsumentenansprüche lassen sich unmittelbar die zu ihrer Befriedigung notwendigen Leistungen einer Einkaufsstätte ableiten. Im Sinne einer dem Grundgedanken des Marketing konsequent verpflichteten Marktbearbeitungspolitik bilden somit die abteilungsspezifischen Konsumentenansprüche schließlich auch die Grundlage für eine geeignete Planung des absatzpolitischen Instrumentariums einer Einkaufsstätte.

Dieser – im übrigen nicht neuen – Betrachtungsweise wird in der handelsbetrieblichen Praxis zumeist dadurch Folge geleistet, daß das marktpolitische Instrumentarium aufgrund *vermuteter* Konsumentenansprüche konzipiert wird. Hierbei wird jedoch nicht auf der Basis von – durch empirische Untersuchungen – gewonnenen Anspruchsprofilen argumentiert, sondern es werden Kriterien zugrunde gelegt, die der Geschäftsleitung subjektiv als besonders wichtig erscheinen. Dabei handelt es sich zumeist um solche Kriterien, denen eine gewisse Anziehungskraft für die Einkaufsstätte zugesprochen wird; abteilungsspezifische unterschiedliche Motivationsstrukturen bleiben jedoch weitgehend unberücksichtigt. Dieses Vorgehen reicht aber für eine marktstrategische Feinsteuerung nach dem Shop-in-the-Shop-Prinzip nicht aus.

In der handelsbetrieblichen Praxis erfährt die Nichtberücksichtigung abteilungsspezifischer Anspruchsprofile eine weitere Dimension:

Die Kaufkriterien hinsichtlich einzelner Abteilungen stellen gleichzeitig die Kriterien dar, anhand derer sich der Konsument ein subjektives Vorstellungsbild (Image) darüber bildet, inwieweit eine bestimmte Einkaufsstätte zur Befriedigung seiner entsprechenden Bedürfnisse geeignet ist. Die Konsumentenansprüche an eine Einkaufsstätte bzw. Abteilung bilden damit eine geeignete Grundlage für eine Systematik einstellungsrelevanter Items in einer Image-Analyse.

Methodische Probleme bei der Anwendung der Image-Analysen in der Praxis bestehen zumeist darin, daß nicht einstellungsrelevante Merkmale zur Bewertung und Gewichtung herangezogen werden. Darüber hinaus wird nicht das Image einzelner Abteilungen eruiert, sondern lediglich das Image der Einkaufsstätte insgesamt.

Diese methodischen Unzulänglichkeiten können nicht ausschließlich mit dem Datenerhebungs- und -auswertungsaufwand begründet werden. Vielmehr fehlte es bisher auch an einem Katalog warengruppenbezogen-relevanter Kaufkriterien. Der Planer muß – wenn eine speziell zu diesem Zweck erforderliche Erhebung aus Kostengründen nicht in Frage kommt – auf eine warengruppenspezifische Image-Analyse verzichten oder eine Entscheidung zugunsten eines Kriterienkataloges aus der Literatur treffen, der möglicherweise defizitär ist.

In beiden Fällen halten mehrere systematische Fehlerquellen Einzug in das Befragungsdesign:

Bei einer warengruppenübergreifend durchgeführten Analyse wird der warengruppenbezogenen Motivstruktur der Konsumenten nicht Rechnung getragen. Damit bleiben differenzierte warengruppenbezogene Kaufkriterien unberücksichtigt, die vom Konsumenten zur Beurteilung der Abteilung jedoch herangezogen werden. Lehnt sich der Planer an einen der zahlreichen Merkmalskataloge aus der Literatur an, so ist davon auszugehen, daß nicht alle für die jeweilige Abteilung relevanten Imagemerkmale berücksichtigt werden oder in der Auflistung solche Merkmale enthalten sind, die für den Probanden im Hinblick auf die Einkaufsstättenwahlentscheidung unerheblich sind. Die Folge davon sind marktpolitisch falsche Unternehmungsentscheidungen.

Um Wege zu finden, solche Fehler zu vermeiden, sollen daher zunächst Methoden zur Generierung einstellungsrelevanter Eigenschaften aufgezeigt werden, um daran anschließend (exemplarisch für die Abteilungen Möbel und Foto/Optik) zwei aus insgesamt sechzehn durch Umfrage gewonnene Profile warengruppenspezifisch-relevanter Kaufkriterien zu präsentieren.

2.2 Methoden zur Generierung abteilungsspezifischer Anspruchsprofile

Die Methoden zur Generierung abteilungsspezifischer Anspruchsprofile lassen sich in zwei Gruppen gliedern. Zum einen besteht die Möglichkeit, eine Stichprobe der Zielgruppe – direkt oder indirekt – zu befragen und aus den Antworten eine Itemsammlung zusammenzustellen. Zweitens kann man auf Expertenurteile – und hierzu zählt auch die Auswertung literarischer Quellen und Werbetexte – zurückgreifen.

Bei der Ermittlung von Ansprüchen anhand von Expertenangaben besteht die Gefahr, daß für die Abnehmer irrelevante Eigenschaften genannt werden. Bei der Verwendung von Werbetexten erfolgt letztlich ein Rückgriff auf subjektive Eindrücke der werbenden Unternehmung, so daß fehlerhaft aus dem eigenen Kompetenzanspruch das Meinungsbild bei den Konsumenten abgeleitet wird.

Um möglichst sicherzugehen, daß die aus der Sicht der Verbraucher relevanten Ansprüche gefunden werden, ist eine Einbeziehung der Konsumenten unumgänglich, wobei zwischen indirekten und direkten Verfahren der Exploration zu unterscheiden ist.

2.2.1 Indirekte Verfahren

Indirekte Methoden der Marktforschung sind solche psychologischen Testverfahren, deren Zielsetzung von Befragten nicht zu durchschauen ist; als Mittel der Befragung werden Techniken wie Wortassoziationen, Bildvorlagen (projektive Methoden) und das die Hemmung der Befragten abbauende Gruppeninterview angewendet (Kapferer 1979, S. 726). Sowohl projektive Methoden als auch Gruppeninterviews werfen Probleme hinsichtlich der Interpretation und Auswertung auf. Darüber hinaus sind die Ergebnisse in hohem Maße von der Person des Interviewers abhängig und damit von geringer Reliabilität. Aus diesen Gründen sind sie zwar für explorative Forschungsfragen, jedoch nicht für die Erhebung abteilungsspezifischer Anspruchsprofile geeignet.

Eine weitere indirekte Methode liefert ein Verfahren der nichtmetrischen mehrdimensionalen Skalierung (NMDS). Bei Anwendung der NMDS müssen die Befragten die interessierenden Einstellungsobjekte (Einkaufsstätten) nach ihrer Ähnlichkeit beurteilen. Dabei werden keine präspezifizierten Merkmale vorgegeben, sondern lediglich Proximitäts-(Ähnlichkeits-)urteile über die Beurteilungsgegenstände in toto abgegeben. An die Stelle einer Vielzahl eindimensionaler Variablen treten nicht explizit bestimmte, sondern dem Urteilsvermögen der Auskunftspersonen überlassene, zunächst unbenannte mehrdimensionale Beurteilungskriterien.

Aus diesen Ähnlichkeitsdaten wird dann mit Hilfe von NMDS-Techniken ein mehrdimensionaler Beurteilungsraum erstellt (Böhler 1985, S. 118), ohne daß die Ähnlichkeitsdaten von den Beurteilern selbst formuliert werden müssen. Die Ähnlichkeitsrangskala ist die alleinige Datenbasis für die Auswertung. Auf diese Weise erhält man unbenannte Eindrucksdimensionen und die Positionen der Einkaufsstätten im Eigenschaftsraum. Das Problem bei Anwendung der NMDS liegt insbesondere darin, die ermittelten Dimensionen zu interpretieren, um so Konsequenzen für den handelsbetrieblichen Instrumentaleinsatz ziehen zu können. Zur Interpretation der Dimensionen ist jedoch wiederum der Rückgriff auf Expertenurteile bzw. die erneute Befragung der Konsumenten erforderlich. Damit wird deutlich, daß die Anwendung der NMDS weder dem Kriterium der Reliabilität noch dem der Forschungsökonomie Rechnung trägt und damit zur Generierung abteilungsspezifischer Anspruchsprofile ungeeignet erscheint.

2.2.2 Direkte Verfahren

Bei der direkten Befragung wird der Proband aufgefordert, die für ihn bedeutsamen Eigenschaften einer Einkaufsstätte anzugeben. Die Itemsammlung erfolgt dabei z.B. in Form der "Repertory-Grid-" oder der "Elicitation-Technik".

Der Repertory-Grid-Test zur Erfassung individueller Ansprüche basiert auf der Methode des Triadenvergleichs: Die Beurteiler erhalten Dreierkombinationen von Stimuli (z.B. Namen von Einkaufsstätten oder Abteilungen) vorgelegt und haben zu entscheiden, welche beiden der drei Einkaufsstätten sich unter einem bestimmten zu verbalisierenden Aspekt ähnlich sind und sich dadurch gleichzeitig von der dritten Einkaufsstätte unterscheiden (vgl. Trommsdorff 1975, S. 101). Es werden so lange zufällig ausgewählte Triaden zur Beurteilung vorgelegt, bis die Probanden keine neuen Unterscheidungsmerkmale mehr nennen können. Die Charakterisierung dieser Methode macht deutlich, daß sie zwar Merkmale generiert, die eine Differenzierung zwischen Objekten je Warengruppe erlaubt, jedoch keine Aussage darüber möglich ist, inwieweit diese Merkmale für das Individuum relevante Ansprüche repräsentieren.

Ein in der Anspruchsforschung weitgehend vernachlässigtes Instrument zur Generierung von Konsumentenansprüchen ist die Elicitation-Technik. Bei dem insbesondere von Fishbein vorgeschlagenen Verfahren (Fishbein/Ajzen 1975, S. 218 f.) muß eine Auskunftsperson die Eigenschaften nennen, die ihr zu dem betreffenden Stimulus einfallen. Diese Vorgehensweise korrespondiert mit der These, daß einstellungsrelevante Eigenschaften im Langzeitspeicher "näher" bei den betreffenden Objekten gespeichert sind als einstellungsirrelevante Items und daher bei Befragung eher reproduziert werden (Böhler 1979, S. 269). Dementsprechend wird von einer hierarchischen Struktur warengruppenbezogener Motive ausgegangen, die bei Stimulierung entsprechend ihrer Stellung in der Motivhierarchie genannt werden (Heemeyer 1981, S. 151). Wie bereits an anderer Stelle betont wurde, ist es gerade die warengruppenbezogene Motivstruktur des Konsumenten, welche dieser bei warengruppenbezogenem Bedarf zur Grundlage seiner einkaufsstättenbezogenen Motivstruktur macht. Die Elicitation-Technik ist damit ein wirksames Instrument zur Generierung warengruppenbezogener Anspruchsprofile.

2.3 Auswahl abteilungsspezifischer Konsumentenansprüche auf Basis der Elicitation-Technik

Erfolgt die Zusammenstellung von Konsumentenansprüchen der Art nach anhand von Spontanassoziationen im Hinblick auf die unterschiedlichen Warengruppen, so sind aus der Merkmalsgesamtheit diejenigen Bedürfnisse zu bestimmen, die für die meisten Befragten relevant sind (modale Relevanz). Es gilt also festzustellen, in welcher Ausprägung die Ansprüche im einzelnen auftreten. Zur Erstellung des modal relevanten Anspruchskataloges je Warengruppe bietet es sich an, diejenigen Nennungen in den warengruppenspezifischen Katalog aufzunehmen, die besonders häufig geäußert wurden. Diese Vorgehensweise berücksichtigt jedoch nicht, daß die jeweils stärksten Assoziationen auch zuerst reproduziert werden und damit die individuelle Reihenfolge reproduzierter Assoziationen als Indikator für die Wichtigkeit der Ansprüche anzusehen ist (Steffenhagen 1978, S. 92). Um die unterschiedlichen Assoziationsstärken angemessen zu berücksichtigen, ist somit eine Gewichtung der Merkmale entsprechend ihrer Reihenfolge im individuellen Kriterienkatalog je Warengruppe erforderlich. Das im Rahmen der Elicitation-Technik anwendbare Gewichtungsverfahren kann wie folgt umschrieben werden:

1. Bildung der umgekehrten Reihenfolge von Rangziffern

2. Division der Rangziffern durch die Zahl der individuell abgegebenen Nennungen

3. Summation der individuellen Gewichtungskoeffizienten je Merkmal über alle Befragten

4. Bildung der Rangfolge

Auf diese Weise entsteht eine gewichtete Rangfolge aller genannten Ansprüche je Warengruppe, die sowohl unterschiedliche Motivationsstärken als auch Unterschiede in der Anzahl der individuell abgegebenen Nennungen berücksichtigt.

Die Anwendung der Elicitation-Technik hat damit den Vorteil, daß neben der Instrumentalkomponente (Ansprüche der Art nach) auch die Bedeutungskomponente (Ansprüche der Intensität nach) eruiert wird.

Beispiel für ein Gewichtungsverfahren zur Auswahl abteilungsspezifischer Konsumentenansprüche

(1) Ausgangsdaten

1. VPN	2. VPN	3. VPN
1. Preis	1. Auswahl	1. Qualität
2. Auswahl	2. Qualität	2. Preis
3. Beratung		3. Auswahl
		4. Beratung

(2) Bildung der umgekehrten Reihenfolge von Rangziffern

1. VPN	2. VPN	3. VPN
3. Preis	2. Auswahl	4. Qualität
2. Auswahl	1. Qualität	3. Preis
1. Beratung		2. Auswahl
		1. Beratung

(3) Division der Rangziffern durch die Zahl der individuell abgegebenen Nennungen

1. VPN	2. VPN	3. VPN
3/3 Preis	2/2 Auswahl	4/4 Qualität
2/3 Auswahl	1/2 Qualität	3/4 Preis
1/3 Beratung		2/4 Auswahl
		1/4 Beratung

(4) Summation der Gewichtungskoeffizienten je Merkmal

VPN / Merkmal	VPN 1	VPN 2	VPN 3	Σ
Preis	3/3	0	3/4	1,75
Auswahl	2/3	2/2	2/4	2,17
Qualität	0	1/2	4/4	1,5
Beratung	1/3	0	1/4	0,58

(5) Bildung der Rangfolge

1. Auswahl	2. Preis	3. Qualität	4. Beratung

3 EINE EMPIRISCHE UNTERSUCHUNG ZUR ERMITTLUNG ABTEILUNGSSPEZIFISCHER ANSPRUCHSPROFILE

Nachdem voranstehend das theoretische Fundament der Generierung und Auswahl warengruppenspezifisch-relevanter Konsumentenansprüche skizziert wurde, soll im folgenden eine empirische Erhebung vorgestellt werden, die das Ziel verfolgt, eine auf der Anspruchsanalyse aufbauende und somit an den Bedürfnissen und Erwartungen der Konsumenten anknüpfende Planung des marktpolitischen Instrumentariums vornehmen zu können.

3.1 Entwicklung des Befragungsinstrumentariums

Zur Generierung abteilungsspezifisch-relevanter Ansprüche auf der Basis der Elicitation-Technik wurde ein Befragungsinstrumentarium konstruiert, das es ermöglichte, 847 nach dem Quota-Verfahren ausgewählte Personen einer norddeutschen Großstadt über Kaufkriterien beim Einkauf von 16 unterschiedlichen Warengruppen zu befragen. Ein zuvor durchgeführter Pretest diskriminierte die warengruppenspezifische Einkaufshäufigkeit nach den Merkmalen Alter und Geschlecht, die der Auswahl als Quotierungsvariablen zugrunde gelegt wurden.

Bei der Entwicklung der Befragungsunterlagen war in besonderem Maße der Motivierung des Probanden Rechnung zu tragen. Zudem schien es erforderlich, die Probanden bereits in der Einleitung explizit darauf hinzuweisen, daß es sich um Ansprüche an das Geschäft handelt und nicht um Ansprüche an die zu erwerbende Ware. Mit Ausnahme des ersten Stimulus wechselt die Fragenformulierung in systematischer Folge, d.h. die Versuchsperson wird mit ständig neuen Formulierungen konfrontiert, ohne die Intention der Fragenbatterie aus dem Gedächtnis zu verlieren. Diese systematisch sich ändernde Fragenformulierung ermöglicht darüber hinaus eine systematische Variation der Plazierung der Warengruppenitems im Fragebogen. Auf diese Weise können auftretende Störeffekte auf ein überschaubares Maß reduziert werden.

Aus Platzgründen muß auf die vollständige Wiedergabe des Befragungsdesigns verzichtet werden. Die Repetition des einleitenden Hinweises und der ersten Fragestellung mögen als beispielhafte Hinweise genügen:

"Stellen Sie sich einmal vor, Sie gingen in ein Geschäft, um bestimmte Waren einzukaufen. Welche Ansprüche würden Sie an das Geschäft stellen, auf was würden Sie besonderen Wert legen, was wäre für Sie besonders wichtig?"

"Stellen Sie sich jetzt einmal vor, Sie gingen in ein Geschäft, in dem Sie Möbel einkaufen wollten. Worauf würden Sie dann besonderen Wert legen?"

3.2 Präsentation der Erhebungsergebnisse

Die im Rahmen der mündlichen Befragung gewonnenen 25 800 Statements wurden zu 130 Merkmalen aggregiert und – mit Hilfe der zuvor beschriebenen dreigliedrigen Vorgehensweise – gewichtete Häufigkeitsverteilungen für jede Warengruppe gebildet. Darüber hinaus wurden die gewonnenen Kaufkriterien in den Katalog des – aus den Handelsfunktionen abgeleiteten – marktpolitischen Instrumentariums der Handelsbetriebe (vgl. Barth 1988, S. 52) eingeordnet. Auf diese Weise wird sowohl eine übersichtliche Darstellungsform als auch die unmittelbare Ableitung von Schlußfolgerungen für die Marketingpolitik ermöglicht.

Um starken interpersonellen Unterschieden in den jeweiligen Anspruchsniveaus gerecht werden zu können, empfiehlt sich bei der praktischen Durchführung der Auswertung darüber hinaus eine Clusterung der Ansprüche nach Maßgabe der jeweiligen Anspruchshöhe. Auf diese Weise lassen sich – insbesondere nach soziodemographischen Variablen – eindeutig unterscheidbare Segmente unterschiedlicher Anspruchsprofile bestimmen. Auf diese dezidierte Betrachtungsweise soll jedoch an dieser Stelle aus Raumgründen verzichtet werden.

Auf der Basis des erhobenen Datenmaterials konnte eine zweidimensionale Matrix erstellt werden, die für jedes Merkmal und jede Warengruppe die gewichtete Anzahl an Nennungen enthält.

Diese Matrix erlaubt, in einer horizontalen Betrachtungsweise festzustellen, welche Bedeutung ein postulierter Anspruch im Vergleich der einzelnen Warengruppen untereinander besitzt. Beispielsweise erhält das Kaufkriterium 'Warenauswahl' einen um das Doppelte höheren Bedeutungsindex für die Warengruppe 'Möbel' als in der Warengruppe 'Foto/Optik'. Für die handelsbetriebliche Praxis gestaltet sich die Umsetzung dieses Ergebnisses relativ einfach: Im konkreten Anwendungsfall in einem Warenhaus wären die Sortimentstiefenleistungen verstärkt auf den Bereich 'Möbel' zu konzentrieren. Die Ergebnismatrix erlaubt jedoch nicht nur eine horizontale und damit intrainstrumentelle Betrachtung, sondern liefert in einer vertikalen Darstellung auch Hinweise auf den Einsatz des absatzpolitischen Instrumentariums innerhalb einer Warengruppe (interinstrumentelle Betrachtung). Zweifellos ist zum Beispiel der Sortimentsniveaupolitik in der Warengruppe 'Foto/Optik' ein wesentlich größerer Stellenwert als der Sortimentstiefenpolitik beizumessen.

In der folgenden Übersicht werden die Ergebnisse für die Warengruppen 'Foto/Optik' und 'Möbel' repliziert. Die einzelnen Kaufkriterien (Strichaufzählung) wurden hierin zu übergeordneten Faktoren aggregiert und die Nennungen in Prozent des jeweiligen Faktors umgerechnet. Bedeutungsvoller als die einzeln geäußerten Kaufkriterien sind jedoch die Faktoren selbst: Die entsprechenden Zahlen geben an, wieviel Prozent der Versuchspersonen die den Faktoren zugrunde liegenden Merkmale genannt haben.

Imagemerkmal	Anzahl der gewichteten Nennungen in %	Anzahl der gewichteten Nennungen je Branche in % Foto/Optik	Möbel
A. Sortimentstiefenpolitik			
a) Warenauswahl	10	10	26
b) Individualität des Warenangebotes	2	-	9
- Individuelle Auswahl	19	-	22
- Originelles Angebot	12	-	4
- Spezialartikel	29	-	36
- Exklusive Auswahl	6	-	4
- Außergewöhnliches Angebot	22	-	24
- "Geschmackvolles" Warenangebot	7	-	9
- Keine Massenprodukte	4	-	-
B. Sortimentsniveaupolitik			
a) Qualitätsniveau	17	32	41
- Hohes Qualitätsniveau	71	64	80
- Mittleres Qualitätsniveau	1	1	1
- Keine Billigwaren	1	1	1
- "Gute" Qualität	6	7	7
- Markenqualität	15	25	1
- Gute Paßform	1	1	-
- Stabilität	1	-	4
- Haltbarkeit, Zuverlässigkeit	3	1	4
- Unkompliziertheit, Handlichkeit	1	2	-
- Zweckdienlich/funktionales Angebot	2	1	3
b) Aktualität	2	1	3
- Aktualität, Modernität	51	100	72
- Zeitloses Angebot	8	-	28
- Frische	41	-	-
c) Pädagogisch sinnvolles Spielzeug	1	-	-
d) Umweltfreundliches Angebot	1	-	1
- Umweltgerechte Verpackung	4	-	-
- Biologisches Angebot	30	-	25
- Umweltfreundliches Angebot	34	-	25
- Natürliche Produkte	25	-	50
- "Gesundheitsartikel"	14	-	-
- "Energiesparprodukte"	3	-	-
C. Quantitätspolitik			
Bedarfsgerechte Abgabemengen	1	-	-
D. Standortpolitik			
Erreichbarkeit/zentrale Lage	1	-	1
E. Zustellungspolitik			
Lieferservice	1	1	3
- Zulieferung	50	-	52
- Kurze Lieferzeiten	50	100	48
F. Lieferbereitschaftspolitik			
Lieferbereitschaft	1	1	1
- Präsenz der Ware	95	67	100
- Bestellmöglichkeit	5	33	-

Imagemerkmal	Anzahl der gewichteten Nennungen in %	Anzahl der gewichteten Nennungen je Branche in % Foto/Optik	Möbel
G. Geschäftszeitenpolitik			
Längere Ladenöffnungszeiten	1	-	1
H. Qualitätssicherungspolitik			
Qualitätssicherungsansprüche	1	1	1
- Echtheitsansprüche	36	-	100
- Sicherheitsgeprüft (Gütezeichen)	38	-	-
- Mindesthaltbarkeitsdatum	11	-	-
- Nachkaufmöglichkeiten	15	100	-
I. Garantiepolitik			
Garantie- und Kulanzansprüche	1	1	1
- Garantieleistungen	85	92	80
- Kulanzleistungen	15	8	20
J. Beratungspolitik			
a) Fachkundige Beratung	9	38	18
- Individuelle Beratung	60	58	53
- Fachkundige Beratung	40	42	47
b) Anproben/Warenproben	1	1	1
c) Selbstbedienung	1	-	1
d) Freundliche Bedienung	5	10	8
- Freundliche Bedienung	76	77	58
- Unaufdringliche Bedienung	10	9	13
- Geduldige Bedienung	10	4	27
- Objektive, vertrauensvolle Bedienung	3	11	1
- Gepflegtes Auftreten	1	-	-
K. Umtauschpolitik			
Umtausch- und Reklamationsabwicklung	1	1	1
- Umtauschmöglichkeiten	70	50	100
- Reklamationsabwicklung	30	50	-
L. Akzelerationspolitik			
Einkaufschnelligkeit	1	1	1
- Schnelle Kassenabfertigung	59	-	100
- Schnelle Bedienung	41	100	-
M. Servicepolitik			
Serviceleistungen	1	1	1
- Einkaufsbequemlichkeit	30	100	80
- Parkplatzangebot	17	-	20
- Verpackungsservice	38	-	-
- Spielecke	15	-	-
N. Manipulationspolitik			
Individuelle Anfertigung	1	-	1
O. Technischer Kundendienst			
Kundendienstleistungen	1	6	3

Imagemerkmal	Anzahl der gewichteten Nennungen in %	Anzahl der gewichteten Nennungen je Branche in %	
		Foto/Optik	Möbel
P. Preispolitik			
a) Preisgünstiger Einkauf	11	16	19
- "Preis"	82	81	88
- "Billig"	2	2	1
- Preiswert	6	6	4
- Sonderangebote	3	5	1
- Preisgünstig	5	5	5
- Rabatte	1	-	1
b) Preis-/Leistungs-Verhältnis	1	2	4
- Preis-/Leistungs-Verhältnis	19	39	29
- Preis-Qualitäts-Verhältnis	32	39	26
- Preis unwichtig	20	17	18
- Angemessene Preise	30	6	26
c) alle Preislagen vorhanden	1	1	1
Q. Präsentationspolitik			
a) Verkaufsraumgestaltung	3	1	9
- Einkaufsatmosphäre	23	40	24
- Sauberkeit/Hygiene	15	-	1
- Anspruchsvolle Verkaufsraumgest.	49	40	59
- Großzügige Verkaufsflächen	6	20	14
- Altersgerechte Verkaufsraumgest.	5	-	1
b) Übersichtliche Warenanordnung	1	1	2
- Übers. Warenanordn. im Verk.-raum	90	100	80
- Warenanordnung im Verkaufsträger	10	-	20
c) Fassaden- und Eingangsgestaltung	1	1	1
d) Preisübersichtlichkeit	1	1	1
R. Werbepolitik			
Werbeleistungen	1	1	1
- Media-Werbung	15	8	-
- Testberichte	23	58	-
- Informationsmaterial	13	8	100
- Schaufenstergestaltung	49	25	-
S. Sonstige			
a) Betriebstypenpräferenzen	3	6	4
- Präferenz Fachhandel	58	96	85
- Präferenz Kaufhaus	8	2	-
- Präferenz "Großmarkt"	2	-	3
- Präferenz "sonstige"	3	-	12
- Negativ-Präferenz Facheinzelhandel	2	-	-
- Negativ-Präferenz Kaufhaus	4	2	-
b) Landespräferenzen	1	1	1
c) Geschäftsgrößenpräferenzen	1	1	2
- Geschäftsgröße "groß"	42	-	82
- Geschäftsgröße "klein"	58	100	18
d) Ruf des Geschäftes	1	1	1

3.3 Die Ableitung differenzierter Marktbearbeitungsstrategien auf Basis der Anspruchsanalyse

Da die Befragung implizit Auskunft über die abteilungsbezogenen Leistungsansprüche der Konsumenten gibt, wird es der Warenhaus-Unternehmung ermöglicht, sich an den nunmehr bekannten aktuellen Wünschen und Erwartungen der Konsumenten auszurichten.

Die Ableitung differenzierter Marktbearbeitungsstrategien auf Basis der Anspruchsanalyse soll am Beispiel der Abteilungen 'Möbel' und 'Foto/Optik' verdeutlicht werden.

Wie das Datenblatt zu erkennen gibt, stellen die Konsumenten – insbesondere im Vergleich zu anderen Warengruppen – beim Kauf von Möbeln sehr große Erwartungen an die Warenauswahl und das Qualitätsniveau. Kompetenz wird dem Möbelhandel offenbar nur dann bescheinigt, wenn er dazu in der Lage ist, auf die individuellen Wünsche des Konsumenten einzugehen und reichhaltige alternative und additive Kaufmöglichkeiten zu schaffen. Dieses Ergebnis korrespondiert mit der in der Praxis vereinzelt festgestellten Entwicklung der Warenhäuser, die Möbelabteilung vollständig aus dem Sortiment zu eliminieren, da aus Wirtschaftlichkeitserwägungen die vom Konsumenten beanspruchte Sortimentsbreite und -tiefe nicht gewährleistet werden kann. Bislang wurde jedoch versucht – getreu dem Slogan "Alles unter einem Dach" – zumindest auf geringer Verkaufsfläche eine kleine Möbelauswahl zu präsentieren, um die erhofften Umsätze nicht vollständig an die Konkurrenz zu verlieren. Daß dadurch dem Konsumentenwunsch nach großer Auswahl nicht Rechnung getragen werden kann, ist unmittelbar einsichtig. Ebensowenig möglich ist die präsentationswirksame Demonstration eines hohen Qualitätsniveaus einerseits aus Gründen zu geringer Verkaufsfläche und dem damit einhergehenden Verzicht auf Vergleichsprodukte, andererseits aufgrund des nicht vorhandenen Markenbewußtseins der Konsumenten. Damit wird auch erklärbar, warum der Möbelbereich in strategischen Geschäftseinheiten (Einrichtungshäuser) verselbständigt wird. Eine solche ausschließlich auf Präsenz ausgerichtete Abteilungspolitik ist wenig zielführend. Darüber hinaus wird das negative Image einer solchen auf Erhaltung ausgerichteten Abteilung auf durchaus leistungsfähige Rayons übertragen. Daraus folgt die immer wieder zu beklagende Imageverwaschung für das ganze Haus.

Eine völlig andere Konstellation findet sich dagegen bei der Warengruppe 'Foto/Optik'. Dem Merkmal 'Warenauswahl' kommt hier – wieder im Vergleich zu den anderen Warengruppen – eine nur untergeordnete Bedeutung zu. Demgegenüber werden auch in dieser Warengruppe hohe Anforderungen an die Qualität gestellt, wobei sich dies insbesondere in dem Bedürfnis nach Markenqualität widerspiegelt. Diejenige Unternehmung, die ihr Leistungsangebot an den Bedürfnissen und Erwartungen der Konsumenten auszurichten gedenkt, hat die Möglichkeit, sich über ein eingeschränktes Angebot von Produkten, denen im Bewußtsein der Konsumenten per se eine hohe Qualität zugesprochen wird, bei nur geringer Inanspruchnahme der Raumkapazität zu profilieren.

Weitere marktpolitische Implikationen ergeben sich insbesondere im Bereich Beratungspolitik. Für die Konsumenten der Warengruppe Foto/Optik ist die Inanspruchnahme der fachkundigen, individuellen Beratung eine unabdingbare Voraussetzung für den Besuch einer Einkaufsstätte. Das Merkmal Beratung wird zu 100 % häufiger genannt als im Durchschnitt über alle anderen Warengruppen. Offenbar erwarten die Foto/Optik-Käufer, daß das Verkaufspersonal sowohl auf individuelle Wünsche eingehen als auch eine fachlich qualifizierte Beratung anbieten kann. Darüber hinaus werden dezidierte Anforderungen an die Form der Bedienung gestellt. Sie sollte objektiv und vertrauenswürdig sein, den Bedienungswunsch frühzeitig erkennen und ihm unaufdringlich nachkommen und vor allem dem Kunden freundlich gegenübertreten. Will sich die Einzelhandelsunternehmung über den Bereich Foto/Optik profilieren, so sind insbesondere Investitionen in "Human Capital" erforderlich. Hier können Mitarbeiterschulungen und die Wahrnehmung industrieller Seminarangebote einen wesentlichen Beitrag zur Fachausbildung des Verkaufspersonals leisten. Der gerade in diesem Bereich zu verzeichnende Abbau von Mitarbeitern in den Warenhäusern kann kaum mehr einen Beitrag zur Profilierung am Absatzmarkt leisten.

Der Wunsch nach individueller Beratung und freundlicher Bedienung ist dagegen, betrachtet man die Präferenzen im Bereich Möbel, nicht so stark ausgeprägt. Den Konsumenten kommt es hier in erster Linie darauf an, durch geduldiges Bedienungspersonal die gewünschten Gegenstände gezeigt zu bekommen und sich über die allgemeine Leistungsfähigkeit des Handelsbetriebes (Lieferservice, Lieferzeiten, Konditionen etc.) zu informieren. Dabei darf in keinem Fall der Eindruck von Kaufzwang vermittelt werden.

Weitere – aus der Untersuchung ableitbare – Handlungsempfehlungen für die Unternehmungsführung ergeben sich für das Instrument Preispolitik. Betrachtet man die Bedeutung des Preises im Konsumentenbewußtsein, so ist festzustellen, daß das Bedürfnis nach preisgünstigem Einkauf von Foto- und Optikartikeln offenbar eine untergeordnete Bedeutung im Vergleich zu den anderen Warengruppen einnimmt. Demnach muß die Handelsunternehmung zwar bestrebt sein, durch strategische, d.h. in erster Linie langfristige Operationen das Image einer preisgünstigen Einkaufsstätte zu erzeugen. Hier bietet sich im übrigen der Rückgriff auf die evident hohen Markenpräferenzen im Bereich Foto-Software an. Eine Konzentration alleine auf preispolitische Aktivitäten kann jedoch keinen Beitrag zur Profilierung am Absatzmarkt leisten. Vielmehr ist es erforderlich, durch konsequent betriebene Marktsegmentierung diejenigen Konsumententypen aufzuspüren und zu charakterisieren, die sich durch ein gesteigertes Preisbewußtsein von Konsumenten mit anderen Präferenzen unterscheiden. Nur auf diesem Wege wird der Handel im Bereich Foto/Optik in die Lage versetzt, dem ruinösen Preiskampf in dieser Branche aus dem Weg zu gehen so wie im übrigen auch erfolgreich geführte Facheinzelhandelsunternehmungen dieser Branche.

Mit den Ansprüchen der Konsumenten an die Leistungen der Handelsunternehmungen bezüglich Auswahl, Qualität, Preis, Beratung und Bedienung wären die für den durchschnittlichen Konsumenten wichtigsten Merkmale angesprochen. Diese fünf Merkmale werden in allen Warengruppen – mit jeweils unterschiedlichen Prioritäten – auf den ersten fünf Rangplätzen geführt. Dieser Tatbestand läßt darauf schließen, daß es sich hierbei um generelle Anspruchsniveaus handelt, deren Befriedigung von allen Konsumenten gleichermaßen angestrebt wird. Die konsequente Ausrichtung der marktpolitischen Instrumente auf das Bedürfnisprofil der durch Marktsegmentierung gewonnenen Zielgruppe auf der Grundlage der genannten Einstellungsmerkmale ist zwar eine notwendige, jedoch keine hinreichende Bedingung, um in der jeweiligen Warengattung am Markte erfolgreich sein zu können. Vielmehr ist es erforderlich, auch die Befriedigung derjenigen Bedürfnisse anzustreben, die in der Motivhierarchie auf den nachgelagerten Plätzen angesiedelt sind. Zu nennen wäre hier beispielsweise der Bereich Verkaufsraumgestaltung.

Da die Art der Gestaltung des Verkaufsraumes für den Foto/Optik-Kunden völlig unerheblich ist, bestehen zumindest keine direkten Möglichkeiten für die Unternehmung, sich über eine stark ausgeprägte Präsentationspolitik zu profilieren. Andererseits können jedoch in Form einer angemessenen Minimalausstattung Ressourcen freigesetzt und z.B. in qualifiziertere Beratungsleistungen investiert werden. Dieser Hinweis macht deutlich, daß über die Eruierung der Motivstruktur der Konsumenten nicht nur Implikationen für den Einsatz des marktpolitischen Instrumentariums möglich sind. Darüber hinaus besteht auch die Möglichkeit, diejenigen Bereiche aufzudecken, in denen bei gleichem Kapitaleinsatz nur durch Umstrukturierungsmaßnahmen Profilierungseffekte zu erzielen sind.

Die Interpretation der Ergebnisse aus dem Möbel-Rayon zeichnet dagegen ein anderes Bild. Hier hat die Verkaufsraumgestaltung eine ähnlich hohe Priorität wie im Bereich Bekleidung. Die Konsumenten legen offenbar gesteigerten Wert auf eine ansprechende Gestaltung des Verkaufsraumes, die auch eine anmutende Einkaufsatmosphäre schafft. Großzügige Verkaufsflächen sind dabei fast ebenso wichtig wie die übersichtliche Anordnung der Möbel im Verkaufsraum. Dies korrespondiert mit den Ergebnissen bezüglich der geforderten Beratungsleistung. Möbelkäufer wollen in erster Linie durch die Präsentation der Ware in einer angemessenen Einkaufsatmosphäre inspiriert werden, ohne durch Inanspruchnahme von Beratungsleistungen dem subjektiven Eindruck des Kaufzwanges ausgesetzt zu sein.

In ähnlicher Weise, wie die strategische Stoßrichtung der Verkaufsraumgestaltung aus der Konsumentenbefragung ableitbar ist, lassen sich auch Rückschlüsse für die Planung des werbepolitischen Instrumentaleinsatzes ableiten. Die Werbung hat sowohl informatorische als auch motivierende Aufgaben zu erfüllen. Sie soll über die angebotenen Sach- und Dienstleistungen informieren und der Zielgruppe das gewünschte Einkaufsstättenimage vermitteln. Die Ergebnisse der Befragung liefern zu diesem Zweck konkrete Informationen über den kommunikationspolitischen Inhalt. Zur Aktivierung der Konsumenten gilt es besonders, diejenigen Merkmale der Einkaufsstätte herauszustellen, durch welche die Einstellung der Konsumenten am stärksten determiniert werden.

Für den Bereich Foto/Optik kommen als Werbeargumente z.B. der hohe Qualitätsstandard, die fachkundige Beratung und der technische Kundendienst in Form der Laborqualität mit den beiden Dimensionen Laborschnelligkeit und Laborzuverlässigkeit in Frage. Als besonders subtile Technik ist in diesem Zusammenhang schließlich die zweiseitige Kommunikation zu nennen. Indem Pseudo-Nachteile mit in die Werbebotschaft aufgenommen werden, erhöht man ihre Glaubwürdigkeit auf der Basis quasi rationaler Argumentation und vermittelt dem Konsumenten das Gefühl von Verhaltensfreiheit. Man kann dabei z.B. auf Leistungen verweisen, die zwar in anderen Warenbereichen von Bedeutung, für die im konkreten Fall beworbene Abteilung jedoch völlig irrelevant sind. Für die beispielhaft herausgegriffene Foto/Optik-Abteilung bietet sich hierbei der "Verzicht auf Einkaufsatmosphäre" bei "verstärkter Wahrnehmung der Kundendienstleistungen" an. Damit ist bei Akzentuierung eines wirklich bedeutenden Leistungsmerkmals ein "Defizit" in der eigenen Leistung charakterisiert, das ohnehin bekannt und vom Konsumenten – weil unwichtig – auch akzeptiert wird. Jedenfalls trägt die weitgehend einfallslose Werbung mit Artikeln und Preisen diesen Erkenntnissen keine Rechnung.

Die vorangegangenen Ausführungen haben in anschaulicher Weise die Leistungsfähigkeit der Anspruchsanalyse auf Basis der Elicitation-Technik demonstriert. In ihrer zweiseitigen Funktion dient sie einerseits dazu, einstellungsrelevante Merkmale zu erheben, die als Basis einer warengruppenspezifisch durchzuführenden Image-Analyse von evident hoher Bedeutung sind. Darüber hinaus liefert sie eine gute Datenbasis zur Planung des marktpolitischen Instrumentaleinsatzes auf Basis der Konsumentenansprüche:

Als Instrument komplexer absatzmarktbezogener Informationsbeschaffung eignet sich die Anspruchsanalyse auf der methodischen Grundlage der Elicitation-Technik als Entscheidungsgrundlage für die marktorientierte Unternehmungsführung im Handelsbetrieb.

LITERATUR

Arnold, S.J. et al.: A Comparative Analysis of Determinant Attributes in Retail Store Selection. In: Hunt, K.H. (Hrsg.), Advances in Consumer Research, Vol. 5 (1978), S. 663-667

Barth, K.: Grundlagen einer segmentorientierten Marketingplanung in Einzelhandelsunternehmungen. In: Sundhoff, E.; Klein-Blenkers, F. (Hrsg.), Mitteilungen des Instituts für Handelsforschung an der Universität zu Köln, Jahrg. 36 (1984), Nr. 7, S. 81-84

Barth, K.: Betriebswirtschaftslehre des Handels, Wiesbaden 1988

Beeskow, W. et al.: Die Bewertung von Marketingaktivitäten. In: Irle, M. (Hrsg.), Handbuch der Psychologie, 12. Band: Marktpsychologie, 2. Halbband: Methoden und Anwendungen in der Marktpsychologie, Göttingen, Toronto, Zürich 1983, S. 483-674

Böhler, H.: Beachtete Produktalternativen und ihre relevanten Eigenschaften im Kaufentscheidungsprozeß von Konsumenten. In: Meffert, H.; Steffenhagen, H.; Freter, H. (Hrsg.), Konsumentenverhalten und Information, Wiesbaden 1979, S. 261-289

Böhler, H.: Marktforschung, Stuttgart u.a. 1985

Dichtl, E.; Schobert, R.: Mehrdimensionale Skalierung – Methodische Grundlagen und betriebswirtschaftliche Anwendungen, München 1979

Fishbein, M.; Ajzen, I.: Belief, Attitude, Intention and Behavior: An Introduction of Theory and Research, Massachusetts 1975

Heemeyer, H.: Psychologische Marktforschung im Einzelhandel – Entwicklung und Test einer operationalen Befragungs- und Auswertungskonzeption, Wiesbaden 1981

Kapferer, C.: Indirekte Tests. In: Marketing Journal Hamburg (Hrsg.), Kapferers Marketing Wörterbuch, Zürich 1979

Steffenhagen, H.: Wirkungen absatzpolitischer Instrumente – Theorie und Messung der Marktreaktion, Stuttgart 1978

Trommsdorff, V.: Die Messung von Produktimages für das Marketing – Grundlagen und Operationalisierung, Köln u.a. 1975

Literaturdienst zur Handelsforschung

Bernd Huber; Christian Kube; Volker Trommsdorff, Berlin

Wie im vergangenen Jahr ist es Ziel des Literaturdienstes, zum Transfer von Forschungsergebnissen beizutragen. So wurden vornehmlich Quellen ausgewertet, die wissenschaftliche Untersuchungen publizieren, aber dem Praktiker nicht so gut zugänglich sind. Zugleich soll Appetit auf Vertiefung durch die eigene Auseinandersetzung mit der Quelle geweckt werden. Damit der Leser gezielt auf die ihn interessierenden Themengebiete zusteuern kann, wurden die Quellen systematisch gegliedert. Selbstverständlich ist das nicht ganz eindeutig und überschneidungsfrei möglich.

Auch für diese Ausgabe mußte aus der Fülle des Materials eine Auswahl getroffen werden. Bei den Zeitschriften wurden die 87er Jahrgänge ausgewertet; bei Büchern und Arbeitspapieren war das Erscheinungsjahr 1987 ausschlaggebend. Inhaltlich mußte mehr oder weniger subjektiv entschieden werden, welche Forschungsergebnisse für die Arbeit von Handelspraktikern von Bedeutung sind und ihnen Anregungen liefern können. In diesen Fällen werden nachstehend – bei dem zur Verfügung stehenden Platz so gut wie möglich – wichtigste Ergebnisse der ausgewählten Veröffentlichungen zusammengefaßt.

1 ORDNUNGSPOLITISCHE PROBLEMSTELLUNGEN

EICKHOFF, M., **Grundlagen einer Theorie der Binnenhandelspolitik, Frankfurt 1987**, bemüht sich um ein allgemeines Grundkonzept für die Binnenhandelspolitik. Seine Leitlinie ist einerseits ein an den Wünschen und Vorstellungen (Wahrnehmungen) der Verbraucher orientiertes Strukturkonzept des Binnenhandels. Demnach ist eine Handelstruktur zu fördern, die dem Verbraucher möglichst viele Leistungsmerkmale bietet. Dem Prinzip der zu maximierenden Leistungsparameter läuft nach Eickhoff jedoch die Preiswahrnehmung der Konsumenten und der häufig wenig rational durchgeführte Prozeß der Geschäftsstättenwahl entgegen. Dieser Ausflug in die Marketingtheorie bleibt etwas rudimentär und im Hinblick auf die Unterstützung des vorgeschlagenen Leitbildes ausbaufähig. Andererseits dient eine aus Adam *Smith*s "Theorie der ethischen Gefühle" und John *Rawls* "Theorie der Gerechtigkeit" abgeleitete normative Gerechtigkeitstheorie als Leitlinie der zu

Handelsforschung 1988
Hrsg. Volker Trommsdorff
©Physica-Verlag Heidelberg
und Forschungsstelle für den
Handel Berlin (FfH)e.V. 1988

entwickelnden Theorie der Binnenhandelspolitik. Hieraus werden Basisstrategien für eine Binnenhandelspolitik abgeleitet, die einen dritten Weg zwischen Freiheit und Regulierung aufzeigen. Die interessante, eher philosophisch angelegte Arbeit müßte allerdings erst eine empirisch-theoretische Fundierung erhalten, um auch praktisch umsetzbar zu werden.

POTUCEK, V., **Strukturelle Wandlungen im deutschen Lebensmitteleinzelhandel und ihre Auswirkungen auf den Wettbewerb, Berlin 1987**, untersucht die ordnungspolitischen Konsequenzen der Wettbewerbsstrukturveränderungen im Lebensmitteleinzelhandel. Ziel jeder Ordnungspolitik solle die Förderung derjenigen Handelsunternehmen sein, die die Handelsfunktionen am effizientesten erbringen können und den erwirtschafteten Effizienzvorsprung an den Verbraucher weitergeben. Nach einem Abriß der für den Handel zutreffenden ordnungspolitischen Fragestellungen beschreibt *Potucek* zunächst die Veränderungen der Wettbewerbsstrukturen im Lebensmitteleinzelhandel. Die Betriebsformendynamik durch Differenzierung als strategische Antwort des Marketing auf die Sättigung der Märkte beschreibt er anhand der Strategiealternativen: Rationalisierung, Sortimentserweiterung, Niedrigpreis und Abschöpfung. Die Veränderungen der Organisationsformen zeigt er an beobachtbaren Wachstums- und Kooperationsstrategien. Die Auswirkungen dieser Veränderungen auf die Ebenen Hersteller-Handel (Beschaffungswettbewerb) und Handel-Handel sowie Handel-Endverbraucher (Absatzwettbewerb) werden aufgezeigt und anhand der formulierten ordnungspolitischen Zielsetzungen bewertet. Die Bedeutung der Festlegung eines grundsätzlichen Ordnungsrahmens durch den Staat wird bestätigt. Der Beitrag ist ein durchdachtes und mit Untersuchungsergebnissen gut fundiertes Votum für das Vertrauen in den Markt und in die Selbstverpflichtung des Handels.

TIETZ, B., MÜLLER-HAGEDORN, L., DAHREMÖLLER, A., BÖCKER, F., **Konzentration im Handel, ZfB 57 (1987), 196-222**, arbeiten dieses Dauerbrennerthema im Diskussionsforum der Zeitschrift für Betriebswirtschaft neu auf. *Tietz* führt in das Thema ein. *Müller-Hagedorn* problematisiert die Handelsstatistiken als mögliche Ursache für irreführende Aussagen über die Handelskonzentration. *Dahremöller* behandelt das Meßproblem bei der Erfassung von Konzentration. *Böcker* sieht in der Handelskonzentration eine Aufgabe für Politik und Statistik. All dies ist die Fortführung einer 1986 neu belebten Diskussion zur Handelskonzentration, in der sich *Böcker* und *Dahremöller* (vgl. Literaturdienst in HANDELSFORSCHUNG 1987) gegen eine allgemein gültige Hypothese der zunehmenden Handelskonzentration aussprachen und dies durch irreführende Handelsstatistiken und die Verwendung ungenügender Konzentrationsmaße begründeten. So kritisiert *Tietz* an den Beiträgen von *Böcker* und *Dahremöller* unzureichendes Literaturstudium und verweist auf eigene, frühe Veröffentlichungen, in denen schon Vorschläge für die Berechnung dynamischer Betriebsgrößenklassen gemacht wurden. Aber auch fehlende statistische Daten über einzelne Verkaufsstellen der unterschiedlichen Betriebsformen seien Ursache dafür, daß bisher kein Überblick über die Größenstrukturen der Einzelhandelsabteilungen von Nicht-Einzelhandelsunternehmen möglich ist, wodurch die Konzentrationsmessung ebenfalls erschwert ist. *Müller-Hagedorn* wendet sich gegen die von *Böcker* vorgeschlagene Dynamisierung der Umsatzwerte durch Preissteigerungsindizes, da hierdurch Verzerrungen in den Daten auftreten können. Als Konzentrationsmaß favorisiert er den

Gini-Koeffizienten. Dieser gibt an, welchen Umsatzanteil verschieden große Handelsunternehmen erzielen. *Dahremöller* lehnt diesen Koffizienten ab, u.a. weil er bei Veränderungen des Unternehmensbestandes unrichtige Konzentrationsentwicklungen aufzeige. Da im Rahmen der dynamischen Konzentrationsanalyse die Identifizierung von Unternehmen im Zeitablauf nötig ist, plädiert er weiterhin für absolute Konzentrationsmaße mit Berücksichtigung individueller Unternehmen. Bei der Verwendung dieser Konzentrationsmaße zeigt sich zwar, daß der Konzentrationsgrad im Einzelhandel bis in die zweite Hälfte der 70er Jahre angestiegen ist. Ab 1978 sei aber eine differenziertere Betrachtung nötig. So sei in vielen Einzelhandelsbranchen die Konzentrationsrate seitdem nicht mehr angestiegen. *Böcker* akzentuiert seinen 1986er Beitrag. Für ein abschließendes Urteil über das Ausmaß der Konzentration sei die vorhandene Datenbasis unzureichend. Man solle von Konzentrationsmaßen Abstand nehmen, wenn sie nicht zweckmäßig formuliert seien. Der Aussagegehalt verschiedener Konzentrationsmaße müsse noch genauer erforscht werden.

TIETZ, B., ROTHHAAR, P., **Kundendynamik und Kundenpolitik im Selbstbedienungsgroßhandel, Stuttgart 1988**, befassen sich in dieser "Zwischenbilanz" mit dem Phänomen des Cash & Carry-Großhandels, seiner gesamtwirtschaftlichen Bedeutung, den Auswirkungen des veränderten Konsumverhaltens und der Wertedynamik auf die Sortimentspolitik. Abschließend wird der ordnungspolitische und rechtliche Handlungsbedarf diskutiert. Mit Sekundärdatenanalysen (meist Statistiken diverser Organisationen) belegen die Autoren die im veränderten Kundenverhalten begründete rückläufige Marktbedeutung der C&C-Betriebsform und die Vernachlässigbarkeit der privaten Einkäufer sowohl als Zielgruppe als auch als Gegenstand ordnungspolitischen Handlungsbedarfes. Die Chancen und Risiken der Kundendynamik in einzelnen Branchen werden aufgezeigt, und als zentrale strategische Antwort hierauf wird Sortimentsdifferenzierung empfohlen. Ordnungspolitisch beklagen die Autoren insbesondere die einseitige Diskriminierung der C&C-Großhandelsbetriebe durch Kontrollen hinsichtlich möglicher Einzelhandelsumsätze. Auch *Tietz* und *Rothhaar* sprechen sich grundsätzlich für eine Gestaltung der C&C-Betriebsform durch die Marktkräfte und nicht durch die Gesetzgebung aus. Eine Kontrolle der Einzelhandelsumsätze des Großhandels lehnen sie zwar nicht ab, wenn es eine solche aber geben soll, dann solle sie auch für alle anderen Betriebstypen des Großhandels gelten.

STEHN, J., **Das Ladenschlußgesetz – Ladenhüter des Einzelhandels, Kieler Diskussionsbeiträge, 128, Institut für Weltwirtschaft, Kiel 1987**, diskutieren die wesentlichen Argumente der Befürworter des derzeitigen Ladenschlußgesetzes, besonders unter Berücksichtigung ausländischer Erfahrungen mit Ladenöffnungszeiten. Sie befinden die Kernargumente für das Ladenschlußgesetz:
- Instrument des Arbeitsschutzes,
- Wettbewerbsregulativ,
- Instrument der Kosten- und Preisdämpfung,
- Beitrag zur Entlastung des Arbeitsmarktes,
- Ausdruck der Konsumentensouveränität

als nicht haltbar, da entweder die Schutzfunktion nicht geleistet oder unter deregulierten Öffnungszeiten von anderen Instrumenten geleistet werden kann. Die Vorteile einer Deregulierung würden nach Meinung der Autoren überwiegen:

- Ende der Benachteiligung der dem Ladenschutzgesetz unterworfenen Betriebsformen gegenüber zeitunabhängigen Handelsformen wie Versandhandel und Tankstellen,
- Redynamisierung des Wettbewerbs,
- Erhöhung der Markttransparenz durch längere Einkaufszeiten,
- Aufhebung einiger Zugangsbeschränkungen zum Einzelhandelsarbeitsmarkt.

Die von der Bundesregierung angestrebte Teilliberalisierung der Ladenöffnungszeiten wird als unzureichend abgelehnt.

2 STRATEGISCHES HANDELSMANAGEMENT

2.1 Betriebsformen, Betriebstypen und vertikales Marketing

POTUCEK, V., **Die Dynamik der Betriebsformen des Handels – aus heutiger Sicht, Kritik einer Kritik, Marketing Zeitschrift für Forschung und Praxis, 9 (1987), 289-292,** setzt sich mit der Kritik von *Marzen* an *Nieschlag*s Konzept der "Dynamik der Betriebsformen" (über die im Vorjahr an gleicher Stelle bereits berichtet wurde) auseinander. *Marzen* warf dem Konzept fehlende empirische Relevanz wegen zu starker Rigidität vor. Dem Argument, daß die inzwischen entstandenen Betriebsformen nicht ausschließlich durch eine Niedrigpreispolitik gekennzeichnet sind, hält *Potucek* entgegen, daß dieses Kriterium zwar Bestandteil der (ähnlichen) Theorie des "wheel of retailing" von *McNair,* nicht aber der von *Nieschlag* ist. Hinsichtlich der angeblich nicht bestätigten Assimilationsthese verweist *Potucek* auf die zu weit gefaßte Interpretation des Angleichungsbegriffs und die zeitliche Dauer, d.h. die Möglichkeit, daß der Annäherungsprozeß verschiedener Betriebsformen noch im Gange ist.

HEINEMANN, G., **Betriebstypenprofilierung im Facheinzelhandel – Ansätze der strategischen Marktsegmentierung, Arbeitspapier Nr. 35 des Instituts für Marketing der Universität Münster, Münster 1987,** beschäftigt sich mit der Möglichkeit des strategischen Management von Handelsbetrieben, über eine gezielte, langfristige Gestaltung von Betriebstypen Wettbewerbsvorteile zu erzielen. Dazu wird die Betriebstypenprofilierung als Konkurrenzstrategie mit drei Komponenten dargestellt:

- Aufbau eines eigenständigen, unverwechselbaren Erscheinungsbildes,
- langfristig an den Kunden orientierter Ausbau der Stärken und Ausgleich der Schwächen gegenüber Konkurrenten,
- abgestimmte Kombination aller absatzpolitischen Instrumente.

Als konkrete Ansatzpunkte arbeitet *Heinemann* die waren-, kunden-, anbieter- und situationsbezogene Profilierung heraus, was er jeweils durch einzelne Beispiele belegt. Allerdings sind diese Ansätze nicht isoliert, sondern sinnvoll kombiniert einzusetzen. Wie dies erfolgreich geschehen kann, demonstriert er exemplarisch an drei Beispielen verschiedener Branchen.

SCHMID, G., **Marketing als Unternehmensführungskonzeption von Handelsgenossenschaften, Berlin 1988,** untersucht in seiner Dissertation die Auswirkungen der Marketingphilosophie für Handelsgenossenschaften. In einer ausführlichen Diskussion des Marketingbegriffs und der Frage der Übertragbarkeit der Marketingkonzeption auf Genossenschaften werden die positiven Ökonomisierungswirkungen des Marketing aufgezeigt. *Schmid* differenziert die Wirkungen des Marketing. Er sieht ein markt- und ein mitgliederbezogenes Marketing. Bei unmodifiziertem Übernehmen des Marketingkonzeptes bestünden aber Gefahren einer Kommerzialisierung.

MEDLA, K., **Shop-in-the-Shop, Ein Konzept der Angebotspräsentation im Einzelhandel, München 1987,** geht ebenfalls auf das Problem der Profilierung im Wettbewerb ein. Dabei konzentriert er sich auf die Großbetriebsformen, die in jüngster Zeit dazu verstärkt das shop-in-the-shop-Konzept implementieren. Nach einer begrifflichen Abgrenzung von ähnlichen Angebotsformen werden zunächst die verschiedenen Gestaltungsmöglichkeiten aufgezeigt. Eigentliches Hauptziel der Arbeit ist es, den (potentiellen) shop-in-the-shop-Betreibern Entscheidungshilfen zu geben. Dazu werden auf der Grundlage von Interviews mit shop-in-the-shop-Betreibern aus Industrie und Handel die Marketingziele und entsprechende Vorteile dieser Betriebsform erarbeitet. Zielkonflikte und Probleme werden diagnostiziert. Lösungsmöglichkeiten werden vorgeschlagen. Daraus ergeben sich auch Hinweise, wann besser in Eigenregie des Handels oder in Zusammenarbeit mit einem Hersteller gehandelt werden sollte, oder wann man es ganz lassen sollte. Zur Abschätzung des Verbreitungsgrades dieser Betriebsform und seiner zukünftigen Tendenzen werden *Nielsen*-Daten herangezogen. Diese sind allerdings auf die Großbetriebsformen des Lebensmitteleinzelhandels begrenzt.

DARIAN, J.C., **In-Home Shopping: Are There Consumer Segments?, Journal of Retailing, 63 (1987), 163-186,** untersucht den Einfluß demographischer Variablen auf das in-home-shopping, hier definiert als Bestellung per Post oder Telefon. Die Vermutung, daß in-home-shopper zu den typischen Innovatoren (jünger, höhere Schulbildung, höheres Einkommen) gehören, wurde nicht bestätigt. Vor allem nicht-arbeitende oder teilzeitbeschäftigte Mütter mit nicht-schulpflichtigen Kindern machten von dieser Einkaufsmöglichkeit Gebrauch, während die voll-berufstätigen Mütter seltener die Möglichkeiten des in-home-shopping wahrnahmen (39 bzw. 35 vs. 24 %). Nicht ganz plausibel scheint die dafür vermutete Erklärung, wonach die Flexibilität der Zeiteinteilung für den Einkauf höher bewertet wird als eine Gesamtzeitersparnis. Schließlich zeichnen sich noch Junggesellen unter 40 durch ein besonders starkes in-home-shopping aus (etwa ein Drittel dieser Zielgruppe). Die Autorin empfiehlt, sich nicht zu stark auf einige wenige Segmente zu konzentrieren, da (mit nur einer Ausnahme) in allen Gruppen mindestens 15 % der Haushalte mindestens einmal monatlich Einkäufe in-home tätigten. Einschränkend muß bemerkt werden, daß das Datenmaterial aus einer 1980 durchgeführten Umfrage stammt. Entscheidende zwischenzeitliche technologische Entwicklungen bleiben unberücksichtigt. Außerdem wurden – wissenschaftstheoretisch problematisch – nur demographische Variablen zur Verhaltenserklärung herangezogen.

SOLOMON, M.R., **The Wardrobe Consultant: Exploring the Role of a New Retailing Partner, Journal of Retailing, 63 (1987), 110-128.** In den USA ist seit einiger Zeit ein Trend zu beobachten, daß sich Konsumenten bei bestimmten Einkäufen von Beratern unterstützen oder sich den Einkauf ganz abnehmen lassen. Dabei handelt es sich nicht direkt um eine neue Betriebsform oder einen Betriebstyp, aber doch um ein Phänomen, das sich in der Nachbarschaft dazu einordnen läßt. Die Berater agieren als freie Unternehmer, oder ihre Dienste werden (im Bekleidungssektor) von Handelshäusern wie Bloomingdale's oder Macy's angeboten. In der vorliegenden exploratorischen Untersuchung sollte den Gründen nachgegangen werden, warum weibliche Konsumenten die Hilfe eines "wardrobe consultant" beim Bekleidungskauf in Anspruch nehmen. Befragt wurden 245 Frauen, die in den letzten zwei Jahren einen wardrobe consultant zu Rate gezogen hatten. Wesentliche Gründe für das Ausmaß der Nutzung lagen im wahrgenommenen funktionalen Nutzen: Der Berater erleichtert den Einkauf, indem er aktuelle Angebote kennt und den Aufwand für den Einkauf verringert. Er vermittelt auch symbolische Nutzenkategorien. Eine der Stellung entsprechende Kleidung wird gerade bei Frauen als notwendig für das Ausfüllen beruflicher Rollenansprüche angesehen. Im Falle stilistischer Unsicherheit wird der Berater als hilfreich zur Risikoreduzierung angesehen. Er verleiht mehr Selbstsicherheit.

TIETZ, B., **Handbuch Franchising – Zukunftsstrategien für die Marktbearbeitung, Landsberg a.L. 1987**, legt ein umfassendes Werk zu dieser immer populärer werdenden vertikalen Kooperationsform des Handels vor. Der Autor kann dabei besonders auf seine Erfahrungen als Berater bei der Einrichtung und Umgestaltung von Franchise-Systemen sowie auf eine 1986 im Auftrage der Kommission der Europäischen Gemeinschaften durchgeführte Analyse zurückgreifen. Behandelt werden in den fünfzehn Kapiteln alle relevanten Themenkreise wie z.B. Aufbau, Organisation und Management der Systeme, Finanzierungs- und rechtliche Fragen sowie internationale Entwicklungen. Zur Veranschaulichung werden viele praktische Beispiele gegeben. Im 15. Kapitel schließlich werden ausgewählte Systeme aus unterschiedlichen Branchen ausführlich dargestellt. Mit dieser praxisgerechten Darstellung erfüllt *Tietz* den Anspruch, ein Werk zu schaffen, das sich vorrangig an Unternehmen wendet, die Franchising bereits einsetzen oder es als zukünftige Strategie in Erwägung ziehen.

SKAUPY, W., **Franchising: Handbuch für die Betriebs- und Rechtspraxis, München 1987**, ist im gleichen Atemzuge zu erwähnen. Mit seiner gemeinsamen Veröffentlichung mit Herbert *Gross*, *Das Franchise-System, Düsseldorf, Wien 1968*, gehört der Autor zu den ersten, die sich im deutschsprachigen Raum umfassend mit dem Konzept auseinandergesetzt haben. In seinem neuesten Buch behandelt *Skaupy* das Franchising ebenso vielfältig und praxisorientiert wie *Tietz*, aber in komprimierterer Form.

ANAND, P., **Inducing Franchisees to Relinquish Control: An Attribution Analysis, Journal of Marketing, 24 (1987), 215-221**, untersucht aus der Sicht des Franchisegebers die Frage, wie dieser die Franchisenehmer dazu bewegen kann, sich stärker seinen Vorgaben und Empfehlungen zu beugen. Der theoretische Ansatz des Autors basiert auf der Attributionstheorie, also der Suche des Individuums nach kausalen Erklärungen für beobachtetes Verhalten. Dazu wurde eine experimentelle Untersuchung mit 130 Mitgliedern eines amerikanischen Franchisesystems durchgeführt. Ziel war es, die Wahrnehmungen der Franchisees so zu beeinflussen, daß sie das Einhalten der Empfehlungen des Franchisegebers dem geschäftlichen Erfolg zuschreiben. Die Beeinflussung erfolgte durch Präsentation von Zahlenmaterial. Die Zahlen belegten, daß Franchisenehmer, die sich stärker an den Vorgaben des Franchisegebers orientierten, überdurchschnittliche Gewinne erzielen konnten. Die Ergebnisse entsprachen den Erwartungen: Das Einhalten der Franchiser-Empfehlungen wurde als Erfolgsursache akzeptiert, die Bereitschaft, dieses Verhalten zu übernehmen, stieg. Allein Betriebe, die sich bislang möglichst unabhängig verhielten und damit zugleich erfolgreich waren, änderten ihre Ansicht nicht.

2.2 Strategische Markt- und Wettbewerbsanalyse

FINN, A., **Characterizing the Attractiveness of Retail Markets, Journal of Retailing, 63 (1987), 129-162,** nimmt die Tatsache, daß Handelsunternehmen zunehmend mit mehreren Handelsketten und in mehreren Märkten operieren, als Anlaß, sich mit den damit dringender werdenden Portfolioentscheidungen der Unternehmen zu befassen. Diese erfordern die Bewertung der Attraktivität der einzelnen Märkte für die Unternehmung. In einer theoretisch fundierten Analyse werden die für die Beurteilung der Marktattraktivität relevanten Kriterien abgeleitet. Hierbei wird ausführlich auf den Zusammenhang von Attraktivität eines Marktes und Zielsystem eines Unternehmens sowie die daraus abzuleitenden Konsequenzen für die Wahl der Beurteilungskriterien eingegangen. Darauf aufbauend wird eine Methode gezeigt, wie unter Verwendung leicht verfügbarer Einzelhandelsdaten Marktattraktivität beurteilt werden kann.

SPIGGLE, S., SEWALL, M.A., **A Choice Sets Model of Retail Selection, Journal of Marketing, 51 (1987), 97-111,** entwickeln auf der Basis des evoked-set-Konzepts einen ganz interessanten Ansatz zur regionalen Wettbewerbsanalyse im Einzelhandel. Der Anwendungsbereich liegt bei Produkten, deren Kauf selten erfolgt, mit einem Risiko verbunden ist, die Beteiligten involviert und bei dem ein persönlicher Kontakt mit dem Verkaufspersonal erfolgt, also z.B. bei Autos, Schmuck, Möbeln u.ä. Zu den bisher verwendeten Sets treten nunmehr weitere Subsets des evokedsets, also der Menge von Geschäften, die grundsätzlich für einen Kauf in Erwägung gezogen werden:
- *action set:* Geschäfte, denen gegenüber der Konsument (nicht nur kognitive) Aktivitäten unternimmt, z.B. den Laden aufsucht und das Schaufenster betrachtet,
- *inaction set:* Geschäfte, die zwar in Frage kommen, aber aus irgendwelchen Gründen nicht aufgesucht werden,
- *interaction set:* Geschäfte, in denen der Käufer mit dem Personal in Kontakt tritt,
- *quiet set:* Geschäfte, die betreten, aber vor einem Kontakt mit dem Personal wieder verlassen werden,
- *reject set:* Geschäfte, die zunächst in Frage kamen, die aber durch negative Erfahrungen umbewertet und definitiv ausgeschlossen wurden (siehe folgende *Abbildung*).

Entscheidend ist die Häufigkeit, mit der ein Geschäft im Entscheidungsprozeß der Konsumenten den verschiedenen Sets zugeordnet wird. Es werden Indizes berechnet, die angeben, inwieweit es dem Unternehmen gelingt, aus potentiellen Kunden der unterschiedlich kaufnahen Sets tatsächliche Käufer zu gewinnen. Verglichen mit den Ergebnissen der Konkurrenten ergeben sich daraus diagnostische Aussagen zur Wettbewerbsstellung eines Händlers. Weiterhin kann mit dem Modell festgestellt werden, auf welcher Stufe ein Geschäft im Entscheidungsprozeß der Käufer verglichen mit dem Wettbewerb überdurchschnittlich häufig aus dem Rennen geworfen wird. Offenbare methodische Schwächen an dieser Stelle liefern Ansatzpunkte für Verbesserungen. Abschließend wird eine Anwendung des Modells bezogen auf den Kauf von Eheringen demonstriert.

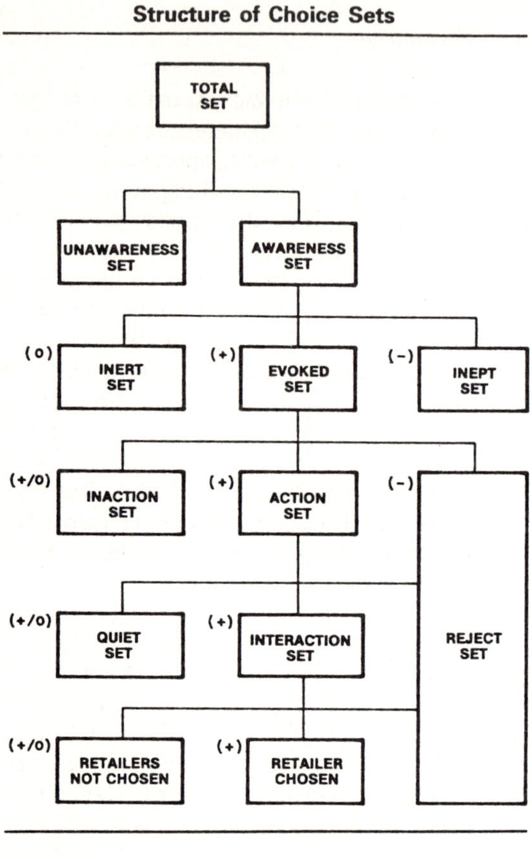

Abbildung: Structure of Choice Sets

MEFFERT, H., PATT, P.-J., **Strategische Erfolgsfaktoren im Einzelhandel – Eine empirische Analyse am Beispiel des Bekleidungsfachhandels, Arbeitspapier Nr. 41 der Wissenschaftlichen Gesellschaft für Marketing und Unternehmensführung e.V., Münster 1987**, untersuchen an einer Stichprobe von 55 Bekleidungsfachgeschäften die Bestimmungsfaktoren des Unternehmenserfolges. Das Arbeitspapier beruht auf der Dissertation von *Patt*. Berücksichtigt werden Situationsvariablen, Philosophieelemente, Strategie- und Marketingparameter sowie Organisations- und Führungsstrukturen. Die Autoren analysieren den Einfluß dieser Größen auf die Erfolgsindikatoren Gewinn, Umsatzwachstum und eine subjektive gesamtheitliche Erfolgskennziffer. Die Ergebnisse der Untersuchung können im einzelnen dem gleichlautenden Beitrag der Autoren in HANDELSFORSCHUNG 1987, 181-191, entnommen werden. Eine ausführlichere Dokumentation bietet darüber hinaus die inzwischen erschienene Dissertation von *Patt, P.-J., Strategische Erfolgsfaktoren im Einzelhandel, Frankfurt am Main 1988.*

BRÜNE, K., **Implementierungsprobleme bei der Beratung kleiner und mittlerer Betriebe am Beispiel des Einzelhandels, ausgewählte Ergebnisse einer empirischen Untersuchung, Frankfurt a.M. 1987.** Diese Publikation fußt auf der Dissertation von *Brüne* im Rahmen des Forschungsprojektes "Externe Berater im Einzelhandel" an der Universität Frankfurt am Main. Die Befragung von 273 Beratungsmandanten der Betriebswirtschaftlichen Beratungsstelle für den Einzelhandel, Köln (BBE), ergab, daß dem Beratereinsatz in kleinen und mittleren Betrieben des Einzelhandels eine nur unzureichende Realisierung der Empfehlungen folgt. Dies ist vor allem auf entstehende "Isolierungsgefühle" nach Abschluß der Beratung zurückzuführen. Um Abhilfe zu schaffen, erarbeitet *Brüne* verschiedene Vorschläge unter dem Schlagwort "Hilfe zur Selbsthilfe". Für eine effiziente Umsetzung der Beratungsergebnisse muß neben die Beratungsmaßnahmen eine gezielte Führungsqualifikation durch entsprechende Fortbildungsmaßnahmen treten. Die Weiterbildungsinstitute sollten hier entsprechende Angebote entwickeln, aber auch die Universitäten können in diesem Bereich eine Rolle spielen. Des weiteren sollte der Berater ein "Multispezialist" sein, der in einem mehrstufigen Beratungsprozeß zunächst das Gesamtunternehmen analysiert und den Blickwinkel nicht auf nur ein spezielles Problem verengt. Der Beratungsprozeß sollte durch mehr gemeinsame Arbeit des Beraters mit dem Unternehmer als für den Unternehmer gekennzeichnet sein; eine stärkere Integration des Klienten in den Beratungsprozeß erhöht die Erfolgswahrscheinlichkeit.

3 NEUE TECHNOLOGIEN IM HANDEL

GERKE, W., OEHLER, A., **Nutzen des Point of Sale-Banking für den Handel, Marketing Zeitschrift für Forschung und Praxis, 9 (1987), 157-166,** stellen Kosten-Nutzen-Überlegungen zum Einsatz von POS-Banking-Systemen an. Dabei erörtern sie Kosteneinsparungen durch:
- Verringerung der Kassierzeiten,
- Reduzierung der Bargeld- und Schecktransaktionen (Zählen, Sortieren, Transportieren),
- Zinsgewinne aufgrund von Verkürzung der Wertstellungszeiten,
- Verminderung der Risikokosten wegen reduzierter Versicherungsprämien aufgrund des geringeren Beraubungsrisikos.

Für diese Einsparmöglichkeiten werden Modellberechnungen unter verschiedenen Prämissenkonstellationen (z.B. bezüglich der Scheckzahlungsanteile, der Abwicklungsgrade beim POS-Banking, der Kassierzeiten für konventionelle Zahlungen und der POS-Banking-Zahlungen) vorgenommen. Diese lassen sich analog auf individuelle betriebliche Situationen übertragen. Als schwer quantifizierbare Auswirkungen werden verstärkte Impulskäufe, höhere Verschuldungsbereitschaft der Konsumenten sowie Image- und Wettbewerbsvorteile für den Handel diskutiert. Bezüglich der Verteilung der Kosten der Systeme plädieren die Autoren für eine

Orientierung an den Einsparungen der Kreditinstitute und des Handels, was auf eine annähernde Umlage zu gleichen Teilen hinausliefe. Wegen des in Geldangelegenheiten konservativen Verhaltens der deutschen Verbraucher erwarten die Autoren eine nur zögernde Annahme der Technologie. In diesem Zusammenhang werden bislang noch nicht endgültig geklärte Fragen hinsichtlich Datenschutz, Mißbrauchsrisiko der Karten oder Gebührengestaltung der Banken eine Rolle spielen.

ZEITHAML, V.A., GILLY, M.A., **The Acceptance of Retailing Technologies: A Comparison of Elderly and Nonelderly Consumers, Journal of Retailing, 63 (1987), 49-68,** untersuchen das Akzeptanzverhalten älterer Konsumenten in bezug auf drei technologische Innovationen im Bereich des Handels: Scanner-Systeme (grocery scanners), POS-Banking-Systeme (electronic fund transfer) und Bankautomaten (automated teller machines). Hinsichtlich der Scanner-Systeme wurde ein passives Akzeptieren (sowohl bei Älteren als auch in der Kontrollgruppe jüngerer Konsumenten) festgestellt – das Vorhandensein von Scannern in den Geschäften hatte keinen Einfluß auf die Geschäftswahl. Dieses Ergebnis entkräftet die Befürchtung, daß die Scanner-Technologie vor allem auf ältere Konsumenten abschreckend wirken könnte. Entgegen den Erwartungen fanden bei den älteren Konsumenten POS-Banking Systeme eine verhältnismäßig positive Annahme (ca. 46 %). Gründe hierfür lagen vor allem in der wahrgenommenen Sicherheit und Bequemlichkeit der Transaktionen. Demgegenüber wurden Bankautomaten von den Älteren fast vollständig abgelehnt (ca. 95 %). Dies lag überwiegend an der Bevorzugung des traditionellen Bankverkehrs bzw. der persönlichen Kommunikation mit dem Bankpersonal. Die Autoren schließen aus ihrer Untersuchung, daß ältere Verbraucher neue Technologien annehmen, wenn ihnen der Vorteil eindeutig nahegebracht werden kann. Als Erklärungsfaktoren für ein positives Innovationsverhalten konnten darüber hinaus höheres Einkommen, Wohnung in Mehrfamilienkomplexen (feed-back-Möglichkeiten) und die Nutzung von Print-Medien identifiziert werden.

4 OPERATIVE PLANUNGSTECHNIKEN

ALLAWAY, A., BROWN, G., MASON, J.B., **An Optimal Decision Support Model for Department-Level Promotion Mix Planning, Journal of Retailing, 63 (1987), 215-242,** beschreiben ein entscheidungsunterstützendes Modell zur Optimierung der Aufteilung des Werbebudgets auf die einzelnen Abteilungen eines Handelsbetriebes. Dabei sollen die Managerentscheidungen und Erfahrungen nicht ersetzt, sondern mitbenutzt werden. Durch regressionsanalytische Auswertungen werden die Einflüsse unterschiedlicher Werbekampagnen auf die Umsätze der einzelnen Abteilungen ermittelt und als Grundlage für das Modell genommen. Der Einsatz dieses Modells in einem größeren Handelshaus brachte eine bemerkbare Verbesserung der Umsätze sowie Einsparungen bei den Werbeausgaben.

DHEBAR, A.D., NESLIN, S.A., QUELCH, J.A., **Developing Models for Planning Retailer Sales Promotions: An Application to Automobile Dealerships, Journal of Retailing, 63 (1987), 333-364,** gehen zur besseren Bestimmung und Aufteilung des Verkaufsförderungsbudgets einen ähnlichen Weg wie *Allaway*, *Brown* und

Mason (s.o.). Die Managerschätzungen werden mit historischem Datenmaterial verknüpft und an diesen Daten überprüft. Programmiert als LOTUS-Tabellenkalkulationsprogramm (spreadsheet), ermöglicht dieses Modell die Berechnung der möglichen Gewinnbeiträge der einzelnen Verkaufsförderungsaktionen.

COX, A.D., SUMMERS, J.O., **Heuristics and Biases in the Intuitive Projection of Retail Sales, JoMR, 24 (1987), 290-297,** liefern einen weiteren Forschungsbeitrag zu den entscheidungsunterstützenden Planungsmethoden. Ausgehend von der empirisch belegten Feststellung, daß die Umsatzplanungen der Wareneinkäufer erheblichen Verzerrungen unterliegen, wird ein auf dem Prinzip der statistischen Regression beruhendes Modell zur Schätzung der Umsätze entwickelt und getestet. Es wird gezeigt, daß dieses die Qualität der Schätzungen auch erfahrener Einkäufer übertrifft. Interessant sind die theoretischen Ausführungen über die Prognoseheuristiken und die Ursachen der bei den Schätzungen auftretenden Verzerrungen sowie die Diskussion über die sinnvolle Verwendung von intuitiven und modellunterstützten Entscheidungsfindungsmethoden.

5 HANDELS-MARKETING-MIX

BOST, E., **Ladenatmosphäre und Konsumentenverhalten, Heidelberg 1987,** hat sich die Entwicklung eines verhaltenswissenschaftlich begründeten Ansatzes zur Erklärung atmosphärischer Ladenwirkung sowie die Ableitung von Handlungsanweisungen für die praktische Ladengestaltung zum Ziel gesetzt. Dies theoretisch wenig bearbeitete Gebiet füllt *Bost* auf und entwickelt eine auf dem semantischen Differential basierende Meßmethode. Die Ergebnisse zeigen, daß sowohl die wahrgenommene Informations- und Reizrate ("Faszination") als auch die Orientierungsfreundlichkeit ("Struktur") der Ladengestaltung wichtige Einflußgrößen der Stimmung der Konsumenten in der Einkaufsstätte sind. Die Stimmung stellt sich als eine bedeutende Erklärungsvariable des Einkaufsverhaltens dar, wobei die kurzfristige Stimmungsveränderung durch die Reize vor Ort eine wichtige Rolle spielen. Mit den abschließenden Handlungsanweisungen für die Ladengestaltung ist dies insgesamt eine theoretisch und praktisch hochinteressante, lesenswerte Arbeit.

ACHABAL, D.D., BELL, C.H., McINTYRE, S.H., TUCKER, N., **The Effect of Nutrition P-O-P Signs on Consumer Attitudes and Behavior, Journal of Retailing, 63 (1987), 9-24,** beschäftigen sich mit den Auswirkungen von Produktinformationen am Verkaufsort auf das Kaufverhalten. Dabei wird in dieser Studie untersucht, ob das Kaufverhalten von Konsumenten bei Lebensmitteln ihren eigenen Nutzenvorstellungen (gesunde Ernährung) eher entspricht, wenn Nährwertangaben direkt am Verkaufsort angeboten werden. Bisherige Forschungsarbeiten belegen diesen Zusammenhang für negativ besetzte Informationseinheiten (z.B. Zuckergehalt von Frühstückmüslis). Die Ergebnisse dieser empirischen Erhebung zeigen keine bedeutenden Effekte der Nährwertinformationen auf das Kaufverhalten. Da die Schilder von den Käufern kaum wahrgenommen wurden, liegt die Vermutung nahe, daß die geringen Effekte durch die zu kleinen Schilder bedingt sind. Interessant für die praktische Ladengestaltung ist, daß die Supermärkte, die diese Informationen bieten, von den Konsumenten, die die Schilder wahrgenommen haben, positiver beurteilt wurden.

HIGIE, R.A., FEICK, L.F., PRICE L.L., **Types and Amount of Word-of-Mouth Communications about Retailers, Journal of Retailing, 63 (1987), 260-278,** analysieren die persönliche Kommunikation über sieben wichtige Imagedimensionen verschiedener Handelsbetriebstypen. Sie stellen dabei Unterschiede in der Häufigkeit und Art der Kommunikation über die einzelnen Imagedimensionen und Betriebstypen fest. Sind Preis und Warenqualität erwartungsgemäß die auch in der Kommunikation wichtigsten Imagedimensionen, so sind die Ergebnisse für die Sonderangebote doch aufschlußreich. Sonderangebote sind besonderes wichtig, um die Kommunikation über einen Betrieb zu generieren, für das Image sind sie jedoch grundsätzlich nicht sehr wichtig. Die Bedeutung der Meinungsführer für die Art und Häufigkeit der Kommunikation wird auch in dieser Studie ein weiteres Mal bestätigt.

MORITZ, S., **Bestimmung geeigneter Kennzahlen zur Lokalisierung von "Fast Seller" im Textileinzelhandel, Münster 1987,** befaßt sich mit dem Problem der rechtzeitigen Erfassung und Erkennung von Verkaufsrennern und schlecht gehender Ware im Rahmen spezieller Kennzahlensysteme (Triggersysteme). In einer breit angelegten empirischen Untersuchung werden bereits in der Praxis benutzte Systeme mit Kennzahlensystemen, die über artikelspezifische, kumulierte Absatzanteile erstellt werden, verglichen. Diese Kennzahlensysteme lieferten mit einer richtigen Prognosequote der "Fast Seller" von durchschnittlich 71 % bessere Ergebnisse als alle anderen getesteten Systeme.

HOLAK, S.L., LEHMANN, D.R., SULTAN, F., **The Role of Expectations in the Adoption of Innovative Consumer Durables: Some Preliminary Evidence, Journal of Retailing, 63 (1987), 243-259,** referieren erste Ergebnisse über den Einfluß von Erwartungshaltungen der Konsumenten auf den Adoptionsprozeß innovativer technischer Konsumgüter. Bei Personal Computern und Videocassetten erwarten die Konsumenten z.B. ständige Produktverbesserungen und Preissenkungen, was zu einem verzögerten Adoptionsprozeß führt. Es wird ein Modell vorgestellt, bei dem die Erwartungen als weitere Einflußgrößen der Produktbewertung integriert sind. Ferner werden die Beziehungen zwischen Erwartungen und Kaufabsichten sowie Kaufverhalten erhellt.

HUPPERT, E., **Preis- und Markenabhängigkeit des Absatzes bei Sonderangeboten des Lebensmittelhandels, Die Betriebswirtschaft, 47 (1987), 184-190,** analysiert anhand von Scanning-Daten zweier Verbrauchermärkte die Wirksamkeit von Sonderangebotsaktionen. Es zeigt sich in den untersuchten Produktgruppen Waschmittel und Weichspüler, daß starke Marken die höchsten Absatzsteigerungen unter Sonderangebotsbedingungen erzielen. Sofern bei schwächeren Marken solche Steigerungen überhaupt zu erreichen sind, dann nur bei größeren Preiszugeständnissen. Darüber hinaus scheinen die Konsumenten für bestimmte Artikel über genaue Preiskenntnisse zu verfügen; für diese Artikel müssen ganz bestimmte Preisreduzierungen gewährt werden, um angemessene Mengenreaktionen zu induzieren. Andererseits bringen darüber hinausgehende Preisrücknahmen kaum zusätzliche Effekte. Trotz der begrenzten Reichweite der Untersuchung konnte der Autor doch die Brauchbarkeit von Scanning-Daten zur Analyse derartiger Fragestellungen belegen.

6 PERSONAL IM HANDEL

DARDEN, W.R., HAMPTON, R.D., BOATWRIGHT, E.W., **Investigating Retail Employee Turnover: An Application of Survival Analysis, Journal of Retailing, 63 (1987), 69-88,** untersuchen mittels der aus soziologischen und kriminologischen Anwendungen stammenden Methode der "survival analysis" die Voraussagemöglichkeiten der Personalfluktuation am Beispiel einer US-Handelskette. 281 Mitarbeiter beteiligten sich an einer Befragung über demographische Daten und die Einstellung zu ihrer Arbeit. Diese Ergebnisse wurden in Beziehung gesetzt zum tatsächlichen Wechselverhalten in den folgenden 13 Monaten; in dieser Zeit schieden 89 Mitarbeiter freiwillig aus. Es zeigte sich, daß die Wahrscheinlichkeit des Wechsels im Zusammenhang mit Erfahrung und Alter steht. Je länger ein Mitarbeiter eine Position bekleidet, um so geringer ist die Wahrscheinlichkeit abzuwandern. Ein entsprechender und noch stärkerer Zusammenhang gilt für das Alter. Bei der Einstellungspolitik sollten daher bevorzugt ältere und erfahrenere Arbeitnehmer berücksichtigt werden, um die Fluktuation zu verringern.

SCHULZ, R.M., BIGONESS, W.J., GAGNON, J.P., **Determinants of Turnover Intensions Among Retail Pharmacists, Journal of Retailing, 63 (1987), 89-98,** beschäftigen sich ebenfalls mit der Erklärung des Arbeitsplatzwechsels und untersuchen dies an einer Stichprobe von 228 angestellten Apothekern (retail pharmacists). Im Rahmen einer schriftliche Umfrage wurden demographische Variablen, Informationen über die Arbeitsbelastung, Arbeitszufriedenheit, alternative Beschäftigungsmöglichkeiten und (als abhängige Variable) die Absicht zum Wechseln erhoben. Die pfadanalytische Auswertung ergab, daß die Absicht, sich zu verändern am stärksten von der Arbeitszufriedenheit bestimmt wird. Diese wiederum wird sowohl durch das Einkommen, als auch durch den Umfang der Nacht- und Wochenendarbeit erklärt (diese wirken also indirekt auf die Wechselabsicht). Für Nacht- und Wochenendarbeit wurde daneben ein direkter Effekt auf die Wechselabsicht ermittelt. Für die angestellten Apotheker ist offensichtlich die zeitliche Verteilung der Arbeit wichtiger als die absolute Arbeitsbelastung (Arbeitsstunden pro Woche, Arbeitsmenge). Die Autoren empfehlen neben einem Gehalt, das über dem vergleichbarer Wettbewerber liegt, den Einsatz von Teilzeitkräften in den Nacht- und Wochenendschichten, um Personalfluktuation zu vermindern.

GIFFORD, J.B., NORRIS, D.G., **Ethical Attitudes of Retail Store Managers: A Longitudinal Analysis, Journal of Retailing, 63 (1987), 298-311.** Nicht nur Politiker oder industrielle Manager sind oftmals persönlichen ethischen Konflikten ausgesetzt, sondern auch Geschäftsführer im Handel, z.B. wenn es um die einzuschlagende Umtauschpolitik, Verkaufstechniken oder die Gestaltung von Werbeaussagen geht. Die Autoren fragen, ob die ethischen Grundsätze der Handelsmanager in den letzten 10 Jahren ebenso an Bedeutung verloren haben, wie sie dies für die gesamte Gesellschaft diagnostizieren. Bei ihrer Befragung von 102 Geschäftsleitern benutzen sie aus Gründen der Vergleichbarkeit ein Befragungsinstrumentarium, das bereits in einer Untersuchung in 1975 verwendet wurde. Es zeigt sich erfreulicherweise, daß die ethische Haltung und Konsumentenorientierung im Handel sich seither verbessert hat, wobei keine Unterschiede zwischen Betriebsformen feststellbar sind. Ob diese positivere Haltung allerdings "von innen heraus" kommt oder durch einen verbesserten gesetzlichen Konsumentenschutz, verschärften Wettbewerb oder die Konsumentenreporter lokaler Fernsehsender induziert wurde, kann die Untersuchung nicht erklären.

7 MARKTFORSCHUNGSMETHODEN

ALBAUM, G., GOLDEN, L., ZIMMER, M., **The Numerical Comparative Scale: An Economical Format for Retail Image Measurement, Journal of Retailing, 63 (1987), 393-410,** vergleichen zwei Varianten des semantischen Differentials als Meßmethode für die Imagemessung von Handelsbetrieben. Die eine Variante ist die Methode der "graphical positioning scale" (GPS), bei der alle Untersuchungsobjekte von den Auskunftspersonen auf einer bipolaren Skala durch (üblicherweise) Buchstaben zu kennzeichnen sind, so daß die relativen Imagepositionen der Wettbewerber auf den Items deutlich werden. Bei der hier vorgestellten anderen Variante, der neuen Methode der "numerical comparative scale" (NCS), besteht die ebenfalls bipolare Skala nur aus Zahlenwerten von 1 (schlechter Wert) bis 7 (guter Wert). Die Auskunftspersonen weisen den Untersuchungsobjekten die ihren Imagewahrnehmungen entsprechenden Zahlenwerte rechts daneben in jeweils extra Spalten zu. Hierdurch wird eine ökonomischere Datenerhebung erhofft. Die Autoren belegen auch mit ihrer empirischen Studie, daß das NCS-Verfahren vergleichbare Antwortquoten, weniger Antwortverweigerungen bei den einzelnen Items und eine höhere Datenqualität als das GPS-Verfahren liefert.

LOUVIERE, J.J., GAETH, G.J., **Decomposing the Determinants of Retail Facility Choice Using the Method of Hierarchical Information Integration: A Supermarket Illustration, Journal of Retailing 63 (1987), 25-48,** zeigen die Methode der stufenweisen Informationsintegration auf, durch die komplexe, multiattributive Konsumentenurteile und Entscheidungen wie z.B. bei der Einkaufsstättenwahl analysiert werden können. Diese Methode basiert auf dem verhaltenswissenschaftlich belegten Konzept der Bildung von Schlüsselmerkmalen ("information chunks") bei der Informationsverarbeitung. Dabei wird angenommen, daß Individuen die vielfältigen einströmenden Informationen zur Reduktion der Informationen zu groben Schlüsselmerkmalen zusammenfassen, die dann in Entscheidungssituationen wie z.B. der Einkaufsstättenwahl die zentralen Beurteilungsmerkmale sind. Für Supermärkte wären dies z.B. Preis, Auswahl/Sortiment, Einkaufsbequemlichkeit und Qualität.

Autorenverzeichnis

BARTH, Klaus, Prof. Dr., Allgemeine Betriebswirtschaftslehre – Handelsbetriebslehre, Philipps-Universität Marburg

BRANDT, Arno, Dipl.-Ök., Wiss. Mitarbeiter, Institut für Betriebsforschung, Abteilung Markt und Konsum, Universität Hannover

BEHRENDS, Christian, Prof. Dr., Fachbereich Wirtschaft, Betriebswirtschaftslehre und Marketing, Fachhochschule Fulda

DILLER, Hermann, Prof. Dr., Institut für Marketing, Universität der Bundeswehr Hamburg

FALK, Bernd, Prof. Dr., Institut für Gewerbezentren, Bad Urach

FIELITZ, Helge, Dipl.-Ing., Institut für Betriebswirtschaftslehre, Fachgebiet Marketing, Technische Universität Berlin

GESSNER, Hans-Jürgen, Priv.-Doz. Dr., Institut für Marketing und Handel, Georg-August-Universität Göttingen

GUTERSOHN, Alfred, Prof. Dr., Bern

HEINEBERG, Heinz, Prof. Dr., Institut für Geographie, Westfälische Wilhelms-Universität Münster

HEINRITZ, Günter, Prof. Dr., Geographisches Institut der Technischen Universität München

HORMUTH, Steffen, Dipl.-Kfm., Wiss. Mitarbeiter, Institut für Betriebswirtschaftslehre, Fachgebiet Marketing, Technische Universität Berlin

HUBER, Bernd, Dipl.-Kfm., Wiss. Mitarbeiter, Institut für Betriebswirtschaftslehre, Fachgebiet Marketing, Technische Universität Berlin

KUBE, Christian, Dipl.-Kfm., Wiss. Mitarbeiter, Institut für Betriebswirtschaftslehre, Fachgebiet Marketing, Technische Universität Berlin

LIEBMANN, Hans-Peter, Prof. Dr., Institut für Handel, Absatz, Marketing, Karl-Franzens-Universität Graz

MAYR, Alois, Prof. Dr., Institut für Geographie, Westfälische Wilhelms-Universität Münster

SCHENK, Hans-Otto, Prof. Dr., Fachbereich 5 Wirtschaftswissenschaft, Betriebswirtschaftslehre/Handel, Universität Gesamthochschule Duisburg

SCHNEDLITZ, Peter, Dr., Univ.-Ass., Institut für Handel, Absatz, Marketing, Karl-Franzens-Universität Graz

STROBEL, Burkhard, Prof. Dr., Fachbereich Betriebswirtschaftslehre VI Handel, Fachhochschule des Landes Rheinland-Pfalz, Worms

STANDOP, Dirk, Prof. Dr., Fachbereich Wirtschaftswissenschaften, Betriebswirtschaftslehre – Absatz/Marketing, Universität Osnabrück

THEIS, Hans-Joachim, Dipl.-Kfm., Wiss. Mitrarbeiter, Allgemeine Betriebswirtschaftslehre – Handelsbetriebslehre, Philipps-Universität Marburg

TROMMSDORFF, Volker, Prof. Dr., Institut für Betriebswirtschaftslehre, Fachgebiet Marketing, Technische Universität Berlin